성 프란치스코 전기 모음

작은 형제회(프란치스코회)
한국 관구 엮음

성 프란치스코 전기 모음

2001년   3월 19일 초판 발행
2009년   12월 28일 증보판 발행
2012년   10월 15일 개정판 발행
2016년   8월 11일 개정판 2쇄 발행
2021년   6월 13일 개정판 3쇄 발행

옮긴이 | 작은 형제회(프란치스코회) 한국 관구
펴낸이 | 김상욱
만든이 | 조수만
만든곳 | 프란치스코 출판사(제2-4072호)
주소 | 서울 중구 정동길 9
전화 | (02) 6325-5600
팩스 | (02) 6325-5100
이메일 | franciscanpress@hanmail.net
홈페이지 | www.franciscanpress.org

ISBN 978-89-91809-26-0 93230
값 12,000원

성 프란치스코 전기 모음

작은 형제회(프란치스코회)
한국 관구 엮음

「성 프란치스코 전기 모음」을 발행하면서

　지난 세기에 프로테스탄트 교회가 낳은 탁월한 신학자 루돌프 불트만(Rudolf Bultman, 1884~1976)은 그리스도에 대한 올바른 신앙을 제시하기 위해 탈신화론을 펼쳤다. 예수에 대한 그의 새로운 해석학적 접근은 개신교 신학계는 물론 가톨릭 신학계도 발칵 뒤집어 놓는 결과를 초래했으며, 이를 위험하게 여기는 신학계의 저항 또한 대단하였다. 그러나 시간이 흘러가면서, 불트만의 놀라운 신학적 공로는 가톨릭교회에서마저 받아들이지 않을 수 없게 되었다.
　복음 이전부터 형성된 신화들로 켜켜이 쌓여져 있는 그리스도의 신비를 말끔히 털어내고, 합리적이며 과학적인 교양을 갖추고 있는 현대인들에게 신앙의 그리스도를 올바르게 해석해 주어야 하는 신학적 과제는 아씨시 프란치스코 성인의 경우에도 마찬가지이다. 민중 대다수가 글을 모르고 과학 및 의술이 발달되지 않은 중세에는 여러 가지 면에서 신자들에게 기적과 신화가 필요하던 시대였다. 유럽에는 아메리카 대륙의 탐험으로 감자가 들어오면서 비로소 식량 부족이 해결되었다 하니, 태풍이나 홍수, 가뭄, 우박 등 천재지변이 일어나면, 여지없이 먹을 것이 부족해져, 생존을 위해 중세인들이 하느님께 기적을 베풀어 달라고 애원했으리라는 것은 어렵지 않게 추정해 볼 수 있다. 어디 그뿐이겠는가? 화산과 지진 앞에서도 그들은 공포에 사로잡혀 자신들의 죄악으로 진노하신 하느님이 벌을 내리시는 것이라 믿었으니, 이런 상황에서는 신화가 탄생되지 않는 것이 오히려 이상하리라. 치명적인 전염병은 물론이거니와, 오늘날에는 간단한 수술로도 치료가 되는 가벼운 병만 걸려도 죽게 되는 상황에서 유아 사망률까지 높았으니, 뾰족한 수 없이 고통스럽게 죽어가는 어린 자식들 앞에서 발을 동동 굴렀을 중세 부모들이었음에랴! 당시에는 민중들이 바칠 간단한 기도서도 없었거니와 설사 있었다 하더라도 글을 읽을 줄 몰랐기에, 기도를 바치려야 바칠 수도 없었다. 무지한 그들이 할 수 있는 유일한 기도라는 것은 고작 용한 기적들을 베풀었다는 성인들의 유해에로 달려가 이를 부둥켜안고 살려달라며 그저 매달리는 것뿐이었으리라. 중세의 이러한 현실적이고 절박한 상황에서 수많은 기적을 행했던 아씨시의 프란치스코는 당시에는 신앙 이전의 생존을 위한 "필수품"이 아니었을까 싶다. 사람이 죽어가는 다급한 상황에서도 언제든 달려갈 수 있는 기막힌 성인이 있었으니, 그의 주변에 끝없이 생겨나 퍼져 나갔던 신화들은 차라리 자연스럽다 하겠고, 그럴 수밖에 없었던 시대가 오히려 가엾게 다가온다. 게다가, 그 당시 제도 교회 역시 복잡한 내외적 상황으로 또 다른 차원에서의 신화적인 프란치스코를 필요로 했고, 그가 창설한 수도회마저 동일한 처지에 놓여 있었으니, 당시로서는 프란치스코의 신화화는 어떻게 해볼 도리가 없는, 운명이라면 운명이었다.

이러한 피할 수 없는 시대적 상황 속에서도 오늘날 우리에게는 일종의 탈신화로 보이는 또 다른 움직임이 있었으니, 그런 전기들로 「익명의 페루지아 전기」, 「세 동료들이 쓴 전기」, 「페루지아 전기」(혹은 「아씨시 편집본」)들을 손꼽아 볼 수 있다. 이 전기의 저자들은 공통적으로 프란치스코 혹은 그가 창설한 초기 형제 공동체를 가능한 한 사실적이고 역사적으로 묘사하려고 애쓰고 있는데, 특히 「세 동료들이 쓴 전기」와 「페루지아 전기」의 저자들은 프란치스코와 가까이 지냈던 형제들로 추정되기에, 이 전기들이 지니는 가치는 한층 더 크다 하겠다. 이 전기들로 말미암아 시대적으로 프란치스코와 멀리 떨어져 있는 우리들도 역사의 거리를 뛰어넘어 보다 더 인간적이고 사실적인 프란치스코를 만날 수 있게 되었으니, 오늘날 프란치스코를 따르려는 이들에게 이 전기들이 지니는 소중함은 두 번 다시 언급할 필요가 없으리라 여겨진다. 이런 보화들을 한자리에 모아 「성 프란치스코의 전기 모음」이란 제목으로 2001년 출판했으나 절판되었기에, 프란치스코와 그의 초기 형제회를 이해하는 데 필요한 「비트리의 야고보의 증언」, 「자노 조르다노의 연대기」, 「엘리아 형제의 회람 편지」를 부록으로 하여 다시 출판한다. 작은 형제회 설립 800주년을 함께 경축하며 빛을 보게 되는 이 전기 모음을 통해 프란치스코와 우리의 간격이 더 좁혀지고, 아씨시의 이 위대한 성인의 삶이 시공간을 넘어 우리 안으로 들어와 육화되기를 바라는 마음이다.

2009년 12월
프란치스코 출판사 책임자
고계영(바오로)

차 례

「성 프란치스코 전기 모음」을 발행하면서 5

익명의 페루지아 전기 19

소개글 21
  1. 저자 21
  2. 작품 연대 22

머리글 23

제1장   복되신 프란치스코가 하느님을 섬기기 시작함 24

제2장   복되신 프란치스코를 따른 첫 두 형제 29

제3장   형제들이 처음에 살았던 곳,
           그리고 그들의 친척들에게서 받은 학대 32

제4장   프란치스코가 형제들에게 권고하고 그들을 세상에 내보냄 36

제5장   세상에 나가서 형제들이 겪은 고통 37

제6장   형제들의 생활과 형제들 간의 사랑 42

제7장   그들이 로마에 감, 교황님께서 그들의 수도규칙을 인정하심,
           그리고 설교를 할 자격을 주심 47

제8장   복되신 프란치스코가 총회의 개최를 명함,
           그리고 총회에서 다루어진 안건들 52

제9장   형제들이 세계의 모든 관구로 파견됨 55

제10장 형제회에 마음이 끌리는 추기경들이
           이제는 형제들을 돕고 충고하기 시작함 57

제11장 교회가 형제들을 박해자들의 손에서 보호함 59

제12장 프란치스코의 죽음 그리고 그의 기적들과 그의 시성식 61

맺음말 62

번역을 마치고 63

세 동료들이 쓴 전기 65

소개글 67

머리글 71

편지 72

제1장 프란치스코의 출생과 허영과 까다로움과 협협함, 그리고 이러한
       성향들이 가난한 이들에 대한 관용과 사랑으로 전환된 경위 74

제2장 페루지아에서 포로로 잡힘, 그리고 기사가 되고자 했을 때,
       그에게 나타난 두 환시 76

제3장 주님께서 그의 마음에 처음 방문하시어 신락(神樂)으로 채우심.
       이어서 그 힘으로 자기 자신과 온갖 허영을 하찮게 여기게 되어,
       기도와 동냥을 하면서 가난을 사랑하여 덕행에 정진하기 시작함 80

제4장 나환자들을 통해서 자신을 극복하기 시작함, 그리고 처음에는
       그토록 역겨웠던 것을 감미로움으로 느끼기 시작함 84

제5장 십자고상이 그에게 처음으로 말씀하심, 그리고
       그 후 죽을 때까지 그리스도의 수난을 마음에 새김 86

제6장 아버지와 친척들의 박해로부터 도망침,
       그리고 성 다미아노 성당의 창턱에 돈을 던져 버리고
       그곳 사제와 함께 살았던 시기 89

제7장	성 다미아노 성당의 수리를 위하여 바친 막중한 노동과 어려움, 그리고 구걸로 자신을 극복하기 시작함 95
제8장	프란치스코가 그리스도의 복음적 권고를 듣고 받아들여, 즉시 겉옷을 벗어 버리고, 내적으로나 외적으로 완덕의 새옷으로 갈아입음 99
제9장	실베스테르 형제를 부르신 방법과 수도원에 들어오기 전에 그가 본 환시 103
제10장	복되신 프란치스코가 여섯 동료들에게 그들이 세상을 돌아다닐 때 만나게 될 일들을 예언하고 이에 인내하기를 권고함 108
제11장	네 명의 형제들을 받아들임, 그리고 초기 형제들의 서로 간의 열렬한 사랑, 그리고 그들의 열심한 노동과 기도와 완전한 순종 113
제12장	복되신 프란치스코가 교황께 자신의 계획을 알리고 수도규칙의 인준을 받기 위해서 열한 명의 동료들과 교황청에 감 117
제13장	복되신 프란치스코의 호소력 있는 설교. 그가 머무른 첫 번째 장소와, 그곳에서의 형제들의 삶과 그곳을 떠난 경위 124
제14장	포르치운쿨라의 성 마리아 성당에서 일 년에 두 번씩 있었던 총회 126
제15장	형제회의 첫 보호자 추기경이었던 요한 추기경의 사망과 오스티아의 주교인 우골리노 추기경이 그 자리를 대신하여 형제회의 아버지와 보호자가 됨 131
제16장	첫 봉사자들의 선출, 그리고 그들이 세상에 파견됨 133
제17장	복되신 프란치스코의 거룩한 죽음과 죽음에 앞서 2년 전에 우리 주 예수 그리스도의 오상을 받으심 138
제18장	그의 시성 140

번역을 마치고 143

페루지아 전기(아씨시 편집본) 145

자신에게는 엄격하고 다른 이들에게는 너그러우심 147
형제들이 애긍을 청하러 가도록 설득함 149
내일 걱정은 하지 말라 151
앓는 형제에 대한 성인의 배려 151
아씨시 주교의 신비스런 체험 152
한 형제를 마귀의 유혹에서 구해 줌 153
포르치운쿨라 성당을 얻게 된 경위 154
자기 방이라 불린 곳에서 살지 않으려 함 161
형제들의 거처는 어떠해야 하는가 163
시에나의 첫 번째 유언 166
성당에 대한 존경심과 청소 167
단순한 요한 형제의 성소 168
올바르지 않은 지향을 가진 지원자를 거절함 170
오랜 유혹을 극복하다 171
나환자와 식사하며 보속하다 172
파치피코 형제가 보바라 성당에서 본 환시 174
리에티 성 파비아노 성당 포도원의 기적 179
의사에게 드린 식사 180
한 여인에게 남편의 회개를 예언하다 182
루카 출신의 한 젊은이의 입회를 거절하다 184
생선을 먹고 싶어 하심이 이루어짐 185

형제들의 마음을 꿰뚫어 보심 186

그레초에서 어느 형제의 바람대로 축복해 주다 187

그레초에서 가난을 가르침 188

그레초에서 일어난 늑대와 우박에 대한 기적 이야기 191

페루지아 광장에서 하신 설교 193

어느 경건한 수도원장과의 만남 195

그리스도의 수난을 묵상하다 196

성서를 읽어 주겠다는 형제에게 응답함 198

병환 중에도 자신에게 엄격하심 199

음식과 차림새에서도 위선을 경계하다 200

헛된 영광을 자책하다 202

우골리노 추기경이 치료를 권하다 203

「태양 형제의 노래」 204

아씨시 주교와 시장을 화해시키다 207

클라라와 자매들에게 위로의 말씀을 보내다 209

수술을 위해 폰테 콜롬보로 옮겨가다 210

모든 피조물에 대한 존경심 213

불에 그을린 양털 가죽을 쓰지 않으려 하다 214

피조물을 향한 특별한 사랑 214

어느 눈병이 든 가난한 여인을 구해 줌 216

수도복을 가난한 자들에게 주다 217

수도복을 잘라 가난한 사람을 도우려 하다 219

에지디오 형제의 망토를 가난한 사람에게 주게 하다 220

신약성서를 가난한 형제의 어머니에게 주다 221

성인의 손발을 씻은 물로 우역을 치료하다 222

리에티의 참사 사제의 치유와 그의 비참한 종말 223

아씨시 군사들이 그를 데리러 노체라에 오다 224

우골리노 추기경 집에서 애긍을 청하러 나가다 227

애긍을 청하고 돌아오는 형제를 환대하다 230

기쁨 중에 임종을 기다리심 230

나의 자매인 죽음이여, 어서 오시오 231

리체리오 형제와 책 233

작은 형제들의 명칭 233

어느 봉사자와 책 236

어느 수련자와 시편집 237

너 성무일도, 너 성무일도! 240

남용에 대한 관용 242

무익한 수다를 꾸짖다 246

형제들을 파견한 뒤 프랑스로 가기로 결정하다 247

아레쪼가 평화를 되찾은 이야기 249

프랑스 여행을 중단한 이야기 250

참 기쁨에 대한 소고 252

매미에 대한 에피소드 253

늘 형제들의 모범이 되고자 함 254

형제회의 창설자는 누구인가 255

자신보다 더 가난한 사람을 만나면 부끄러워함 257

가난한 사람을 무시한 형제를 꾸짖음 258

강도를 회개시킨 이야기 259

성인으로 여겨진 형제의 가면을 벗기다 261

마귀의 괴롭힘과 위로 263

세라핌 천사의 환시를 보다 266

깃털 베개의 소동 268

성무일도에 대한 존경심 270

형제인 육신 270

기쁨을 유지하고자 애쓰심 271

아씨시를 축복하심 272

자매인 죽음 274

야고바 부인의 마지막 방문 276

겸손과 가난을 위해 나환자들에게 봉사하다 279

테르니의 주교 앞에서 자신을 낮추다 280

총장직을 사임함 281

한 원장에게 예속되어 있고자 함 282

베르나르도 형제를 축복하심 284

베르나르도 형제의 거룩한 죽음을 예언함　285

클라라 자매에게 하신 예언　287

종달새들이 성인의 죽음을 위로하다　289

필요 이상으로 애긍을 받는 것을 도둑질로 여김　290

공동으로든 개인적으로든 아무것도 소유하지 말라　290

관구장들이 수도규칙을 반대함　291

다른 수도규칙에 대해 들으려 하지 않음　293

교황청에 특전 요청을 거부하다　294

최후의 만찬과 임종　295

번역을 마치고　297

【 부록 】

비트리Vitry 야고보의 증언 299

1) 첫째 편지(제노바에서 1216년 10월 초순)　303
2) 둘째 편지. 다미아타의 점령(1220년 초기)　306
3) 작은 형제들의 수도회와 그들의 설교(「동방 역사」 32장)　307

자노 조르다노의 연대기 315

엘리아 형제의 회람 편지 373
(성 프란치스코의 죽음에 관하여 형제회 모든 관구에 보낸)

【 약어표 】

<프란치스칸 원전>

「1첼라노」   「첼라노에 의한 제1생애」
「2첼라노」   「첼라노에 의한 제2생애」
「3첼라노」   「첼라노에 의한 제3생애」
「대전기」   「성 보나벤투라에 의한 대전기」
「완덕의 거울」 「작은 형제의 완덕의 거울」
「잔꽃송이」   「성 프란치스코의 잔 꽃송이」

<구약성경>

창세   창세기
신명   신명기
2마카   마카베오 하권
시편   시편
코헬   코헬렛
아가   아가
이사   이사야서
예레   예레미야서

<신약성경>

마태	마태오 복음서
마르	마르코 복음서
루카	루카 복음서
요한	요한 복음서
사도	사도행전
1코린	코린토 신자들에게 보낸 첫째 서간
2코린	코린토 신자들에게 보낸 둘째 서간

익명의 페루지아 전기

옮긴이: 이재성(보나벤투라), 작은 형제회(프란치스코회)

소개글

 우선 본서와 「페루지아 전기」(Legenda Perugia)를 혼동하지 않기를 바란다. 본서 「익명의 페루지아 전기」(Anonymous Perugia)는 사실 프란치스코의 생애를 다룬 작품이 아니고 작은 형제회의 초기 역사를 다룬 작품이다. 본서의 원래 이름도 「수도회의 초기 혹은 기초, 그리고 수도회의 첫 형제들이요 복되신 프란치스코의 동료들이었던 작은 형제들의 행적」(De inceptione vel fundamento ordinis et actibus illorum fratrum minorum qui fuerunt primi in religione et socii B. Francisci)으로 되어 있다. 특별히 프란치스코에게 초점이 맞추어진 것이 아니고 초기 형제회에 맞추어져 있다.

1. 저자

 본서가 로렌조 디 폰조(Lorenzo di Fonzo OFM Conv.)에 의하여 「세 동료들이 쓴 전기」의 자료가 되었음이 밝혀지기 전까지는, 모두들 본서가 「세 동료들이 쓴 전기」를 자료로 하여 필사한 것으로 여겼었다. 당시의 프란치스칸 연구가들에게는 하나의 충격이었다. 게다가 로렌조 디 폰조가 저자까지 페루지아의 요한(1270년 사망)으로 밝힘으로써 충격은 더 컸다. 페루지아의 요한은 「에지디오의 생애」를 쓴 저자로서, 사실 본서의 많은 부분이 「에지디오의 생애」에 나오는 내용과 일치한다. 에지디오 형제가 페루지아에서 말년을 보냈고 그곳에서 사망했음을 참작할 때 모든 학자들이 로렌조 디 폰조의 의견에 동의하지 않을 수 없었다.
 후에 피에르 베긴(Pierre Beguin)이 페루지아의 요한이 에지디오 형제의 동료였음을 밝혀냄으로써 로렌조 디 폰조의 설(說)이 더욱 명백해졌다. 또한, 본서 안에서도 에지디오 형제와 베르나르도 형제에게서 직접 듣지 않았다면, 결코 쓸 수 없었을 내용들이 많이 나타난다.

2. 작품 연대

본서의 내용에서 유추해 볼 때, 작품 연대는 1240년 3월 4일(실베스테르 형제 사망일) 이후에 쓰여진 것이 확실한 것으로 여겨졌으나, 피에르 베긴은 더 구체적으로 1241년 8월 22일(그레고리오 9세의 사망일) 이전에 쓰여진 것임을 밝혀냈다. 왜냐하면 본서에는 그레고리오 9세가 교황으로 피선된 이야기만이 등장하지 그의 사망은 언급되고 있지 않기 때문이다(그러나 「세 동료들이 쓴 전기」에는 교황 그레고리오 9세의 사망이 언급되고 있다). 그렇다면 본서가 시기적으로 토마스 첼라노의 「제2생애」를 앞선다. 오히려 통설과는 달리 「2첼라노」가 본서를 자료로 사용하였을 뿐만 아니라, 「세 동료들이 쓴 전기」의 43%가 본서를 가필한 것으로 밝혀졌다. 따라서 본서의 중요성이 분명히 드러났다 할 것이다. 「세 동료들이 쓴 전기」는 본서와 「1첼라노」를 자료로 하여 쓰여졌고, 「2첼라노」의 자료를 공유하고 있을 뿐이다.

따라서 본서는 책명으로 인해서 통상적으로 알려진 대로 "익명"의 저서도 아니고, 프란치스코의 생애를 내용으로 하고 있지도 않다. 1671년에 페루지아의 콘벤투알 수도원에서 다니엘 파펜브뢱(Daniel Papenbroeck)에 의해서 처음으로 14세기 필사본이 발견되었고, 이를 볼란디스트인 예수회의 수이스켄스(Suyskens)가 「익명의 페루지아 전기」로 명명함으로써 이러한 엉뚱한 이름을 지니게 되었다. 잠시 비치는 프란치스코의 생애는 그의 생애에 관한 최초의 비공식적인 작품이라고 할 수 있으며, 본서는 형제회 최초의 역사서라 할 수 있겠다.

수도회의 초기 혹은 기초,
그리고 수도회의 첫 형제들이요
복되신 프란치스코의 동료들이었던
작은 형제들의 행적

머리글

2. 무릇 거룩한 사람들이 그들의 생애와 가르침으로 주님의 종들을 하느님께 향하도록 하는데도, 주님의 종들이 그들의 생애와 가르침을 모른다면 안 되는 일이므로, 거룩한 초기 형제들의 행적을 목격했고 그들의 말씀을 듣고서 그들의 제자가 된 본인은, 하느님께 영광을 드리고 또 독자들과 청중들에게는 어떤 틀을 마련해 주기 위해서, 주님께서 나에게 영감을 주시는 데에 따라 우리의 지극히 복되신 사부 프란치스코의 여러 행적들과, 아울러 형제회의 초창기를 살았던 형제들의 여러 행적들을 수집하여 언급하였다.

제1장 | 복되신 프란치스코가 하느님을 섬기기 시작함

3 a. 천주 강생 후 1207년이 지난 4월 16일[1] 하느님께서는 당신 독생 성자의 성혈로 속량하신 당신의 백성들이 당신의 계명을 저버리고 당신의 선에 배은망덕하고 있음을 보셨다. 그들은 죽어 마땅하였으나 하느님께서는 오랫동안 그들을 측은히 여기시다가, 마침내 죄인들의 죽음을 원치 않으시고 그들이 마음을 고쳐먹고 살기를 바라셨다. 이리하여 하느님께서는 당신의 지극한 자비심을 보이시어 당신의 추수밭에 일꾼들을 보내시기를 원하셨다.

b. 이리하여 아씨시(Assisi) 고을의 프란치스코라고 불리는, 현세의 헛되고 헛된 사치에만 관심을 보이는 한 상인에게 빛을 던지셨다.

4 a. 이날도 그는 늘 하던 대로 옷을 파는 가게에 있었다. 그가 옷을 파는 일에 정신이 팔려 있을 때에 한 가난한 사람이 나타나서 주님의 이름으로 그에게 동냥을 줄 것을 청했다. 프란치스코는 물욕과 잇속 차리기에 급급하여 이를 거절하고 그를 돌려보냈다. 그 거지가 떠나자마자 프란치스코는 거룩한 은총의 빛을 받아서, 자기의 이러한 엄청난 과오[2]를 스스로 심하게 탓하며 말하였다. "그 거지가 만약에 어떤 귀족이나 힘이 있는 영주(領主)의 이름으로 청했다면 틀림없이 너는 그에게 그가 청하는 것을 베풀었을 것이다. 그런데 왕 중의 왕이시며 만물

---

[1] 그러므로 1208년 4월 16일은 통상적으로 작은 형제회가 시작된 날짜로 알려져 있다.

[2] "엄청난 과오"(magna rusticitas): 당시의 기사도 정신에 심히 어긋나는 행위다.

의 주인이신 분의 이름으로 그 거지가 청했으니, 그렇다면 너는 과연 얼마만큼이나 더 많이 베풀었어야 했겠느냐?"

b. 그는 이러한 이유로 해서 그 일이 있은 후에는 누가 하느님의 이름으로 무엇을 청하면 그 청이 무슨 청이든 간에 절대로 거절치 않으리라고 마음속 깊이 다짐했다. 그러고는 바로 그 가난한 사람을 다시 불러서 동냥을 한껏 주었다.

c. 오, 은총으로 충만하고, 많은 결실을 내는 빛을 받은 영혼이여! 오, 확고하고 성스러운 결심이여![3] 곧바로 이어서 거기에 놀랍고도 예기치 못했던 특별한 빛이 따라와 비추었도다! 이는 진정 놀라울 일도 아니니, 이사야 예언자도 성령에 충만한 목소리로 부르짖었기 때문이로다. "당신께서 당신의 영을 굶주린 자들에게 부으면, 당신의 영은 시달려 온 영혼들을 흡족하게 할 것이며, 그때에 당신의 빛이 어두움 속에서 솟아올라, 당신의 어두움이 대낮과 같을 것이다"[4]. 그리고 "당신께서 굶주린 자들에게 빵을 나누어 주시면, 그때에 당신의 빛이 새벽처럼 갑자기 나타나, 당신의 의가 당신의 면전에서 앞서갈 것이다"[5].

5 a. 얼마 후 이 복된 이에게 한 놀라운 일이 일어났다. 이 일을 언급도 하지 않고 넘어감은 부끄럽다 할 것이다. 어느 날 밤 그가 침대에서 잠들어 있는데 어떤 사람이[6] 그의 이름을 부르며 나타나 그를 어떤 믿을 수 없을 만큼 아름답고 드넓고 화려한 궁전으로 데리고 갔다. 그

---

3 "오, 확고하고 성스러운 결심이여"(O firmum et sanctum propositum)는 "오, 확고하고 성스러운 제안이여"로 번역할 수 있다.

4 이사 58,10.

5 이사 58,7.

6 "어떤 사람이"(speciosae amoenitatis)는 「2첼라노」 6에는 "아름다운 부인"(speciosa sponsa)으로 나온다.

곳은 기사들의 무기들로 가득 차 있었다. 십자가 모양으로 장식된 번쩍이는 방패들이 얼기설기 네 면의 벽에 즐비하게 걸려 있었다.

b. 그가 휘황찬란한 무기들과 아름다운 궁전이 누구의 소유인지를 묻자, 그의 안내자가 대답했다. "궁전을 포함하여 그 모든 것들이 당신의 것이며, 당신의 군대 소유이다".

c. 그는 잠에서 깨어나, 아직 하느님의 영을 충분히 맛들이지 못한 사람처럼, 이 꿈에 자신이 어마어마한 대제후가 될 것이라는 해석을 가하기 시작했다. 이 일을 곰곰이 생각한 끝에, 한 기사에게 이만한 왕국이 차지로 돌아온다면 기사가 되어야겠다는 결심을 하였다. 그는 호화로운 장비를 한껏 장만하고 나서, 아풀리아(Apulia)에 사는 젠틸레(Gentile) 백작[7]의 기사가 되려고 채비를 갖추었다.

d. 그의 표정이 평소보다 판이하게 다르게 밝아 보이자, 누구나 이를 의아스러워 하였다. 새로운 기쁨이 도대체 어디에서 비롯된 것인지를 묻는 사람들에게 그는 이렇게 받아넘겼다. "나는 내가 장차 대제후가 될 것임을 알고 있다오".

6 a. 그는 어느 한 기사의 보살핌으로 채비를 마친 다음에, 말을 타고 아풀리아로 향했다.

b. 발길을 재촉했음에도 그가 스폴레토(Spoleto)에 이르렀을 때는 밤이 되었다. 여장을 풀고 잠자리에 들었다. 비몽사몽간에 그에게 어디로 가는 길이냐고 묻는 어떤 음성이 들려왔다. 그래서 그는 자기의 모든 취지[8]를 낱낱이 밝혔다. 음성이 두 번째로 들려왔다. "누가 더 너

---

7 이 구절은 라틴어로 "comitem gentilem"이며, 여기에서 "젠틸렘"(gentilem)을 고유 명사가 아닌 형용사로 이해하여 "훌륭한 백작"이라고 옮길 수도 있다.

8 "토툼 숨 프로포지툼"(totum suum propositum)을 "자기의 모든 취지를"이라

에게 잘 할 수 있는 능력이 있겠느냐? 주인이겠느냐 아니면 종이겠느냐?" 그가 답했다. "주인(Dominus)입니다". "그러하다면 어찌하여 너는 종을 위하여 주인을 버리고, 머슴을 위하여 제후를 버리느냐?" 프란치스코가 물었다. "주여(Domine), 제가 무엇을 하기를 바라십니까?" "너의 고향으로 돌아가거라" 하는 음성의 응답이 왔다. "그러고 나서 주께서 보여 주시는 것을 행하여라".

c. 그는 하느님의 은총을 입어 갑작스럽게 딴 사람으로 변한 듯하였다.

7 a. 그는 다음 날 아침, 명에 따라 고향으로 발길을 돌렸다.

b. 그는 돌아오는 길에 폴리뇨(Foligno)에서 멈추어[9], 자기가 타고 온 말과 아풀리아로 가기 위해서 채비한 옷들을 팔아치우고, 값싼 옷으로 갈아입었다.

c. 그는 이러한 일이 있고 나서 이 과정에서 생긴 돈을 가지고 왔다. 그는 폴리뇨에서 아씨시로 돌아오자마자 성 다미아노 성당으로 갔다. 그곳에서 그는 베드로라는 이름의[10] 한 가난한 거주 사제를 만나, 생활비에 보태라고 그 돈을 건네주었다. 그러나 사제는 그 돈을 받기를 거절하였다. 왜냐하면 그는 돈을 보관할 마땅한 장소가 없었기 때문이었다. 이러한 말을 듣자 하느님의 사람인 프란치스코는 실로 돈을

고 번역했다.

9 이 부분에서 라틴어본의 해석상 문제가 있다. 디 폰조는 주장하기를 프란치스코가 먼저 아씨시에 갔고, 그 후에 폴리뇨로 가서 옷들을 팔았다는 해석이고, 불어 판을 번역한 베긴(Beguin)이나 이탈리아 판을 번역한 감보소(Gamboso)는 그와 의견을 달리하여 "아씨시로 돌아오는 길에" 옷들을 팔았다는 해석이다. 본 번역은 후자들의 의견을 따랐다.

10 사제의 이름까지 구체적으로 밝혀지는 곳은 여기뿐이다.

경멸한 나머지, 성당의 창턱에다 냅다 던져 버렸다.

　d. 하느님의 영에 감도된 프란치스코는 성당이 낡아서 곧 무너져 내려 버릴 것이라는 사실을 알 수 있었다. 그는 성당의 궁핍을 덜어 줄 요량으로 성당의 구조를 그 돈으로 튼튼히 할 것을 제안하였고, 그곳에서 살고 싶다고 하였다. 이윽고 하느님의 뜻에 따라 그리되었다.

　8 a. 그를 육신적으로만 사랑했던 그의 아버지가 이 소문을 듣고는 그만 그 돈이 몹시 아까운 생각이 들어, 불같은 울화가 속에서 치밀기 시작했다. 온갖 방법을 동원하여 그를 협박하면서 돈을 돌려 받아내려고 하였다.

　b. 프란치스코는 아씨시 주교 앞에 출두하여 기꺼이 돈을 모두 돌려주었고, 자기가 입고 있던 옷가지들까지 돌려주었다. 프란치스코가 주교 앞에서 벌거벗은 몸으로 서 있자, 그는 프란치스코의 알몸을 외투로 가려주었다.

　c. 이제 세상사에 자신을 텅 비운 몸이 되어, 초라하고 남루한 옷을 걸치고는 앞서 언급한 성당으로 돌아와서 그곳에 거주하였다. 주께서는 이 가련하고 보잘것없는 사람을 풍요롭게 하셨으니, 그를 당신의 성령으로 채우셨고, 그의 입에 생명의 말씀을 넣으셨던 것이다. 이리하여 그는 사람들에게 심판과 자비, 벌과 영광을 설교하고 전하였으며, 사람들은 자신들이 망각하고 있었던 하느님의 계명들을 되뇌곤 하게 되었다. 주님은 그를 "온 세상의 대제후"[11]로 만드셨다. 주님께서는 그를 통하여 온 세상에서 사람들을 모아 하나로 만드셨다.

　d. 주님은 그를 곧고 좁은 길로 인도하셨다. 왜냐하면 프란치스코가 금도, 은도, 돈도, 그 어느 것도 소유하려 하지 않았기 때문이다. 그

11　창세 17,4.

는 주님을 다만 마음의 겸손과 가난과 단순함 안에서 따랐다.

9 a. 그는 맨발로 다녔으며 멸시받기에 적합한 옷을 입었고 싸구려 허리띠를 했다.

b. 한편, 그의 아버지는 프란치스코와 마주칠 때마다 울화에 못 이겨 그를 저주했다. 그러나 이 거룩한 사람은 그때마다 알베르토라는[12] 가난한 노인에게 다가가, 그의 축복을 바라곤 하였다.

c. 많은 사람들이 그를 조소하였고, 모욕적인 말들을 일삼았다. 거의 대부분이 그를 미친 사람 취급하였으나 그는 이에 개의치 않았고, 그들에게 답변을 하지 않았다. 오히려 주님께서 자신에게 알려주신 일을 수행하느라고 온갖 조심을 다하여 애를 썼다. 그는 인간의 지혜에서 나온 습득된 언어 속을 거닐지 않고, 오직 성령의 활동과 힘 안에서[13] 거닐었다.

제2장 | 복되신 프란치스코를 따른 첫 두 형제

10 a. 이러한 일들을 보고 또 소문으로 들어온 이 마을의 두 사람이 거룩한 은총에 이끌려 그에게 겸허하게 다가갔다. 그중의 하나가 베르나르도 형제였고, 다른 하나는 베드로 형제였다. 그들은 단순하게 그에게 말했다. "우리는 지금부터 당신과 함께 하기를 바라며, 당신이 하

---

12 가난한 노인의 이름까지 구체적으로 밝혀지는 곳은 여기뿐이다.
13 참조: 1코린 2,4.

는 일을 하기를 원합니다. 그러니 우리들의 재산을 어찌해야 할지 말해 주십시오". 프란치스코는 그들이 옴으로써, 그리고 그들의 원을 듣고는 너무도 기쁜 나머지, 그들에게 친절하게 답변하였다. "가서 주님께 여쭈어보도록 합시다".

b. 이리하여 그들은 마을의 한 성당으로 들어갔다. 안으로 들어가서 무릎을 꿇고 겸손하게 기도를 올렸다. "주 하느님, 영광의 성부여, 저희들이 해야 할 일을 저희들에게 내보이시기를 당신의 자비 안에서 청합니다". 그들이 기도를 마치고서 그곳에 서 있는 본당 사제에게 말을 하였다. "신부님, 우리 주 예수 그리스도의 복음을 보여 주십시오".

11 a. 사제가 복음서를 펼치자, 아직도 글을 잘 읽을 줄 모르는 그들이었지만, 즉시 글귀가 눈에 들어왔다. "네가 완전한 사람이 되려거든 가서 너의 재산을 다 팔아 가난한 사람에게 나누어 주어라. 그러면 하늘에서 보화를 얻게 될 것이다"[14]. 그들이 성서를 두 번째로 펼쳤을 때에 다음과 같은 구절을 발견하였다. "누구든지 나를 따르려는 자는…"[15]. 다시 한 번 성서를 펼치자 다음과 같은 구절이 나왔다. "길을 떠날 때 아무것도 지니지 말라"[16]. 이러한 구절을 발견하고 그들은 큰 기쁨에 싸여 소리쳤다. "이것이 바로 우리들이 바랐던 바이고, 찾던 것이다". 그러고는 그가 두 형제에게 말했다. "가서 들은 대로 주님의 권고를 실행으로 옮기십시오".

b. 이리하여 베르나르도 형제는 가서 자신의 모든 재산을 팔았고, 그는 부자였던 관계로 거액의 돈을 만들 수 있었다. 반면에 베드로 형

---

14 마태 19,21.
15 마태 16,24.
16 루카 9,3.

제는 현세적 사물에는 가난하였지만, 천상적 사물에는 부자였다[17]. 그러나 그도 역시 주님께로부터 받은 권고를 실행으로 옮겼다. 그들은 함께 마을의 가난한 사람들을 불러서 그들에게 자신들의 재물을 팔아서 만든 돈을 나누어 주었다.

12 a. 그들이 이 일을 하는 동안 복되신 프란치스코가 그 자리에 있었고, 실베스테르(Silvester)라고 하는 한 사제가 그곳에 왔다. 프란치스코가 아직 동료들이 없었을 때에 거주했던 성 다미아노 성당을 수리할 때 이 사제로부터 얼마 가량의 돌을 산 적이 있었다.

b. 이 사제는 돈들이 그렇게 뿌려지는 것을 보고는 슬그머니 욕심이 생겨서, 그중에서 다만 얼마만이라도 받고 싶었던 나머지 불평을 늘어놓기 시작했다. "프란치스코, 당신은 저번에 나에게서 가져간 돌값을 제 값을 쳐서 주지 않으셨습니다". 모든 탐욕을 몰아낸 사람인 복되신 프란치스코는 이 부당한 불평을 듣고서, 베드나르도 형제에게 가서 돈이 들어 있는 베르나르도의 짧은 겉옷 주머니에 손을 넣고, 충분한 돈을 꺼내서 그 사제에게 주었다. 이어서 두 번째로 주머니에 손을 넣고, 첫 번째에 했던 그대로 돈을 꺼내서 사제에게 다시 주면서 말했다. "이제 충분히 지급되었습니까?" "충분합니다". 그가 답하였다. 그러자 사제는 기뻐하며 자기 집으로 돌아갔다.

13 a. 며칠이 지나자 그 사제는 하느님의 이끄심으로 복되신 프란치스코의 행위를 곰곰이 되새겨 보기 시작했다. 그러고는 자기 스스로

---

17   여기에서 말하는바 그대로 베르나르도와 베드로가 동시에 입회했다면, 프란치스코의 두 번째 동료가 베드로라는 설은 고려해 봐야 할 것이다. 첫 번째 동료로 봐야 한다. 더구나 그는 프란치스코의 첫 번째 대리자였고, 1221년 3월 10일에 사망했다.

에게 말했다. "내가 가련한 사람이 아닌가? 이만한 나이에 그토록 탐욕을 부리다니. 그 젊은이는 하느님의 사랑을 위해서 재물을 멸시하고 지겨워하는 터에!"

b. 그날 밤 그는 꿈속에서 거대한 십자가를 보았다. 그 끝은 하늘에 닿아 있었고, 그 뿌리는 복되신 프란치스코의 입에 고정되어 있었다. 그 양팔은 세상의 이 끝과 저 끝에 맞닿아 펼쳐져 있었다.

c. 그 사제는 일어나자마자 복되신 프란치스코야말로 하느님의 참다운 벗이며, 그가 시작한 수도회는 온 세상에 널리 퍼져야 함을 확신하게 되었다. 이리하여 그는 하느님을 경외하게 되었고, 자기 집에서 회개를 하였다. 얼마 안 가서 그는 형제회에 들어왔고, 거룩한 삶을 살다가 영광되게 삶을 마쳤다.[18]

제3장 | 형제들이 처음에 살았던 곳, 그리고 그들의 친척들에게서 받은 학대

---

14 a. 베르나르도 형제와 베드로 형제가 자신들의 재산을 처분하여 가난한 사람들에게 나누어 준 후에, 하느님의 사람인 복되신 프란치스코가 입은 같은 옷을 입고는 그의 동료가 되었다.

b. 그들은 몸을 운신할 곳이 없어서 길에 나앉았다. 그러다가 포르치운쿨라(Portiuncula)의 성 마리아라고 하는 버려진 초라한 성당을 발견하였다. 그곳에서 함께 머무르려고 작은 헛간을 만들었다.

---

18 실베스테르 형제는 1240년 3월 4일에 사망했다.

c. 8일이 지나서 아씨시 출신의 또 한 사람이 그들에게 왔다. 그의 이름은 에지디오였다. 그는 하느님께서 많은 은총을 내려주신 매우 경건하고 열심한 사람이었다[19]. 그는 크나큰 공경심과 열심한 마음으로 무릎을 꿇고 복되신 프란치스코에게 자기를 그들의 모임에 받아 줄 것을 어렵게 청하였다. 복되신 프란치스코는 이러한 청을 듣자마자 마음이 흐뭇해져서 그를 아주 기꺼이 두 손을 벌려 받아들였다. 이리하여 이 네 형제들은 밀집된 행복감과 한없는 영적 즐거움을 맛보았다.

15 a. 복되신 프란치스코는 에지디오 형제와 안코나(Ancona)의 마르키아(Marchia)로 갔고, 나머지 둘은 뒤에 남았다. 그들은 가면서 주님 안에서 크나큰 기쁨에 흥겨워하였다. 하느님의 사람인 프란치스코는 프랑스말로 가락을 뽑으며 주님을 찬미하고 찬양하면서 큰 목소리로 기뻐 용약하였다.

b. 그들은 크나큰 보화를 찾기나 한 듯이 기쁨 중에 있었다. 그들은 많은 것들을 포기했기 때문에 그렇게 기쁠 수 있었다. 흔히 사람들을 비탄에 빠뜨리는 것들을 그들은 똥으로 여기고 천시했다. 그들도 현세의 쾌락주의자들이 한없는 쓰라림과 슬픔만이 있는 쾌락의 세계에서 체험하는 아픔을 기억하고 있었다.

c. 복되신 프란치스코가 동료인 에지디오 형제에게 말했다. "우리 형제회는 바다에 자기의 그물을 던져서 수많은 물고기를 잡다가, 어린 물고기들은 바다에 도로 놔주고 큰 물고기들만을 골라서 그릇에 담는 어부와 흡사합니다". 에지디오 형제는 성인이 말한 이 예언에 크게 놀랐다. 왜냐하면 그는 형제들의 수가 얼마나 적은지를 알고 있었기 때문이었다.

---

19 에지디오 형제는 본서가 쓰여지기 전에 사망했을 것이다.

d. 하느님의 사람은 백성들에게 아직도 설교를 정식으로 하지 않았다. 그렇지만 그는 마을과 동네를 지나면서 남녀 모두에게 천지의 창조주를 경외하고 사랑토록 권했고, 그들의 죄를 뉘우치라고 권했다[20]. 이어서 에지디오 형제가 덧붙였다. "그는 옳은 말을 합니다. 그러니 그를 믿으십시오".

16 a. 이들의 말을 들은 사람들이 서로 말하였다. "이들이 누구인가? 그들이 무슨 말을 하는가?"

b. 어떤 사람은 그들을 바보나 술주정꾼이라고 말했다. 그러나 어떤 이들은 말했다. "그들이 하는 말은 바보들이 할 수 있는 말이 아닙니다". 그들 중의 하나가 말했다. "이 사람들은 주님과 가장 완벽하게 하나가 되어 있습니다. 그렇지 않으면 그들은 정신이상자들입니다. 왜냐하면 그들은 육신을 부주의하게 다루기 때문입니다. 맨발로 돌아다니며, 옷은 넝마 옷을 입었고, 음식은 적게 먹습니다". 아직은 그들을 따르려는 사람들이 없었다. 젊은 여자들은 멀리에서 다가오는 그들을 보고는 자기들도 바보가 될까 봐서 겁을 먹고 내뺐다. 비록 아직은 그들을 따르려는 사람들이 없었지만 사람들은 그들의 거룩한 생활을 보고는 아연해 하였고, 이들의 거룩한 생활은 이 형제들이 하느님의 인호(印號)를 받은 사람들임을 보여 주었다.

c. 그들은 그 지방을 돌고 나서 포르치운쿨라의 성 마리아 성당으로 돌아왔다.

17 a. 며칠 뒤에 아씨시 사람 세 명이 더 그들에게 왔다. 사바티노

---

20 「인준받지 않은 수도규칙」 21과 마찬가지로, 여기에서도 초기의 프란치스코의 회개 설교를 잘 볼 수 있다.

형제, 요한 형제, 모리코 파르보 형제가 그들이었다. 그들은 프란치스코 형제에게 자기들을 그의 모임에 받아 줄 것을 겸손하게 청했다. 그는 친절히 기쁜 마음으로 그들을 받아들였다.

b. 그들이 마을로 동냥하러 다닐 때, 아무도 그들에게 무엇이라도 주려 들지를 않았다. 오히려 그들에게 이렇게 말했다. "너희는 너희 재산은 팔아먹고, 이제 와서 다른 사람의 것을 먹으려 드는구나". 이리하여 그들은 극도의 빈궁에 시달렸다. 그들의 가족과 친척들까지도 그들을 못살게 굴었다. 게다가 마을 사람들이 남녀노소를 막론하고 그들을 우둔한 얼간이들로 여기며 경멸하고 냉소하였다. 단 한 사람의 예외의 인물은 이 마을의 주교로서, 프란치스코는 자주 그에게 가서 조언을 구했다.

c. 그들의 가족들과 친척들이 그들을 괴롭히고, 또 사람들이 그들을 조소하는 이유는 이러한 것이었다. 당시에 아무도 자기의 재산을 모두 처분하고 이 집 저 집 돌아다니며 얻어먹는 사람이 없었기 때문이었다.

d. 어느 날 프란치스코가 위에서 언급한 주교를 뵈러 갔을 때에, 주교께서 그에게 말씀하셨다. "제가 보기에는 여러분들이 이 세상에서 아무것도 소유하지 않거나 지니지 않으면, 여러분들의 생활이 매우 어렵고 힘들 것 같습니다". 하느님의 거룩한 사람이 그에게 답했다. "주교님, 만약에 저희가 재물을 소유하게 되면, 그 재물을 지키기 위해서 우리들에게 무기가 필요하게 됩니다. 재물을 소유함으로써 언쟁과 소송이 일어나게 되는 법이고, 그리되면 통상적으로 그것이 하느님과 이웃을 사랑하는 데에 방해를 하기 때문입니다. 그래서 저희는 이 덧없는 세상에서 어떤 것도 소유하기를 원치 않습니다".

e. 이 대답이 주교를 기쁘게 해드렸다.

| 제4장 | 프란치스코가 형제들에게 권고하고
그들을 세상에 내보냄 |

18 a. 성령의 은총에 이미 충만해 있던 프란치스코는 형제들에게 일어날 일들을 예언하였다. 그는 형제들을 불러서 자기 주위에 앉도록 했다. 그곳은 포르치운쿨라의 성 마리아 성당에서 가까운 숲이었고, 신공(神功)을 드리기 위해서 그들이 자주 가던 곳이었다. 그가 형제들에게 말했다. "사랑하는 형제들이여, 하느님께서 자비롭게도 우리만을 위해서가 아니라, 많은 이들의 선익과 구원을 위해서 부르신 우리의 성소를 생각합시다. 그러니 우리는 세상에 나아가 말과 모범으로 남녀 모두를 권면하여 그들의 죄를 뉘우치도록 해주고, 그들이 오랫동안 잊고 살았던 하느님의 계명들을 기억하게 합시다".

b. 이어서 그들에게 이렇게 말했다. "어린양이여, 두려워하지 마십시오[21]. 오히려 주님을 믿으십시오. 서로 이렇게 말하지 마십시오. '우리는 무식하고 배운 것이 없는데, 우리가 어떻게 설교를 할 수 있단 말인가?' 주님께서 당신의 제자들에게 하신 주님의 말씀을 기억하십시오. '말하는 것은 당신들이 아니라, 당신 안에서 말씀을 하시는 당신 성부의 영이십니다'[22]. 주님께서 손수 여러분에게 영과 지혜를 주시어 사람들과 그들의 부인들에게 당신의 계명의 길과 실천을 권면하고 설교토록 하실 것입니다. 또한 여러분들은 성실하고 온유하고 관대한 사람들을 만나게 되어, 그들은 여러분과 여러분이 하는 말을 기쁘게 사

---

21 루카 11,32.

22 마태 10,20.

랑으로 받아들일 것이나, 반면에 불경하고 거만하고 불성실한 사람들을 만나게 되면, 그들은 여러분과 여러분들이 하는 말을 내칠 것입니다. 그러므로 여러분은 모든 일을 인내롭고 겸손되게 견딜 수 있도록 마음의 준비를 하십시오".

 c. 형제들이 이 말을 듣고 나서 겁을 내기 시작했다. 그들이 겁을 내는 것을 보고 복되신 프란치스코가 말했다. "두려워하지 마십시오[23]. 조만간 배움이 많고 현명하고 고귀한 많은 사람들이 우리에게 올 것이며 우리와 함께 할 것입니다. 그들이 나라와 백성들에게 설교를 할 것이며, 왕들과 왕자들에게 설교를 하게 될 것입니다. 그리하여 많은 사람들이 주님께로 돌아올 것입니다. 주님께서는 당신의 가족을 온 세상에 늘려 가시고 키우실 것입니다".

 d. 그는 이 말을 하고 나서 그들에게 강복을 주었고, 그들은 떠나갔다.

제5장 | 세상에 나가서 형제들이 겪은 고통

 19 a. 주님께 봉헌된 이 종들은 길을 걷든지, 성당에 당도하든지 아니면 조건이 좋든 나쁘든 길모퉁이에서까지 늘 고개를 숙이고 매우 경건하게 다음과 같이 말하며 기구를 드렸다. "오 그리스도님, 당신의 거룩하신 십자가로 세상을 구속하셨사오니, 저희는 온 세상에 있는 당신의 모든 성당에서 당신을 흠숭하며 찬양하나이다". 그들은 주님의 처

---

23 마르 16,6.

소를 보면, 바로 그곳에 주님이 계신 것을 믿고 느꼈다.

b. 그들을 보는 사람마다 흠칫 놀라서 몸을 뒤로 뺐다. "우리는 저런 수도복을 본 적이 없다". 형제들은 옷차림과 생활에서 다른 사람들과 달랐다. 그들은 마치 야만인들 같아 보였다. 그들은 도시나 성(城), 그리고 집에 들어갈 때마다 평화를 선포했다. 그들은 길에서나 광장 등 어디에서나, 마주치는 남녀에게 격려를 하여 하늘과 땅을 만드신 창조주를 사랑하고 경외토록 하였고, 그들이 잊었던 하느님의 계명들을 기억하고, 이어서 그 계명들을 지키려 애를 쓰라고 격려하였다.

c. 어떤 이들은 그들의 말을 반겨 들었으나, 어떤 이들은 그와는 반대로 그들을 비웃었다. 사람들이 그들에게 연달아 질문을 던졌고, 그 많은 질문에 일일이 답하기는 그들에게 너무도 피곤스러운 일이었다. 왜냐하면 새로운 상황이 늘 새로운 질문을 낳기 때문이었다. 어떤 이는 그들에게 이렇게 물었다. "어디에서 온 사람들이오?" 그리고 어떤 이는 이렇게 물었다. "당신들은 어느 수도회에 소속되어 있습니까?" 그들은 매우 단순하게 답변하곤 했다. "저희는 아씨시 출신의 회개자들입니다". 형제들의 수도 공동체가 아직도 수도회라는 명칭을 지니지 못했던 것이다.

20 a. 그들을 보고 들은 많은 이들이 그들을 부담스럽게 여겼고, 아니면 그들을 바보로 취급했다. 어떤 이는 습관적으로 이렇게 말했다. "나는 그들을 내 집 안으로 들이기가 께름칙합니다. 이유는 그들이 나의 물건들을 훔칠 것 같아서입니다". 필연적으로 그들은 수많은 곳에서 수많은 고초를 받았다. 그래서 그들은 더욱 자주 성당의 회랑이나 집들의 처마 밑을 거처로 삼았다.

b. 당시에 그들 중의 두 형제가 피렌체에 있었는데, 동네를 돌며 머

무를 곳을 물색하였으나 마땅한 곳을 찾아낼 수가 없었다[24]. 그러다가 그들은 처마 밑에 솥이 걸려 있는 집 한 채를 보고는 서로 얼굴을 보면서 말했다. "여기서 머무를 수도 있겠는데?" 그들은 하느님의 사랑으로 그 집 여주인에게 그곳을 거처로 할 수 있게 해달라고 청하였다. 그 여자가 단호히 이를 거절하자 그들은 오늘 밤만이라도 솥 옆에서나마 머무를 수 있게 해달라고 하였다.

c. 그 여자도 이것은 허락했다. 그러나 그녀의 남편이 집으로 돌아와서 형제들이 처마 밑 솥 옆에 있는 것을 보고는 그녀에게 물었다. "왜 당신은 그 불량배들에게 친절을 베풀었소?" 그녀가 대답했다. "나는 그들을 집 안으로 들이는 것은 싫지만, 약간의 땔감을 제하고는 그곳에 우리에게서 훔쳐 갈 것도 없고 해서 처마 밑 한데에 있는 것을 허락하였소". 그날 밤 따라 날씨가 몹시 추웠지만 그들이 의심스러웠던 나머지 형제들에게 덮을 만한 어떤 것도 빌려주지 않았다[25].

d. 그날 밤 형제들은 아침기도를 위해 일어나서 가까운 성당으로 갔다.

21 a. 다음 날 아침 그 여자가 미사에 참례하려고 성당으로 갔다. 그녀는 그곳에서 형제들이 겸허하게 열성적인 기구를 계속하는 것을 보았다. 그녀가 속으로 말하였다. "남편 말대로 이들이 불량배들이라면, 그들이 저토록 경건히 기구를 드리지는 못할 것이다".

b. 그 여자가 이러한 생각에 잠겨 있는데, 귀도(Guido)라고 하는 사람이 자기 둘레에 있는 가난한 사람들에게 적선을 하고 있었다. 그 사람이 형제들 앞에 와서 다른 가난한 사람들에게 주듯이 돈을 주려 하

---

24 베르나르도 형제다(참조: 「베르나르도 형제의 생애」 n.3).
25 이것으로 짐작하건대, 형제들의 최초의 파견은 1208년 가을로 여겨진다.

자, 그들이 돈을 거절하여 받기를 원치 않았다. 그러자 그가 형제들에게 말했다. "왜 당신들은 다른 가난한 사람들처럼 돈을 받지 않는 거요? 보건대 그들처럼 가난하고 궁핍해 보이는데?" 그들 중의 하나인 베르나르도 형제가 대답했다. "우리가 가난한 것은 사실입니다. 그러나 가난이 다른 이들에게는 짐스럽겠지만, 우리들에게는 그렇지가 않습니다. 왜냐하면 우리는 하느님의 은총으로 그분의 뜻을 채워 드리기 위해서 가난한 자가 되었기 때문입니다".

22 a. 그러자 그 사람은 감탄해 마지않으면서 그들에게 전에 재산을 소유했었는지를 물었다. 그들은 그들이 재산을 가지고 있었지만, 그것을 하느님의 사랑으로 가난한 이들에게 나누어 주었노라고 답했다.

b. 그 부인은 형제들이 돈을 거절하는 것에 감동되어 다가와서 말했다. "그리스도인들이여, 당신들이 저의 집으로 다시 가시기를 원하신다면, 기꺼이 집 안으로 모시겠습니다". 형제들이 겸손되게 그녀에게 대답했다. "주께서 그 뜻에 보답하시기를!" 귀도라는 사람은 형제들이 머무를 곳이 없음을 알고 그들을 자기 집으로 데리고 가서 말했다. "이곳이 주님께서 여러분들을 위해서 마련하신 거처입니다. 원하시는 만큼 머무십시오". 그가 형제들을 극진히 대접하고 이 가난한 사람들의 아픔을 들어주었기에, 그들은 하느님께 감사를 드렸다. 그들은 그곳에서 며칠을 머물렀다. 그리고 그는 형제들의 말을 듣고, 형제들의 좋은 모범을 봄으로 해서 그 후에는 가난한 이들에게 더욱 관대해졌다.

23 a. 귀도에게만은 이처럼 후하게 대접을 받았지만, 그들은 어른에서 아이에 이르기까지 많은 이들로부터 번번이 보잘것없이 심한 천대를 받았고, 그리고 그들은 형제들에게 주인이 종을 다루는 듯한 언

사²⁶를 썼다. 형제들이 값싸고 천한 옷을 입었음에도²⁷ 많은 사람들이 장난삼아 형제들에게서 옷을 벗겨갔다. 그래도 형제들은 벌거벗긴 채로 인내했다. 왜냐하면 형제들은 복음의 권고에 따라서 옷을 한 벌만 입었기 때문이며, 그럼에도 자신들에게서 빼앗아간 옷들을 되돌려 달라고 하지를 않았다²⁸. 다만 그들이 동정심이 일어서 빼앗아간 옷들을 되돌려 주려고 하면, 형제들은 그제야 반갑게 옷가지를 받아 들 뿐이었다.

b. 그들은 형제들의 머리에다 진흙을 던졌다. 그들은 형제들에게 함께 놀자며 손에 주사위를 쥐어주기도 하였다. 한 형제는 모자를 등 뒤에서 잡아 채인 채 마냥 끌려 다녔다. 이것만이 아니라 이와 비슷한 일들이 형제들에게 저질러졌다. 그러나 우리는 더 이상 이러한 일들을 언급하고 싶지 않다. 왜냐하면 이야기가 너무 길기 때문이다. 사람들은 형제들을 형편없는 사람들로 여기고 마치 죄인이나 되는 양 혹독하고 가혹하게 다루었다. 형제들은 더욱더 배고픔과 목마름과 추위와 헐벗음에서 오는 많은 고난과 고뇌를 참아 받아야 했다.

c. 그들은 복되신 프란치스코로부터 받은 권고에 따라서 모든 일을 꿋꿋이 견디어 냈다. 그들은 근심하지 않았고, 혼란에 빠지지 않았다. 오히려 그들은 큰 부자가 된 듯 보였고, 환난 중에 있으면서 찬미하고 기뻐하였으며, 그들의 박해자들을 위해서 하느님께 열심히 기도를 드렸다²⁹.

---

26 "주인이 종을 다루는 듯한"이라는 말은 「인준받은 수도규칙」 10에서도 그대로 찾아볼 수 있다.

27 「인준받지 않은 수도규칙」 1; 「인준받은 수도규칙」 14.

28 루카 6,29; 「인준받지 않은 수도규칙」 14.

29 마태 5,44; 「인준받은 수도규칙」 10.

24 a. 이제 사람들은 형제들이 박해를 받으면서도 즐거워하는 것을 목격하였고, 주님을 위해서 이 모든 것을 인내로써 견디는 것을 보았으며, 그들이 쉬지 않고 정성된 기도에 빠져 있는 것을 보았고, 가난하고 궁핍한 사람들처럼 돈을 거절하고 돈을 지니지 않고 다니며, 서로서로 얼마만큼 사랑하는지를 직접 보았다. 이런 일들을 통해서 형제들은 주님의 제자들로 알려지게 되었고, 많은 사람들이 주님의 사랑을 통하여 자기들의 마음이 변하는 것을 느꼈다. 그들은 형제들에게 다가와서 전에 자기들이 저지른 잘못을 용서해 달라고 청하였다. 형제들은 다음과 같이 말하면서 그들을 마음으로 받아들이며 용서하였다. "주께서 당신을 용서하시기를!" 그리고 나서 사람들은 이때부터 형제들의 말을 잘 들었다.

b. 어떤 이들은 자기들을 형제들의 동료로 받아 줄 것을 요구했다. 이 당시에는 형제들의 수가 얼마 되지 않아서 각자 모두가 복되신 프란치스코로부터 각자가 원하는 새로운 형제들을 받아들일 권한을 위임받았으므로, 형제들은 그들 중에서 많은 사람들을 받아들였다[30]. 그리고 나서 그들은 약속한 시기에 포르치운쿨라의 성 마리아 성당으로 갔다.

| 제6장 | 형제들의 생활과 형제들 간의 사랑 |

25 a. 형제들은 모두 다시 서로 만나게 되자, 반가움과 영적인 기

---

30 "많은 사람들을"(plurimi)을 벌써 초기 여섯 형제의 파견에서 받아들였다는 말인가? 아니면 저자의 오기(誤記)인가? 저자의 오기일 가능성이 크다. 「1첼라노」 30.

쁨에 넘치게 되어, 그때까지 겪었던 역경과 극도의 가난을 까맣게 잊었다.

b. 그들은 영혼의 원수인 모든 게으름을 완전히 피하려고 매일매일 기도와 손노동을 했다. 선지자가 "저는 당신께 찬미를 드리기 위해서 한밤중에 일어났다"[31]라고 말한 것처럼 그들은 야밤에 일어나 낮과 똑같이 기구를 드렸다. 그들은 삼매(三昧)의 경지에서 자주 눈물을 흘리며 기구를 드리곤 했다.

c. 그들은 서로를 깊이 사랑했다. 그들은 마치 어머니가 아들을 보살피고 다독거리듯이 서로 간에 그렇게 봉사하고 사랑했다. 사랑이 그들 가운데에서 강렬하게 타올랐기 때문에, 그들은 우리 주 예수 그리스도의 이름 안에서뿐만 아니라 서로를 위해서, 그들의 몸을 내놓기가 쉬웠고, 또 그런 것을 요구할 수 있었던 듯했다.

26 a. 어느 날 두 형제가 길을 걸었다. 그들은 자신들에게 돌을 던지는 어처구니없는 사람을 만나게 되었다. 한 형제가 다른 형제에게 돌이 겨냥되는 것을 보고는 급히 자기가 그 돌을 가로막았다. 서로 간의 사랑이 깊었기 때문에 차라리 그 형제보다는 자기가 돌에 맞기를 바랐던 것이다. 그들은 이와 같은 일들을 흔하게 하였다.

b. 형제들은 겸손과 사랑으로 견고하게 다져져 있어서, 마치 그가 자신의 스승인 양 서로를 공경하였다. 직책이나 아니면 받은 능력 때문에 다른 형제들 위에 있을 수밖에 없는 형제들은 오히려 다른 형제들에게 더욱 겸손했고 다른 이들보다 더 초라해 보였다.

c. 그들은 모두 자신을 순종에 온전히 내맡겼다. 입에서 명령이 떨어지기가 무섭게 그들의 발은 걸을 준비가 되어 있었으며, 그들의 손

31　시편 118,62.

은 일을 할 준비가 되어 있었다. 명을 받은 것은 그것이 어떤 일이건 간에 그것을 주님의 뜻으로 여겼다. 그러므로 그들이 무슨 일을 수행하기란 달콤하고도 쉬웠다.

 d. 심판을 받지 않기 위해서 사려 있게 자신들을 심판하였고, 그들은 그렇게 육신적 사욕을 눌러 갔다.

 27 a. 어느 형제가 어쩌다 말을 실수해서 그 말이 다른 형제를 괴롭혔을 경우에는, 그는 너무도 양심의 가책이 되어 자기의 잘못을 고백하기 전까지는 안절부절못했다. 그렇게 되면 땅에 엎드려 비록 그 형제가 그럴 뜻이 없어도 그 형제의 발을 자신의 입에 넣도록 하였다. 만약에 그 형제가 이를 거절하면, 그때에는 만약에 상처를 주는 말을 한 형제가 장상일 경우, 수하 형제에게 순종으로 자신의 입에 발을 넣으라고 했다. 이것도 안 되면 자기보다 더 높은 장상에게 말해서 그렇게 명을 내리도록 했다. 그들은 그들 사이에 있는 원한을 제거하고 서로 간의 완벽한 사랑을 늘 유지하기 위하여 이렇게 하였다. 이렇게 그들은 여러 악행을 그에 적합한 덕행으로 막았다.

 b. 그들은 책이나 수도복 등 무엇이든지 가진 것을 나누었다. 초기의 사도들의 교회 안에서 있었던 것처럼 아무도 어떤 물건을 자기 소유라고 하지 않았다[32].

 c. 비록 그들에게는 극단적인 가난만이 팽배해 있었지만, 그래도 언제나 관대했고, 하느님의 사랑 때문에 요구하는 누구에게나 자신들이 얻어온 동냥을 자유롭게 나누었다.

 28 a. 그들이 길을 걸을 때에, 가난한 사람들이 그들에게 구걸을 해

---

32   사도 4,32.

와도 그들에게 줄 것이 아무것도 없으면 자신들의 옷을 잘라서 가난한 사람들에게 주곤 했다. 어느 형제는 수도복에서 모자를 잘라서까지 가난한 거지에게 떼어 주었다. 어떤 형제는 옷소매까지 잘라서 주어버렸다. 형제들은 그러고서도 복음의 말씀을 실천하기 위해서 수도복의 어느 한 귀퉁이를 잘라 내서 주었다. "청하는 누구에게나 주십시오"[33].

b. 어느 날 한 가난한 사람이 형제들이 거처하던 포르치운쿨라의 천사들의 성 마리아 성당으로 와서 그들에게 동냥을 청했다. 그곳에 어느 한 형제가 세속에 있을 때 입던 외투 하나가 있었다[34]. 복되신 프란치스코가 그 형제에게 그 옷을 가난한 사람에게 주라고 하였다. 그는 지체하지 않고 기쁜 마음으로 그렇게 했다. 그러자 그 형제가 자신의 옷을 그 가난한 이에게 주는 행위에 들어 있는 공경과 열심 때문에, 그 동냥이 하늘에 가납되어, 그 형제는 새로운 영에 휩싸였다.

29 a. 세속의 부자들이 형제들에게 오면, 형제들은 그들을 기쁘고 반갑게 맞이했다. 형제들은 그들을 나쁜 길에서 돌아오도록 했으며, 회개할 것을 권고했다.

b. 당시에 형제들은 친척들과의 친교와 친분을 피하고 예언자의 말씀을 실천하기 위해서 장상에게 자기들을 고향에 가지 않도록 하게 해 달라고 강하게 청하곤 했다. "나는 나의 친척들에게 나그네 되었고, 나의 어머니의 형제들에게는 이방인이 되었네"[35].

c. 그들은 영원한 것을 제하고는 부를 탐하지 않았기에, 가난 안에서 대단히 즐거워하였다. 그들은 금도 은도 절대로 지니지 않았고, 비

---

33   루카 6,30. 에지디오 형제로 여겨진다. 「2첼라노」 4.
34   에지디오 형제다. 1208년 4월 23일 입회한 바로 그날 자기의 외투를 주었다.
35   시편 68,9.

록 현세의 모든 부(富)를 멸시하였지만, 그중에서도 특히 돈을 발로 뭉개 버렸다.

30 a. 형제들이 포르치운쿨라의 성 마리아 성당에서 살고 있던 어느 날, 몇몇 사람들이 성당 안으로 들어왔다. 그들은 형제들에게 알리지 않고 약간의 돈을 제대에 놓았다. 형제들 중의 하나가 성당에 들어오다가 눈에 뜨인 그 돈을 집어서 창문턱에다 올려놓았다. 다른 한 형제가 첫 번째 형제가 돈을 올려놓은 창문턱에서 돈을 발견하고는, 이를 프란치스코에게 보고했다.

b. 복되신 프란치스코가 이 말을 듣고 나서 어느 형제가 그 돈을 그곳에 올려놓았는지 조사했다. 어떤 형제인지가 밝혀지자 프란치스코가 그 형제를 불러다 놓고 물었다. "형제는 왜 이런 짓을 했습니까? 형제는 내가 형제들이 돈을 쓰지 않는 것만 아니라 돈에 손을 대기조차 하지 않기를 바란다는 사실을 모르십니까?" 그 형제는 이 말을 듣고, 무릎을 꿇고 머리를 조아리며 자기의 잘못을 고백하고 보속을 청했다. 성인은 그에게 돈을 입으로 물어서 성당 밖으로 내가고, 그러고 나서 당나귀 똥을 보면 입으로 물어온 것을 그 위에다 놓으라고 명하였다. 그 형제는 정성껏 이 명을 수행했다. 이에 프란치스코가 형제들에게 권고하기를 어디에서든지 돈을 우연히 발견하면 그 돈을 경멸하고 눈도 주지 말라고 하였다.

c. 그들을 방해할 만한 것이 아무것도 없었기 때문에 그들은 끊임없이 큰 희락(喜樂)에 젖어 있었다. 그들은 세상과 멀어지면 멀어질수록 하느님과의 일치는 더더욱 가까웠다. 이들은 오솔길로 들어서서 지름길로 갔으며 울퉁불퉁한 곳을 골랐다. 그들은 바위들을 부수었고, 가시밭길을 걸었으며, 그리하여 자기들의 후속자인 우리에게 길을 터 주었다.

| 제7장 | 그들이 로마에 감,
교황님께서 그들의 수도규칙을 인정하심,
그리고 설교를 할 자격을 주심 |

31 a. 복되신 프란치스코는 구세주의 은총으로 형제들의 수와 덕망이 자라는 것을 보자 그들에게 말했다. "형제들이여, 저는 주님께서 우리를 큰 공동체가 되게 하려 하심을 보고 있습니다. 그러므로 우리의 어머니이신 로마 교회로 가서 교황님께 주님께서 우리를 통해서 하고 계시는 일을 보고합시다. 그렇게 해서 그분의 인정과 위임을 받아 우리가 이미 시작한 일을 계속하도록 합시다". 모든 형제들이 그가 한 말에 동의하였다. 그래서 그는 열두 명의 형제를 데리고 로마로 향했다.

b. 그들이 걷는 중에 프란치스코가 말했다. "우리 중에서 한 명을 우리의 안내자로 선출하여, 그를 우리를 위한 예수 그리스도의 대리자로 앉힙시다. 우리는 그가 택하는 길이면 아무 길이나 갈 것이며, 그가 결정하는 때에 어느 때든지 야숙할 장소를 물색할 것입니다". 그들은 복되신 프란치스코가 최초로 받아들인 형제인 베르나르도 형제를 뽑았고, 프란치스코의 제안대로 하였다.

c. 그들은 주님의 말씀에 대하여 대화를 나누면서 설레는 마음으로 길을 재촉하였다. 그들은 하느님의 찬미와 영광과 영혼에 보탬이 되는 말 외에는 말하려 하지 않았고, 그들의 영혼에 유익한 말만을 하였으며, 기도에 전념하였다. 주께서 음식과 거처를 필요할 때마다 장만해 주셨다.

32 a. 그들이 로마에 도착해서 당시에 로마에 체류 중이던 아씨시

주교를 만났다. 주교는 그들을 보자 한없이 기쁜 마음으로 그들을 환대했다.

b. 아씨시의 주교는 추기경들 중의 한 분이신 성 바오로의 요한 주교[36]를 잘 알고 있었는데, 이분은 선하시고 열심하신 분이셨으며, 주님의 종들을 무척이나 사랑하는 분이셨다. 복되신 프란치스코와 그 형제들의 계획과 생활에 대해서 자세히 말한 주교가 바로 이 주교였다. 그들에 관한 말을 듣고 나서 추기경은 복되신 프란치스코와 그 형제들을 만나보기를 간절히 원했었다. 추기경은 그들이 로마에 있다는 말을 듣고 사람을 보내어 그들을 오도록 했다. 그들을 만나자 추기경은 열광적인 사랑으로 환대했다.

33 a. 그들이 추기경과 함께 지낸 것은 불과 며칠에 지나지 않았지만, 추기경은 그들에 관해서 들었던 모든 것이 그들의 행위에서 그대로 표출되는 것을 볼 수 있었고, 따라서 그는 그들을 깊은 애정으로 사랑하게 되었다. 그가 복되신 프란치스코에게 말했다. "저를 위해서 기도해 주십시오. 그리고 지금 이 시간부터 저를 형제들 중의 하나로 여겨 주시기 바랍니다. 그러니 모두가 여기에 온 이유를 말해 주십시오". 그러자 복되신 프란치스코는 듣기를 원하는 추기경에게 그의 모든 계획을 열어 보였고, 그것을 교황님께 말씀드리고 싶다고 했다. 교황님의 인정과 위임을 받고서 지금까지 해온 일을 계속하겠노라고 했다. 추기경이 답했다. "제가 여러분의 교황청 보호자 추기경이 되고자 합니다".

b. 이리하여 추기경은 교황청으로 가서 교황 인노첸시오 3세께 아

---

36 베네딕토회의 성 바오로 요한 추기경이다. 형제회의 첫 번째 보호자 추기경이다.

뢰었다. "저는 거룩한 복음의 양식대로 살기를 바라고, 또 복음적 완덕을 준수하기를 바라는 가장 완전한 사람을 보았습니다. 확신하건대, 우리 주께서는 이 사람을 통해서 온 세상에 주님의 온 교회를 쇄신하기를 바라고 계십니다". 이 말을 듣고 교황은 매우 놀라, 추기경에게 말씀하셨다. "그를 나에게로 데려오십시오".

34 a. 다음날 추기경은 그를 교황님 앞으로 안내했다. 복되신 프란치스코는 앞서 추기경에게 한 것처럼, 자기의 모든 거룩한 의향을 교황님께 숨김없이 열어 보였다.

b. 교황님께서 응답하셨다. "수도회를 만들 의향이면서 이 세상에서 아무것도 소유할 뜻이 없다면 여러분의 생활은 힘겹고 어려울 것입니다. 필요한 것을 어디에서 충당하시겠습니까?" 복되신 프란치스코가 대답했다. "교황님, 저는 우리 주 예수 그리스도를 믿습니다. 그분은 우리들에게 천국의 생활과 영광을 약속하셨기에, 이 세상에서 우리에게 물질적 필요성이 생길 때, 그분은 우리에게서 육신에 필요한 것들을 거두지 않으실 것입니다". 교황님께서 응답하셨다. "아들이여, 그대의 말이 사실입니다. 그렇지만 인간의 천성은 약해서 한 가지에 항구하지를 못합니다[37]. 그러나 가서 주님께 무엇이 그대들의 영혼에 더 좋고 더 유익한지를 여러분께 보여 주십사고 진심으로 기도하십시오. 그러고 나서 돌아와 저에게 보고하십시오. 그러면 그것을 허락하겠습니다".

35 a. 프란치스코가 기도에 몰입하였다. 그가 순수한 마음으로 주

---

[37] 교황으로 피선되기 전에, 인노첸시오 3세는 「인간 조건의 비참성」(De miseria humanae conditionis)이라는 저서를 출판해서 대단한 호응을 얻었다.

님께 기구를 드리자, 주님께서는 당신의 형언할 수 없는 자비로 프란치스코에게 교황님께서 요구하시는 것을 보여 주셨다. 그가 기도에 잠겨 있는 동안 그의 온 마음이 주님께 드높여져서, 주님의 말씀이 그의 마음속으로 들어왔다. 주님께서는 그에게 비유로 말씀하셨다. "어느 왕국에 몹시 가난했지만 아름다운 처녀 하나가 살았다. 왕은 그녀의 매력에 끌려 그녀에게서 많은 아들을 봤다. 어느 날 그 여인은 홀로 생각하기 시작했다. '나는 이렇게 아들들이 많지만 재산이 없다. 애들의 장래를 위해서 가난한 내가 무엇을 해야 한단 말인가?' 그녀가 마음으로 이러한 궁리를 했지만, 이러한 염려들이 그대로 그녀의 얼굴에 슬픔으로 나타났다. 왕이 나타나 그녀에게 말했다. '무슨 일입니까? 당신의 얼굴에 근심이 역력하고 슬퍼 보이니 말입니다'. 이래서 그녀는 그녀가 염려했던 바를 모두 왕께 설명 드렸다. 왕이 대답했다. '당신의 극단의 가난을 걱정하지 마시고, 또한 태어난 아들들과 앞으로 태어날 아들들도 염려하지 마시오. 내가 내 집에 고용된 수많은 고용인들도 배불리 먹이는데, 내 어찌 나의 아들들을 굶어 죽게 하겠는가? 오히려 다른 사람들보다 더 배불리 먹일 것이니라'".

b. 하느님의 사람인 프란치스코는 즉시 그 가난한 부인이 자기 형상임을 깨달았다. 그 결과로 하느님의 사람은 그 이후로 가장 거룩한 가난을 지킬 그의 결심을 굳혔다.

36 a. 그는 알어나자마자 교황님께 달려가서 주께서 자신에게 계시해 주신 것을 낱낱이 보고 드렸다.

b. 이 설명을 듣고 나서 교황님께서는 주께서 당신의 뜻을 이러한 단순한 사람에게 내보이심에 심히 놀랐다. 그는 프란치스코가 인간적

지혜에 의해서가 아닌 "성령의 활동과 힘 안에서"[38] 움직이고 있음을 깨달으셨다.

c. 복되신 프란치스코는 고개를 숙여 교황님께 순종과 존경을 겸손하고 정성되게 약속했다. 교황님의 뜻에 따라 형제들도 이와 비슷하게 복되신 프란치스코에게 순종과 존경을 약속했다. 왜냐하면 아직 그들이 그때까지 순종 서원을 하지 않았기 때문이었다.

d. 교황님께서는 프란치스코와 그의 형제들, 지금 있는 형제들과 앞으로 들어올 형제들을 위해서 수도규칙에 동의하셨다. 그리고 프란치스코에게 성령의 은총이 이끄는 대로 어디에서나 설교를 할 수 있는 허락을 주셨다. 다른 형제들도 복되신 프란치스코로부터 설교할 직책을 받기만 한다면 설교할 수 있다고 허락하셨다.

e. 그때부터 복되신 프란치스코는 주님의 성령께서 이끄시는 대로 도시와 마을을 돌면서 사람들에게 설교하기 시작했다. 주께서 그의 입 안에 단호하면서도 달콤하고 지극한 위로가 되는 말씀들을 넣어주셔서, 그의 말을 듣는 청중들은 쉽게 자리를 뜰 수가 없었다.

f. 앞서 언급한 바 있는 추기경이 형제에게 바치는 자기 헌신의 뜻으로[39] 열두 명의 모든 형제들에게 머리를 동그랗게 깎아 주어 삭발례를 시켰다[40].

---

38 1코린 2,4.

39 「자노 조르다노(Jordan di Giano)의 연대기」 17 참조: 프란치스코를 단순히 "형제"라고만 호칭한다.

40 머리를 동그랗게 깎는 삭발(tonsura)의 본래의 취지가 여기서는 다르게 나타난다. 여기서는 마치 형제들이 설교할 수 있는 허락을 얻는 데 도움이 되어 준 추기경의 친절의 표시로 묘사되고 있는데, 형제들의 성직이나 설교와는 아무런 관계가 없어 보인다. 그러나 형제들이 성직에 올랐을 때 머리를 동그랗게 깎은 것만은 확실하며(「세 동료들이 쓴 전기」 52 참조),「대전기」 3,10 에는 평형제가

g. 그 후 복되신 프란치스코는 총회를 성령 강림절과 9월에 있는 미카엘 대천사 축일, 이렇게 일 년에 두 번 개최할 것을 명하였다.

제8장 | 복되신 프란치스코가 총회의 개최를 명함, 그리고 총회에서 다루어진 안건들

37 a. 모든 형제들은 성령 강림절에 총회를 위해서 성 마리아 성당으로 모여들었다. 그들은 총회에서 어떻게 하면 수도규칙을 더 완전하게 지킬 수 있는지에 관해서 토론을 벌였다. 그들은 형제들을 각 관구에 파견하면서 사람들에게 설교하는 직책을 부여하였고, 또 어떤 형제들은 각 관구에 위임하였다[41].

b. 프란치스코는 먼저 주님과 상의를 한 후, 적절한 시기에 형제들에게 권고와 징계와 지침을 주었다. 그러나 그들에게 준 말이 무슨 말이든지 간에 그가 먼저 조용히 애정을 가지고 행동으로 그것들을 보여 주었다.

c. 그는 거룩한 교회의 고위 성직자들과 사제들을 공경하였고, 연장자들을 존경하였고, 귀족들과 부자들을 영예롭게 여겼다. 그는 누구

설교할 허락을 받고서 작은 테를 하였다. 이는 사제형제와 구분하기 위해서였는데, 사제형제들은 큰 테를 하였다. 그러나 프란치스코는 끝까지 작은 테를 고집하였다(「2첼라노」 193).

41 「인준받지 않은 수도규칙」 4 참조: 관구장이 형제들의 직책을 임명하는 권한이 초기 형제회에도 있었다.

보다도 가난한 이들을 깊이 사랑했고, 그들과 아픔을 느꼈다. 한마디로 그는 자기 자신을 모든 이들의 밑에 두었다.

d. 그는 모든 형제들보다 높은 자리에 있었지만, 함께 살고 있는 형제 하나를 원장과 주인으로 모셨다. 모든 교만의 기회를 자기에게서 없애기 위해서 겸허하고 열성적으로 그에게 순종했다. 이 성인은 사람들 앞에서 자신의 머리를 땅에 닿을 정도로 숙였다. 이러한 이유로 해서 주님께서는 그를 주님의 성인들과 뽑힌 이들 가운데에서도 들어 높이셨다.

e. 그는 형제들에게 지키기로 약속한 거룩한 복음과 수도규칙을 성실하게 지키도록 권고했다. 특히 교회의 성무(聖務)와 서품에 존경심을 보이라 했고, 미사에 열심히 참석하고, 우리 주 예수 그리스도의 몸을 정중하고 열성적으로 흠숭하고, 지극히 거룩하고 경건한 성사를 집행하는 사제들을 각별히 존경하기를 바랐다. 그래서 형제들은 어디서나 사제들을 만나면 그들에게 고개를 숙여 절을 하고, 그들의 손에 친구(親口)하기를 바랐다. 게다가 그들이 말을 탄 사제들을 만나면 고개를 숙여야 함은 물론이고, 그들의 사제로서의 권위를 존경해서 그들의 손만이 아니라 그들이 탄 말의 발굽에도 친구하기를 바랐다.

38 a. 그는, 수도규칙에 그대로 쓰여 있듯이, 어떤 사람도 판단하거나 무시하지 말고, 호화롭게 먹고 마시고 입는 사람들까지도 판단하거나 무시하지 말라고 하였다. "그들의 주님이 우리의 주님이고, 우리를 부르신 분이 그들을 부르실 수 있으며, 우리를 용서하시기로 하신 분이 그들도 또한 용서하실 수 있기 때문입니다."

b. 그는 습관적으로 말했다. "나는 그러한 사람들을 형제와 주인으로 존경하고 싶습니다. 그들은 나의 형제들입니다. 왜냐하면 우리 모두는 한 창조주로부터 지음을 받았기 때문입니다. 그들은 나의 주인입

니다. 왜냐하면 그들이 우리에게 육신에 필요한 것을 장만해 줌으로써 우리가 회개 생활을 하도록 도와주는 주인들이기 때문입니다". 이어서 그는 말했다. "사람들 가운데에서의 형제들의 삶은 남들이 형제들을 보고 형제들의 말을 들을 적마다 하늘의 아버지께 영광과 찬미를 드리는 것이 되어야 합니다".

 c. 그의 크나큰 소원은 자기와 형제들이 실천을 함으로써 그 실천이 주님께 찬미가 되도록 하는 것이었다. 그가 형제들에게 말했다. "형제들이 말로 평화를 전할 때에는 형제들의 마음에 한층 더 그러한 평화가 있어야 합니다. 그렇게 해서 어떤 사람도 여러분들로 해서 분노하지 않고 또 불미스러운 이야기가 생기지 않도록 합시다. 오히려 그들을 여러분의 온화한 모습으로 평화와 자비와 화목으로 이끌도록 하십시오. 왜냐하면 바로 이것 때문에 우리가 불리움을 받았기 때문입니다. 우리는 상처를 입은 사람들을 낫게 하고, 비뚤어진 사람을 고치고, 길을 잃은 사람들을 데려오라는 부름을 받았습니다. 우리 눈에 악마의 자녀로 보이는 많은 사람들이 오히려 그리스도의 제자가 될 것입니다".

 39 a. 반면에 그는 자신들의 육신에 과도한 고행을 가하는 형제들을 나무랐다. 당시에 형제들은 몸에서 나오는 모든 충동을 억누르려고, 과하게 밤샘을 하고 단식을 하고 육신적 고행을 하였기 때문이었다. 몸에 너무 심하게 고통을 가한 나머지, 마치 자신들을 증오하는 것처럼 보였다. 이것을 듣고 본 프란치스코는 그들을 나무랐고, 위에서 언급한 바처럼, 그들에게 그리 못하도록 명을 내렸다. 구세주의 은총과 지혜로 채워져 있어서 그의 권고는 사랑에서 나왔고, 그의 질책은 선(善)에서 나왔으며, 그의 명(命)은 온화함에서 나왔다.

 b. 총회에 모이는 형제들 중에 아무도 세속 일을 이야기하려는 형제가 없었고, 오히려 그들은 한결같이 거룩한 교부들의 삶을 이야기했

고, 아니면 형제들의 거룩함을 말했으며, 어떻게 하면 우리 주의 은총을 더 잘 받을 수 있을까 하는 이야기만을 했다.

c. 총회에 참석한 어떤 형제들이 육적이거나 세속적이거나 아니면 여타의 어떤 유혹에 빠지게 되면, 이러한 형제들은 복되신 프란치스코의 감미롭고 뜨거운 말을 듣거나 그를 직접 보기만 해도 유혹이 멈췄다. 그는 그들을 동정한 나머지 진정 판정관으로서 말하지 않았고, 자녀들을 대하는 아버지로서 그리고 환자들을 대하는 의사로서 말함으로써 사도의 말씀이 이루어졌다. "누가 아플 때 내가 어찌 아니 아플 수 있습니까? 누가 넘어졌을 때 내가 어찌 아무렇지도 않을 수 있습니까?"[42]

제9장 | 형제들이 세계의 모든 관구로 파견됨

40 a. 총회가 끝나자 그는 참석한 모든 형제들에게 강복을 주었고, 각 형제들에게 그들이 가야 할 관구를 정해 주었다. 하느님의 영을 가진 형제나 설교에 적합한 언변을 가진 형제에게는 그 형제가 성직형제이건 평형제이건 관계없이 누구에게나 설교할 수 있는 허락과 순종을 내렸다. 그들은 주 예수 그리스도 안에서 매우 큰 기쁨과 행복 속에서 그의 강복을 받았다. 성무일도서를 제외하고는 아무것도 지니지 않은 채 길을 떠나, 순례자들이나 나그네들처럼 세상으로 들어갔다.

b. 그들은 사제를 만날 때나, 부자를 만날 때나, 가난한 사람을 만

---

42 2코린 11,29.

날 때나, 복되신 프란치스코의 가르침에 따라 머리를 숙여 공손히 인사를 하여 그들에게 존경심을 보였다.

c. 그들은 날이 저물어 거처를 찾아야 할 경우에는 평신도들에게 가기보다는 즐겨 사제들에게 갔다.

41 a. 만일 사제들의 집에서 묵을 수 없게 될 경우에, 형제들은 영적이며 하느님을 경외할 줄 아는 사람들의 집에 묵도록 하였고, 아니면 그들의 도움으로 더욱 적합한 숙소를 구할 수가 있었다. 그 후로도 주님께서는 도시나 마을에 사는, 이렇게 하느님을 두려워할 줄 아는 사람들에게 형제들을 위해서 거처를 마련해 주도록 계시하실 때까지 이 일은 계속되었다. 후에는 형제들이 도시나 마을에 자기들이 거처할 집을 지었다.

b. 하느님께서는 형제들이 많은 청중들의 가슴에 깊이 파고드는 날카로운 말을 할 수 있도록 하기 위해서, 형제들에게 그때그때 필요한 말씀과 영을 주셨고, 특별히 이러한 말은 노인들보다는 젊은이들의 가슴을 파고들었다. 젊은이들이 부모를 떠났고, 자기들이 소유한 모든 재물을 떠났으며, 거룩한 수도회의 옷을 입고 형제들을 따랐다. 당시에는 특별히 이 수도회 안에, 복음에서 다음과 같이 말씀하시는 주님의 말씀이 충만했다. "내가 세상에 평화를 주러 온 줄로 생각하지 말아라. 평화가 아니라 칼을 주러 왔다. 나는, 아들은 아버지와 맞서고 딸은 어머니와 맞서게 하려고 왔다"[43]. 형제들은 자기들이 받아들인 지원자들에게 수도복을 입히기 위해서 복되신 프란치스코에게 데리고 갔다.

c. 이렇게 많은 여인들, 즉 많은 처녀들과 과부들도 형제들의 설교에 마음이 뉘우쳐져서, 그들에게 와서 물었다. "우리는 어떻게 해야 합

---

[43] 마태 10,34~35.

니까? 당신의 형제회에 들어갈 수가 없으니 말입니다. 그러니 어떻게 하면 우리들의 영혼을 구할 수 있는지 말해 주십시오". 그 응답으로 형제들은 각 마을에 이 여인들이 회개 생활을 할 수 있도록 봉쇄 수녀원을 만들었다. 이들을 위해서 형제 중의 하나가 방문하고 순시하는 직책에 임명되었다.

d. 이와 비슷하게 결혼한 남자들도 이렇게 말했다. "우리는 자기들을 버리지 못하게 하는 부인들이 있습니다. 그러니 어떤 생활을 택해야 더 안전한지를 우리에게 가르쳐 주십시오". 이렇게 해서 형제들은 그들을 묶어서 회개회라고 하는 모임을 만들었고 교황의 인준을 받았다.

제10장 | 형제회에 마음이 끌리는 추기경들이 이제는 형제들을 돕고 충고하기 시작함

42 a. 공경하올 스승인 성 바오로의 요한 추기경은 자주 복되신 프란치스코를 아끼며 충고를 아끼지 않았다. 그리고 다른 모든 추기경들에게 복되신 프란치스코와 그 형제들이 이루어가는 좋은 점과 성업을 칭찬하였다. 모든 추기경들이 그의 말을 듣고는 깊이 감동되어 형제들을 사랑하였다. 추기경들마다 몇몇 형제들을 자기들 거처에 데리고 있기를 바랐다. 특별히 형제들에게 일을 시켜서 봉사를 받기 위해서가 아니라, 형제들에 대한 그들의 크나큰 헌신과 사랑 때문이었다.

b. 어느 날 복되신 프란치스코가 교황청에 왔을 때, 추기경들마다 그에게 형제들을 보내 줄 것을 요구했다. 그래서 그는 그들의 제안을 황송하게 받아들였다.

c. 거룩한 형제들을 사랑했던, 위에서 언급한 요한 추기경은 서거하였고, 지금은 안식을 누리고 있다⁴⁴.

43 a. 그분의 서거 후, 주께서는 추기경들 중에서 오스티아(Ostia)의 주교인 우골리노(Ugolino) 추기경의 마음을 움직이셨다. 그는 복되신 프란치스코와 형제들을 실로 뜨겁게 사랑했고, 친구로서가 아니라 아버지로서, 아니 아버지 이상으로 사랑을 보였다. 추기경의 고매한 인품을 들어 알고 있던 프란치스코가 그분께 다가갔다. 추기경이 그를 보자 그를 반갑게 맞이했다. 그리고 말했다. "형제들에게 저를 바칩니다. 형제들이 원하는 만큼 형제들을 충고하고 돕고 보호하겠습니다. 여러분의 기도 중에 저를 기억해 주십시오".
b. 그러자 복되신 프란치스코는 이 추기경의 마음을 움직이시어 추기경으로 하여금 충고와 도움과 그리고 보호를 하게 하신 지존하신 분께 감사를 드렸다. 그가 추기경에게 말했다. "추기경님, 기쁜 마음으로 추기경님을 나의 모든 형제들의 아버지요 보호자로 모시겠습니다. 그리고 모든 형제들에게 당신을 위해서 주님께 기도드리라고 당부하겠습니다". 그리고 나서 그는 추기경에게 성령 강림절에 열리는 형제들의 총회에 참석하도록 청했다. 추기경이 이를 받아들였고, 그 후로는 해마다 참석했다.
c. 그가 총회에 올 때마다 총회에 모인 모든 형제들이 행렬을 지어 걸어서 그를 마중 나갔다. 형제들이 나오면 추기경은 그들을 지극하게 여겼던 관계로 말에서 내려 형제들과 함께 성당까지 걸어서 갔다. 그러고는 형제들에게 강론을 하고 미사를 집전했으며, 복되신 프란치스코는 복음을 낭독했다.

---

44 제4차 라테라노 공의회가 열리기 수개월 전인 1215년 여름에 사망했다.

제11장 | 교회가 형제들을 박해자들의 손에서 보호함

44 a. 형제회가 시작된 지 11년이 지나니, 형제들의 수효가 늘어났고, 봉사자들이 선출되었으며, 많은 수의 형제들이 가톨릭 신앙을 받드는 거의 모든 나라의 방방곡곡에 파견되었다.

b. 어떤 지방에서는 형제들을 받아들이기는 하였으나, 형제들이 집을 짓고 자리를 잡는 일은 허락지 않았다. 어떤 지방에서는 추방을 당했다. 사람들은 형제들이 전통적인 그리스도교인이 아닐까 두려웠던 것인데, 이러한 일은 형제들이 아직 교황으로부터 수도규칙을 인준 받지 못한 데서 기인하는 일들이었다. 단지 구두로만 허락을 받았던 것이다. 이러한 이유로 형제들은 성직자들이나 평신도들로부터 많은 시련을 받아야만 했고, 도둑들에게 옷을 벗기기도 했으며, 그러고는 크나큰 쓰라림과 실망을 가슴에 안은 채 복되신 프란치스코에게 돌아왔다. 이러한 일들이 형제들에게 일어난 곳은 헝가리와 독일[알라마니아(Alamania)] 등 여러 지방에서였다.

c. 형제들은 이러한 사실들을 오스티아의 추기경께 보고하였다. 그러자 그는 복되신 프란치스코를 불러서 그와 함께 호노리오 교황께 갔다. 그때는 이미 인노첸시오 교황께서는 타계하신 후였기 때문이다. 추기경이 프란치스코로 하여금 프란치스코 손수 다른 수도규칙을 쓰게 하였고, 그것을 추기경이 인준하였으며, 교황의 봉인으로 교황이 보호하겠다는 약속이 첨가되었다.

d. 「인준받은 수도규칙」에서 그는 총회와 총회 사이의 기간을 늘렸는데, 이는 아주 멀리 떨어진 지방에 사는 형제들이 오가는 수고를 덜기 위한 것이었다.

45 a. 거기에다가 수도규칙에도 기록되어 있듯이 복되신 프란치스코는 교황님께 이 수도회를 지도하고 보호하고 시정할 추기경 한 분을 주십사 하는 청을 드렸다. 이에 교황께서는 위에서 언급한 바 있는 오스티아의 주교를 형제들에게 주셨다.

b. 오스티아의 주교는 교황으로부터 이 임명을 받고 나서 형제들을 옹호하기 위하여 손을 쓰기 시작하였고, 형제들이 부당한 대우를 받았던 지역의 많은 고위 성직자들에게 서한을 띄웠다. 그는 고위 성직자들에게 형제들을 거스르지 말 뿐만 아니라, 그들은 교회가 인정하는 훌륭하고 열심한 사람들이므로, 오히려 그들의 교구에서 설교하고 거주할 수 있도록 돕고 아낌없는 충고를 해줄 것을 요구했다. 여러 추기경들에 의해서 이와 비슷한 내용의 편지들이 같은 목적으로 발송되었다.

c. 다음 총회에서 복되신 프란치스코는 지방 봉사자들에게 새 형제들을 임의로 수도회에 받아들일 수 있는 권한을 부여했고, 형제들은 그들의 관구로 돌아갔다. 그들은 우리가 이미 언급한 추기경으로부터 확인된 수도규칙과 서한을 가지고 갔다. 고위 성직자들은 교황으로부터 인준을 받았을 뿐만 아니라, 오스티아의 추기경과 다른 추기경에 의하여 승인된 수도규칙을 보자, 형제들에게 자기들 교구에서 집 짓고 살면서 사람들에게 설교할 수 있는 허락을 내렸다.

d. 이렇게 해서 형제들은 어려움이 컸던 교구에 거주하면서 설교를 하였고, 많은 사람들이 형제들의 겸허하고 정직한 생활을 알게 되었고, 또 그들의 매우 부드러운 말들을 듣게 되었다. 이리하여 그들은 형제들에게 모여들어 형제회의 거룩한 수도복을 받았다.

e. 복되신 프란치스코는 형제들에 대한 오스티아 주교의 신뢰와 애정을 보고서, 그분을 가장 경모(敬慕)했다. 프란치스코는 이 주교에게 서한을 띄울 때마다 이렇게 말하곤 했다. "그리스도 안에서 온 세상의 공경하올 아버지 추기경님께".

f. 불과 몇 년 후에 이 오스티아 주교가 복되신 프란치스코의 예언에 따라 그레고리오 9세라는 이름으로 교황에 피선되었다.

| 제12장 | 프란치스코의 죽음 그리고 그의 기적들과 그의 시성식 |

46 a. 복되신 프란치스코가 복음적 완덕을 이룬 지 20년이 지나서, 자비로우신 하느님께서는 그에게 무거운 짐을 내려놓도록 하셨다. 그는 지금까지 수많은 밤샘과 기도와 단식, 애원과 설교와 여행, 그리고 책임감과 이웃에 대한 연민으로 수고로운 삶을 살았다. 참으로 그는 그의 온 마음을 창조주이신 하느님께 바쳤고, 그의 마음을 다 바치고, 그의 영혼을 다 바쳐 전력을 기울여 그분을 사랑했다. 그는 하느님을 그의 마음에 모셨고, 그분을 그의 입술로 찬미하였으며, 그분을 그의 행동으로 영예롭게 하였다. 그는 하느님의 이름만 들어도 이렇게 말하곤 했다. "하늘과 땅은 이 이름에 고개를 숙일진저".

b. 주 하느님께서는 프란치스코에게 지니셨던 당신의 사랑을 내보이려 하셨다. 이리하여 주님께서는 당신의 가장 사랑하는 아드님의 오상(五傷)을 그의 손과 발과 옆구리에 박아 주셨다. 그리고 하느님의 종인 프란치스코가 그분의 집으로 돌아가기를 갈망하였고, 그분의 영광의 자리에 거하기를 열망했기에 주님께서 그를 당신께 부르셨다. 이리하여 그는 영광스럽게 주님께로 돌아갔다.

c. 그의 죽음 후에 사람들 사이에서 많은 징조와 기적들이 나타났고, 이리하여 주님께서 당신의 종을 통해서 자비롭게도 드러내 보이셨던 것들을 끝끝내 믿지 않으려 했던 많은 사람의 마음이 누그러졌다. 이제

서야 그들은 이렇게 말한다. "바보였던 우리는 그의 삶을 미친 짓으로 생각했고, 그의 죽음을 영예롭지 못한 것으로 생각했었다. 이제 보니 그는 하느님의 자녀들 중의 하나였고, 성인들의 반열에 들어 있었다".

47 a. 성인이 살아 있을 동안 그를 사랑했던 공경하올 주인이시자 아버지이신 그레고리오 교황께서 그가 죽은 후에도 그를 영예롭게 하셨다. 추기경들과 함께 성인이 묻힌 장소에 오시어 그를 성인들의 반열에 올려놓으셨다.

b. 이 시성식의 여파로 수많은 지체 높은 귀족들이 부인들과 아들들과 딸들을 데리고 모든 가족이 가진 것을 다 버리고 함께 하느님께 돌아왔다. 부인들과 딸들은 봉쇄 수녀원으로 들어갔다. 남편들과 아들들은 작은 형제들의 옷을 입었다.

c. 이리하여 프란치스코가 형제들에게 한 예언이 이루어졌다. "조만간 현명하고 배움이 많고 고귀한 많은 사람들이 우리에게 올 것이며 우리와 함께 할 것이다".

맺음말

48. 지극히 사랑하는 형제들이여, 제가 형제들에게 간곡히 청합니다. 우리가 우리의 친애하는 사제형제들과 평형제들을 염려해서 여기써 내려온 것들을 애써 묵상하고 바르게 이해하여 실천하도록 힘쓰십시오. 그리하여 우리 모두 천국에서 만나도록 합시다. 우리 주 예수 그리스도께서 우리를 그곳으로 이끄시기를 빕니다.

번역을 마치고

창 밖에는 안개가 자욱하여 바로 눈앞의 몇 그루 나뭇가지들만 보인다. 그분은 알 수 없는 안개다. 그 안개가 이렇게 나를 사로잡을 수가 없다.
번역본은 로렌조 디 폰조(Lorenzo Di Fonzo, OFM Conv.) 형제의 1972년 라틴어 비판본을 사용하였다.

1995년 10월 11일 저녁 6시 55분
캔터베리에서
이재성(보나벤투라)

세 동료들이 쓴 전기

옮긴이: 이재성(보나벤투라), 작은 형제회(프란치스코회)

소개글

이 「세 동료들이 쓴 전기」는 많은 사본들이 있고, 또한 그 사본들이 매우 다양한 점으로 미루어 볼 때 이 전기는 적어도 14세기 초부터 높은 평가를 받아 왔음을 짐작할 수 있다. 피사(Pisa)의 바르톨로메오(Bartolomeo)도 1385년과 1390년 사이에 저술한 그의 저서 「드 콘포르미타테」(De conformitate)에서 이 전기를 자주 인용한다. 1768년에는 볼란디스트(Bollandist)들까지도 「잔꽃송이」(Fioretti)는 제외시키면서도 「성인들의 행적」(Acta Sanctorum) 안에 이 전기를, 프란치스코를 대표하는 자료로서 첼라노의 「제1첼라노」와 성 보나벤투라의 「대전기」와 함께 삽입했다.

1894년에 이르러 폴 사바티에(Paul Sabatier)는 프란치스코의 옛 전기물들에 대한 비판 작업을 시작한 이래 이 작품에 충분한 가치를 주었다. 그러나 볼란디스트들 중의 하나인 반 오트로이(Van Ortroy)는 그의 유명한 논문 「아날렉타 볼란디아나」(Analecta Bollandiana)에서 「세 동료들이 쓴 전기」를 혹평한다. 이 전기는 그 진위성(眞僞性)을 가려 볼 가치도 없는 13세기 말에 쓰여진 관공서식 전기 이외에 아무것도 아니라는 것이다. 이에 반박하여 폴 사바티에는 「소위 세 동료들이 썼다는 프란치스코 전기의 진위성」(The Authenticity of the Legend of St. Francis by the so called Three Companions)이라는 소제목의 논문을 썼다. 이것이 소위 프란치스칸 논쟁의 발단이다.

이 책의 비판본을 내는 작업이 지금까지 세 번에 걸쳐 있었다. 제일 먼저 1898년에 팔로치-풀리냐니(M. Faloci-Pulignani)가 소위 "스펠로-폴리뇨"(Spello-Foligno)로 불리는 카푸친 수도회 소유의 필사본을 중심으로 출판했고, 그 다음으로는 1939년에 주세페 아바테(P. Giuseppe Abate)가 소위 "사르나노"(Sarnano)라고 불리는 14세기 초의 필사본을 중심으로 비판본을 냈다. 아바테의 주장은 이 전기의 작가가 토마스 첼라노의 「제2첼라노」와 보나벤투라 「대전기」와 「익명의 페루지아 전기」를 인용했다는 것이다. 그래서 그는 이 전기를 13세기 말의 전기라고 주장한다. 마지막으로 세 번째는 1974년에 테오필 데보네(Theophile Desbonnets)가 아바테와 다른 학자들의 견해를 비판하면서, 필사본들 전반을 깊이 있게 대조하여 결정판이라고 할 수 있는 비판본을 출판했다. 본 역서는 이 비판본을 우리말로 옮긴 것이다. 데보네가 연구한 결과는 다음과 같이 요약할 수 있겠다.

1) 레오, 루피노, 안젤로, 이상 세 동료들이 1246년 8월 11일에 그레초(Greccio)에서 쓴 편지는 확실히 신빙성이 있다. 왜냐하면 이 편지는 다른 모든 사본들에도 한결같이 등장하고 있고, 다른 문헌이나 아니면 단독으로 나타나는 경우는 단 한 번도 없기 때문이다. 그런데 문제는 이 편지의 문체가 「세 동료들이 쓴 전기」의 문체와 다르다는 점이다. 하나의 가설을 세우자면 크레센지오 총장에게 보낸 자료들이 「세 동료들이 쓴 전기」만 있었던 것이 아니라 다른 많은 자료들도 있었는데, 바로 그 자료들에 부착되어 있었던 편지가 바로 이 편지가 아닌가 하는 점이다. 세 동료들은 이러한 자료들을 1244년의 총회와 총장의 명을 받아서 작성했노라고 말한다. "지극히 복되신 사부 프란치스코의 행적에 관하여 형제들이 알고 있거나, 수집할 수 있는 자료들을 당신께 전해 드리는 것이 지난번 총회의 의결 사항이기도 했고, 당신의 명이기도 했기에…우리는 전기의 형식을 취하지 않기로 하였다…그보다는 오히려 어느 쾌적한 들판에 핀 무수한 꽃 중에서 가장 아름다운 꽃을 마음 가는 대로 골라 모으듯 하였다. 따라서 역사적 순서를 따르지 않았고…가장 아름다운 꽃을 마음 가는 대로 골라 모으듯 하였다"라는 말은 「페루지아 전기」의 형식과 맞아떨어지기 때문에 이 편지는 「페루지아 전기」에 달린 편지로 간주된다. 왜냐하면 「세 동료들이 쓴

전기」는 편지의 내용과는 달리 전기의 형식을 갖추고 있으며, 역사적 순서를 밟기 때문이다. 결론적으로 이 전기물은 총장에게 보낸 자료들 중의 일부이기는 하지만 "마음 가는 대로 골라 모은" 자료의 일부는 아니라고 할 수 있다.

토마스 첼라노는 이 전기의 일부를 「제2첼라노」를 저술하는 데에 사용하는데, 그는 이 전기를 다른 자료들과 분리한다. 그리고 그가 이 전기를 다른 자료들과 분리할 때에 편지도 함께 거기에 포함시켰다. 이때부터 이 편지는 「페루지아 전기」와 분리되어 「세 동료들이 쓴 전기」와 붙어 다니게 된 것이다.

2) 이 전기의 작가는 과연 누구인가? 문체를 비교해 보면 쉽게 알 수 있는 일이지만 「페루지아 전기」의 작가는 아니다. 데보네는 다음과 같은 가설을 세우는데, 세 동료들 중의 하나라고 한다면 최소한 레오는 아닐 것으로 본다. 문체가 레오의 문체는 아니고, 루피노는 글을 남긴 형제가 아니기 때문에 저자를 안젤로로 본다. 그러나 이것도 확실성은 희박하기 때문에, 확실하게 말할 수 있는 것은 저자가 아씨시 사정에 정통한 점으로 미루어 보아 아씨시 출신의 어느 초기 형제들 중의 하나일 것으로만 짐작하고 있다.

3) 저술 연대는 언제인가? 이 문제를 밝히기 위해서는 여러 자료들을 비교해 볼 필요가 있다. 이 전기와 관련성이 있는 전기들로서 서로 비교해야 할 전기물들은, 토마스 첼라노의 「제1·2첼라노」, 「율리아노 스피라」, 「페루지아 전기」, 그리고 성 보나벤투라의 「대전기」이다.

「세 동료들이 쓴 전기」는 토마스 첼라노의 「제1첼라노」를 인용하면서 세부적으로 이를 보완한다. 또한 율리아노 스피라는 토마스 첼라노의 「제1첼라노」를 이용하여 몇 가지를 보완하면서 1232년과 1239년 사이에 전기를 쓰는데, 이것도 세 동료들이 이용한다. 반면에 토마스 첼라노는 이 「세 동료들이 쓴 전기」를 의지하여 「제2첼라노」를 쓴

다. 「제1첼라노」에서 누락된 부분, 특히 프란치스코의 젊은 시절과 회개 부분을 보충한다. 따라서 이 전기의 1장에서 16장까지는 토마스 첼라노의 「제2첼라노」 이전에 쓰여졌고, 「제1첼라노」와 「줄리아노」보다는 후에 쓰여졌다고 볼 수 있다. 좀 더 구체적으로 말한다면 이 「세 동료들이 쓴 전기」는 교황 그레고리오 9세의 1241년 서거 후 얼마 안 되어서 쓰여졌음이 확실하다(67번 참조).

따라서 「세 동료들이 쓴 전기」의 1장에서 16장까지의 저술 기간은 5년이다. 「제2첼라노」의 저술 직전과 교황 그레고리오 9세의 서거 사이가 5년이 되기 때문이다. 이는 1246년에 그레초에서 보낸 세 동료들이 쓴 편지와 시대적으로 맞아떨어진다.

가장 오래된 사르나노 필사본과 그 외의 많은 사본들도 16장으로 끝나는데, 몇몇 사본들만이 마지막 두 개의 장을 첨가하고 있다. 즉, 프란치스코의 오상, 죽음 그리고 시성식을 덧붙이는데, 이 두 장은 그 문체에서 1장에서 16장까지의 문체와는 너무도 다르다. 이 두 개의 장은 바로 보나벤투라의 「대전기」 13장을 인용한 것이다. 따라서 이 부분의 저술은 1266년 이후로 보아야 할 것이다.

따라서 반 오트로이나 다른 전문가들처럼 이 전기를 가치 없는 것으로 볼 수는 없다. 오히려 원천적 자료 중에서도 마지막 2장을 제외하고는 아주 중요한 자리를 점하는 것으로 여겨야 할 것이다. 이 전기는 「제1첼라노」와 더불어 프란치스코의 젊은 시절과 회개, 그리고 초기 형제회에 관해서 가장 완전한 자료를 제공해 주고 있다. 이 저자는 프란치스코를 매우 가까이 접한 형제이며, 프란치스코로부터 직접 많은 이야기를 들은 형제임에 틀림없다. 이 형제의 문체는 매우 자연스럽고 객관적인 어휘들을 사용하며, 수사적이고 장식적인 언어를 피한다. 그리고 프란치스코의 사건들을 신성화하려는 의도도 보이지 않는다. 우리의 관심을 끄는 많은 자료들을 제공하고 있다.

머리글

　이 글은 복되신 프란치스코의 세 동료들이 써 보낸 글이다. 이 글에서 그들은 프란치스코의 세속 생활 모습과 아울러 그의 경이롭고도 완벽한 회개를 기술하며, 또한 프란치스코 자신과 초기 형제들에게서 태동한 본 수도회의 기원과 기초를 기술한다.

편지

1. 그리스도 안에서 공경하올 아버지이시며, 또한 하느님의 은총으로 총봉사자가 되신 크레셴지오 형제께, 한때 지극히 복되신 사부 프란치스코의 부당한 동료들이었던 레오, 루피노, 안젤로가 주님 안에서 마땅하고 가없는 존경을 드리는 바입니다.

지극히 복되신 사부 프란치스코의 행적에 관하여 형제들이 알고 있거나 수집할 수 있는 자료들을 당신께 전해 드리라는 것이 지난번 총회의 의결 사항이기도 했고, 당신의 명(命)이기도 했기에, 그분과 함께 오랜 기간을 지낸 일이 저희에게는 부당한 일이었지만, 저희가 그동안 직접 목격한 사실들과, 다른 거룩한 형제들, 특히 가난한 부인들의 시찰자인 필립보 형제와 아르체(Arce)의 일루미나토 형제, 마리냐노(Marignano)의 맛세오 형제를 통해서 알 수 있었던 일들과, 또한 공경하올 에지디오(Egidio) 형제의 동료인 요한 형제가 에지디오 형제에게서는 물론 복되신 프란치스코의 동료인 고(故) 베르나르도 형제에게서 수집한 내용 가운데 우리들이 들은 것 일부를 사실 그대로 공경하올 총봉사자께 전해 드려야겠다고 생각했습니다.

우리는 성성(聖性)을 내보이기는 하나 성성의 본질을 보여 주지 못하는 기적들을 그저 단순히 나열하는 데에만 만족지 않고, 무엇보다도 그분의 거룩한 일상생활의 탁월한 면과, 거룩한 뜻에 맞게 살았던 이상(理想)들 중에서 가장 중요한 것들과, 거룩하고 칭송할 만한 지향(志向)들을 심혈을 기울여 보여 주려고 노력하였습니다. 이는 지존하신 하느님과 우리의 거룩하신 사부님께 찬미와 영광이 되고, 그분의 발자취를 따르고자 하는 이들에게 도움이 되고자 하기 위함입니다. 우리는 전기(傳記)의 형식을 취하지 않기로 하였습니다. 왜냐하면 하느님께서 그분을 통해서 이루신 그분의 생활과 기적들이 이미 전기 형식으로 여러 개 쓰였기 때문입니다. 그보다는 오히려 어느 쾌적한 들판에 핀 무수한 꽃 중에서 가장 아름다운 꽃을 마음 가는 대로 골라 모으듯 하였습니다. 따라서 역사적 순서를 따르지 않았고, 이미 전기들 안에서 아름답게 사실대로 기술된 많은 부분들을 생략했습니다.

혹 총봉사자께서 보시기에 괜찮다고 여겨지시면, 여기에서 언급된 몇몇 항목들을 다른 전기들의 사이사이에 삽입하셔도 좋으리라 사료됩니다. 앞서 전기들을 쓰신 공경하올 분들이 우리가 서술한 것들까지 접하셨다면 전기에서 이것들을 빠뜨리지는 않았을 것으로 우리는 믿는 바입니다[1]. 아니 오히려 그분들의 특유한 문체로 그것들을 다듬어서 후대에 기억에 남도록 하셨으리라고 믿고 있기 때문입니다.

주 예수 그리스도 안에서 늘 편안하시기를 기원하오며 당신의 충실한 자녀들인 저희를 그리스도 안에서 당신께 겸손하고 온전하게 내맡깁니다.

그레초(Greccio)에서 1246년 8월 11일

---

1 참조: 「1첼라노」 2.

> **제1장** | 프란치스코의 출생과 허영과 까다로움과
> 협협함, 그리고 이러한 성향들이 가난한
> 이들에 대한 관용과 사랑으로 전환된 경위

2. 스폴레토(Spoleto) 계곡의 가장자리에 위치한 아씨시(Assisi) 고을 출신의 프란치스코는, 아버지의 부재(不在) 중에 태어나서, 처음에 어머니께서 요한이라 불렀으나, 후에 프랑스에서 돌아온 아버지가 그를 프란치스코라고 불렀다.

그는 성장하면서 두뇌가 명석하여 아버지의 사업인 장사를 시작하였다. 그러나 그는 아버지와는 사뭇 달라서, 보다 쾌활하고 자유로웠고 유희에 몰두하였으며, 밤낮을 가리지 않고 같은 또래들과 아씨시를 배회하며, 수중에 들어온 돈을 모두 향연이나 그와 흡사한 일에 한 푼도 남기지 않고 써 버릴 정도로 낭비벽이 심했다.

이런 일로 해서 그는 그의 신분에 어울리지 않게 마치 귀족의 자녀라도 되는 듯이 자기나 친구들을 위해서 돈을 물 쓰듯 한다고 부모님으로부터 여러 번 꾸중을 듣기도 하였다. 그러나 부모님은 부유하였고 또 그를 극진히 사랑하였으므로 이런 일로 그를 성가시게 하지 않으려고 이를 참아 넘기곤 하였다. 그러한 어머니는 이웃 사람들이 아들의 협협함을 언급할 때 이렇게 대답하곤 하였다. "내 아들이 장차 어떤 아이가 될 것으로 여기십니까? 조만간 분명히 하느님의 은총을 입어서 하느님의 자녀가 될 것입니다".

이와 같이 그는 마음이 후하고 협협하였을 뿐만 아니라 무엇보다도 옷치장에 한껏 멋을 부려, 분에 넘치는 비싼 옷감들을 몸에 걸치곤 하였다. 까다로우면서도 또한 극히 허황한 데가 있어서 그는 가끔 헐

한 옷을 화려한 천으로 기우라고 시키기도 하였다[2].

3. 그의 언행은 거의 천성에 가깝도록 예의 발랐고, 상처 주기 쉬운 말이나 점잖지 못한 말은 양심에 따라 결코 입 밖에도 내지 않았을 뿐 아니라, 그 역시도 해학적이며 남과 어울리기를 좋아하는 젊은이였음에도 불구하고, 그는 점잖지 못한 말을 들으면 들은 척도 아니하려고 굳게 마음먹었다. 이리하여 그에 관한 평판이 거의 온 지방에 퍼져서, 그를 아는 많은 측근으로부터 그는 장차 큰일을 할 인물이라는 말을 들었다.

이렇게 타고난 그의 좋은 성품 위에 하느님의 은총이 작용하여 그는 자신에게 다음과 같이 말하기에 이르렀다. "헛되고 덧없는 칭찬의 상급을 받기 위해서도 사람들에게 이렇게 예의 바르고 너그러운 너일진대, 하물며 무엇이나 후하게 백배로 갚아 주시는 하느님이시니, 너 어찌 가난한 이들에게도 그처럼 관대하고 너그럽지 않을 수 있느냐?" 이때부터 프란치스코는 가난한 이들을 환대했고 또 충분한 애긍을 베풀었다. 사실 그는 장사하는 상인이었음에도 불구하고 세상의 재화를 헤프게 다루는 사람이었다.

그러던 어느 날 그가 늘 하던 대로 상점에서 옷감을 팔고 있는데, 한 거지가 안으로 들어와서 하느님의 사랑으로 동냥을 청했다. 그러나 그는 물욕(物慾)과 잇속 차리기에 급급하여 이를 거절했다. 그러나 그는 하느님의 은총의 빛을 받아서, 자기의 이러한 엄청난 과오를 스스로 심하게 탓하며 말했다. "그 거지가 만약에 어떤 귀족이나 영주의 이름

---

[2] 당시에는 헐한 옷을 화려한 천으로 기워 입는 것이 젊은이들 사이에 유행이었고, 설교자들은 이를 책망하였다. 외적으로 화려한 옷과 헐한 옷으로 구분되던 당시의 계급 사회도 이러한 유행을 마땅치 않게 여겼다.

으로 청했다면, 틀림없이 너는 무엇인가 그에게 베풀었을 것이다. 그런데 왕 중의 왕이시요, 만물의 주인이신 분의 이름으로 그 거지가 청했으니, 그렇다면 너는 말할 것도 없이 그에게 무엇인가를 베풀었어야 하지 않겠느냐!"

이러한 일이 있은 후에 그는 누가 하느님의 이름으로 무엇을 청하면 그 청이 무슨 청이든 간에 절대로 거절치 않으리라고 마음속 깊이 다짐하였다.

> 제 2 장
>
> 페루지아에서 포로로 잡힘,
> 그리고 기사가 되고자 했을 때,
> 그에게 나타난 두 환시

4. 페루지아와 아씨시 간에 전쟁[3]이 있던 해에 프란치스코는 많은 동향인들과 함께 포로가 되어 페루지아로 끌려가게 되었으나, 그 태도가 하도 품위가 있어서 프란치스코만이 기사들과 같은 감방을 쓰게 되었다.

동향인 포로들은 깊은 우울함에 빠져 있는데도, 천성적으로 쾌활하고 명랑했던 프란치스코는 슬퍼하는 기색이 전혀 없었고, 오히려 즐거운 듯하였다. 이에 관하여 동료 중의 하나가 그에게 감옥에 갇혀 있는 꼴에 좋기는 뭐가 그렇게도 좋으냐고 하며 그를 얼간이 취급하였

---

3 페루지아와 아씨시 간의 전쟁은 몇 번의 휴전을 포함해서 1202년에서 1209년까지 계속되었다. 여기서 말하는 전쟁은 1202년에 처음으로 시작된 전쟁이다.

다. 이에 프란치스코는 또렷한 목소리로 응답했다. "그대는 나를 어떻게 생각하는가? 나는 얼마 안 가서 온 세상 사람들로부터 칭송을 받을 것이다".

그런데 다음과 같은 일이 있었다. 함께 온 기사 중의 하나가 다른 포로 동료에게 욕설을 퍼부었다. 모두가 그를 상대하려 들지를 않았다. 그러나 프란치스코만은 그의 친구가 되어 주었고, 다른 동료들에게도 그렇게 하라고 권하였다.

일 년이 지나서 두 마을 간에 평화가 찾아와 프란치스코는 동료 포로들과 더불어 아씨시로 돌아왔다.

5. 몇 해 후에 아씨시의 한 귀족이 부귀와 영화를 얻을 양으로 아풀리아(Apulia)로 가려고 기사 장비 채비를 하고 있었다. 이 소식을 접한 프란치스코는 그와 함께 아풀리아로 가려는 열망에 사로잡힌 나머지, 그 백작 젠틸레(Gentile)[4]의 기사가 되려고 호화로운 장비를 한껏 장만하였으니, 그 귀족보다 더 부유하지도 못하면서 돈 쓰는 일에는 훨씬 더 헙헙하였다.

그는 빠진 것들이 없는지 일일이 장비 점검을 마치고 나서, 완벽하게 목적을 달성하는 데에만 골몰하여 장도(壯途)에 오를 생각으로 마음

---

4 「세 동료들이 쓴 전기」에서만 프란치스코의 상관인 백작의 이름이 "젠틸레"(Gentile)로 명시되어 나온다. 당시의 다른 역사 전문서에서는 "젠틸레"라는 이름을 찾아볼 수 없고, 오히려 이와는 달리 프란치스코의 상관으로 브리엔느(Brienne)의 "괄테리오"(Gualterio) 백작을 언급한다. 이 백작은 아풀리아 전쟁(1201~1205)으로 유명한 인물이며, 교황 인노첸시오 3세의 군대를 지휘한 기사다. 당시에는 음유시에서 백작을 수식하는 수식어로 "신사다운"의 뜻을 지닌 "젠틸레"(gentile)를 썼으며, 이 수식어가 후대에 이렇게 대문자화(大文字化)한 것이다.

이 부풀어 있었던 어느 날 밤에 주님의 방문을 받았다. 주님은 영화에 굶주려 안달하는 그를, 환시(幻視)를 통해서 그 영화를 마치 성취하기나 한 듯이 부추기셨다. 즉, 그날 밤 그가 잠들어 있는데 어떤 사람이 그의 이름을 부르며 나타나 그를 어떤 아름답고 드넓고 화려한 궁전으로 데리고 갔다. 그곳은 기사들의 무기들로 가득 차 있었다. 번쩍이는 방패들과 갖가지 군 장비들과 공로패들이 벽에 즐비하게 걸려 있었다. 기쁨에 넘친 나머지 프란치스코는 너무도 놀라워 말문이 막혀서, 휘황찬란한 무기들과 아름다운 궁전이 누구의 소유인지를 물었다. 궁전을 포함하여 그 모든 것이 자기와 자기의 부하 기사들에게 딸린 것들이라는 응답이 왔다.

    그는 아침에 잠에서 깨어나 기쁨에 설레어 일어났다. 그는 아직 하느님의 영(靈)을 충분히 맛들이지 못한 처지였으므로, 이 꿈에 자신이 대제후(大諸侯)가 될 것이라는 세속적 해석을 가하고, 어마어마한 영화를 몰고 올 징조로 예감하면서, 그 백작의 기사가 되기 위하여 아폴리아로 떠나려 하였다. 그의 표정이 평소보다 판이하게 다르게 밝아 보이자, 많은 사람들이 의아스러워서 그에게 그 기쁨이 도대체 어디에서 비롯된 것인지를 묻자 이렇게 받아넘겼다. "나는 내가 장차 대제후가 될 것임을 알고 있다오".

    6. 그 환시가 있던 바로 전날, 프란치스코는 대단한 품위와 기사도 정신을 유감없이 발휘하였으니, 그것은 그 환시를 불러오기에 합당한 계기가 되었다고 생각된다. 바로 그날 새로 만든 값지고 화려한 모든 옷들을 어느 가난한 기사에게 주어 버렸던 것이다. 그리고 나서 아폴리아로 떠나 스폴레토에 이르자 몸이 조금씩 아프기 시작하였다. 그러면서도 여행 걱정을 하며 잠시 누워 잠이 들었다. 비몽사몽 간에 어디로 가는 길이냐고 묻는 어떤 음성이 들려왔다. 그가 자기의 모든 취

지를 밝히자 그쪽에서 이렇게 물어 왔다. "누가 너를 보다 훌륭하게 만들 수 있는 능력이 있겠느냐? 주인이겠느냐 아니면 종이겠느냐?" 그가 답했다. "주인(Dominus)입니다". 그쪽에서 다시 물어 왔다. "그러하다면 어찌하여 너는 종을 위하여 주인을 버리고, 머슴을 위하여 제후를 버리느냐?" 이에 프란치스코가 물었다. "주님(Domine), 제가 무엇을 하기를 바라십니까?" "너의 고향으로 돌아가거라. 거기에서 네가 무엇을 해야 할지를 듣게 될 것이다. 네가 본 환시를 다르게 알아들어야 할 것이다".

그는 정신이 들자 이 환시를 곰곰이 생각하기 시작하였다. 첫 번째 보았던 환시로 그는 세속적인 영화를 염원하며 기쁨에 겨워서 어쩔 줄을 몰라 하며 거의 정신을 차릴 수가 없었던 터였다. 그런데 이번에는 이 환시의 힘에 밀려서 자신의 내면(內面)으로 온전히 빠져들게 되었고, 이리하여 그는 그날 밤을 온통 뜬눈으로 지새며, 의문에 싸여 이 환시를 되새겼다.

아침이 되어 그는 자신에게 환시를 보여 주신 하느님의 뜻을 깨닫기를 기대하면서, 그리하여 자신의 구원을 하느님께서 몸소 보여 주실 것을 기대하면서, 기쁘고 밝은 모습으로 서둘러 아씨시를 향해 발길을 돌렸다. 이미 그는 마음을 돌려서 아풀리아로 가는 것을 단념하고, 하느님의 뜻에 자신을 일치시키기를 간절히 원하였다.

> *제3장* | 주님께서 그의 마음에 처음 방문하시어
> 신락(神樂)으로 채우심. 이어서 그 힘으로
> 자기 자신과 온갖 허영을 하찮게 여기게 되어,
> 기도와 동냥을 하면서 가난을
> 사랑하여 덕행에 정진하기 시작함

7. 그가 아씨시로 돌아와서 며칠도 안 되어, 그의 동갑내기들이 그에게 돈을 마구 쓰게 하려고 그를 두목으로 앉혔다[5]. 이리하여 그는 전에 많이 해본 솜씨로 호화로운 주연(酒宴)을 준비하였다.

주연이 끝나고 모두들 집 밖으로 나왔다. 동료들이 앞장서서 노래를 부르며 시내로 빠져들어 갈 때, 그는 두목처럼 손에 지팡이를 든 채, 그들 뒤에서 노래 대신에 깊은 명상에 잠겨 그들을 뒤따랐다. 바로 그때 그는 홀연히 주님의 방문을 받았던 것이다. 얼마만 한 감미로움이 그의 마음을 빼앗아 갔던지 그는 말을 잃었고, 망부석(望夫石)이 되었으며, 모든 감각으로부터 자신을 떼어놓은 그 감미로움 외에는 아무것도 느낄 수도, 들을 수도 없었다. 그래서 그가 후에 몸소 말한 것처

---

[5] 이 전기가 보여 주는 세밀한 내용들은 모두 신빙성이 있다. 아씨시 시청의 기록 문서에서 발견된 것처럼 16세기까지도 아씨시에는 함께 무리를 지어 먹고 마시고 노래하기 위하여 모여드는 젊은이들이 있었다. 이런 모임에서는 흔히 두목이 선출되었고, 두목은 그 지위의 표시로 지팡이를 가지고 다녔다. 그래서 사람들은 이들을 "지팡이 무리"라고 불렀다. 두목은 회원들에게 모임에 드는 비용을 분담시킬 권한이 있었고, 이 권한이 남용되지 않도록 분담 금액의 한계까지 비례적으로 정해 놓았다. 그래서 부자의 자녀이면서 인심 좋은 사람을 두목으로 앉히면 각자에게 돌아오는 분담금을 줄일 수가 있었기 때문에, 이에 프란치스코가 더할 나위 없는 적격 인물이었던 것 같다.

럼, 그때에 그는 감각이 마비되어 그 자리에서 꼼짝할 수가 없었다.

한편 그의 동료들이 뒤를 돌아보다가 그렇게 그가 멀리 떨어져 있는 것을 보고는 되돌아와서, 그가 이미 딴 사람으로 바뀌어 있음을 보고는 몹시 놀랐다. 그러고는 이렇게 물었다. "무얼 생각하느라고 뒤따라 올 줄도 모르나? 장가들 꿈을 꾼 모양이지?" 이에 그는 또렷한 목소리로 대답하였다. "그래, 너희들 말대로 너희가 아직 한 번도 본 적이 없는 그렇게 고결하고 풍요롭고 아리따운 정배를 맞을 생각을 하고 있었단다". 동료들이 낄낄대며 그를 비웃었다. 그러나 그는 자신의 말로가 아니라 하느님의 영감을 받아서 그렇게 대답했던 것이다. 왜냐하면 그 정배는 바로 참된 수덕(修德) 생활을 뜻하였으며, 그것은 가난 안에서 더욱 고결해지고, 더욱 풍요로워지며 더욱 아리따워지기 때문이다.

8. 이리하여 그는 이때부터 자신을 하찮게 여기기 시작했고, 전에 마음을 빼앗겼던 것들을 경멸하기 시작했다. 하지만 아직도 완전한 변화가 온 것은 아니었으니, 여전히 지상적(地上的)인 허영에서 온통 벗어나지 못했기 때문이다.

그러나 그는 차츰차츰 세속적인 소란함에서 벗어나, 그리스도를 마음속에 간직하려고 애쓰곤 하였고, 모든 것을 팔아서 사들인 진주를 속인들의 눈에 뜨이지 않도록 감추면서, 자주 하는 정도를 지나 거의 매일 은밀히 기도하려고 어디론지 사라지곤 했다. 때때로 그는 광장이나 혹은 사람들의 발길이 잦은 장소에서도 간헐적으로 찾아드는 거룩한 기쁨에 이끌려 기도에 빠져들곤 하였다.

그는 전에도 가난한 이들에게 자주 은혜를 베풀곤 했지만, 그는 이때부터 하느님의 이름으로 애긍을 청하는 가난한 이들을 결코 물리치지 않고, 그들에게 오히려 전보다 더 기쁜 마음으로, 그리고 더 듬뿍 주기로 굳게 결심했다. 그래서 그가 집에서 멀리 떨어져 있을 때에 그에게 걸인이 동냥을 청하면 가능한 한, 때에 구애를 받지 않고 돈을 주었고, 돈이 없을 경우에는 걸인을 빈손으로 돌려보내지 않으려고 모자나 허리띠를 풀어 주기도 했다. 이것마저 없을 경우에는 은밀한 곳으로 가서 웃옷을 벗어 놓고는 남의 눈에 뜨이지 않게 걸인을 그곳으로 보내어, 하느님의 사랑을 생각해서라도 그 옷가지를 가져가라고 청하곤 했다. 또한 그는 교회에 필요한 내부 용품들을 구입해서 쪼들린 사제들에게 아무도 모르게 보내주기도 했다.

9. 아버지가 출타 중이어서 어머니하고만 단둘이 밥을 먹게 될 때에도, 그는 온 가족 분량의 빵을 준비하곤 했다. 그는 어머니가 어찌하여 그렇게 수북이 빵을 식탁에 내놓는지를 물으면, 그는 하느님의 이름으로 청하는 누구에게나 애긍을 베풀기로 작정했기에, 가난한 이들에게 애긍을 주기 위해서라고 답했다. 그러나 그의 어머니는 다른 아들들[6]보다 그를 더 귀여워하였으므로, 그의 여러 행동들을 유심히 지켜보고는 내심 놀라워하면서 그대로 내버려두었다.

그는 전에는 마음을 온통 친구들에게 빼앗겨서 친구들이 부르기가 바쁘게 집안을 뛰쳐나갔고, 단짝 친구들 생각에 마음이 사로잡혀서 숟가락을 들어도 밥을 먹는 둥 마는 둥하고 자리를 박차기가 일쑤여서 부모의 마음을 애타게 하였지만, 이제는 가난한 이들을 보거나 가난한 이들에 대한 이야기를 들으면 그의 마음은 애긍을 베풀 태세로 부풀어 있었다.

---

6   문헌상으로는 프란치스코에게 안젤로(Angelo)라는 이름의 형제가 하나 있는데, 여기서 복수(아들들)로 나오는 것은 일반적인 용어나 혹은 성서적인 의미를 지닐 수 있고(창세 37,3) 혹은 일찍 죽은 형제가 더 있었다고도 볼 수 있다.

10. 이렇게 하느님의 은총으로 변모된 그는 아직은 세속의 옷을 입고 있었지만, 그를 알아보는 이가 아무도 없는 도시로 가서 자신의 옷을 벗어서 아무 거지하고나 바꾸어 입고는, 하느님의 사랑으로 동냥을 청하는 일이 어떤 것인지를 알아보고 싶었다.

실제로 그에게 이 일은 로마(Roma)로 가는 순례 길에서 이루어졌다. 그는 성 베드로 성당 안에 들어가서 순례자들의 예물이 너무나 빈약함을 발견하고, 혼자 이렇게 중얼거렸다. "사도들의 으뜸이 큰 공경을 받아서 마땅하다면, 어찌하여 그의 유해가 안장되어 있는 성당에서조차도 사람들이 이다지도 미소한 예물을 드리는 걸까?" 이리하여 그는 열정에 북받친 나머지 손을 지갑에 넣어 은전 한 움큼을 집어서 제대 창문으로 냅다 던졌다. 그러자 그곳에 있던 모든 사람들이 쨍그랑하며 울리는 은전 소리를 듣고, 그 엄청난 예물에 놀라 버렸다.

그러고 나서 그는 많은 걸인들이 구걸하고 있는 성당의 광장 앞으로 나와서, 어느 거지와 아무도 모르게 옷을 바꾸어 입고는, 다른 거지들과 더불어 계단에 서서 프랑스말로 구걸을 하였다. 사실 그는 프랑스 말을 정확히 구사할 줄은 몰랐으나 즐겨 말하곤 했다.

그 후, 그는 거지 옷을 벗고 자기 옷으로 갈아입은 후에 아씨시로 되돌아오며, 주님께 자신의 길을 밝혀 주시기를 기도하기 시작했다. 그는 자신의 비밀을 아무에게도 털어놓지 않았고, 자신의 길을 인도하기 시작하신 하느님과 때때로 아씨시 주교 외에는 아무에게도 자신의 길에 대한 의견을 청하지도 않았으니, 당시에는 그가 이 세상에서 무엇보다도 바랐고, 가난하게 살다가 죽기로 소원했던 참된 가난을 따르는 사람이 아무도 없었기 때문이었다.

> **제4장** | 나환자들을 통해서 자신을 극복하기 시작함, 그리고 처음에는 그토록 역겨웠던 것을 감미로움으로 느끼기 시작함

11. 어느 날 그가 열심히 주님께 기도를 드리고 있는데 주님으로부터 이런 응답이 들려왔다. "프란치스코야, 네가 나의 뜻을 헤아리기를 원한다면, 네가 육적으로 사랑해 왔고, 또 소유하고자 했던 것들을 경멸하고 혐오해야 할 것이다. 이렇게만 되면 전에 너에게 달콤하고 감미로운 듯했던 것들이 역겨워질 것이며, 이와는 반대로 전에 네가 두려워했던 것들 안에서 형언할 수 없는 달콤함과 더할 나위 없는 감미로움을 맛보게 될 것이다".

그는 이런 계시를 받고 나서 기뻤다. 이리하여 주님 안에서 강인해진 그는 말을 타고 아씨시 교외로 가다가 어느 나환자 하나를 만났다. 나환자를 몹시 무서워했던 그는 이번에는 있는 힘을 다해서 자신을 억제하며 말에서 내려와 나환자의 손에 입을 맞추고는 돈을 집어 주었다. 그는 그 나환자로부터 평화의 친구(親口)를 받은 다음에 다시 말에 올라서 가던 길을 갔다. 그날부터 그는 하느님 은총의 도움으로 자신을 완전히 극복할 수 있을 때까지 더욱더 자신을 천하게 여기기 시작했다.

며칠 후에 그는 많은 돈을 가지고 나환자 요양소로 내려가서 모든 나환자들을 모아 놓고 각자의 손에 일일이 입을 맞추며 돈을 나누어 주었다. 그런데 그곳에서 나오면서 그가 느낀 일이었지만, 전 같았으면 역겨웠던 일, 즉 나환자들을 보고 만지는 일이 감미로움으로 바뀌어 있었다. 사실 그는 나환자들과 마주치면 비위가 상해서 아예 쳐다

보지를 않으려고 하였을 뿐만 아니라, 그들의 집 근처는 얼씬도 하지 않았다고 말했다. 그래서 그가 어떤 때에 그들의 집을 스쳐 지나가게 되거나 그들과 어쩔 수 없이 마주치게 되는 경우에는 비록 동정심이 생겨서 다른 사람을 통해 그들에게 간접적으로 애긍을 해야겠다는 생각은 했을지언정, 그들에게서 얼굴을 돌리고 손으로 코를 막아 버리곤 하였다. 그러나 그는 이렇게 하느님의 은총으로 나환자들의 가족이 되었고 반려가 되었으며, 그의 유언에서 그가 말하고 있듯이 그는 그들의 한가운데에 머물면서 겸허하게 시중들었다.

12. 나환자들을 방문한 후에 마음이 선해진 그는 매우 사랑했던 어느 친구 하나를 한적한 곳으로 데려가서 그에게 엄청나게 값진 보물 하나를 발견했노라고 말하곤 했다. 그 친구는 몹시 가슴이 설레어서 프란치스코가 함께 가자고 청하기만 하면 언제나 기꺼이 따라나섰던 것이다. 프란치스코는 그를 가끔 아씨시 근처의 어느 동굴로 데리고 가서 보물에 대한 기대에 들떠 있는 그 친구를 밖에 남겨 두고 동굴 안으로 들어가서 새롭고 오롯한 마음가짐으로 호젓이 성부께 기도하곤 하였다. 그는 그 속에서 하느님 외에는 아무도 알기를 원치 않았고, 그가 장차 차지하게 될 천상적 보물에 대해서 하느님에게만 끊임없이 질문을 던졌다.

인류의 원수가 그의 좋은 출발을 지켜보고 있다가, 그를 거기에서 떼어놓으려고 그에게 두려움과 공포를 일으키려 혼신의 힘을 다했다. 실제로 아씨시에는 아주 괴기한 인상을 주는 여자 꼽추 하나가 있었는데, 마귀는 하느님의 사람에게 나타나서 그에게 그녀의 모습을 떠올리도록 하고서는, 만일에 그의 품은 생각을 철회하지 않으면 그 꼽추가 되게 하겠노라고 엄포를 놓았다. 그러나 강인한 그리스도의 기사는 마귀의 위협을 가볍게 보고, 하느님께 자신의 길을 인도해 주시기만을 동굴 속에서 부지런히 기도하곤 했다.

그러나 그는 마음 안에서 깨달은 바를 실제로 어떻게 완수해야 할지를 몰라서 답답해 했으며, 이러한 크나큰 정신적 고통을 견디어 내야만 했다. 갖가지 생각이 꼬리에 꼬리를 물고 일어나서 그는 더욱더 혼란스러웠다. 그러나 그의 마음은 거룩한 불꽃으로 타올랐고, 자신이 마음으로 깨달은 새로운 불꽃을 밖으로 드러내지 않을 수 없었으며 자신이 지은 막중한 죄를 뉘우쳤다. 그가 앞으로 다시 죄를 또 짓지 않을 것인지에 대해서는 자신이 없었지만, 최소한 과거와 현재의 죄를 즐거워할 수가 없었다. 그러고 나서 동굴 밖으로 나왔을 때, 그의 동료에게 그는 딴 사람으로 비쳐 보였다.

제5장 | 십자고상이 그에게 처음으로 말씀하심,
그리고 그 후 죽을 때까지
그리스도의 수난을 마음에 새김

---

13. 어느 날 그가 열광적으로 하느님의 자비를 구하고 있었는데, 하느님께서 그가 무엇을 해야 할지를 조만간 가르쳐 주시겠다는 계시를 보여 주셨다. 그 순간부터 그는 너무나 기뻤던 나머지, 그 기쁨을 간직하지 못하고 사람들에게 자신의 비밀의 일부를 흘리지 않을 수 없었다. 그러나 그는 얼버무리는 식으로 조심스럽게 말을 했고, 자신은 아풀리아로 가지 않겠으며, 고향에 남아서 고귀하고 큰일을 할 것이라는 사실만을 확실하게 말했을 뿐이었다.

그러나 그의 동갑내기들은 그의 많은 변화를 알아보았다. 프란치스코는 가끔 그들과 육신적으로는 함께 어울리곤 했으나, 정신적으로는 이미 그들과 멀리 떨어져 있었다. 그들은 농담을 하며 그에게 곧잘 이렇게 물었다. "프란치스코야, 너 장가들고 싶으냐?" 이미 말했듯이 이에 그는 얼버무리는 식으로 답했다.

며칠이 지났다. 그가 성 다미아노(Damiano) 성당을 지나가게 되었는데[7], 그의 마음속에서 그곳에 들어가서 기도하라는 소리가 들려왔다. 그래서 그는 안으로 들어가 십자고상 앞에서 열심히 기도드리기 시작하였는데, 그 십자고상이 그에게 경건하고도 은혜로이 이렇게 말을 했다. "프란치스코야, 너도 나의 집이 허물어져 가는 것을 보고 있지 않느냐? 그러니 너는 가서 나의 집을 수리해 다오!" 그는 벌벌 떨며 몹시 놀라서 말하였다. "주님, 기꺼이 하오리다". 그러나 그는 낡아서 곧 허물어질 듯한 바로 그 성당을 수리하라는 줄로 알아들었다. 이 말씀에 그는 기쁨이 넘쳤고, 빛을 받아 자신에게 말씀을 하신 분이 참으로 십자가에 못 박히신 그리스도이셨다고 마음으로 느꼈다.

그래서 그는 성당 밖으로 나와서 밖에 앉아 있던 사제를 보고는, 주머니에 손을 넣어 많은 돈을 집어 주며 이렇게 말했다. "신부님, 저 십자고상 앞에 등불을 끊기지 않고 밝힐 수 있도록 기름을 사십시오. 이 돈이 다 떨어지면 필요한 만큼 다시 돈을 가져다드리겠습니다".

---

7 1253년에 프란치스코의 조카, 즉 안젤로의 아들들인 피카르도(Piccardo)와 자노(Jeannot)가 아버지의 재산을 나누었다. 그때의 유산 문서에 의하면 안젤로가 리토르토(Litorto)와 바스노(Bassno)의 평야에 부동산을 가지고 있었는데, 이는 원래 베드로 베르나르도네(Petro Bernardone)의 소유였을 것이다. 프란치스코는 틀림없이 여기에 자주 왔을 것이고, 그곳에 가려면 성 다미아노 성당 앞을 지나쳐서 가야 하니 잘 알 것으로 믿어진다. 프란치스코가 수리한 성당 중의 하나인 성 베드로에게 봉헌된 성당도 베드로 베르나르도네 소유의 땅 안에 있는 것이다.

14. 이리하여 이때부터 그의 마음은 주님의 수난에 대한 생각에 상처를 입어 녹아내렸다. 살아 있는 동안 그는 늘 주 예수의 성흔(聖痕)을 마음에 지고 다녔으며, 그리하여 후일에 그의 몸에 그분의 성흔들이 뚜렷이 복제되어 신비로운 형상으로 나타났고, 그것들을 아주 확실하게 모든 이가 알아볼 수 있었다.

그는 그 이래로 몸이 성할 때나, 병들었을 때나, 끊임없이 가혹하게 끔찍할 정도의 극기를 하였고, 거의 한 번도 그 가혹함을 늦춘 적이 없었고, 몸을 옳게 돌보려 들지도 않았다. 이 때문에 그는 임종하던 날 육신 형제에게 많은 죄를 지었다고 고백하였다.

한번은 그가 혼자서 대성통곡(大聲慟哭)을 하면서 포르치운쿨라의 성 마리아 성당 쪽으로 가고 있었다. 이를 본 어떤 영적인 사람 하나[8]가 아마도 그가 병이나 고통으로 괴로워하고 있는 줄로 알고, 가엾은 생각이 들어서 어인 사연에 그다지도 우는지를 물었다. 그는 이렇게 답했다. "나의 주님의 수난을 생각하고 웁니다. 우리는 그분의 수난을 생각하고 대성통곡하면서 온 세상을 돌아다닌다 해도 부끄러워할 일이 아닙니다". 그러자 그 사람도 그와 더불어 똑같이 큰 소리로 울기 시작했다.

그리고 흔히 하도 비통하게 울어서 기도가 끝나고 나면 그의 눈은 붉게 충혈되어 있었다. 그는 울기만 한 것이 아니라 주님의 수난을 생각하고 식음(食飮)을 전폐하기도 했다.

15. 그가 세속인들과 한자리에서 음식을 나눌 경우에, 좋아하는 음식이 나와도, 그는 다른 사람들이 고행을 하느라고 음식을 멀리한다고 짐작을 할까 봐서, 다른 핑계를 대고 음식을 약간 맛보는 척만 했다. 그리고 형제들과 함께 식사를 할 때에 자주 음식에 재를 뿌리고는 고행

---

8 이 사람은 레오 형제로 여겨진다.

때문이 아닌 것처럼 하기 위하여, 재 형제는 깨끗하다고 말하곤 했다.

한번은 식탁에서 한 형제가 복되신 동정녀께서는 하도 가난하셔서 식사 때에 당신의 아드님께 먹을 것을 드리지 못했을 정도이셨다고 말하였다. 이 말을 듣자마자 하느님의 사람은 큰 고통에 긴 한숨을 내쉬고, 식탁을 버리고 땅바닥에 내려앉아서 빵을 먹었다.

그는 끼니때에, 끼니가 시작되자마자 손을 멈추고 먹지도 마시지도 않은 채 천상사물(天上事物)에 대한 묵상에 빠져든 적이 그 수를 이루 헤아릴 수도 없을 정도로 빈번했고, 이러한 때는 자신의 묵상이 대화로 중단되는 것을 원치 않았고, 깊은 한숨을 내쉬었으며, 그렇게 한숨을 쉴 때는 매번 형제들에게 하느님을 찬미하라고 말하였고, 또한 자기를 위해서도 성실하게 기구를 해달라고 부탁하곤 했다.

우리는 그의 눈물과 고행을 몇 가지만 열거했는데, 이는 프란치스코가 성 다미아노 십자고상의 환시와 말을 들은 후에 죽을 때까지 어떻게 그리스도의 수난에 자신을 맞추어 나갔는지를 보여 주기 위해서다.

| 제6장 | 아버지와 친척들의 박해로부터 도망침, 그리고 성 다미아노 성당의 창턱에 돈을 던져 버리고 그곳 사제와 함께 살았던 시기 |

16. 십자고상의 환시와 말씀으로 인하여 기쁨이 넘치게 된 그는 일어나서 십자성호(十字聖號)를 긋고 나서, 가지각색의 옷감 보따리를 말에 싣고 폴리뇨(Foligno) 시로 갔다. 거기서 그는 타고 갔던 말과 싣고 간 물건을 모두 팔아 버리고 곧바로 다미아노 성당으로 돌아왔다.

거기서 그는 위에서 언급한 바 있었던 매우 가난한 사제를 찾아서, 그의 손에 큰 믿음과 정성으로 입을 맞춘 후에 가지고 간 돈을 그에게 건네주었다. 그리고 나서 그는 자기의 청을 그 사제에게 차근차근히 말했다. 이에 어리둥절해진 사제는 그의 갑작스런 회개를 의아스럽게 여기며 믿으려 들지를 않았고, 자신을 속이려 든다면서 그 돈을 거절했다. 프란치스코는 자기가 말한 것을 사제로 하여금 믿도록 하려고 끈질기게 설득하였고, 그와 함께 살도록 허락해 줄 것을 간곡하게 청했다.

마침내 사제는 그에게 그곳에 머무를 것을 허락하였으나, 그의 부모들이 두려워서 돈을 받지 않았다. 그래서 프란치스코는 실로 돈을 경멸한 나머지, 마치 그것이 티끌인 양 창턱에다 냅다 던져 버렸다.

그가 계속해서 다미아노 성당을 거처로 삼고 있는 동안, 그의 아버지는 집요한 정탐꾼처럼 아들에게 무슨 일이 일어났는지 수소문하여 돌아다녔다. 아들이 완전히 딴 사람이 되어 다미아노 성당에서 기거하고 있음을 소문으로 알게 된 아버지는 마음이 극도로 상하여, 이 뜻밖의 상황에 친구들과 이웃들을 불러 모아 그들과 함께 황급히 그에게로 달려갔다.

그러나 벌써 그리스도의 새 기사가 된 그는 부모가 오리라는 것을 미리 알고 있었으며, 협박하러 달려오는 그들의 소리를 듣고는 아버지의 분노를 피하기 위해서 준비해 둔 비밀 토굴로 내려가 몸을 숨겼다. 그리고 그는 거기서 한 달을 숨어 지냈다. 그 토굴을 아는 사람은 가족 중에서 한 사람밖에 없었으니, 음식을 남몰래 준비해 두었다가 때맞추어 가져오곤 했고, 그는 숨어서 그것을 먹었다. 그리고 그는 주님께서 이러한 박해에서 구해 주시며 그의 경건한 소망을 실현하는 일을 어여삐 여기어 도와주시기를 눈물을 흘리며 애절히 기도했다.

17. 이렇게 단식과 눈물로 정성을 다하여 그칠 새 없이 주님께 청하면서, 자신의 덕행이나 열성에 의존치 않고 온전히 주님께만 희망을 두니, 주님은 어둠의 심연 속에 있었던 그를, 신묘(神妙)한 기쁨으로 가득히 채워 주셨고 신비한 힘의 빛으로 비추어 주셨다.

이리하여 그는 온전한 불이 붙어, 힘차게 토굴을 박차고 나와서 아씨시를 향해서 굳세고 기쁜 발걸음을 내디뎠다. 그는 그리스도를 믿는 믿음의 무기로 무장을 하여 하느님의 불이 붙게 되자, 지금까지의 자신의 나태와 괜한 두려움을 질책하면서 담대히 자신을 박해자들의 손과 채찍에 내맡기기로 하였던 것이다.

전부터 그를 아는 사람들이 이를 보자, 그에게 미친놈이라는 둥, 얼빠진 놈이라는 둥을 외쳐 대며 무참히 능욕하였으며 길바닥의 진흙을 집어던지거나 돌팔매질을 하였다. 사람들은 전과는 판이한 그의 행동과 육신의 고행으로 초췌해진 그의 몰골을 보고서는, 그의 이러한 꼬락서니가 배를 곯고 실성한 데서 온 것으로 여겼던 것이다. 그러나 그리스도의 기사는 이러한 모욕에 귀머거리인 양 마음이 부수어지거나 동요되는 일이 없이 하느님께 감사를 드렸다.

이렇게 동네 복판과 골목 구석구석에까지 소문이 파다하게 번져서, 마침내 이 소문이 아버지의 귀에까지 들어가게 되었고, 아버지는 동네 사람들이 자기 아들을 향해서 하는 짓거리들에 관한 말을 듣고서는 벌떡 일어나 그를 찾아 나섰다. 그를 구해 주기 위해서가 아니라 아예 죽여 버리기 위해서였다. 아버지는 자제(自制) 따위는 아랑곳없이 마치 늑대가 양에게 달려들 듯이 눈을 부라리고, 얼굴이 붉으락푸르락해지며, 그의 멱살을 손으로 휘어잡고는 집으로 질질 끌고 갔다. 그리고 그를 여러 날 동안 캄캄한 감방에 감금시키고, 온갖 말과 욕으로 그를 세속의 헛됨으로 되돌리고자 무진 애를 썼다.

18. 그는 말이나 결박이나 채찍으로도 풀이 죽지 않았고, 오히려 이 모든 것들을 꿋꿋이 견디어 냈으며, 거룩한 결심을 수행하는 데에 오히려 더 빠르고 보다 힘찬 마음의 자세가 되어 있었다.

갑작스런 일로 그의 아버지가 집을 비운 사이에, 남편의 행동에 찬동하지 않았던 그의 어머니는 자기 아들과 단둘이만 남게 되자, 아들에게 부드러운 말로 일렀다. 그러나 아들의 결심이 확고히 서 있고, 거룩한 결심으로부터 그를 되돌리기가 불가능함을 알아차리게 된 그녀는 아들이 측은한 생각이 들어서 그의 결박을 풀어 주고, 아들에게 자유로이 가도록 허락하였다.

프란치스코는 전능하신 하느님께 감사를 드리며, 전에 있었던 은신처로 되돌아갔다. 이제 그는 보다 큰 자유를 누리게 되었고, 악마의 유혹들을 거침으로써 유혹으로부터 교훈을 얻게 되었으며, 모욕으로부터 더욱 안전해진 영혼이 되어 한층 더 쾌활하고 강해진 모습이 되었다.

그러던 중에 아버지가 집에 돌아와서 아들이 눈에 뜨이지를 않자, 그는 아내에게 능욕을 줌으로써 죄에 죄를 쌓아올렸다.

19. 그러고 나서 그는 아들을 시 당국에[9] 고발하려고 시청으로 달려갔다. 아들이 집에서 강탈해 간 돈을 청하여, 시 당국으로 하여금 그것을 자기에게 돌려보내도록 하려는 것이었다. 그가 몹시 격분해 있는 것을 보고, 시 당국은 전령을 시켜서 프란치스코를 불러서 대령케 하라고 하였다. 그러나 프란치스코는 전령에게 자기는 이미 하느님의 은총을 받아서 자유인이 되었으므로 시 당국은 이제부터 자신을 재판할

---

9 19번과 20번을 보아 저자는 시법(市法)과 규정을 잘 알고 있는 사람으로 여겨진다.

권리가 없고, 자신은 다만 지존하신 하느님의 종일 뿐이라고 하였다. 시 당국은 그를 강압적으로 끌어오기를 원치 않았기 때문에 그의 아버지에게 이렇게 말했다. "그는 하느님의 봉사 안에 들어 있기 때문에, 우리의 권한 밖에 있습니다".

이리하여 아버지는 시(市)로부터는 아무것도 나올 것이 없음을 깨닫고, 시 주교에게 소송을 냈다. 신중하고 슬기로운 주교는 프란치스코에게 아버지의 소송에 나와서 정식으로 답변하도록 불렀다. 프란치스코가 전령에게 말했다. "주교님은 영혼의 아버지시요 주인이시니, 주교님께 출두하겠습니다".

이리하여 그는 주교에게로 갔다. 주교님께서는 큰 기쁨으로 그를 맞이해 주었다. 그리고 그에게 말하였다. "그대의 아버지가 그대로 인하여 아연실색(啞然失色)하여, 몹시 노하셨습니다. 그러므로 만일 당신께서 하느님을 섬기기를 원하신다면, 가지고 있는 돈을 아버님께 돌려드리도록 하십시오. 왜냐하면 그 돈은 부당하게 번 돈일지도 모르기 때문에 하느님께서는 당신으로 하여금 그 돈을 교회 일에 쓰게 하기를 원치 않으십니다. 아버지의 죄 때문이니, 그분의 노기(怒氣)는 그 돈을 되돌려 받아야 가라앉을 것 같습니다. 그러니 아들이여, 주님을 믿고 용기 있게 처신하십시오. 그리고 걱정하지 마십시오. 주님께서 직접 그대를 도우실 것이며, 주님의 교회 일을 위하여 필요한 것을 그대에게 풍족히 보내 주실 것입니다".

20. 이리하여 하느님의 사람은 주교의 말씀에 흡족한 격려를 받고 나서, 자기 앞에 돈을 놓고 주교에게 말했다. "주교님, 아버지의 돈뿐 아니라 옷가지들까지 기꺼이 돌려드리겠습니다". 그는 주교의 거실로 들어가서 자기의 옷을 홀랑 벗고, 그 옷 위에 돈을 얹어 놓고서는, 주

교와 아버지와 주위에 서 있는 사람들 앞으로 알몸으로 나와서 말했다. "여러분, 저의 말을 듣고 알아두십시오. 지금까지 저는 베드로 베르나르도네를 저의 아버지라고 불러왔습니다. 그러나 저는 하느님을 섬기기로 결심하였기에, 아버지를 저토록 노엽게 하는 돈을 돌려드리고 아버지의 소유인 제가 지금 몸에 걸치고 있는 일체의 옷가지들까지도 돌려드리겠습니다. 그리고 저는 이제부터 베드로 베르나르도네를 아버지라고 부르지 않고, 하늘에 계신 우리 아버지를 아버지라고 부르겠습니다". 이때에 하느님의 사람이 자신의 화려한 옷 밑에 고행대(苦行帶)를 두르고 살아왔음이 드러났다.

이리하여 그의 아버지는 몸을 가눌 수 없을 만큼 울화가 치밀었고, 일어나서 옷가지와 돈을 받아 들었다. 그가 옷가지들을 하나도 남기지 않고 가지고 가자, 이를 본 주위 사람들은 아들에게 옷 조각 하나도 남겨 놓지 않는 그를 언짢게 여겼다. 그리고 그들은 프란치스코가 가여운 생각이 들어 매우 슬피 울기 시작하였다.

그러나 주교는 하느님의 사람의 용기를 즉각 알아차리고, 그의 정열과 항심(恒心)에 심히 감탄한 나머지, 그를 자기의 팔 안으로 끌어당겨서 자기의 외투로 그를 가려 주었다. 주교는 프란치스코가 이 일을 하느님의 영감으로 하는 것임을 확연히 감지하였고, 자기가 목격한 이 일은 많은 신비를 내포하고 있음도 깨달았다. 이때부터 주교는 그의 협조자가 되어, 그를 충고하고 보살피며 이끌면서 자비의 마음으로 그를 포용하였다.

| 제 7 장 | 성 다미아노 성당의 수리를 위하여 바친 막중한 노동과 어려움, 그리고 구걸로 자신을 극복하기 시작함 |

21. 이렇게 해서 세상에 속한 모든 것으로부터 알몸이 된 하느님의 종 프란치스코는 하느님의 정의를 실현하기 위하여 자신을 텅 비웠고, 자기의 삶을 천히 여기면서 가능한 모든 방법으로 하느님을 섬기기 위하여 자신을 봉헌하였다.[10] 그리고 그는 기쁨의 열정에 휩싸인 채 성 다미아노 성당으로 돌아와서, 은수자의 옷으로 갈아입고, 자신이 주교로부터 격려받은 그 말로써 다미아노 성당의 사제를 격려하였다.

그러고는 다시 시내로 들어가, 그는 시내 한복판과 마을을 누비고 다니며 하느님을 흔연한 마음으로 높이 찬미하였다. 이렇게 주님의 찬미를 마치고 난 다음에, 그는 다미아노 성당을 수리하기 위하여 구걸을 시작하였다. "저에게 돌 하나를 주는 사람은 그만큼의 갚음을 받을 것입니다. 또한 돌 둘을 주는 사람은 두 배의 갚음을 받을 것이며, 돌 셋은 또 그만큼의 갚음을 받을 것입니다."

이렇게 단순한 무수한 말들이 그의 뜨거워진 정신으로부터 쏟아져 나왔다. 하느님께서는 배움이 부족한 단순한 사람이라서 그를 뽑으셨다. 그는 모든 일에서 인간의 지혜로부터 나오는 유식한 말을 쓰지 않았고, 오히려 단순하게 자신을 나타냈다. 많은 사람들이 그를 정신 나

---

10   22번에서 반복해서 나오는 봉헌을 뜻하는 동사 "만치파레"(mancipare)는 법적인 용어로서 소유물을 완전히 양도한다는 뜻을 지닌다. 노예를 양도한다는 뜻으로도 많이 쓰였다. 그 반대의 뜻을 지닌 "에만치파레"(emancipare)는 해방을 뜻한다.

간 사람으로 여기며 업신여겼다. 그러나 어떤 이들은 그가 육(肉)과 속(俗)의 헛됨으로부터 어떻게 그토록 빨리 하느님의 사랑에 도취되어 들어갔는지, 그를 보면 감동하여 눈물을 흘렸다. 그는 남들의 조소에 개의치 않았고 끓어오르는 마음으로 하느님께 감사를 드렸다.

집에서 지금까지 약골로만 커 온 바로 그 프란치스코가 하느님의 사랑을 위하여 성당을 수리하느라고 등에 돌을 져 나르며 허리가 휘도록 얼마만큼 고생하며 일을 했는지를 말하기란 한두 마디로 될 일도 아니어서 난감하다.

22. 하느님을 섬기기 위해서 자기 힘에 부칠 만큼 열심히 일하는 그의 모습을 본 사제는, 자기의 생활이 쪼들렸음에도 불구하고, 프란치스코가 세속에서 얼마큼 귀하게 자랐는지를 잘 알고 있는 터라, 그를 위하여 특별한 음식을 장만했다. 프란치스코 자신도 자기가 세속에 있을 때에는 특별히 선별된 고급 요리만을 연달아 먹었고, 입에 당기지 않는 음식은 손도 대지 않았다고 말하였다.

어느 날 그 사제가 자기를 생각해서 특별한 음식을 준비하고 있음을 알아차린 프란치스코는 혼자 자신에게 말했다. "네가 어디를 가도, 너에게 이렇게까지 친절을 베푸는 사제를 또 만나지는 못할 것이다. 이 생활은 네가 택하고자 했던 가난한 사람의 생활이 아니다. 배가 고파서 하는 수 없이 손에 그릇을 들고 이 집 저 집으로 돌아다니면서 뒤범벅이 된 음식들을 모으는 그런 가난한 사람의 생활이 아니란 말이다. 그러니 너는 이 세상에 가난하게 태어나셔서 더욱 가난하게 사셨고, 또 십자가 위에서도 알몸으로 가난하셨으며, 또 그렇게 남의 땅에 묻히신 그분의 사랑을 위하여, 자원해서 가난하게 살아야 할 것이다".

이리하여 어느 날 그는 각오를 단단히 하고, 그릇을 들고 집집을 돌며 동냥하면서 시내로 들어갔다. 프란치스코는 사람들로부터 받은 갖가지 음식 찌꺼기들을 그릇에 넣었고 이를 목격한 사람들은 그가 지금까지 얼마큼 곱게 커 왔는지를 잘 알고 있던 터라서, 그의 이러한 자기 비하(自己卑下)와 신기하도록 변모한 그의 모습을 보고 깜짝 놀랐다. 그는 그릇에 담긴 각종 찌꺼기를 막상 입에 대려고 하자 그만 처음에는 질려 버리고 말았다. 그런 음식들을 먹어 본 적도 없었고 본 적도 없었기 때문이었다. 그는 마침내 자신을 극복하고 나서 음식 찌꺼기들을 먹기 시작하니, 전에 먹어 본 그 어떤 특별하다는 요리도 결코 이만큼 맛이 있지는 않았던 듯 여겨졌다.

이리하여 그의 심장은 주님 안에서 기쁨에 고동쳤다. 그는 비록 육신적으로 약하고 어려움도 많았지만, 이 일을 계기로 해서 주님을 위하여 어떠한 어려움과 괴로움도 기꺼이 견딜 수 있도록 강인해졌기 때문이다. 그는 쓴맛을 단맛으로 바꾸어 그를 한없이 단단하게 만들고 위로하시는 하느님께 감사를 드렸다. 이 일이 있은 후부터 그는 사제에게 자기를 위하여 다른 어떤 음식도 직접 만들거나 혹은 다른 사람에게도 준비하도록 시키지 말아 달라고 당부하였다.

23. 그의 아버지는 처량한 신세가 되어 버린 아들을 보고 한없이 괴로워하였다. 아들을 너무도 사랑했던 나머지 그는 고행과 추위에 초죽음이 되어 있는 아들을 보는 것만으로도 괴롭고 부끄러웠다. 이리하여 그는 프란치스코를 만날 때마다 그를 저주하였다.

하느님의 종이 아버지의 저주를 듣게 되면, 그는 자기의 아버지 대신에 가난하고 버림받은 어떤 사람을 불러 그 사람에게 말했다. "이리 오십시오. 제가 얻은 동냥을 나누어 드리겠습니다. 아버지께서 저에게 저주를 하실 때 제가 당신께 '아버지, 저에게 축복을 내리십시오' 하고 말을 하면, 그때 저에게 아버지를 대신해서 십자가로 강복을 해주십시오". 이리하여 그 가난한 사람이 그에게 강복을 할 때 프란치스코가 아버지에게 말했다. "하느님께서 아버지의 저주 대신에 축복을 내릴 다른 아버지를 저에게 주실 수 있음을 믿지 않으십니까?"

프란치스코가 이토록 조롱받고 멸시받으면서도 모든 것을 놀랍도록 인내로이 견디는 모습을 보고, 그를 조롱하고 멸시했던 사람들이 대단히 놀랐다. 어느 겨울 아침에 프란치스코가 누더기 옷에 의지하여 기도를 하고 있었는데, 그의 육신상의 형제가 그를 가까이 지나다가, 빈정대면서 자기의 동행자에게 말했다. "프란치스코에게 그 알량한 땀을 너에게 몇 푼에 팔라고 하렴!" 하느님의 종이 이 말을 듣고, 프랑스말로 흥얼대며 대꾸했다. "나는 나의 땀을 나의 하느님께 비싸게 쳐서 팔 작정입니다".

24. 그는 위에서 말한 성당을 차근차근히 쉬지 않고 수리하다가, 성당의 등불이 늘 켜져 있도록 하기 위하여 기름을 얻으려고 마을로 들어갔다. 그가 어떤 한 집으로 가까이 가려는데 많은 사람들이 그 집 앞에서 한데 모여 노는 것이 보였다. 그들이 보는 앞에서 구걸을 한다는 사실이 부끄러워서 그는 발길을 돌렸다. 그러나 그는 생각을 고쳐먹고 급히 돌아가서, 그곳에 있던 모든 사람들에게 그들 때문에 동냥하는 것을 부끄러워했던 자신의 죄를 고백했다. 그러고 나서 그는 뜨거운 마음이 되어 그 집으로 들어가서, 성 다미아노 성당의 불을 위하여 하느님의 사랑으로 프랑스말로 크게 소리쳤다. "오셔서, 성 다미아노 성당의 일을 하는 저를 거들어 주십시오. 이 성당은 앞으로 여인들의 수녀원이 될 것이고, 그들의 명성과 생활로 인하여 하늘에 계신 우리 아버지께서 온 교회 안에서 영광을 받으실 것입니다". 그는 예언의 영에 둘러싸여서 이 말로 진실하게 미래를 예언하였던 것이다. 왜냐하면 이곳은 가난한 부인들과 거룩한 동정녀들의 탁월한 수녀회와 영화로운 수도회가 들어설 거룩한 장소였기 때문이다. 복되신 프란치스코

가 회개한 지 거의 6년이 지나서 이 예언이 실현되었다. 바로 복되신 프란치스코를 통하여 복된 수도회의 출발이 이루어졌고, 자매들의 탁월한 생활양식과 자매들의 영광된 수도회는 당시에 오스티아(Ostia)의 주교였던 거룩하신 고(故) 그레고리오 교황께서 승인하셨고 교황청의 권위로 완전히 인준되었던 것이다[11].

제8장 │ 프란치스코가 그리스도의 복음적 권고를 듣고 받아들여, 즉시 겉옷을 벗어 버리고, 내적으로나 외적으로 완덕의 새 옷으로 갈아입음

---

25. 복되신 프란치스코는 성 다미아노 성당의 수리가 끝날 때까지도 은수자의 옷을 입고 있었고, 손에는 지팡이를 들었고 발에는 가죽신을 신었으며 몸에는 가죽끈을 두르고 다녔다. 그는 어느 날 미사를 드리다가, 그리스도께서 제자들을 설교하라고 파견하시면서 그들에게 여행 중에 금이나 은, 작은 자루나 전대도 지니지 말 것이며, 빵과 지팡이도 가지고 다니지 말고, 신발과 두 벌의 옷도 지니지 말라고 하신 말씀을 들은 데에다, 그곳 사제로부터 이 말씀에 대하여 더욱 명료하게 설명을 듣고 나서 기쁨에 넘쳐 소리쳤다. "주님께서 말씀하신 바로 이것이 내가 온 힘을 기울여 이루려고 원했던 것입니다". 그는 들은

---

11 어떤 학자는 아직 결정적인 인준이 1253년까지도 이루어지지 않았고, 인노첸시오 4세에 가서 이루어졌기 때문에 이를 착오로 본다. 그러나 사바티에는 인노첸시오 4세가 1245년 11월 13일자로 클라라회에 보낸 수도규칙에서 「세 동료들이 쓴 전기」를 인용하는 점으로 보아 착오가 아니라고 주장한다.

말씀을 모두 다 마음에 새기고 환희에 넘쳐서 그것들을 실천에 옮기기 시작하였으니, 지체 없이 여벌 옷을 벗어던졌고, 그때부터 지팡이와 가죽 신발과 작은 자루와 전대를 사용하지 않았고, 매우 낡고 거친 속옷을 입었으며, 가죽끈을 버리고 몸에 띠를 동였다. 그는 새로운 은총의 말씀을 어떻게 하면 실천에 옮길 수 있을까 하여 온갖 심려(心慮)를 다하였고, 하느님의 이끄심으로 사람들 앞에서 단순하게 복음적 완덕의 선포자로서 회개를 선포하기 시작하였다. 그의 말은 공허하지 않았고, 웃음거리가 되지 않았다. 오히려 그의 말에는 성령의 힘이 가득하였고, 듣는 사람들의 가슴 깊은 곳에 파고들어 그들로 하여금 대단한 경탄을 자아내게 하였다.

26. 프란치스코 자신이, 주께서 인사하는 법을 다음과 같이 계시로써 가르쳐 주셨다고 나중에 밝혔다[12]. "주님께서 당신에게 평화를 내려 주시기를 빕니다". 그래서 그는 자신이 설교를 해야 할 때에는 언제나 평화를 전하는 인사로 설교를 시작하였다. 너무나 신기하여 기적이 아니고는 이루어질 수 없는 일이 프란치스코가 회두(回頭)하기 전에 있었다. 어느 한 선각자가 프란치스코가 태어나기 전에 아씨시를 자주 지나치며 다음과 같이 인사를 하였다. "평화와 선! 평화와 선!" 사람들은 그리스도를 전한 요한이 그리스도가 복음을 선포할 때에 사라졌듯이, 이 선각자도 또 다른 요한처럼 평화를 전함에 있어서 프란치스코를 앞세웠고, 프란치스코가 나오자 다시 나타나지 않았다고 굳게 믿었다.
이리하여 하느님의 사람인 프란치스코는 예언자들의 설교에서처럼 예언의 영에 젖어들어, 자기를 앞서간 전달자가 사라진 다음에 즉시 평화를 전했고 구원을 선포하였으며, 그리스도와 불목(不睦)하여 구

---

12 「유언」 23.

원의 길에서 멀리 있던 많은 사람들이 그의 구원적 권고로 참다운 평화로 묶였다.

27. 복되신 프란치스코에 대하여, 특히 단순하고 진실한 그의 생활 방식에 대하여 많은 사람들이 알게 되자, 그가 회두한 지 두 해가 지난 후에 몇몇 사람이 그의 회개의 모범에 감동되기 시작하여 모든 것을 버리고, 그들의 생활과 외모에서 프란치스코와 유대를 이루려고 하였다. 그들 중의 첫 번째가 고(故) 베르나르도 형제였다.

하느님을 섬기는 데에 있어서 복되신 프란치스코의 항구함과 열의를 눈여겨본 베르나르도는, 실제로 프란치스코가 얼마나 많은 노동을 하여서 부서진 성당들을 수리하고 또 얼마나 어려운 생활을 하고 있는지를 생각하고, 프란치스코가 세속에 있을 때 곱게 자랐음을 잘 알고 있던 터라 가지고 있는 모든 것을 가난한 사람들에게 나누어 줄 것을 마음으로 결심하게 되었고, 생활과 외모에서 프란치스코와 견고히 하나가 될 것을 결심하기에 이르렀다.

그는 어느 날 남몰래 하느님의 종에게 가서 자기의 뜻을 열어 보이고, 저녁에 그를 자기 집에 초대하는 데에 동의를 얻었다. 그때까지 아직 동료가 없었던 프란치스코는 날 듯이 기뻐하며 하느님께 감사를 드렸다. 왜냐하면 큰형이신 베르나르도는 매우 모범적인 사람이었기 때문이었다.

28. 복된 프란치스코는 약속대로 저녁에 베르나르도의 집으로 가시, 큰 기쁨 중에 그와 더불어 밤을 밝혔다. 이야기 중에 큰형이신 베르나르도가 그에게 질문을 했다. "누가 만약에 많거나 적거나 간에 재물을 주인으로부터 받아서 그 재물을 오랫동안 소유하고 있다가, 이제는 더 이상 지니고 싶지가 않을 때는 그로서는 어떻게 하는 것이 가장

좋겠습니까?" 복되신 프란치스코는 그러한 경우에는 그가 받은 재산을 주인께 돌려드려야 한다고 대답했다. 그러자 큰형 베르나르도가 말했다. "그렇다면 형제여, 나는 형제의 적절한 판단에 따라, 나에게 재물을 주신 나의 주님의 사랑을 위하여 나의 모든 세속 재물들을 나누기를 원합니다". 성인께서 그에게 말씀하셨다. "내일 아침 일찍이 성당으로 갑시다. 그곳에 가서 주님께서 당신의 제자들을 어떻게 가르치셨는지 우리도 복음서를 통해서 알아봅시다".

그들은 아침에 일어나서, 형제가 되기를 바라는 베드로라고 하는 사람과 함께 아씨시 마을의 광장에서 가까운 성 니콜라오 성당으로 갔다. 그들은 기도를 드리려고 성당 안으로 들어갔으나, 어리숙하고 무지한 사람들이라서 세속을 포기하라는 복음서의 말씀을 찾을 줄을 몰랐다. 이리하여 그들은 주님께 자신들이 복음서를 첫 번째 펼칠 때에 당신의 뜻을 자신들에게 내보이시기를 정성되이 청했다.

29. 복되신 프란치스코가 기도를 마치고 나서, 닫혀진 책을 들고 제대 앞으로 나아가 무릎을 꿇고 책을 펼쳤다. 첫 번째로 펼치자 주님의 뜻이 나타났다. "네가 완전한 사람이 되려거든 가서 너의 재산을 다 팔아 가난한 사람들에게 나누어 주어라. 그러면 하늘에서 보화를 얻게 될 것이다".

이러한 말씀을 발견하자 복되신 프란치스코는 대단히 기뻐하며 하느님께 감사를 드렸다. 그러나 그는 복되신 삼위일체를 진실하게 공경하는 사람이었으므로, 성서에서 세 번을 확인하고 싶었다. 그는 성서를 두 번, 세 번 펼쳤다. 두 번째로 펼쳤을 때에 다음과 같은 구절이 나왔다. "길을 떠날 때 아무것도 지니지 말라". 세 번째로 펼쳤을 때 다음과 같은 구절이 나타났다. "나를 따르려는 사람은 누구든지 자기를 버리고…".

복되신 프란치스코는 책을 펼칠 때마다, 자기가 벌써부터 가지고 있었던 계획과 소원을 성삼(聖三)의 은총으로 밝히고 확인할 수 있어서 하느님께 한없는 감사를 드렸다. 그러고는 베르나르도와 베드로에게 말했다. "형제들이여, 이것이 우리와 우리의 동료가 되기를 바라는 사람들의 생활이며 규칙입니다. 그러므로 가서 들은 바를 실행으로 옮기십시오".

이리하여 대단히 부자였던 우리의 큰형님 베르나르도는 가지고 있던 모든 것을 팔아 거액을 만들어서 마을의 가난한 이들에게 나누어 주었다. 베드로도 비록 조금이기는 했지만 가진 것을 다 팔아서 하느님의 뜻을 채워 드렸다.

모든 것을 없애고 나서 두 사람 다 잠시 후에, 성인이 은수자의 옷을 버린 직후에 입은 옷을 함께 받아서 입었다. 그 후로 그들은 주님께서 그들에게 보여 주신 거룩한 복음의 양식에 따라서 살았다. 그래서 복되신 프란치스코는 당신의 유언에서 다음과 같이 말씀하셨다. "지극히 높으신 분께서 친히 나에게 거룩한 복음의 양식에 따라 살아야 할 것을 계시하셨습니다".

제9장 | 실베스테르 형제를 부르신 방법과 수도원에 들어오기 전에 그가 본 환시

---

30. 우리가 방금 이야기한 큰형 베르나르도가 자기의 모든 재산을 가난한 이들에게 나누어 줄 때에, 그 자리에 있던 프란치스코는 하느님께서 하시는 사업을 보고, 마음으로 하느님께 영광을 드리며 높은

찬미를 드렸다. 실베스테르라고 하는 한 사제도 그곳에 있었는데, 프란치스코가 성 다미아노 성당을 수리할 때 이 사제로부터 얼마 가량의 돌을 산 적이 있었다. 실베스테르는 하느님의 사람의 권고 한마디에 거액의 돈이 뿌려지는 것을 목격하고서는, 슬그머니 욕심이 생겨서 그에게 다가가 말했다. "프란치스코, 당신은 나에게서 가져가신 돌 값을 제값을 쳐서 주시지 않으셨습니다". 탐욕을 경멸하는 프란치스코는 이 부당한 불평을 듣고서, 우리의 큰형 베르나르도에게 가서 돈이 들어 있는 베르나르도의 짧은 겉옷 주머니에 손을 넣고, 뜨거운 마음으로 충분한 돈을 꺼내서 불평하는 사제에게 주었다. 다시 두 번 사제의 손을 돈으로 채워 주며 말했다. "이만하면 충분합니까, 신부님?" "충분합니다, 형제여!" 그는 이렇게 돈을 받아 들고 나서 기뻐하며 자기 집으로 돌아갔다.

31. 그러나 며칠이 지나자 그 사제는 하느님의 이끄심으로 복되신 프란치스코의 행위를 곰곰이 되새겨 보기 시작했다. 그러고는 자기 스스로에게 말했다. "내가 가련한 사람이 아닌가? 이만한 나이에 그토록 재물에 탐욕을 부리다니? 그 젊은이는 하느님의 사랑을 위해서 재물을 멸시하고 지켜워하는 터에!"

그날 밤 그는 꿈속에서 하늘 끝에 닿아 있는 거대한 십자가를 보았는데, 그 뿌리는 프란치스코의 입에 고정되어 있었고, 그 양팔은 세상의 이 끝과 저 끝에 맞닿아 펼쳐져 있었다.

그 사제는 일어나자마자 복되신 프란치스코야말로 그리스도의 참다운 벗이요 종이며, 그가 시작한 수도회는 온 세상에 널리 퍼져야 함을 깨닫고 믿게 되었다. 이리하여 실베스테르는 하느님을 경외하게 되었고, 자기 집에서 회개를 하였다. 그러나 얼마 안 가서 그는 이미 시작이 된 형제회에 들어왔고, 그 안에서 훌륭히 살다가 영광되게 삶을 마쳤다.

32. 우리가 이미 말한 대로, 하느님의 사람인 프란치스코와 두 동료 형제들은 몸을 운신할 곳이 없었다. 그래서 그들은 포르치운쿨라의 성 마리아라고 하는 한 버려진 초라한 성당으로 가서, 그곳에서 가끔 함께 머무르려고 작은 집을 지었다.
얼마 지나서 에지디오라고 하는 아씨시 출신의 한 사람이 그들에게 와서, 크나큰 공경심과 열심한 마음으로 무릎을 꿇고 하느님의 사람에게 자기를 그들의 동료로 받아 줄 것을 청했다. 대단히 성실하고 열심해 보였고 하느님으로부터 많은 은총을 가져오리라고 여겨져서, 사실 곧 그렇게 되었지만, 하느님의 사람은 그를 아주 기꺼이 받았다. 이 네 형제들은 성령의 헤아릴 수 없는 기쁨과 즐거움으로 뭉쳐져 있었으나 더 큰 발전을 위해서 서로 헤어져야만 했다.

33. 복되신 프란치스코는 에지디오 형제와 안코나(Ancona)의 마르키아(Marchia)로 갔고, 다른 둘은 다른 지방으로 들어갔다. 그들은 마르키아로 가면서 주님 안에서 크나큰 기쁨에 홍겨워하였고, 성인은 크고 맑은 목소리의 프랑스말로 하느님께 찬미의 노래를 부르면서, 지존하신 분의 선하심을 찬양하고 또 영광을 드렸다. 그들은 가난 부인의 복음의 밭에서 크나큰 보화를 찾아서 만나기나 한 듯이 기쁨 중에 있었고, 가난 부인의 사랑 때문에 현세적인 모든 것들을 거침없이, 그리고 기꺼이 똥으로 여기고 천시했다.
성인이 에지디오 형제에게 말했다. "우리 형제회는 바다에 자기의 그물을 던져서 수많은 물고기를 잡다가, 어린 물고기들은 바다에 도로 놔주고 큰 물고기들만을 골라서 그릇에 담는 어부와 흡사합니다". 그는 이렇게 형제회의 놀라운 팽창을 예언했다.

하느님의 사람은 백성들에게 아직도 설교를 정식으로 하지 않았지만, 그럼에도 불구하고 그는 마을과 성을 지나면서 모든 사람들로 하여금 하느님을 사랑하고 경외토록 권했고, 죄를 뉘우치라고 권했다. 또한 에지디오 형제는 프란치스코가 청중들에게 대단히 훌륭한 영적 권고자이니 프란치스코를 믿으라고 그들에게 권유했다.

34. 사람들이 이들의 말을 듣고 나서 말했다. "이들이 누구인가? 왜 이들이 이런 말을 할까?" 그들이 이런 질문을 던지게 된 것은 당시에 이 땅에서는 하느님에 대한 경외와 사랑이 사라져서 없었고, 회개의 길을 조금도 몰랐으며, 오히려 회개를 미련한 짓으로 여겼기 때문이었다. 당시의 사회가 이렇게 된 것은 온 세상의 육의 유혹과 세상의 탐욕과 생활의 교만, 이 세 가지 그물에 걸려 있어서, 이 세 가지가 그토록 기승을 부렸기 때문이었다.

이 복음적인 사람들에게 대한 의견들이 분분하였다. 어떤 사람은 그들을 틀림없이 바보나 술주정꾼이라고 하였고, 또 어떤 사람들은 그들의 말은 바보들이 할 수 있는 말이 아니라고 우겼다. 청중들 중의 한 사람이 말했다. "이 사람들은 주님과 가장 완벽하게 하나가 되어 있다. 그렇지 않다면 그들은 틀림없이 정신이상자들이다. 왜냐하면 그들은 자포자기한 모습이기 때문이다. 음식도 겨우 먹는 둥 마는 둥 하고, 맨발로 돌아다니며, 넝마 옷을 입었으니 말이다".

사람들은 그들의 거룩한 회개의 모습에 두려움을 보였으나, 아직은 그들을 따르려는 사람들이 없었다. 젊은 여자들은 멀리에서 다가오는 그들을 보고는 자기들도 바보나 미친 사람들이 될까 봐서 겁을 먹고 내뺐다. 그들은 그 지방을 돌고 나서 성 마리아 성당으로 돌아왔다.

35. 며칠 뒤에 아씨시 사람 세 명이 그들에게 왔는데 사바티노(Sabbatinus), 모리코(Moricus), 카펠라(Capella)의 요한이 그들이었다. 그들은 복되신 프란치스코에게 자기들을 형제로 받아 줄 것을 간절히 청했다. 프란치스코는 그들을 겸허하고 인자하게 받아들였다.

그들은 마을로 동냥하러 다닐 때 먹을 것을 조금씩밖에 얻지 못하고, 대신에 욕만 실컷 얻어먹었다. 자기들의 재산은 팔아먹고, 다른 사람의 것을 얻어먹으러 다닌다는 비난이었던 것이다. 이래서 그들은 처절한 궁핍을 견디어야만 했다. 그들의 부모나 친척들이 그들을 박해했고, 다른 사람들도 그들을 미친 사람이나 얼간이로 비웃었다. 왜냐하면 그 당시에 아무도 이 집 저 집 돌아다니며 얻어먹기 위해서 자기 재산을 처분하는 사람은 없었기 때문이었다.

하느님의 사람이 의견을 여쭈려고 평소에 자주 찾아뵙던 아씨시의 주교는 이번에도 인자하게 그를 맞으며 그에게 말씀하셨다. "제가 보기에는 여러분들이 이 세상에서 아무것도 소유하지 않으면, 여러분들의 생활이 매우 어렵고 힘들 것 같습니다". 이 말에 복되신 프란치스코가 답했다. "주교님, 만약에 저희가 재물을 소유하게 되면, 그 재물을 지키기 위해서 우리들에게 무기가 필요하게 됩니다. 왜냐하면 그렇게 되면 언쟁과 싸움이 일어나는 법이고, 하느님과 이웃을 사랑하는 데에 말할 수 없는 방해가 되기 때문입니다. 그래서 저희는 있다가 사라지는 어떤 재물들도 이 세상에서 소유하기를 원치 않습니다". 지나가는 모든 것들을 경멸하고, 그중에서도 특히 돈을 멸시하는 하느님의 종의 이러한 대답에 주교는 무척 기뻐하였다. 프란치스코는 자기의 모든 규칙 중에서 가난에 가장 큰 역점을 두었고, 형제들에게 조심해서 돈을 피하라고 역설했다.

그는 실제로 형제들에게 남겨 준 최종적인 수도규칙이 있기 전에도 실험적으로 몇 가지 수도규칙들을 만들었다. 그중의 한 수도규칙에서 그는 돈을 천시하라고 하였다. "모든것을 버린 우리는 그처럼 보잘 것없는 것 때문에 하늘 나라를 잃지 않도록 조심합시다. 만일 돈을 발견하게 되면, 우리는 그것을 발 아래 밟히는 티끌처럼 여깁시다"[13].

| 제10장 | 복되신 프란치스코가 여섯 동료들에게 그들이 세상을 돌아다닐 때 만나게 될 일들을 예언하고 이에 인내하기를 권고함 |

36. 성령의 은총에 이미 충만해 있던 프란치스코는 여섯 형제들을 불러 놓고 그들의 장래를 예언하였다. "지극히 사랑하는 형제들이여, 하느님께서는 자비롭게도 우리만을 위해서가 아니라, 많은 이들의 구원을 위해서도 우리를 부르신 우리의 성소를 생각합시다. 그러니 우리는 세상에 나아가 말보다도 모범으로 모든 이들을 권면하여 그들의 죄를 뉘우치도록 해주고, 하느님의 계명들을 기억하게 합시다". 그리고 나서 그는 덧붙였다. "우리가 보잘것없고 배운 것이 없다고 해서 두려워 말고, 오히려 세상을 이기신 하느님을 신뢰하여 단순하고 확신 있게 회개를 전합시다. 왜냐하면 그분은 여러분을 통해서, 그리고 여러분 안에서 성령으로 모든 이들을 권면하시어 당신께로 돌아오게 하시

---

13 「인준받지 않은 수도규칙」 8,5~6.

고, 당신의 계명들을 준수케 하시기 때문입니다.

여러분들은 성실하고 온유하고 관대한 사람들을 만나면, 그들은 여러분과 여러분이 하는 말을 기쁘게 받아들일 것이나, 반면에 여러분들이 불성실하고 거만하고 불경한 사람들을 만나게 되면, 그들은 여러분과 여러분들이 하는 말을 비난할 것입니다. 그러므로 여러분은 모든 일을 인내하면서 겸손하게 견딜 수 있도록 마음의 준비를 하십시오".

형제들이 이 말을 듣고 나서 겁을 내기 시작했다. 그러자 성인이 그들에게 말했다. "두려워하지 마십시오. 조만간 현명하고 고귀한 사람들이 우리에게 올 것이며, 그들이 우리와 더불어 왕들과 왕자들과 당신의 가족을 온 세상에 늘려 나가시고 키우시는 주님께로 돌아올 것입니다".

37. 성인은 이 말을 하고 나서 그들에게 강복을 주었고, 하느님의 사람들은 그의 권고들을 마음에 경건히 새기고서 떠나갔다. 그들은 성당이나 십자가를 만나면 머리를 숙여 경건히 기도를 올렸다. "그리스도님, 주님의 거룩하신 십자가로 세상을 구속하셨사오니, 우리는 온 세상에 있는 당신의 모든 성당에서 주님을 흠숭하며 찬미하나이다". 그들은 십자가와 성당을 보면 어디에서나 항상 그곳을 하느님이 계신 곳으로 믿었다.

그들을 만나는 사람들은 그들의 생활과 옷차림이 다른 사람들과는 너무도 판이하게 다르고, 또 마치 숲속에 사는 야만인 같아 보여서 굉장히들 놀랐다. 그들은 도시나 성, 저택 그리고 집에 들어갈 때마다[14]

---

14   "도시"(cicitas)는 주교가 거주하는 도시이고, "성"(castrum)은 성벽으로 둘러싸여 방비되어 있는 작은 도시이고, "저택"(villa)은 부유층의 집이며, "집"(docum)은 일반적으로 평범한 집을 뜻한다. 이로써 당시 주민들의 주거 환경을 짐작할 수 있다.

모든 이에게 평화를 전했고, 모든 이를 격려하여 하늘과 땅을 만드신 창조주를 사랑하고 경외토록 하고 그분의 계명을 지키도록 하였다.

어떤 이들은 그들의 말을 반겨 들었으나, 어떤 이들은 그와는 반대로 그들을 비웃었다. 대부분의 사람들이 그들을 질문으로 피곤하게 만들었고, 그들에게 이렇게 물었다. "도대체 어디서 온 사람들이오?" 어떤 이들은 그들이 소속되어 있는 수도회를 물었다. 그런 수많은 질문에 대답하기란 피곤한 일이었으나 그들은 단순하게 자기들은 아씨시 출신의 회개자들이라고만 대답했다. 실제로 그들의 공동체는 아직 수도회로 불리지를 않았던 것이다[15].

38. 많은 이들이 그들을 사기꾼이나 정신병자로 몰았고, 그들을 도둑으로 판단하여, 그들이 자기들 집안에서 물건을 몰래 가지고 달아날까 봐 두려웠던 나머지 자기들의 집에 들이기를 꺼렸다. 그들은 수많은 곳에서 수많은 고초와 모욕을 받았으며, 성당의 회랑이나 집들의 처마 밑에서만 따뜻한 영접을 받았다.

당시에 그들 중에 두 형제가[16] 피렌체에 가서, 동네를 돌며 동냥을 하였지만, 그들은 처마 밑에 솥이 걸려 있는 집 한 채를 보고는 서로 얼굴을 보면서 말했다. "여기서 하룻밤 쉬어 갈 수 있겠는데?" 그들은 하느님의 사랑으로 그 집 여주인에게 자기들을 그 집에 받아 달라고 청하였으나, 그 여주인은 거절하였다. 이에 그들은 겸손하게 그 밤

---

15 이 이야기의 직접적인 출처가 되는 「익명의 페루지아 전기」(페루지아에 보관되어 있는 작가 미상의 전기)는 다음과 같이 덧붙인다. "형제들의 공동체는 아직도 수도회라는 명칭을 지니지 못했던 것이다". 벌써 형제들은 프란치스코의 수도규칙에 따라 공동체를 이루고는 있었지만, 교황 칙서를 통해 인준된 수도규칙이 없었기 때문에 수도회로 불리지 못했다.

16 베르나르도와 에지디오 형제였다(「1첼라노」 30 참조).

을 솥 옆에서나마 쉬어가게 해달라고 말했다. 여자는 이것은 허락했다. 그러나 그녀의 남편이 처마 밑에 있는 그들을 보고는 부인을 불러서 물었다. "당신은 왜 그 불량배들에게 우리 집 처마 밑에 있도록 허락하였소?" 그녀는 대답하기를 그들에게 집에 들어오는 것은 거절했으나 처마 밑에 훔쳐 갈 것이라고는 땔감밖에 없어서 처마 밑에서 자는 것은 허락했노라고 했다. 그녀의 남편은 그녀에게 당부하기를 그날 밤 날씨는 몹시 추웠지만 그들에게 덮을 담요를 주지 말라고 일렀다. 그는 그들을 도둑이나 불량배로 여겼던 것이다.

그들은 가난 부인의 담요를 덮고 오직 하느님의 열(熱)로만 덥혀서 솥 옆에서 밤 기도 시간까지 짧은 잠을 잤다. 그러고는 밤 기도 성무일도를 듣기 위해서 가까운 성당으로 발길을 옮겼다.

39. 날이 밝자 집 여주인이 바로 그 성당에 와서, 계속해서 열심히 기구를 드리고 있는 형제들을 보고는 속으로 말하였다. "남편 말대로 이들이 불량배들이나 도둑들이라면, 그들이 저토록 경건히 쉬지 않고 기구를 드리지는 못할 것이다". 그 여자가 아직도 이런 생각에 빠져 있는데, 마침 그때 귀도(Guido)라고 하는 사람이 성당 안에 있던 가난한 사람들에게 적선을 하고 있었다.

그 사람이 형제들 앞에 와서 다른 가난한 사람들에게 주듯이 돈을 주려 하자, 그들이 돈을 거절하여 받기를 원치 않았다. 그러자 그가 형제들에게 말했다. "왜 당신들은 가난하면서도 다른 사람들처럼 돈을 받지 않는 거요?" 베르나르도 형제가 대답했다. "우리가 가난한 것은 사실입니다. 그러나 가난이 다른 이들에게는 짐스럽겠지만, 우리들에게는 그렇지가 않습니다. 왜냐하면 우리는 하느님의 은총으로 그분의 뜻을 채워 드리면서 가난을 자원해서 받아들였기 때문입니다". 그러자 그 사람은 감탄해 마지않으면서 그들이 전에 재산을 소유했는지를 묻고는, 그들이 재산을 많이 가지고 있었지만, 그 모두를 하느님의 사랑으로 가난한 이들에게 나누어 주었다는 사실을 알게 되었다. 그렇게 대답한 형제는 프란치스코의 첫 제자인 베르나르도 형제였다. 오늘날 우리는 이 형제를 복되신 프란치스코 다음으로 참으로 가장 거룩한 아버지로 여기고 있다. 왜냐하면 그는 평화와 회개의 사신(使臣)인 프란치스코를 받아들이면서 하느님의 거룩한 사람을 최초로 따랐으며, 복음적 완덕에 따라 가진 것을 다 팔아서 그것을 가난한 이들에게 나누어 주었고, 그리고 가장 거룩한 가난 안에서 끝 날까지 그것을 견지했기 때문이다.

그 부인은 형제들이 돈을 거절하는 것을 보고는 그들에게 다가가서, 형제들이 좋기만 하다면 자기로서는 형제들을 기꺼이 자기 집의 손님으로 맞이하고 싶노라고 했다. 그들이 겸손하게 답했다. "하느님께서 당신의 좋은 뜻을 갚아 주실 것입니다". 귀도라는 사람은 형제들이 머무를 곳이 없음을 알고는 그들을 자기 집으로 데리고 가서 말했다. "이곳이 주님께서 여러분들을 위해서 마련하신 거처입니다. 원하시는 만큼 머물다가 가십시오". 그들은 하느님께 감사를 드리면서 그의 집에서 얼마간을 머물며 그들의 말과 모범으로 그로 하여금 주님을 경외하도록 감화시켰다. 이리하여 귀도는 많은 물건들을 가난한 이들에게 나누어 주었다.

40. 귀도만은 그들을 이처럼 후하게 대접했지만, 어른에서 아이에 이르기까지 많은 이들로부터 비난과 모욕 및 심한 천대를 받았다. 때때로 사람들은 형제들의 보잘것없는 옷까지 빼앗아 갔다. 이러한 일이 일어나면 하느님의 종들은 벌거벗긴 채로 있을 수밖에 없었다. 왜냐하면 형제들은 복음의 권고에 따라서 옷을 한 벌만 입었기 때문이며, 그럼에도 자신들에게서 빼앗아 간 옷들을 되돌려 달라고 하지도 않았다.

어쩌다 그들 중의 누가 동정심이 일어서 빼앗아 간 옷들을 되돌려 주려고 하면, 형제들은 그제야 반갑게 그것을 받았을 뿐이었다.

어떤 이는 형제들에게 진흙을 던지기도 했고, 어떤 이는 형제들에게 함께 놀자며 손에 주사위를 쥐어 주기도 하였다. 어떤 이는 형제들의 모자를 등 뒤에서 잡아당겨서 형제들을 꼼짝달싹도 못하게 끌고 다녔다.

이와 비슷한 희롱들이 형제들을 천하게 여겼던 사람들에 의해서 저질러졌고, 그들은 형제들을 자기들 마음대로 괴롭혔다. 그들은 배고픔과 목마름과 추위와 헐벗음과 수많은 형극의 고난과 고뇌를 참아 받았다. 그들은 모든 일을 꿋꿋이 견디어 냈고, 복되신 프란치스코가 권고한 대로 인내했으며, 근심하지 않았고, 혼란에 빠지지 않았으며, 그들에게 악행을 저지르는 자들을 절대로 저주하지 않았다. 오히려 복음적 완덕에 이른 사람들처럼 큰 이득을 보고서 주님 안에서 크게 기뻐했고, 시험과 환난 안에 있으면서 모든 것을 기쁨으로 여겼고, 이러한 박해를 받으면서도 박해하는 자들을 위해 복음의 말씀대로 정성껏 열심히 기도드렸다.

| 제11장 | 네 명의 형제들을 받아들임, 그리고 초기 형제들의 서로 간의 열렬한 사랑, 그리고 그들의 열심한 노동과 기도와 완전한 순종 |

41. 이제 사람들은 형제들이 박해를 받으면서 얼마만큼 즐거워하는지를 목격하였고, 그들이 기도에 얼마나 정성을 다 바치는지, 또 돈을 거절하고 돈을 지니지 않고 다니며, 서로서로 얼마만큼 사랑하는지

를 직접 보았다. 많은 사람들이 이러한 일들을 보고 나서 형제들이야말로 예수 그리스도의 진정한 제자들임을 깨닫게 되었고, 그러고는 마음에 양심의 가책이 일어서, 형제들에게 다가와서 전에 자기들이 상처와 모욕을 준 일을 용서해 달라고 청하였다. 형제들은 다음과 같이 말하면서 그들을 마음으로 받아들였다. "주께서 당신을 용서하십니다". 그러고는 그들에게 그들의 구원을 생각해 보라고 유익하게 권유했다.

어떤 이들은 자기들을 형제들의 동료로 받아줄 것을 요구했다. 형제들의 수가 얼마 되지를 않아서 여섯 명 모두가 복되신 프란치스코로부터 새로운 형제들을 받아들일 권위를 위임받았으므로[17], 그들은 새 형제들을 자기들의 공동체에 받아들였다. 그러고 나서 그들은 약속한 시기에 그들과 함께 포르치운쿨라의 성 마리아 성당으로 갔다. 형제들은 모두 다시 서로 만나게 되자, 그 후로는 악인들에게서 받은 상처를 잊은 채 반가움과 기쁨에 넘쳤다.

그들은 영혼의 원수인 모든 게으름을 자기들에게서 완전히 내쫓으려고 매일 기도와 손일을 했다. 그들은 한밤중에 열성적으로 일어나서 한없는 눈물을 흘리고 한숨지으며 매우 열심히 기도했다. 그들은 마치 어머니가 외아들을 보살피듯이 그렇게 서로가 사랑하고 염려했으며, 서로에게 봉사했다. 사랑이 그들의 가슴속에서 강렬하게 타올랐기 때문에, 그들은 예수 그리스도의 사랑을 위해서뿐만 아니라, 형제들 중의 그 누구의 몸과 마음을 위해서도 자기들의 목숨을 바치기가 쉬운 듯했다.

---

17 이는 교회법적인 표현이다. 수도회의 입회는 위임을 받은 권위 있는 사람을 통해서 입회할 때만이 유효하다는 것을 주지시키는 것이다. 교회법 학자로서의 염려가 들었다. 최초 여섯 명의 형제들이 교회법적인 측면을 도무지 무시하기에, 저자가 우려를 보이는 것이다.

42. 어느 날 두 형제가 자신들에게 돌을 던지기 시작하는 미친 사람 하나를 만나게 되었다. 한 형제가 다른 형제에게 돌이 겨냥되는 것을 보고는 그 즉시 자기가 그 돌을 가로막았다. 차라리 그 형제보다는 자기가 돌에 맞기를 바랐던 것이다. 그들 서로의 사랑이 이처럼 깊었기에 서로는 서로에게 목숨을 바칠 각오가 되어 있었다.

형제들은 겸손과 사랑으로 다져져 있어서 마치 자신의 아버지나 주인을 공경하듯이 서로 공경을 했으며, 또한 특별한 일을 하기 때문에, 아니면 직책이나 받은 능력 때문에 우대를 받는 형제들은 모두 자신을 순종에 온전히 내맡겼으며, 윗사람들의 뜻에 항구하게 자신을 맡겼다. 그들은 명령의 옳고 그름을 가리지 않았고, 명을 받은 것은 그것이 어떤 일이건 간에 그것을 하느님의 뜻으로 여겼다. 그러므로 순명을 채우는 일은 그들에게 수월하고 기분 좋은 일이었다. 각자는 스스로를 책하면서도 다른 형제들을 조금도 책하지 않았고, 그렇게 그들은 육신적 사욕을 눌렀다.

43. 어느 형제가 어쩌다 말을 실수해서 그 말이 다른 형제를 괴롭혔을 경우에는, 그는 이 일이 너무도 양심의 가책이 되어 자기의 잘못을 땅에 엎드려 겸손히 고백했고, 그 형제가 그 형제의 발을 자신의 입에 넣을 때까지 안절부절못했다. 만일에 마음에 상처를 받은 형제가 상처를 준 형제의 입에 자신의 발을 넣기를 싫어한다고 할 때에, 상처를 준 형제가 고위 성직자이면 상처를 입은 형제에게 순종으로 자신의 입에 그의 발을 넣으라고 했고, 상처를 준 사람이 밑의 형제인 경우에는 밑의 형제가 고위 성직형제에게 그렇게 명령해 달라고 부탁했다. 이렇게 그들은 그들 사이에 있는 모든 원한과 악행이 사라지도록 머리를 짜냈고, 서로 간의 완벽한 사랑을 늘 유지하도록 노력했다. 각각의 형제는 악행을 덕행으로 막았고, 우리 주 예수 그리스도의 은총으로

서로 도와 가며 살았다.

그들은 어느 것도 자기 것이 되게 하는 소유를 요구하지 않았다. 한 형제에게 책이나 물건이 생기면 사도들의 전통과 실천에 따라서 그들도 공동으로 사용했다[18]. 형제들은 참다운 가난 안에 살았고, 그들은 하느님 때문에 받은 물건에 대해서 관대하고 대범했으며, 하느님의 사랑 때문에 물건을 요구하는 사람들에게 기쁘게 그것을 내주었고, 특히 자신들이 얻어 온 동냥도 가난한 이들과 나누었다.

44. 그들이 길을 걸을 때에, 거지가 그들에게 하느님의 사랑으로 구걸을 해와도 줄 물건이 없으면 자신들의 초라한 옷을 잘라서 주곤 했다. 어느 때는 수도복에서 모자를 잘라서 떼어 주었고, 어느 때는 복음을 실천하기 위해서 옷소매나 아니면 수도복의 한 귀퉁이를 잘라 내서 주었다. "청하는 누구에게나 주십시오". 어느 날 한 가난한 사람이 형제들이 가끔 거처하던 포르치운쿨라의 천사들의 성 마리아 성당으로 와서 그들에게 동냥을 청했다. 마침 그곳에 어느 한 형제가 세속에 있을 때 입던 외투 하나가 걸려 있었다. 복되신 프란치스코가 그 형제에게 그 옷을 거지에게 주라고 하자, 그는 즉시 기쁜 마음으로 그렇게 했다. 그 형제가 자신의 옷을 그 가난한 이에게 주면서 보여준 공경심과 열심함 때문에, 그 동냥이 하늘에 가납된 때문이었는지, 여하튼 그 형제는 새로운 기쁨에 젖어들었다.

45. 세속의 재물을 많이 소유한 부자들이 형제들에게 오면, 형제들은 그들을 기쁘고 반갑게 맞이했으나, 그들을 악행에서 돌아오도록 했

---

18 사도 2,4; 4,32를 시사하며, 사도행전의 이 두 문장은 수도회들의 수도규칙의 기초로서 언급되곤 한다.

으며, 회개로 부르려고 노력했다. 형제들은 장상에게 자기들을 고향에 가지 않도록 하게 해달라고 청하곤 했는데, 이는 가족의 사랑을 피하기 위한 것이었고, 친척들과의 교제를 피하기 위한 것이었고, 예언자의 말씀을 실천하기 위한 것이었다. "저는 제 형제들에게 남이 되었고 제 어머니의 소생들에게 이방인이 되었습니다"[19].

형제들은 재물을 탐하지 않았고, 이 세상을 사랑하는 자들이 탐닉해 온 지나가는 것들을 하찮게 여겼기 때문에 가난 안에서 대단히 즐거워할 수 있었다. 특히 그들은 돈을 마치 티끌인 양 발로 짓밟아 버렸다. 그리고 그들은 성인의 가르침대로 금 조각을 당나귀의 똥만큼의 무게와 가치밖에 없는 것으로 여겼다. 형제들 사이에는 도무지 슬픔이 설 자리가 없어서 주님 안에서 한없이 즐거워했다. 세상과 멀어지면 멀어질수록 하느님과의 일치는 더더욱 가까웠다. 그들은 십자가의 길과 정의의 오솔길을 따라가면서, 자기들의 뒤를 따라오는 사람들에게 평평하고 안전한 길을 터주기 위해서 회개와 복음 실천의 좁은 길을 방해하는 장애물들을 제거해 주었다.

제12장	복되신 프란치스코가 교황께 자신의 계획을 알리고 수도규칙의 인준을 받기 위해서 열한 명의 동료들과 교황청에 감

46. 복되신 프란치스코는 주님께서 자기 형제들의 수를 늘려 주시고, 형제들로 하여금 덕행에 정진하도록 해주시는 것을 보았다. 함께

---

19   시편 69,9.

하는 형제들의 수가 벌써 열둘이 되자[20], 열한 명의 형제들에게 그들의 우두머리요 스승이 말했다. "형제들이여, 보십시오. 주님께서 우리의 공동체를 자비롭게도 늘려 주시려고 하십니다. 그러므로 우리의 어머니이신 거룩한 로마 교회로 가서 교황님께 주님께서 우리를 통해서 시작하신 일을 보고합시다. 그렇게 해서 주님의 뜻과 명령으로 시작한 일을 이룩하도록 합시다".

모든 형제들이 스승의 말에 동의하여 그들은 스승과 더불어 로마로 향했다. 스승이 그들에게 말했다. "우리 열두 명 중에서 한 명을 선출하여, 그를 예수 그리스도의 대리자로 앉혀서, 우리는 그가 이끄는 곳으로 가고, 그가 묵고자 하는 곳에서 묵도록 합시다". 그들은 이 직책에 프란치스코 다음의 베르나르도 형제를 뽑았고, 그들은 스승이 말한 대로 베르나르도의 말을 따랐다. 그들은 기뻐하며 여행길에 올랐고, 하느님의 말씀에 대하여 대화를 나누었다. 그들은 하느님의 찬미와 영광과 영혼에 유익한 말 외에는 감히 말하지 않았고, 기도에 자주 전념했다. 그리고 주께서는 그들에게 머무를 곳을 언제나 마련해 주셨고, 필요한 것을 장만해 주셨다.

47. 그들이 로마에 도착해서 아씨시의 주교를 만났다. 각별한 애정으로 복되신 프란치스코와 모든 형제들을 우러렀던 주교는 그들을 극진히 환대했다. 형제들이 그곳에 온 이유를 몰랐던 주교는 처음에는 꺼림칙해 했다. 그들이 혹시나 주께서 자신들을 통해서 놀라우신 일을 시작하신 고향을 떠나려고 하는 것이 아닌가 하여 두려웠던 것이다. 주교는 자기 교구 안에 생활과 행실로 자신에게 크나큰 만족을 가져다

---

20   여기서 열두 명이라는 지적은 그 제자들의 수에 있어서 프란치스코의 제자와 그리스도의 제자가 일치하지 않음을 보여 준다.

주는 이 장한 사람들을 가지고 있다는 사실에 대단히 행복해 했다. 그러나 주교는 그들이 그곳에 온 사연과 그들이 마음에 품고 있는 바를 듣더니 매우 기뻐하며, 도움과 조언으로 그들을 도왔다.

아씨시의 주교는 하느님의 종들을 무척이나 사랑하고, 하느님의 은총에 진정으로 넘쳐 있는 성 바오로의 요한 주교로 알려져 있는 사비나(Sabina)의 추기경을 잘 알고 있었다. 아씨시의 주교가 복되신 프란치스코와 그 형제들의 생활에 대해서 전에 이미 그 추기경에게 언질한 바가 있어서, 추기경은 하느님의 사람과 그 형제들을 만나 보기를 원했다.

추기경은 그들이 로마에 있다는 말을 듣고, 사람을 보내어 그들을 오도록 해서 크나큰 존경심과 사랑으로 그들을 맞이하였다.

48. 그들은 며칠간을 추기경과 함께 보냈다. 추기경은 그들의 거룩한 말과 표양에 감동된 나머지, 그들의 일이 자기가 듣던 바와 일치함을 깨닫고는 그들에게 자기를 위해서 기도해 줄 것을 겸손하고 진실하게 부탁했고, 특별한 청으로 자신을 그들 형제들 중의 하나로 여겨 주기를 바랐다. 끝으로 추기경은 복되신 프란치스코에게 로마에 온 이유를 묻고 나서, 그들의 의중을 듣고는 교황청 안에서 그들을 위하여 힘써 주겠다고 하였다.

추기경은 교황청으로 가서 교황 인노첸시오 3세께 아뢰었다. "저는 거룩한 복음의 양식대로 살기를 바라고, 또 모든 일에서 복음적 완덕을 준수하기를 바라는 가장 완전한 사람을 보았습니다. 확실하건대, 우리 주께서는 이 사람을 통해서 온 세상의 거룩한 교회의 믿음을 쇄신하기를 바라고 계십니다". 이 말을 듣고 교황은 매우 놀라 추기경에게 복된 프란치스코를 당신께 데려오라고 명하셨다.

49. 다음날 하느님의 종은 추기경의 안내로 교황 앞에 서게 되었

고, 하느님의 종은 자기의 모든 거룩한 의향을 교황께 숨김없이 열어 보였다. 남달리 깊은 사려의 은총을 받은 교황은 성인의 청에 당연한 동의를 보인 다음에, 마침내 그와 그의 형제들에게 많은 것에 대해서 훈계하고 축복하며 말하였다. "형제들이여, 주님과 함께 떠나십시오. 그리고 그분께서 여러분에게 영감을 주시는 대로 모든 사람들에게 회개를 선포하십시오. 그러고 나서 전능하신 하느님께서 여러분의 수효를 늘려 주시고 은총을 풍성히 내려 주시면, 우리에게 보고하도록 하십시오. 그러면 우리는 여러분들에게 더 많은 것을 허락하여 더 큰 일들을 더 안전하게 맡길 것입니다".

교황은 형제들에게 이미 내린 허락과 앞으로 내릴 허락이 하느님의 뜻과 일치하는지를 명확히 알고 싶어, 성인이 물러가기 전에 성인과 그 동료들에게 말씀하셨다. "나의 아들들이여, 여러분의 생활은 우리들이 보기에 힘겹고 어려울 듯합니다. 여러분들의 열성을 믿고, 여러분들을 믿어 의심치는 않지만, 우리로서는 장래의 여러분을 따를 사람들까지 생각해야 합니다. 그들에게는 이 길이 너무 어렵게 느껴질지 모르겠습니다". 그러나 교황은 그들의 항구한 믿음을 볼 수 있었고, 그들의 희망의 닻이 그리스도의 기둥에만 내려져 있음을 알 수 있었으며, 그들의 열정도 식지 않으리라는 것도 알 수 있었다. 그리하여 복되신 프란치스코에게 말씀하셨다. "아들이여, 가서 하느님께 당신이 나에게 요구하는 허락이 그분의 뜻에서 나온 것인지를 당신께 제시해 주십사고 기도하십시오. 우리가 하느님의 뜻을 알게 되면 당신의 청을 허락할 것입니다".

50. 하느님의 성인이 교황의 명에 따라 기도를 드리자, 하느님께서 그에게 영적으로 비유의 말씀을 하셨다. "어느 한 가난하고 아름다운 처녀가 사막에서 살았다. 어떤 왕이 그녀의 미모에 사로잡혀서 그녀를

자기의 신부로 맞아들였다. 왜냐하면 왕은 그녀가 멋진 왕자들을 낳아 주리라고 여겼기 때문이었다. 약혼식이 이루어졌고, 결혼식이 치러졌으며, 많은 아들들이 태어났다. 아들들이 장성하자, 어머니가 그들에게 말했다. '얘들아, 부끄러워 말아라, 너희 아버지는 임금이시다. 그러니 궁정으로 가거라. 그분께서 너희에게 필요한 것을 모두 주실 것이다'. 이리하여 그들은 임금께 갔고, 임금은 이 아이들을 보자 그들의 아름다움에 눈이 휘둥그레졌고, 그들의 모습에서 자신과 흡사함을 보았다. 그러고는 그가 말했다. '너희는 누구의 아들이냐?' 그들은 사막에 살고 있는 한 가난한 부인의 아들들이라고 대답했다. 이 말에 임금은 그들을 반가이 껴안고 말했다. '조금도 두려워할 것 없다. 너희들은 나의 아들들이다. 내가 얼마나 많은 한갓 나그네들까지도 나의 식탁에서 기르고 있는지 보려무나. 하물며 너희는 나의 법적인 아들들이니, 훨씬 더 많은 권리를 가지고 있다'. 임금이 그들을 덥석 껴안고 어명을 내려, 사막에 사는 부인과 더불어 자기가 낳은 아들 모두를 왕궁으로 보내어 왕궁에서 보살핌을 받도록 하라고 일렀다".

복되신 프란치스코가 기도하는 동안에 이 환상이 그에게 나타났고, 거룩한 사람은 바로 그 가난한 부인을 자기 자신으로 이해했다.

51. 그는 기도를 마친 후에 재차 교황을 알현하여 주께서 자신에게 보여 주신 환시의 예(例)를 차근차근히 알려 드리고 이렇게 말씀드렸다. "교황님, 바로 제가 자비로우신 하느님께서 사랑하시어, 당신의 자비로 영화롭게 하여 주신 가난한 부인입니다. 제가 바로 법적인 왕자들을 낳아 드린 가난한 부인입니다. 왕 중의 왕께서 손수 저에게, 저에게서 태어난 아들들 모두를 건사하시겠다고 말씀하셨습니다. 왜냐하면 그분은 낯선 이방인들도 돌보고 계시기에 당신의 법적인 아들에게는 당연히 그래야 하시기 때문입니다. 주님은 죄인들의 자식들도 사랑

하시기 때문에 죄인들에게도 지상의 좋은 것들을 주시는데, 하물며 당연히 보살핌을 받을 만한 복음적인 사람들을 두고 서 있겠습니까?"

이 말을 듣고 교황은 심히 놀랐다. 왜냐하면 복되신 프란치스코가 도착하기 전에, 이 볼품없고 왜소한 수도자가, 라테라노(Laterano)의 성 요한 성당이 무너져 내리는데, 그의 등을 성당 밑으로 밀어 넣어서 성당을 떠받치는 환시를 보았기 때문이다. 교황은 깨어나 의아스럽고 놀라워하였다. 신중하고 슬기로운 교황은 이 환시를 숙고하였다. 그러고는 며칠이 안 되어 복되신 프란치스코가 교황께 와서, 이미 설명을 드린 대로 교황께 방문한 목적을 아뢰었던 것이다. 그는 온 힘을 기울여 완벽하게 실천한 성서의 설교에서 따온 짧고 단순한 말들[21]로 되어 있는, 자기가 쓴 수도규칙을 인준해 줄 것을 청했다. 이런 상황을 마치 경험한 것처럼 생생하게 보신 교황은 프란치스코를 보자 그에게서 하느님을 섬겨서 타오르는 불꽃같은 사랑을 알아보았다. 그러고는 마음속으로 라테라노 성당에 관한 환시와 하느님의 사람의 말을 연결시켜 보고는 혼잣말로 되뇌었다. "이 사람이야말로 그를 통해서 하느님의 교회가 지탱되고 유지될 경건하고 거룩한 사람이다".

그러고 나서 교황은 프란치스코를 포옹하고, 그가 쓴 수도규칙에 동의하였으며, 그와 그의 형제들에게 모든 사람들에게 회개를 선포할 허락을 주었다. 그 허락은 형제들이 먼저 복되신 프란치스코로부터 설교할 허락을 받아야 한다는 조건을 붙였다. 교황은 후에 추기경 회의에서도 이에 동의하였다.

52. 복되신 프란치스코는 교황의 허락을 받고 나서, 하느님께 감사를 드렸다. 그리고 땅에 무릎을 꿇고 교황께 순종과 존경을 겸손하고

---

21 「유언」 15.

정성되게 약속했다. 교황의 명령에 따라 다른 형제들도 복되신 프란치스코에게 순종과 존경을 서약했다. 교황의 강복을 받고 나서, 형제들 모두가 사도들의 무덤을 방문하였고, 앞서 말한 추기경은 열두 명 모두가 성직에 오르기를 바라면서, 복되신 프란치스코와 다른 열한 명의 형제들의 머리를 동그랗게 깎아주어 삭발례(削髮禮)를 시켰다.

53. 하느님의 종은 열한 명의 형제들과 로마를 떠나 세상으로 돌아가면서, 자기의 뜻이 그렇게 쉽게 성취된 것을 대단히 놀라워했다. 그리고 거룩한 계시로 장래에 일어날 일들을 그에게 미리 보여 주신 구세주께 대한 희망과 신뢰가 내적으로 나날이 커갔다. 그의 뜻이 성취되기 전 어느 날 밤 그가 깊은 잠에 들었을 때, 자기가 어떤 길을 걷고 있는 듯하였다. 길가에는 대단히 크고 아름답고 튼튼하고 우람한 나무가 있었다. 그는 나무 가까이 간 다음에 나무 밑에 서서 그 나무의 크기와 아름다움에 넋을 잃고 있었는데, 갑자기 성인 자신이 그 높이만큼 커져서 나무의 꼭대기를 만질 수가 있었다. 그래서 그는 그 나무를 눌러서 간단히 땅에 닿게 할 수가 있었다. 이 세상에서 제일 높고 제일 아름답고 제일 힘이 있으신 인노첸시오 교황이 그의 청원과 뜻에 자비롭게도 몸소 몸을 굽혔으니 이 일이 실제로 일어난 것이다.

> **제13장** | 복되신 프란치스코의 호소력 있는 설교.
> 그가 머무른 첫 번째 장소와, 그곳에서의
> 형제들의 삶과 그곳을 떠난 경위

54. 이때부터 복되신 프란치스코는 도시와 성[22]을 두루 다니며 보다 많이 보다 완전한 설교를 하기 시작했는데, 인간의 지혜로 만들어진 말을 쓰지 않았고 성령의 가르침과 힘으로 하느님의 나라를 신념 있게 전했다. 그는 사도적 권위로 강해진 진실한 선포자였으므로, 간교하게 아첨하는 감언이나 구슬리는 말투를 쓰지 않았다. 왜냐하면 그가 다른 사람에게 권하는 말은 자기에게 먼저 권해서 실천한 것들이었으며, 따라서 확신에 차서 진리를 말했기 때문이었다. 딴 세상 사람으로만 비쳤던 그를 보려고, 또 그의 말을 들으려고 달려갔던 유식하고 교양 있는 많은 사람들이 인간의 스승으로부터 가르침을 받은 적이 없는 그의 설교의 힘과 진리에 경탄했다. 귀족이나 평민이나 성직자나 평신도나 할 것 없이 많은 사람들이 성령의 이끄심에 불이 붙었고, 복된 프란치스코의 발자취를 따르려 했으며, 그들은 세상 걱정과 세상의 화려함을 버리고서 그의 지도 아래 같은 생활을 하게 되었다.

55. 복되신 사부님은 아들들과 함께 아씨시에서 가까운 리보토르토(Rivotorto)의 아무도 돌보지 않는 버려진 헛간에서 살았다. 그런데 그곳은 협소해서 그들이 앉거나 잠시 쉴 수가 없었다. 그들은 빵이 부족

---

22 "도시와 성"은 복음이 말하는 "도시와 마을"을 저자가 당대의 어휘로 바꾼 것이다.

하여 굶주림에 시달리다가 여기저기 돌아다니며 구걸해서 얻은 순무만 먹은 적이 한두 번이 아니었다. 하느님의 사람은 형제들의 이름을 헛간의 들보에 써 놓아서, 만약에 누가 쉬고 싶다거나 기도하고 싶으면 자기 자리를 알 수 있었으며, 장소가 협소해서 귀에 거슬리는 소리가 마음의 침묵을 흔들어 놓지 않게 하기 위해서였다. 그들이 그곳에 살고 있을 때, 어느 날 어떤 농부가 헛간에서 묵으려고 당나귀를 데리고 그곳에 왔다. 형제들의 반대에 부딪힐까 봐서 그는 곧바로 당나귀를 안으로 몰고 들어와서 자기 당나귀에게 말했다. "어서 들어가, 어서 들어가, 우리가 살기 썩 좋은 곳이다"[23]. 거룩한 사부님은 이 말을 듣고 그 농부의 속셈을 알아차리고는 마음이 언짢았다. 왜냐하면 그 당나귀가 몰고 온 큰 소란이 그때 침묵과 기도로 고요함에 빠져 있던 모든 형제들을 웅성거리게 만들었기 때문이다. 그래서 하느님의 사람이 형제들을 향해서 말했다. "형제들이여, 저는 하느님께서 당나귀에게 거처를 마련해 주고, 사람을 자주 만나라고 우리를 이곳에 부르신 것이 아니라, 주로 기도와 감사 생활을 하고 때때로 사람들에게 구원의 길을 선포하고, 구원에 도움이 되는 상담을 하라고 부르신 것으로 알고 있습니다". 그들은 그 헛간을 떠나서[24] 포르치운쿨라의 천사의 성 마리아 성당으로 이사했고, 그 헛간은 나중에 나환자들이 사용하게 되었다. 그들이 그 성당을 받기 전에 그들이 함께 살았던 작은 거처가 성당 가까이에 있었던 것이다.

---

23 「1첼라노」에서는 다음과 같이 더 첨가한다. "그 사람은 형제들이 그곳에 머물면서 땅을 늘리고 집을 연달아 차지하려는 것으로 생각했던 것이다".
24 리보토르토의 이 헛간은 가까운 나환자 마을의 소유로 보인다. 여기에서 가까운 나환자 마을은 아르체의 성 루피노 나환자 마을이었다.

56. 그러나 얼마 후에 복되신 프란치스코는 하느님의 뜻과 영감으로 아씨시 가까이 있는 수바시오(Subasio) 산의 성 베네딕토 수도원의 원장으로부터 겸손하게 이곳을 받았다. 성인은 각별하게 정성을 다하여 총봉사자와 모든 형제들에게 이곳은 세상의 어떤 성당이나 어떤 장소보다도 영화로우신 동정녀로부터 사랑을 받도록 해야 한다고 일렀다. 이곳에 대한 성인의 찬사와 애정은 당시에 어떤 한 형제가 세속에 있을 때 본 환시로 더욱 커졌다. 복되신 프란치스코는 그와 함께 있는 동안에 그를 남달리 사랑했고 그를 각별한 친구처럼 대했다. 그는 후에 수도원에 들어와서 신실하게 하느님을 섬기게 되었지만, 세속에 있을 때에도 하느님을 굳건히 섬기기를 바랐다. 그는 수많은 눈먼 세속 사람들에 관한 환시를 보았다. 그 사람들은 포르치운쿨라의 성 마리아 성당 둘레에서 무릎 꿇고 두 손을 모으고, 얼굴은 하늘을 향한 채, 목이 메인 큰 목소리로 하느님께 당신의 자비로 빛을 볼 수 있도록 해주십사고 울부짖었다. 그들이 기도하는 동안 큰 빛이 하늘로부터 내려와서 그들 위에 머물며 치유의 빛을 뿌렸다. 그 형제는 환시에서 깨어나 하느님을 더 확고히 섬길 것을 약속드리고, 며칠이 지나서 세상의 화려함을 철저히 무시하고 수도원으로 들어왔고, 그곳에 머무르면서 하느님을 겸허하게 그리고 열심히 섬기며 살았다.

제14장	포르치운쿨라의 성 마리아 성당에서 일 년에 두 번씩 있었던 총회

57. 복되신 프란치스코는 성 베네딕토회 원장으로부터 성 마리아

성당을 기증 받은 후에, 성령 강림절과 성 미카엘 대천사 축일이 들어 있는 9월에, 일 년에 두 번에 걸쳐 그곳에서 총회를 가지기로 결정했다. 모든 형제들은 성령 강림절에 성 마리아 성당에 모여서 어떻게 하면 수도규칙을 더 완전하게 지킬 수 있는지에 관해서 토론을 벌였고, 프란치스코는 형제들을 각 관구에 파견하면서 어떤 형제들에게는 사람들에게 설교를 해도 되는 직책을 부여하였고, 또 어떤 형제들에게는 각 관구 안에서 직책을 임명받도록 하였다. 그는 자신이 하는 모든 말을 사랑과 열성으로 자신의 생활 안에서 몸소 실천하여 보여 주었다. 그는 거룩한 교회의 고위 성직자들과 사제들을 공경하였고, 노인들과 귀족들과 부자들을 존경했지만, 누구보다도 가난한 이들을 가까이 사랑했고, 마음속으로 그들을 동정했으며, 자기 자신을 모든 이들의 밑에 두었다. 그는 모든 형제들보다 높은 자리에 있었지만, 함께 살고 있는 형제 하나하나를 원장과 주인으로 모셨으며, 모든 교만의 기회를 자기에게서 없애기 위해 겸허하고 열성적으로 그에게 순종하였다. 그는 사람들 앞에서 자신의 머리를 땅에 닿을 정도로 숙였고, 이리하여 그는 언젠가는 하느님의 면전에서 하느님의 성인들과 뽑힌 이들 중에서도 들어 높임을 받게 될 것이었다. 그는 형제들에게 굳건히 지키기로 약속한 거룩한 복음과 수도규칙을 성실하게 지키도록 권고했다. 성무(聖務)와 교회의 서품에 크나큰 존경과 열성을 보이라 했고, 미사에 열심히 참석하고, 주님의 성체를 가장 경건히 흠숭하라고 했다. 그는 형제들로 하여금 지극히 거룩하고 경건한 성사를 집행하는 추기경 사제들을 각별히 존경하기를 바랐다. 그래서 형제들은 어디서나 사제들을 만나면 그들에게 고개를 숙여 절을 하고, 그들의 손에 친구를 할 것이며, 말을 탄 사제들을 만나면 그들의 권위를 존경해서 그들의 손만이 아니라 그들이 탄 말의 발굽에도 친구하기를 바랐다.

58. 복되신 프란치스코는 형제들에게 당부하기를 어떤 사람도 판단하지 말고, 호화롭게 사는 사람들이나 화려하고 호화로운 옷을 입은 사치스런 사람도 비판하지 말라고 하였다. 왜냐하면 우리의 하느님은 그들의 하느님이기도 해서 하느님께서는 그들을 당신께 부르실 수 있고, 그들을 불러서 의화(義化)시키실 수도 있기 때문이라는 것이다. 그는 또한 형제들이 그러한 사람들을 형제와 주인으로 존경할 것을 원했다. 왜냐하면 그들도 같은 창조주로부터 지음을 받은 형제들이고, 또한 선한 사람들에게 육신에 필요한 것을 장만해 주면서 그들을 회개하도록 도와주는 주인들이기 때문이라는 것이다. 이어서 그는 말했다. "형제들의 처신은 남들이 형제들을 보고 형제들의 말을 들을 적마다 하늘의 아버지께 영광을 드리고, 하느님을 경건하게 찬미하게끔 하는 것이 되어야 합니다". 그의 크나큰 소원은 자기와 형제들에게 이러한 착한 행실이 많아서, 그것이 하느님께 영광과 찬미가 되게 하는 것이었다. 그는 형제들에게 말했다. "형제들이 말로 평화를 전할 때에는 형제들의 마음에 한층 더 그러한 평화가 있어야 합니다. 어떤 사람도 여러분들로 해서 분노하지 않고 또 불미스러운 이야기가 생기지 않도록 합시다. 오히려 그들을 여러분의 온화한 모습으로 평화와 자비와 화목으로 이끌도록 하십시오. 우리는 상처를 입은 사람들을 낫게 하고, 갈라져 있는 사람들을 하나로 묶고, 길을 잃은 사람들을 집으로 데려오라는 부름을 받았습니다. 우리 눈에 악마의 자녀로 보이는 많은 사람들이 오히려 그리스도의 제자가 될 것입니다".

59. 반면에 자비로우신 사부님은 과도하게 밤샘을 하고 단식을 하고 육신적 고행을 하여 기력이 쇠하도록 너무 엄격하게 자신들을 다루는 형제들을 질책하였다. 어떤 형제들은 자기 몸에서 나오는 모든 충동을 억누르려고 몸에 너무 심하게 고통을 가한 나머지, 마치 자신들

을 증오하는 것처럼 보였다. 하느님의 사람은 그러한 형제들을 알아들을 수 있도록 너그럽게 꾸짖었으며, 그들의 상처를 낫게 하는 붕대로 싸매 주면서 그들의 과한 고행을 금지시켰다.

총회에 모이는 형제들 중에 아무도 세속 일을 이야기하려는 형제가 없었고, 오히려 그들은 한결같이 거룩한 교부들의 삶을 이야기했고[25], 어떻게 하면 주 예수 그리스도의 은총을 더 잘, 그리고 더 완전하게 받을 수 있을까 하는 이야기만을 이야기했다. 총회에 참석한 형제들 중의 어느 형제가 유혹이나 고민에 빠져 있으면, 그 형제는 복되신 프란치스코의 감미롭고 뜨거운 말을 듣고 복되신 프란치스코의 회개만 보면, 신기하게도 유혹에서 풀려났고 고민에서 해방되었다. 그는 그들을 동정한 나머지 진정 판정관으로서 말하지 않았고, 자녀들에게 애정 깊은 아버지로서 그리고 환자들을 대하는 다정한 의사로서 말했다. 그는 앓고 있는 형제와 더불어 고통스러워했고, 고난을 당하는 형제와 더불어 신음했다. 그러는 중에도 그는 마땅히 죄를 저지른 형제를 책망하였고, 고집 세고 거역을 잘 하는 형제들은 벌을 주어 눌렀다.

그는 총회가 끝나면 모든 형제들에게 강복을 주었고, 각 형제들에게 그들이 가야 할 관구를 정해 주었다. 하느님의 영을 가진 형제나 설교에 적합한 언변을 가진 형제에게는 그 형제가 성직형제이건 평형제이건 관계없이[26] 누구에게나 설교할 수 있는 허락을 내렸다. 총회에 참석한 모든 형제들은 그의 강복을 받고서 매우 큰 기쁨을 안게 되어 성무일도서(聖務日禱書)를 제외하고는 여행에 필요한 물건들을 아무것도 지니지 않은 채 길을 떠나, 순례자들이나 나그네처럼 세상으로 들어

---

25 당시에 「교부들의 생애」라는 두꺼운 책이 있었는데, 내용은 사막의 교부들의 생활에 관한 것이었고 대수도원 영성의 기초였다.
26 아직까지 형제회가 성직화되어 있지 않았기 때문에 평형제도 설교를 할 수 있었다.

갔다. 그들은 사제를 만날 때나, 부자를 만날 때나 가난한 사람을 만날 때나, 착한 사람에게나 나쁜 사람에게나, 누구를 막론하고 머리를 숙여 공손히 인사를 하여 그들에게 존경심을 보였다. 그들은 날이 저물어 거처를 찾아야 할 경우에는 세속의 평신도들에게 가기보다는 즐겨 사제들에게로 갔다.

60. 만일 사제들의 집에서 묵을 수 없게 될 경우에, 형제들은 영적이며 하느님을 경외할 줄 아는 사람들의 집에 묵도록 하였다. 이러한 유숙은 형제들이 방문하는 도시나 마을에 사는 하느님을 두려워하는 사람들에게, 하느님께서 형제들을 위해서 거처를 마련해 주도록 계시하실 때까지 계속되었다. 이렇게 형제들은 형제들을 위해서 집이 세워질 때까지 은인들의 집에 묵었다.

하느님께서는 젊은이나 노인의 가슴에 말씀이 아주 날카롭게 파고들도록 하기 위해서, 형제들에게 그때그때 필요한 말씀과 영을 주셨고, 이리하여 많은 사람들이 부모를 떠났고, 자기들이 소유한 재물을 떠나서 형제들을 따랐고 형제들이 입는 옷을 입었다. 사실상 당시에는 도처에 이별의 칼이 내려와서, 젊은이들은 죄의 찌꺼기에 싸여 있는 부모를 떠나 수도원에 들어갔다. 형제들이 지원자를 수도원에 받아들일 때에는 지원자를 프란치스코에게 데리고 갔으며, 지원자는 프란치스코의 손에서 수도복을 공손하고도 경건한 마음으로 받았다.

남자만이 이렇게 수도원에 들어간 것이 아니라, 많은 처녀들과 과부들도 형제들의 설교에 마음이 뉘우쳐졌다. 그들은 회개 생활을 하기 위하여 형제들의 의견을 듣고 나서 각 마을과 성에 있는 수녀원[27]의 문을 두드렸다. 이들을 위해서 형제 중의 하나가 방문하고 순시하는 직

---

27 후에 클라라회로 불리게 된 가난한 부인들의 수도회를 뜻한다.

책에 임명되었다[28]. 마찬가지로 혼인법에 묶여서 헤어질 수 없는 결혼한 남자나 여자는 형제들로부터 적절한 의견을 듣고 나서 자기들의 집에서 엄격한 회개 생활에 들어갔다[29]. 이렇게 해서 거룩한 성삼(聖三)을 지극히 공경하는 복되신 프란치스코를 통해서 하느님의 교회가 세 수도회[30]를 매개로 하여 쇄신되었다. 이 일은 그가 전에 세 개의 성당[31]을 수리하는 것으로써 예견된 바 있었다. 세 개의 수도회는 각각 합당한 시기에 교황으로부터 인준을 받았다.

제15장 | 형제회의 첫 보호자 추기경이었던 요한 추기경의 사망과 오스티아의 주교인 우골리노 추기경이 그 자리를 대신하여 형제회의 아버지와 보호자가 됨

61. 공경하올 스승인 성 바오로의 요한 추기경은 자주 복되신 프란치스코를 도우며 충고를 아끼지 않았다. 그리고 추기경은 다른 모든 추기경들 앞에서 성인과 형제들이 이루어가는 생활과 성업(聖業)을 칭찬하였다. 이리하여 다른 추기경들도 하느님의 사람과 그 형제들을 사

---

28 이에 필립보 형제가 임명되었다.
29 재속3회(재속 프란치스코회)를 뜻한다. 1221년에 로만 지방에서 회개자들의 무리가 이러한 생활양식을 택했고, 이것이 후에 재속3회로 발전하였다.
30 프란치스코회, 클라라회, 재속 프란치스코회를 뜻한다.
31 성 다미아노 성당, 성 베드로 성당, 포르치운쿨라의 천사의 성 마리아 성당을 뜻한다.

랑하게 된 나머지, 추기경들마다 몇몇 형제들을 자기들 집에 데리고 있기를 바랐다. 특별히 형제들에게 일을 시켜서 봉사를 받기 위해서가 아니라, 오로지 추기경들을 열심케 만드는 형제들의 거룩함과 형제들에 대한 그들의 존경심 때문이었다.

성 바오로의 요한 추기경의 서거에[32] 이어, 주께서는 추기경들 중에서 당시에 오스티아의 주교였던 우골리노 추기경을 이끌어, 복되신 프란치스코와 그 형제들을 매우 사랑하고 보호하고 후원하도록 하셨다. 그는 형제들을 실로 뜨겁게 사랑했고, 마치 모든 이의 아버지인 것처럼, 친자식들을 자연스럽게 사랑하는 친아버지의 사랑 이상의 것을 펼쳐 보였으며, 이러한 사랑으로 해서 추기경은 하느님의 사람과 그 형제들을 주님 안에서 영적으로 사랑하고 후원하였다. 복되신 프란치스코는 추기경의 고매한 인품을 소문으로 들었고, 실제로 그 소문은 명실상부(名實相符)한 것이었지만, 형제들과 함께 그에게 갔다. 추기경은 형제들을 반겨 맞으며 말했다. "형제들에게 저를 바칩니다. 그리고 형제들이 원하기만 한다면 형제들을 돕고 충고하고 보호할 마음의 준비가 되어 있습니다. 하느님의 사랑으로 형제들의 기도 중에 저를 기억해 주시기를 부탁드립니다".

그러자 복되신 프란치스코는 하느님께 감사를 드리며 추기경에게 말했다. "추기경님, 기쁜 마음으로 추기경님을 우리 수도원의 아버지요 보호자로 모시겠습니다. 그리고 모든 형제들로 하여금 언제나 추기경님을 위해서 기도드리도록 하겠습니다". 그리고 나서 프란치스코는 추기경에게 성령 강림절에 열리는 형제들의 총회에 참석하시도록 청했다. 추기경은 즉시 이를 기꺼이 받아들여 그 후로는 해마다 형제들

---

32 이 추기경은 제4차 라테라노 공의회가 시작되기(1215년 11월 11일에 시작) 몇 개월 전에 타계했다.

의 모임에 참석했다.

그가 총회에 올 때, 총회에 모이는 모든 형제들이 행렬을 지어 걸어서 그를 마중 나갔다. 그러면 그도 마중 나오는 형제들을 보고서는 말에서 내려 성 마리아 성당까지 걸어서 갔다. 그리고 그는 하느님의 종 프란치스코가 복음을 낭독하는 미사를 집전하고 강론을 했다.

제 16 장 | 첫 봉사자들의 선출, 그리고 그들이 세상에 파견됨

62. 형제회가 시작된 지 11년이 지나니 형제들의 수효가 늘어났고, 그들의 공로도 커 갔다. 어떤 이들은 봉사자로 선출되었고, 이들은 가톨릭 신앙을 받들고 보존하는 거의 모든 나라의 방방곡곡에 다른 형제들과 함께 파견되었다.

어떤 지방에서는 형제들을 받아들이기는 하였으나, 형제들이 집을 짓고 자리를 잡는 일은 허락하지 않았다. 어떤 지방에서는 심지어는 형제들이 주민들로부터 이교도 취급을 당한 나머지 쫓겨나기도 했다. 이러한 일들은 교황 인노첸시오 3세께서 형제회 및 형제들의 수도규칙을 인정하기는 하였으나 서면(書面)으로 인준해 주지 않은 데서 기인하는 일들이었다. 이러한 결격 사항 때문에 형제들은 성직자들이나 평신도들로부터 많은 시련을 받아야만 했다. 이러한 이유로 형제들은 여러 지방에서 이리저리 쫓겨 다녔다. 이러한 고통과 번민에 처해 있는 데다가 도둑들에게 몰리기까지 하여서 옷을 벗기고 강탈을 당하고 폭행을 당했다. 그러고는 크나큰 쓰라림을 가슴에 안은 채 복되신 프란치스코에게 돌아왔다. 형제들은 알프스 넘어 독일[Alemania(Alamania와 같은 표기)] 지방과 헝가리 지방과 여러 지방에서 이러한 일들을 당했다.

이러한 소식들이 오스티아의 추기경의 귀에 전해지자, 그는 복되신 프란치스코를 불러 그와 함께 호노리오 교황에게 갔다. 그때는 이미 인노첸시오 교황께서 타계하신 후였다[33]. 추기경의 청에 의해서 호노리오 교황은 복되신 프란치스코가 그리스도의 가르침에 따라서 작성한, 칙서가 첨가된 다른 수도규칙을 공식적으로 인준하였다[34]. 「인준 받은 수도규칙」에 총회와 총회 사이의 기간을 늘리도록 되어 있었다. 아주 멀리 떨어진 지방에 사는 형제들이 오가는 수고를 덜기 위한 것이었다.

63. 복되신 프란치스코는 호노리오 교황께 형제회의 아버지가 되어주십사 하는 청을 드리기로 했고, 또한 거룩한 로마 교회의 추기경 한 분, 즉 오스티아의 주교에게는 자신들의 문제들을 가지고 달려갈 수 있도록 허락해 주십사 하는 청을 드리기로 했다.

복되신 프란치스코가 추기경을 모실 수 있었고, 자기 수도회를 로마 교회에 맡길 수 있었던 것은 그가 한 환시를 보았기 때문이었다. 그

---

33 인노첸시오 3세는 페루지아에서 1216년 7월 16일에 서거했고, 이어서 호노리오 3세가 이틀 후에 교황으로 피선되었다.

34 여기서 말하는 수도규칙은 호노리오 3세가 1223년 11월 29일에 칙서로 인준한 소위 「인준받은 수도규칙」이다. 그런데 1223년에 벌써 독일 관구가 크게 발전한 상태였기 때문에 62번의 앞뒤 문맥에 모순이 있다. 수도규칙을 인준 받았을 때는 이미 독일 관구가 크게 발전한 지 오랜 후이다. 사바티에에 의하면 1219년 6월 10일자로 세계의 모든 주교들에게 보낸 칙서가 이러한 종류의 어려움을 당한 형제들에게 실제로 큰 도움을 주었다고 한다. 그래서 사바티에는 위에서 언급된 칙서는 두 번째 칙서라는 것이다.

는 환시에서 다리에 털이 많이 달린 작고 검은 암탉 한 마리를 보았다. 그리고 그 암탉의 발은 집비둘기의 발 같아 보였다. 그런데 이 암탉은 병아리들이 너무 많아서 두 날개로는 도저히 그것들을 다 모아들여 품을 수가 없어서, 병아리들은 날개 밖에서 제멋대로 돌아다니고 있었다. 프란치스코는 잠에서 깨어나 이 환시를 곰곰이 생각하기 시작했다. 그러고는 즉시 성령을 통해서 자기가 상징적으로 그 암탉으로 그려졌음을 깨닫고 말하였다. "내가 바로 그 암탉과 같다. 나도 원래 작고 살갗이 검다. 반면에 나는 비둘기처럼 단순해야 하고, 덕의 날개인 사랑으로 하늘까지 날아야 한다. 주님께서 당신의 자비로 나에게 자녀들을 주셨고, 앞으로도 내 힘으로는 보호할 수 없을 만큼 많은 자녀들을 주실 것이다. 그러니 그들을 거룩한 교회에 데리고 가서, 교회가 그 날개의 그늘 아래에 그들을 보호하고 기르도록 맡겨야겠다".

64. 그는 이 환시를 보고 나서 몇 년이 지난 후에 로마로 가서, 오스티아의 주교를 만났다. 주교는 프란치스코에게 다음 날 아침에 교황청으로 함께 가자고 했다. 왜냐하면 주교는 프란치스코가 직접 교황과 추기경들에게 말하는 것이 좋겠고, 직접 정성과 애정 어린 마음으로 자기 수도회를 그들에게 맡기는 것이 좋겠다고 생각했기 때문이다. 복되신 프란치스코는 자기는 순진하기만 하여 아는 것이 없다며 이를 사양하였지만, 우선은 주교와 동행하여 갈 수밖에 없었다.

복되신 프란치스코가 교황과 추기경들 앞에 나타나자 그들은 큰 기쁨에 싸이는 듯했다. 그는 일어나서 그분들에게 성령께서 가르쳐 주신 은총의 힘으로 말씀을 드렸다. 그는 말을 끝내고 나서 자기의 수도회를 교황과 모든 추기경들에게 맡기겠다고 하였다. 교황과 추기경들은 그의 말에서 깨달은 바가 대단히 많았고, 또 감동되어 마음속 깊이 그의 수도회를 보다 큰 애정으로 사랑하게 되었다.

65. 복되신 프란치스코가 교황께 아뢰었다. "나의 주인이시여, 하느님의 교회를 위하여 깨어 돌보시는 교황님의 항구하신 염려와 수고를 볼 때 송구함을 느끼지 않을 수가 없습니다. 아울러 우리의 작은 형제회에 써 주시는 높은 관심과 염려에 부끄럽기 한량없습니다. 열심한 수많은 귀족들과 부자들과 다른 수도자들이 교황님을 뵈러 감히 이 자리에 오지 못할진대, 하물며 수도자들 중에서 가장 비천하고 무시를 받아 마땅하여 교황님과 추기경님들에게 감히 접근할 자격이 없을 뿐만 아니라, 감히 문에 발을 디딜 수도 없으며, 그리스도인들의 권한의 핵심인 이 자리를 침범할 수도 없는 저로서, 이 자리에 서 있음은 그저 황공하여 낯 둘 곳이 없을 뿐이옵니다. 저는 외람되게 성하께 이 오스티아의 주교님을 교황님을 대신하는 아버지로 저희에게 관대히 허락하시기를 청합니다. 교황님의 높으신 권위가 늘 보장되는 가운데, 형제들이 필요할 때마다 이분께 달려갈 수 있을 것입니다". 교황은 그의 이러한 청에 뜻을 같이 하시어, 오스티아의 주교를 형제회의 권위 있는 보호자로 지명함으로써 복되신 프란치스코의 청을 수락하셨다.

66. 오스티아의 주교는 교황으로부터 이 임명을 받고 나서 훌륭한 보호자로서 형제들을 옹호하기 위하여 형제들을 위하여 손을 쓰기 시작하였다. 형제들에게 박해를 가했던 많은 고위 성직자들에게 서한을 띄워 더 이상 형제들을 거스르지 말라고 하였다. 그는 고위 성직자들에게 형제들을 교황청의 권위 있는 정식 인가를 받은 훌륭하고 거룩한 수도자들로 여기어, 자기들의 교구에서 설교하고 거주할 수 있도록 돕고 아낌없는 충고를 해줄 것을 요구했다. 여러 추기경들에 의해서 이와 비슷한 내용의 편지들이 같은 목적으로 발송되었다.
다음 총회에서 복되신 프란치스코는 지방 봉사자들에게 새 형제들을 임의로 수도회에 받아들일 수 있는 권한을 부여했고, 추기경의 편지와 교황 칙서로 인준된 수도규칙을 봉사자들의 손에 들려서, 어려움이 많았던 그들의 관구로 되돌려 보냈다. 박해를 가했던 고위 성직자들은 이러한 모든 것을 보고 나서, 형제들로부터 공식적인 증명서를 확인한 다음에, 형제들에게 자기들 교구에서 집 짓고 살면서 사람들에게 설교할 수 있는 허락을 기꺼이 내렸다. 이렇게 해서 형제들은 어려움이 컸던 교구에 거주하면서 설교를 하였다. 많은 사람들이 형제들의 겸허하고 거룩한 생활을 보고, 또 그들의 감동을 주는 매우 부드러운 말들을 듣고 나서 하느님의 사랑에 불타올라 회개를 하였으며, 그리하여 그들은 형제들에게 모여들어 열성과 겸손으로써 형제회의 거룩한 수도복을 받았다.

67. 복되신 프란치스코는 형제들에 대한 오스티아 주교의 신뢰와 애정을 보고서, 그분을 가장 가까이 경모했다. 복되신 프란치스코는 하느님의 계시로 이 주교가 장차 교황이 될 것임을 벌써 알고 있었다. 그가 쓴 서한에서 그는 주교를 온 세상의 아버지로 호칭하며, 이 일을 늘 미리 시사했다. "그리스도 안에서 온 세상의 공경하올 아버님께…".

교황 호노리오 3세께서 타계하시어, 오스티아의 주교가 그레고리오 9세라는 이름으로 교황으로 피선되었다[35]. 그는 생애를 마칠 때까지 자신이 형제들에게 대해서뿐만 아니라 다른 수도회와 그리스도의 가난한 자들에 대해서도 중추적 후원자요 옹호자임을 보여 주었다. 무릇 그분의 공로로 보아서 그분은 성인들의 대열에 들었을 것으로 믿어진다.

---

35 그가 교황으로 피선된 것은 1227년 3월 19일로, 프란치스코가 죽고 나서 5개월 반이 지난 후였다. 그는 14년간 교황직에 머물렀고, 1241년 8월 22일에 세상을 떠났다.

| 제17장 | 복되신 프란치스코의 거룩한 죽음과
죽음에 앞서 2년 전에 우리 주
예수 그리스도의 오상을 받으심

68. 프란치스코가 사도들의 생활과 발자취를 따름으로써 그리스도와 완전히 일치된 지 20년이 지나서[36], 사도와 같은 사람이었던 그는 1226년 10월 4일 일요일에 행복하게 그리스도께로 떠났다. 주님의 대전에 합당한 자가 되어 주님을 뵈었다.

거룩하여 이름이 나 있었던 형제 하나가 복되신 프란치스코의 영혼을 보았다. 그의 영혼은 보기에는 별과 같았고, 크기는 달과 같았고, 밝기는 태양처럼 빛났으며, 작은 흰 구름을 타고 큰 물 위를 지나서 하늘로 곧바로 올라갔다.

그는 주님의 포도밭에서 일을 많이 했고, 기도와 단식, 밤샘, 설교 그리고 구원을 위한 여행에 열정적이었고, 이웃에 대한 염려와 연민(憐憫)과 자신을 비천하게 보는 일에서 항구했다. 이러한 일들은 회개의 시초에서부터 그가 온 마음으로 사랑한 그리스도께 갈 때까지 해온 일들이며, 그의 마음은 항구하게 그리스도를 찬미했고, 일의 열매로 그리스도를 영화롭게 하였다. 그는 하느님을 열정적으로 마음 깊은 데서 사랑한 나머지 그리스도라는 이름만 들어도 안으로는 온전히 불타올랐고, 밖으로는 "하늘과 땅도 주님의 이름에 고개를 숙일진저" 하고 외쳤다.

---

36 앞 장에서 언급된 사건들은 1221년에 있었던 일들인데, 여기서 오상 이야기를 잠시 비치고 곧바로 1226년의 성인의 죽음으로 넘어간다. 그 중간의 사건들이 누락된 이유는 머리말을 참조하기 바람.

69. 바로 그 주님께서는 그의 타오르는 사랑과, 그의 마음 안에 늘 그리스도의 수난에 대한 생각이 있었음을 온 세상에 내보이고 싶으시어, 그가 아직 살아 있는 동안에 유일무이(唯一無二)한 놀라운 특전으로 그의 몸을 경이롭게 꾸며 주셨다.

그는 천사적 원의(願意)의 열정으로 인하여 위로 하느님께 들어 높여졌고, 크신 사랑으로 우리를 위하여 십자가에 못 박히기를 원하신 그분 안에서 감미로운 연민을 지닌 사람으로 변해 갔다. 그가 죽기 2년 전의 어느 날 아침에 십자가 현양 축일이 가까이 왔을 무렵, 라 베르나(La Verna) 산 중턱에서 기도를 하고 있을 때에, 날개가 여섯 개 달린 천사 하나가 그에게 나타났다. 그 날개들 사이에 십자가에 달린 아름다운 사람의 모습이 있었고, 천사는 두 손과 발을 십자가 모양으로 뻗고 있었으며, 얼굴은 예수 그리스도의 모습을 뚜렷하게 보여 주었다. 두 날개는 그의 머리를 덮고 있었고, 다른 두 날개는 온몸을 발까지 감싸고 있었고, 또 다른 두 날개는 날려는 듯이 펼쳐져 있었다.

이 환시가 사라지자, 그의 영혼에 사랑의 놀라운 불꽃이 새겨졌고, 그의 몸에 놀랍게도 주 예수 그리스도의 상처 자국이 새겨졌다. 하느님의 사람은 하느님의 이 비적(秘蹟)을 공개하고 싶지가 않아서 죽을 때까지 숨기려 하였으나, 완전히 숨길 수는 없었고 적어도 그의 가까운 동료들에게는 드러날 수밖에 없었다.

70. 그의 복된 죽음이 있은 다음에야 현장에 있었던 모든 형제들과 많은 세속 사람들이 그의 몸이 그리스도의 상처로 꾸며져 있음을 똑똑히 보았다. 그들은 그의 손과 발에서 못 자국을 본 것이 아니라, 살점들이 모여서 생긴 쇠같이 검은 색깔의 못을 보았다. 마치 창에 찔린 듯한 오른쪽 옆구리는 정말로 명료한 붉은 색깔의 창에 찔린 상처로 덮여 있었다. 그가 살아 있을 당시에 이 상처로 피가 자주 쏟아져 나왔다.

부정할 수 없는 이 오상의 진실은 그가 살았을 때와 죽었을 때에, 사람들이 실제로 그것을 볼 수도 있고 만져 볼 수도 있어서 명확하게 밝혀졌을 뿐만 아니라, 그가 죽은 다음에도 세계의 도처에서 그의 오상으로 인하여 일어나는 많은 기적들을 통해 주께서 그 진실을 더욱 명확히 보이셨다. 이 기적들은 하느님의 종이 살아 있을 때 그분을 알아보지 못했고, 또 오상을 의심했던 많은 사람들의 마음을 움직여서 프란치스코와 오상을 확실히 믿도록 만들었고, 전에는 하느님의 종을 비난하던 그들이 주님의 자비하심을 통해서 사실을 받아들이고 나서는 하느님의 종을 칭송하는 자들이 되었으며, 그의 가르침을 전파하는 매우 성실한 설교자가 되었다.

제15장 | 그의 시성

71. 하느님의 종인 프란치스코는 기적의 새 빛으로 이미 세상 구석구석을 비추었다. 그의 공로로 주님의 훌륭하고 특별한 은총을 받은 사람들이 그의 거룩한 시신을 공경하러 도처에서 달려왔다. 그레고리오 교황은 추기경들이나 다른 많은 고위 성직자들과 상의를 한 후에, 그리고 주님께서 그의 종을 통해서 이룩하신 기적들을 연구하고 인정한 후에 그의 이름을 성인들의 반열에 올렸고, 그의 축일을 그가 죽은 날에 성대하게 지낼 것을 명하였다.

아씨시에서 거행된 시성식에는 많은 고위 성직자들과 수많은 왕자들과 남작들과, 세계 도처에서 온 헤아릴 수 없이 많은 군중들이 참석하였고, 그들은 특별히 교황으로부터 초대를 받아 이 성대한 예절에 참석한 것이었다. 시성식은 그레고리오 교황 즉위 2년인 1228년에 있었다.

72. 교황은 성인이 살아 있을 당시에 성인을 몹시 사랑하셨고, 매우 경이로운 시성으로 그에게 영예를 드렸을 뿐만 아니라, 그의 영예를 위하여 지은 성당 안에 성당의 첫 번째 초석을 놓았고, 많은 성물(聖物)들과 매우 귀한 장식물로 성당 안을 풍성케 하였다. 시성식이 있고 2년이 지나서 성인의 거룩한 시신은 처음에 묻혔던 곳에서 영예롭게도 새 성당으로 이장되었다.

교황은 새 성당에 보석들이 박혀 있는 금 십자가를 보냈는데, 그 안에는 주님의 나무 십자가 조각이 들어 있다. 또한 여러 가지 장식물들과 제기(祭器)들과, 제단에 쓰이는 많은 성구(聖具)들과 많은 아름다운 제의들도 보냈다.

교황은 이 성당에 모든 하위 종속권을 면속해 주었고, 자신의 사도적 권위로 이 성당을 작은 형제회의 머리와 모(母)성당으로 선포하였으며, 이는 모든 추기경들이 공동으로 서명하고 봉인함으로써 공적인 특전에서 명확히 나타난다.

73. 하느님의 거룩한 사람이 생명이 없는 이런 물건들을 통해서 공경을 받는 것은 별다른 의미가 없고, 다만 육신적으로는 죽었지만 정신적으로 살아 있어서 하느님께서 그를 통해서 많은 이들을 회개시키고 구원하시는 일만이 참으로 의미 있는 일이다. 실제로 성인이 돌아가신 후에 그의 공로로 인하여 남녀를 불문하고 많은 사람들이 회개하여 주님께 돌아왔을 뿐만 아니라, 귀족으로 태어난 많은 사람들이 자기들의 아들들과 더불어 프란치스코의 수도복을 입었고, 많은 부인들이 자기들의 딸들과 더불어 가난한 부인들의 수도원에 들어갔다.

현인들이나 학자들이나, 성직자들 못지않게 평신도들도 이와 비슷하게 육신의 유혹을 경시하고, 불경스럽고 세속적인 생각을 포기한 다음, 작은 형제회를 택하여 들어왔다. 이리하여 그들은 각자가 받은 하느님의 은총의 크기에 따라서 모든 일에서 가난과, 그리스도의 발자취와, 그리스도의 가장 복되신 종 프란치스코를 따랐다.

참으로 영광된 삶을 무궁히 사는 프란치스코를 삼손에 비유해서 말할 수 있을 것이다. 삼손은 자기가 살아서보다 죽어서 더 많은 사람을 죽였다[37]. 세세에 영원히 살아 있고 다스리는 지극히 거룩하신 우리 사부 프란치스코의 공로로, 프란치스코께서 우리를 그 같은 영광으로 데려갔으면 한다. 아멘.

---

37 삼손의 승리가 죽어서 나타난 것처럼 프란치스코의 승리도 그러하다는 것이다. 이러한 비유를 결론에서 보이는 것은 어울리지 않는다. 그러나 1228년 프란치스코의 시성 칙서에서 프란치스코와 삼손을 길게 비유했던 터라, 사실은 자연스럽다고 볼 수 있다.

번역을 마치고

「클라라의 전기」를 번역하고 나서, 쉴 틈도 없이 「세 동료들이 쓴 전기」로 넘어왔다. 그러다 보니 자연스럽게 클라라와 프란치스코를 비교하게 되었다. 프란치스코는 그렇게 직접적일 수가 없다. 프란치스코가 직접적이라고 해서 프란치스코를 통하지 않고는 아무도 그리스도께 갈 수 없다고 말한다면, 이 말에는 분명히 무리가 있을 것이다. 안다. 그러나 감히 그렇게 말하고 싶다.

프란치스코의 위대함이 나를 부끄럽게 하고, 또 그것이 나를 구한다. 프란치스코는 그리스도와는 또 다른 차원으로 다가오기에 하는 말이다. 그는 우주의 작품이다.

그의 공로에 매달려 살자. 그 길밖에 없다. 그 길밖에는 사실 살아갈 딴 방도가 없다. 사실 이러한 말도 그분을 생각하면 외람되고 송구스럽기 그지없는 말이지만 말이다.

이번에 라틴어는 배 요셉 형제께서 보아 주셨고, 우리말은 성균관대학교의 성찬경 교수께서 보아 주셨다.

1993년 6월 11일 금요일 새벽 3시 30분
성심원 "기도의 집"에서
이재성 (보나벤투라)

페루지아 전기
(아씨시 편집본)

옮긴이: 오상선(바오로), 작은 형제회(프란치스코회)

자신에게는 엄격하고 다른 이들에게는 너그러우심

1(50a). 당신 회개 초기에 — 이미 몇 형제들이 있었다 — 프란치스코는 그들과 함께 리보토르토[1]에 머물고 있었다. 한번은 한밤중에 형제 하나가 "아이고 나 죽는다, 아이고 죽겠다!"고 울부짖었다. 형제들은 깜짝 놀라 잠에서 깨어났고, 프란치스코가 일어나서 "다들 일어나시오! 형제들, 불을 켜 보세요. 누가 죽겠다고 소리 질렀습니까?" 하고 말했다.

어느 형제가 나서서 "접니다" 하자, 프란치스코는 "어디가 그렇게 아파 죽겠습니까?" 하고 물었다. "예, 배고파 죽겠습니다".

프란치스코는 애정이 세심하고 깊은 분이라, 그 형제가 혼자 먹는 것을 부끄러워할까 봐 즉시 음식을 준비하게 해 모두 함께 먹었다. 그들이 이 생활을 시작한 지 얼마 되지 않았고 엄하게 육신을 단련하고 있던 참이었다.

식사 후 프란치스코는 이렇게 말했다. "내 형제들이여, 각자 자기 체질을 염두에 두라고 권고합니다. 만일 다른 형제보다 적은 분량만 먹어도 견딜 수 있는 형제가 있다면, 많이 먹어야 할 형제가 그 형제를 따라 하는 것을 나는 원치 않습니다. 각자 필요한 만큼 육신을 먹이십시오. 우리 육신과 영혼에 해가 되는 지나친 음식은 삼가야 하겠지만 지나친 단식도 경계해야만 합니다. 왜냐하면 하느님께서는 자비를 원

---

[1] 리보토르토(Rivotorto)는 성 라자로 나환자 요양원이 있던 곳으로, 나중에는 그 옆에 있던 경당 이름을 따서 산타 마리아 막달레나라고 했으며, 아씨시 평원 소로에 있다. 여기서 성인은 동료들과 더불어 성 다미아노, 성 베드로, 포르치운쿨라 성당을 수리하고 나서 나환자들에게 그 근처에 움막을 하나 마련해 주고 그들에게 봉사했다. 성인은 베네딕토 회원들로부터 포르치운쿨라를 얻을 때까지 아마도 1209~1210년까지 이곳에서 머물렀을 것이다.

하시지 희생을 바라시지 않기 때문입니다. 사랑하는 형제 여러분, 오늘 내가 한 것, 즉 동료 형제에 대한 사랑 때문에, 그가 혼자 먹는 것을 부끄러워할까 봐 우리가 함께 먹은 것은 특별한 경우이고 사랑 때문이라고 말씀드렸습니다. 하지만 이게 관례가 되지는 않아야 할 것입니다. 이는 그리 좋은 일도 거룩한 일도 못 되기 때문입니다. 나는 각자가 이를 잘 알아듣고, 앞으로 필요하겠지만, 우리의 가난한 형편에 걸맞게 각자의 육신을 돌보기를 바라고 명합니다"

2(50b). 초기 형제들과 그 뒤에 모여든 형제들은, 오랫동안 음식과 음료의 절제뿐 아니라, 잠, 추위, 손노동 등으로 육신을 단련시켰다. 그들은 맨몸 안에(구할 수 있을 때) 쇠로 만든 고행대와 흉갑, 거칠기 짝이 없는 마모천 등 구할 수 있는 고행 물품들은 다 걸치곤 했다. 프란치스코는 형제들이 앓을까 염려되어(어떤 이들은 얼마 되지 않아서 벌써 앓게 되었다) 한 총회에서 어느 형제든지 수도복 외에 몸에 아무것도 걸치지 못하도록 금하였다[2].

그분과 함께 살았던 우리는 형제들을 받아들이기 시작한 때부터 일생 동안 그분이 우리 회에 고유한 가난과 겸손의 규정에 그리 위배되지 않는 범위 내에서 형제들을 널리 이해해 주었음을 증언할 수 있다. 당시 형제들은 거기에서 벗어나지 않았다. 하지만 당신은 회개 이후 줄곧 형제들을 갖기 전에도 당신 육신을 엄하게 다루었다. 젊어서부터 몸이 허약하고 병에도 잘 걸리며 집에서는 음식을 잘 먹었을 터인데 말이다.

한번은 형제들이 이제 음식이나 다른 점에 있어서도 가난과 단순성을 벗어나고 있다고 판단하고, 모든 형제들에게 되돌아보게 할 의도

---

2 아마도 돗자리 총회 때 결정된 듯하다(참조: 「잔꽃송이」 18).

를 가지고 일부 형제들에게 어느 설교에서 이렇게 말했다. "나에게 성찬[3]이 필요하다고 형제들이 생각하지는 않으십니까? 하지만 나는 모든 형제들의 규범과 모범이 되어야 하기 때문에, 가장 형편없는 음식과 조잡한 물건을 쓰고 만족하렵니다".

형제들이 애긍을 청하러 가도록 설득함

3(51). 프란치스코는 형제들이 생기기 시작한 때부터 형제들의 수도회 입회를 몹시 기뻐했는데 주님께서 그에게 훌륭한 동반자들을 주셨기 때문이다. 그들에 대한 애정과 배려 때문에 형제들이 부끄러움을 느낄까 봐 구걸하러 보내지 않았다. 그들에게는 관면을 해주었으면서도 자신은 매일같이 애긍하러 다녔다[4]. 이 일은 그분의 육신을 아주 지치게 만들었다. 약한 체질에다 젊어서부터 건강이 좋지 않았기 때문이다. 그리고 회개 후에는 보속과 계속된 단식으로 더욱더 안 좋아지게 되었다.

성인은 당신 혼자 하기에 너무 힘들어 계속할 수 없을 것을 알았다.

---

[3] 여기서 "성찬"(盛饌, pietanza)이란 수도승들이 사용하던 용어로서, 채소와 콩 등으로 이루어진 일상적인 식사에 달걀과 생선이나 고기를 추가한 풍성한 음식을 뜻한다.

[4] 성인에게 있어 애긍을 간다는 것은 생계유지 수단이라기보다는 겸손의 훈련이다. 「인준받은 수도규칙」 6장에서는 이 훈련을 "지극히 사랑하는 나의 형제 여러분을 하늘 나라의 상속자요 왕이 되게…하는 지극히 높은 가난의 극치"라 부른다. 수도승 생활양식에서 찾아볼 수 없는 새로운 요소로서 수도승들에게는 애긍이 금지되어 있었다. 이 금지 조항은 1213~1214년의 파리 공의회 조금 전에 나왔다(참조: G. MANSI, 「SS.Conciliorum Nova et Amplissima Collectio」 XXII, Venezia, 1757~1798, 828).

한편, 형제들은 수치심을 느끼고 있었고 아직도 그 충만한 의미, 즉 이것이 그들 성소의 일부라는 것을 이해하지 못하고 있는 듯했다.

게다가 형제들은 "이제 우리가 애긍을 청하러 나가겠습니다" 할 정도로 민감하지도 않았다. 그래서 그분은 형제들에게 말했다. "지극히 사랑하는 내 형제들이며 아들들이여, 주님께서 이 세상에서 우리를 위해 가난한 자가 되셨으니, 애긍을 청하러 나가는 일을 부끄럽게 여기지 마십시오. 그분과 그분 모친의 모범을 따라 우리는 참된 가난의 길을 택한 것입니다. 이것은 우리 주 예수 그리스도께서 당신의 모범을 따라 거룩한 가난을 살고자 하는 우리와 모든 이들을 위해 얻어 주시고 남겨 주신 유산입니다. 나는 분명히 말합니다. 이 세상의 많은 귀족들과 학자들이 우리 형제회에 들어올 것이며, 그들은 하느님의 사랑으로 애긍을 청하러 가는 일을 크나큰 영광으로 여길 것입니다. 그러므로 믿음을 갖고 기쁜 마음으로 주님의 축복 안에서 애긍을 청하십시오. 여러분이 애긍을 청하는 상대에게 하느님의 사랑을 주게 되니 은전 한 닢을 받고 백 닢을 돌려 주는 사람답게 기쁜 마음으로 애긍을 청하러 가야 합니다. 그들에게 이렇게 말하십시오. '하느님의 사랑으로 우리에게 애긍을 하십시오. 하늘에서도 땅에서도 그에 비할 것은 아무 것도 없습니다'".

그런데 형제들의 수가 아직 적었기 때문에, 사부님은 둘씩 짝지어 내보낼 수 없어, 동네마다 한 사람씩 따로 파견할 수밖에 없었다. 그들은 돌아와서 각자 애긍 받은 물건을 프란치스코에게 보여 주면서 서로 "내가 자네보다 더 많이 애긍을 얻어왔다네" 하고 말하였다.

프란치스코는 이를 흐뭇해하였는데, 그들이 그토록 신나서 좋아했기 때문이다. 그때부터 모두가 흔쾌히 애긍을 청하러 가겠다고 자청하게 되었다.

내일 걱정은 하지 말라

4(52). 같은 시기에 프란치스코는 형제 몇 사람과 함께 살면서 주님께서 거룩한 복음의 양식에 따라[5] — 그와 그의 형제들이 — 살아야 할 것을 그에게 계시하신 때부터 한결같이 전 생애 동안 복음을 글자 그대로 지키고자 원했으며 투신했다.

부엌일을 맡은 형제가 공동체 형제들에게 식사로 채소를 내놓으려고 한다면 보통 하듯이 전날 저녁에 끓는 물에 삶지 않도록 시켰다. 왜냐하면 형제들이 "내일을 걱정하지 마라"(마태 6,34)는 거룩한 복음의 권고를 지킬 수 있도록 하기 위해서였다. 그래서 그 형제는 아침 기도가 끝난 뒤에야 비로소 채소를 삶을 수 있었다. 오랫동안 많은 형제들이 특히 도시에서 혼자 머무는 곳에서는 이에 충실했다. 그리고 그날 하루에 필요한 것 이상을 애긍하려고 하지 않았고 받으려 하지도 않았다[6].

앓는 형제에 대한 성인의 배려

5(53). 언젠가 — 늘 같은 장소[7]에서 — 형제회에 입회한 지도 오래

---

5 「인준받은 수도규칙」서두는 다음과 같이 적고 있다. "작은 형제들의 수도규칙과 생활은 이러합니다. 즉 순종 안에, 소유 없이, 정결 안에 살면서 우리 주 예수 그리스도의 거룩한 복음을 실행하는 것입니다". 성인에게는 복음만으로 충분하였다.

6 이는 목격한 사람이 아니면 전해 줄 수 없는 신선함을 지니고 있는 세부 묘사이다.

7 「소완덕의 거울」(Speculum minus) 26은 이곳을 리보토르토라고 명시하고 있다.

되었고 건강이 아주 예민하고 병이 든 거룩한 형제 한 사람이 프란치스코와 함께 살았다. 프란치스코는 그 형제를 보자 연민의 정을 느꼈다. 그 당시 형제들은 환자든 건강한 이든 기쁨에 찬 인내심을 가지고 가난을 마치 풍요인 양 보듬고 살았다. 병이 들면 약품을 찾는 게 아니라 오히려 기꺼운 마음으로 육신이 싫어하는 것을 찾곤 했다.

프란치스코는 혼자 이런 생각을 했다. '만일 이 형제가 아침 일찍 잘 익은 포도를 좀 먹는다면 분명 좋아질 것인데'. 그래서 어느 날 사부님은 몰래 새벽 일찍 일어나, 그 형제를 불러 성당 근처에 있는 포도밭으로 데리고 가서 열매가 주렁주렁 잘 달린 나무를 하나 골라, 그 형제가 혼자 먹는 것을 부끄러워할까 봐 포도나무 옆에 그 형제와 함께 앉아서 포도를 먹기 시작했다. 포도를 먹으면서 그 형제는 주 하느님을 찬양했다. 그 형제가 살아 있는 동안, 거룩하신 사부님이 자기에 대한 배려로 행하신 이 기막힌 행동에 대해 두고두고 기억했으며, 감동으로 눈물을 흘리며 가끔 형제들에게 이 이야기를 해주곤 했다.

아씨시 주교의 신비스런 체험

6(54). 프란치스코께서 한번은 앞에서 말한 곳[8]에 계시면서 기도하러 집 뒤편에 있는 움막으로 물러갔다.

사부님께서 그 움막에 계시던 어느 날, 아씨시의 주교[9]가 그분을 찾아왔다. 그는 집에 들어가서 프란치스코가 머무는 방 문을 두드린

---

8 포르치운쿨라[참조: 본서 241쪽, 74(105)]
9 귀도 주교.

뒤 기다리지 않고 문을 열고 움막 안[10]으로 들어갔는데, 거기에는 작은 장막이 쳐져 있었고[11] 그 안에 프란치스코가 있었다.

주교는 거룩하신 사부님이 그를 각별히 친하게 대해 주었기에 그분을 보려고 장막 가까이 다가가서 기웃거렸다. 그런데 머리를 집어넣자마자 즉시 하느님의 뜻으로, 뒤로 튕겨져 나왔다. 그분을 뵙기에 부당했기 때문이었다. 주교는 뒷걸음질 쳐 밖으로 나와 떨면서 형제들에게 자신의 잘못을 고백했다. 그날 그분을 뵈러 온 것을 후회했다고도 했다.

한 형제를 마귀의 유혹에서 구해 줌

7(55). 형제회에 입회한 지 오래된 형제 하나가 — 성인과 아주 가까운 영적인 분이었다[12] — 언젠가 무시무시하고 잔인한 마귀의 간계로 고통에 시달린 적이 있었는데 얼마나 힘들었던지 깊은 절망감에 수도원을 떠날 참이었다. 그는 계속해서 그 고통에 시달림으로써 고백하기가 부끄러울 정도였다. 그러나 그는 단식과 철야기도, 눈물과 규칙으로 자신을 채찍질하곤 하였다.

그 형제가 이렇게 날마다 고통당하고 있을 때, 하느님의 인도하심

---

10 첼라노에서는 언급되지 않고 있는 성인의 움막에 대한 세부묘사에 주목하라.
11 이 대목은 아주 특별한데, 성인은 기도 중에 혼자 더 자유롭게 있고 불청객들이 방해하지 못하도록 별도의 방 안에 장막을 만들게 했던 것이디. 산 다미아노에서 「태양 형제의 노래」를 작곡하시던 무렵, 그곳에서 거처하실 때에도 움막 안에 그와 비슷한 장막을 쳤다.
12 여러 가지 정황으로 미루어 보아 퀸타발레의 베르나르도 형제로 추측되지만 확실치 않다.

으로 프란치스코가 그곳에 오게 되었다. 어느 날 프란치스코는 다른 한 형제와, 앞에서 말한 유혹으로 시험받고 있는 그 형제와 함께 수도원 근처를 거닐고 있었다. 그때 성인은 동료와 떨어져서 유혹 받고 있는 형제에게 다가가 이렇게 말했다. "내 사랑하는 형제여, 지금부터 그 따위 공상과 마귀의 환영에 대해 어느 누구에게도 고백할 의무를 느끼지 않기를 바라고 그대에게 명합니다. 그대의 양심을 절대로 해치지 못할 테니 겁내지 마시오. 나를 믿으시오. 그런 유혹이 엄습할 때마다 형제는 「주님의 기도」를 일곱 번씩 바치십시오".

그 형제는 고백할 의무가 없다는 권고에서 큰 위안을 받았으니, 고백해야 하는 것 때문에 몹시 부끄러웠기 때문이었다. 그리고 이것이 그의 고민을 더 무겁게 만들었던 것이다. 그 형제는 성령이 비춰 주어 자신의 유혹을 알고 도와주신 프란치스코의 성덕에 감탄했다. 왜냐하면 그는 사제들 외에는 아무에게도 이 이야기를 하지 않았고, 더욱이 부끄러움 때문에 자주 고백 신부를 바꾸었던 것이다. 한 사제가 자신의 모든 비참함을 안다는 것은 참기 어려웠기 때문이다.

프란치스코가 그렇게 말씀한 뒤로 그렇게도 오랫동안 계략으로 당했던 영과 육 모두 자유로움을 되찾았다. 그리고 프란치스코의 공로로 하느님의 은총이 그에게 영혼과 육신에 깊은 안정과 평화를 내려 주셨다.

포르치운쿨라 성당을 얻게 된 경위

8(56a). 프란치스코는 주님께서 형제들의 수를 늘려 주시고자 하심을 보면서 형제들에게 이런 말을 했다. "사랑하는 내 형제들과 아들들이여, 주님이 우리 가족을 키우고 싶어 하신다는 것을 나는 잘 압니

다. 내 생각으론, 형제들이 성무일도를 바칠 수 있는 작고 보잘것없는 성당 하나를 주십사고 주교님이나 성 루피노 성당의 참사위원들이나 성 베네딕토 수도원 원장님께 청하는 것이 마땅하고 거룩할 것 같습니다. 그리고 그 한쪽에 진흙과 거적으로 만든 집을 하나 지어서 형제들이 잠잘 수 있고 쉴 수 있도록 했으면 합니다. 지금 우리가 쓰고 있는 이곳[13]은 적합한 곳이 아니고 주거지로서 형제들이 머물기에는 너무나 좁습니다. 왜냐하면 주님께서 우리의 수를 늘려 주시려 하시기 때문입니다. 그리고 여긴 무엇보다 성무일도를 바칠 수 있는 성당조차 없습니다. 그리고 혹시 우리 중에 누가 죽으면 여기나 교구 사제의 성당에 묻히게 되는 것은 별로 좋지 않습니다".

형제들은 기꺼이 사부님의 제안을 받아들였다. 그래서 그분은 형제들에게 이야기한 것처럼 주교를 찾아뵈러 갔다. 주교는 "형제여, 여러분에게 줄 만한 성당이 하나도 없군요" 하고 대답하였다.

그분은 다시 성 루피노 성당 참사위원들을 찾아가서 같은 말을 했으나 그들 또한 똑같은 대답을 했다.

그래서 그분은 수바시오 산에 있는 성 베네딕토 수도원[14]으로 올라가서 주교님과 참사위원들에게 요청했던 것을 원장에게 되풀이하면서 그들의 부정적인 답도 전했다.

원장은 바로 긍정적인 뜻을 보였다. 수도승들의 총회를 소집했고

---

13 리보토르토임이 분명하다. 너무 좁아서 성인이 벽에다가 각 형제들의 이름을 써 놓을 정도였다.

14 성 베네딕토 수도원이란 이름은 1041년 기록에 처음으로 등상한다(「Arch. S. Rufino fasc.」I, n.34). 아씨시 인근에 많은 성당들을 가지고 있었으며 1399년에 반역자들의 피난처 노릇을 한다고 해서 시 당국이 부수어 버렸다(A. FORTINI, 「NV」, III, 163 이하; D. A. PANTONI, 「S. Benedetto al Subasio」, 「Benedectina」II, 1948, 46 이하.

주님의 뜻대로 프란치스코와 그의 형제들에게 포르치운쿨라의 성 마리아 성당을 쓰게 했다. 이 성당은 그들이 가지고 있는 성당 중에서 가장 보잘것없는 성당, 아니 아씨시 전역에서 가장 초라한 성당이었다. 이 성당은 프란치스코가 오랫동안 원하던 곳이었다.

원장이 그에게 말했다. "프란치스코, 우리는 당신의 요청을 수락하였습니다. 그러니 주님께서 여러분의 수도회를 돌보아 주신다면 그곳을 여러분의 요람으로 생각하시길 바랍니다". 그 이야기는 프란치스코와 모든 형제들의 마음에 들었다.

프란치스코는 형제들이 받은 선물에 아주 만족했다. 무엇보다도 그 작은 성당은 그리스도의 어머니께 봉헌되었을 뿐만 아니라, 포르치운쿨라라는 이름 그대로 아주 보잘것없는 경당이었기 때문이다. 이름은 어쩌면 작은 형제회의 요람이 될 것을 예견하고 있는 듯했다. 바로 포르치운쿨라라고 알려진 그 지방에서 두루 그렇게 일컬어왔던 것이다. 프란치스코는 가끔 이런 말을 했다. "주님께서는 마치 우리들에게 다른 성당을 허락지 않으시고, 또 형제들이 새로 성당을 짓거나 또는 그 어떤 성당도 소유하지 못하도록 하신 것 같습니다. 왜냐하면 이 성당은 작은 형제회의 탄생에 맞춰 예견된 것이나 다름없으니까요". 오래 전부터 아씨시와 그 지역 사람들은 초라하고 다 허물어져가는 그 성당에 대해 큰 믿음을 갖고 있었다. 그러나 그때 이후로 더욱더 큰 믿음을 갖게 되었다.

형제들이 이곳에 자리를 잡자, 주님께서는 나날이 형제들의 수를 늘려 주셨고, 그 명성은 스폴레토 계곡 전체에 널리 퍼지게 되었다.

그러나 예전 사람들이 포르치운쿨라의 성 마리아로 이르기 전에 이 성당은 천사들의 성 마리아 성당이란 이름이 붙여져 있었다. 그래서 형제들이 그 성당을 수리하고 난 뒤부터는 주위 사람들이 "천사들의 성 마리아 성당으로 갑시다"라고 하기에 이르렀다.

원장과 수도승들은 아무런 보상이나 조건 없이 이 성당을 넘겨주었지만, 착하고 지혜로운 스승이신 프란치스코는 든든한 바위 위에 집을 지으려고(자기 수도회를 엄격한 가난 위에), 해마다 먼저 수도원장에게 라셰(lasche)라 하는 물고기 한 바구니를 보내 드렸다. 그분은 이를 깊은 겸손과 가난의 표시로 하신 것이었다. 즉, 형제들은 먼저 누구의 것인지 밝혀지지 않으면 그 어떤 장소도 그들 것으로 해서는 안 되며 그곳에 거처를 정해서도 안 된다는 것이었다. 그래서 형제들은 그것을 팔 수도 양도할 수도 없게 될 것이었다.

해마다 형제들이 작은 물고기를 수도승들에게 보내면, 수도승들은 프란치스코가 스스로 한 겸손한 행위를 높이 평가하며 대신 기름을 한 통 가득 보내 주곤 했다.

9(56b). 그분과 함께 살았던 우리는, 그분이 동정 성모님께서 세상의 모든 성당들 중에서 이곳을 가장 아끼신다고 이곳에서 그분에게 계시해 주셨음을 강조하며 확신하였음을 증언하는 바이다. 실상 그분 스스로가 주님께 여기서 받은 수많은 은혜 때문에 그렇게 생각하고 있었다.

그분은 일생 동안 이 성당에 큰 믿음을 갖고 있었다. 임종이 가까웠을 때, 그분은 형제들도 그렇게 하도록 유언으로 당부했다. 즉, 이 성당에 대한 소중한 기억을 항상 마음속에 품고 있으라는 것이었다. 그리하여 임종 무렵에 총장과 다른 형제들에게 이렇게 말했다. "나는 여러분에게 포르치운쿨라의 성 마리아 지역을 맡기며 유언으로 여러분에게 남깁니다. 형제들은 이 성당에 큰 존경심과 믿음을 가질 것입니다".

원로 형제들은 그렇게 했다. 이곳은 그 자체로 거룩한 곳이지만 형제들은 밤낮으로 지속적인 기도와 엄격한 침묵으로 그 거룩함을 보존했다. 만일 가끔 형제들이 침묵 시간을 넘어서 이야기했다면, 그것은 항상 하느님을 섬기고 영혼을 구원하는 일에 관한 영적 열매를 얻고자 하곤 했다.

매우 드문 일이지만, 만일 무익하고 쓸모없는 말을 누가 할라치면 곧장 동료의 제지를 받았다. 형제들은 단식과 잦은 밤샘 기도, 손노동으로 육신을 단련시켰으며 추운 계절에도 불을 잘 때지 않았다.

가끔 게으르지 않으려고 그들은 들판에 나가 일꾼들을 도왔고, 때로 하느님의 사랑으로 먹을 것을 보답으로 얻기도 했다. 이러한 여러 가지 훈련들로 그들은 자신과 이곳을 성스럽게 만들었던 것이다.

그들 다음에 온 사람들도 그 정도 열성은 아니었지만 그렇게 했다.

"그 뒤로 점점 형세들의 수가 많아지고(특히 수도회에 입회하려는 자들은 이곳을 전체 형제회의 머리로 삼아 버렸다) 이곳에 오는 신자들의 무리가 늘어나면서, 오늘날 이곳은 상주하는 형제들과 다른 이들이 내가 바라는 그만한 존경심으로 보존하고 있지는 못합니다. 이미 형제들은 기도와 그 밖의 선한 일들을 하는 데 열이 식은 듯하며, 쓸모없는 대화로 기울어지고 더욱이 세속 이야기까지 전달되고 있는 듯합니다".

10(56c). "그래서 나는 이곳을 총장의 직할로 삼아서 총장이 직접 정성 들여 돌보고 무엇보다도 훌륭하고 건강한 공동체를 만들기를 바랍니다. 성무일도를 다른 사람들보다 훌륭히 바칠 줄 아는, 형제회의 열심하고 거룩한 사제들을 이곳에 배치해 신자들과 다른 형제들의 귀감이 되게 할 것입니다. 그리고 일을 덜어 주기 위해 신중하고 훌륭한 평형제들을 배치하도록 할 것입니다".

"또한 나는 총장과 이곳에 살고 있는 형제들 외에 어떤 형제나 다른 사람도 이곳에 들어가지 않기를 바랍니다. 이 수도원의 형제들은 공동체의 동료 형제들이나 혹은 거룩한 시찰 시에 총장 이외에는 어느 누구와도 말하지 말 것입니다".

"그곳에 소임을 받은 평형제들은 형제들의 영혼에 유익하지 못한 말이나 혹 듣게 된 세속 소식 따위를 절대로 전하지 말 것입니다. 반복하노니, 순수성과 성성(聖性)을 더 잘 보존하기 위해 아무도 그곳에 들어가지 마십시오. 그리고 무익하거나 헛된 말들을 거기서는 하지 마시고, 오히려 모든 것 안에서, 그리고 모든 것을 통해 순수하고 거룩하게 주님을 찬미하는 데만 오롯하도록 하십시오. 그리고 어떤 형제가 죽게 되면 총장은 어느 수도원에서든지 거룩한 형제를 불러와 죽은 형제의 자리로 이동시킬 것입니다. 그리고 형제들과 그들이 거주하는 수도원이 순수성을 잃게 될 때, 나는 이곳이 하느님과 복되신 동정녀의 어좌 앞에 놓인 촛대처럼 형제회 전체의 거울이 되었으면 합니다. 주님께서는 복되신 동정녀를 보아 형제들의 결점과 잘못을 용서해 주시고, 동정녀의 작은 나무인 형제회를 보호하시고자 하십니다".

11(56d). 한번은 총회(당시 포르치운쿨라의 성 마리아에서 해마다 열림)가 임박한 무렵, 아씨시 시민들은 형제들이 하느님의 은총으로 이미 꽤 수가 많아졌고 점점 더 늘어나는 것을 보았다. 그러면서도 총회를 하러 모일 때 나뭇가지와 진흙을 이겨 벽을 바르고 짚으로 지붕을 이은 조그마한 낡은 오두막집 한 채(초기 형제들이 지어 놓은 그 집이었다)밖에 없는 것을 보고, 회의를 소집해 며칠 만에 열성을 다해서 돌과 시멘트로 제법 큰 집을 완성하기에 이르렀다. 출타 중이셨던 프란치스코의 생각을 들어 보지도 않고 말이다.

프란치스코는 총회에 참석하러 돌아와 이미 지어 버린 그 집을 보시고 마음이 불편했다. 그분은 저 집이 현재와 미래의 형제들이 큰 수도원을 짓는 데 빌미가 되겠구나 생각하고는(그분은 그곳이 다른 곳들의 규범이요 모범이 되길 늘 원했다), 모임이 끝나기 전 어느 날, 그 집

지붕 위로 올라가 다른 형제들도 따라 올라오게 했다. 그리고 그들과 함께 그 집을 부술 생각으로 지붕을 벗겨 던지기 시작했다.

시 당국이 형제들의 총회를 구경하려고 곳곳에서 몰려오는 군중들과 외부 사람들에게서 이 지역을 보호할 목적으로 그곳에 배치한 아씨시 군인들과 다른 이들은, 프란치스코가 그 집을 부수려 한다는 것을 알고 그에게 가까이 다가가서 이렇게 말했다. "형제여, 이 집은 아씨시 당국의 것이고 우리는 시의 재산을 보호하려고 여기에 와 있습니다. 우리의 집을 헐지 마십시오".

"여러분의 것이라면 나는 이 집에 손대지 않겠습니다" 하고 프란치스코는 대답했다. 그리고 즉시 그분도 형제들도 아래로 내려왔다.

그때부터 아씨시 시 당국은 (오랫동안) 시장이 누가 되든지 해마다 지붕을 다시 손보고 필요에 따라 그 집을 수리할 것을 규정했던 것이다.

12(56e). 언젠가 한번은, 총장이 이곳의 형제들이 쉬기도 하고 성무일도를 바칠 수 있도록 작은 집을 하나 짓고자 했다. 그 당시 형제회의 모든 형제들이 이곳을 드나들었고, 처음으로 입회를 요청하는 형제들은 이곳에 문의해야만 했다. 그곳에 왔다 가는 수많은 형제들 때문에 그곳 형제들은 엄청난 불편을 겪게 되었다. 잠재울 방도, 성무일도를 바칠 곳도 없었기 때문이었다. 그래서 때론 자기들이 잠자는 방들도 내어주어야만 했다.

이제 도대체 어찌할 수 없는 상황이 되었다. 힘든 하루 일과를 마치고 쉴 수도 없었으며 영혼을 위한 조용한 시간도 가질 수가 없었다. 프란치스코가 돌아와서 작은 움막에서 쉬게 되었을 때는 이 집이 거의 완공된 상태였다.

아침에 형제들이 일하며 내는 떠들썩한 소리가 들려왔고 그분은 마음이 상했다.

"이게 무슨 소리입니까? 형제들이 무얼 하고 있는 겁니까?" 하고 그분은 동료에게 물어보았다.

그 형제는 사부님께 무슨 일인지 말씀을 드리게 되었다.

프란치스코는 곧바로 총장을 불러오게 해 그에게 이렇게 말했다. "형제여, 이곳은 전체 형제회의 모범이요 거울이 되어야 합니다. 이 때문에 나는 이곳 형제들이 하느님의 사랑 때문에 좁고 불편함을 기꺼이 감수해, 우리 회의 모든 형제들이 여기 와서 이 집을 가난한 좋은 본보기로 삼게 되길 바랍니다".

"수도회의 다른 형제들이 이곳이 편안하고 안락한 것을 보고 자기들 수도원에도 집을 잘 짓자는 핑계를 갖게 되면 이 무슨 수치입니까? '우리 형제회의 요람인 포르치운쿨라의 성 마리아 수도원을 보았지요? 얼마나 화려하고 멋지게 지었습니까! 우리도 수도원 안에 새로 잘 지읍시다. 집이 너무 좁아터져서 말입니다' 할 것이 아닙니까?"

자기 방이라 불린 곳에서 살지 않으려 함

13(57). 성덕이 뛰어나고 프란치스코와 매우 친밀한 어느 형제가 한 은수처에 살고 있었다[15]. 그는 만일 프란치스코가 그곳에 오게 되면 (마땅히 거처할 움막도 하나 없겠구나 생각하고) 형제들이 사는 곳과 그리 멀리 떨어지지 않은 한쪽 구석에 작은 움막을 하나 만들게 해 사부님께서 오시면 기도할 수 있도록 하였다.

그리 오래지 않아 프란치스코가 그곳에 오게 되었고, 그 형제의 안

---

15 「2첼라노」 59에 의하면 시에나에 있는 사트리아노(Satriano) 은수처인데, 나중에 그곳에 성 바르톨로메오 수도원이 들어섰다.

내로 움막을 보고 나서 이렇게 말했다. "이 움막은 아주 아름다워 보입니다. 하지만 내가 며칠 이곳에 머물기를 원한다면 안팎을 다시 나뭇가지와 진흙으로 발라 주셔야만 하겠습니다".

움막은 벽을 쌓은 것이 아니라 나무로 지은 것인데, 이 나무들을 도끼와 대패로 잘 깎고 밀어서 매끄럽게 만들어 프란치스코는 너무 아름답다고 여긴 것이었다. 그 형제는 즉시 성인이 말씀하신 대로 다시 만들게 하였다. 왜냐하면 그분은 형제들의 거처가 참으로 수도자의 신분에 잘 어울리게 가난하면 할수록 더욱 흔쾌히 와서 머무르곤 했기 때문이다.

성인이 그 움막에서 며칠을 지내시던 중, 하루는 형제들의 집 근처 바깥으로 나오게 되었는데 형제 하나가 성인의 움막에 갔다. 성인은 돌아오는 길에 그에게 물었다. "형제, 어디서 오시는 길입니까?" "사부님 움막에서요". "내 움막이라뇨? 이제부터는 다른 사람이 그곳에 거처할 것이오, 나는 아니오" 하고 프란치스코는 말했다.

그분과 함께 살았던 우리는 "여우도 굴이 있고 하늘의 새도 보금자리가 있지만, 사람의 아들은 머리 둘 곳조차 없다"(마태 8,20)는 복음 말씀을 그분이 되풀이하는 것을 여러 번 들었다.

또한 이렇게 덧붙이곤 했다. "주님께서는 사십 주야를 기도와 단식하며 피정하셨을 때, 움막도 집도 짓지 않으시고 산기슭 바위 아래서 거처하셨습니다".

이렇게 주님의 모범 때문에 그분은 이 지상에서 집이나 움막을 갖고 싶어 하지 않았고 또 짓지 못하도록 하셨다. 설령 무심코 그분이 형제들에게 "이러저러한 움막을 하나 마련해 주시오" 하였더라도, 나중에 그곳에 거처하지 않으셨는데, "걱정하지 마라"(루카 12,22)는 복음 말씀을 지키기 위해서였다.

죽음이 임박했을 때 그분은 유언에, 가난과 겸손을 더 잘 보존하기 위해 형제들의 모든 집과 움막은 꼭 진흙과 나무로 지어야 한다는 내용을 써넣도록 했다.

형제들의 거처는 어떠해야 하는가

14(58a). 한번은 그분이 눈병을 치료 받으려고 시에나에서 한 움막(돌아가신 후 당신을 공경하여 경당으로 변형되었다)[16]에 머물렀는데, 보나벤투라 경(형제들에게 수도원을 건축하라고 땅을 희사하신 분)이 그분에게 "프란치스코, 이곳을 어떻게 생각하세요?" 하고 물었다. 그러자 프란치스코는 "형제들의 거처를 어떻게 지어야 하는지 말씀해 달라는 것이지요?" 하고 대답하셨다.
그는 "말씀해 보십시오, 사부님" 하고 말했다.
"형제들이 만일 아직 거처가 없는 지역에 가서 그들에게 정원이 딸린 거처를 세우는 데 필요한 만큼 그리고 그들이 필요로 하는 만큼 땅을 희사할 사람을 만나게 되면, 형제들은 무엇보다도 먼저 거룩한 가난과 우리가 다른 이들에게 보여 주어야 할 좋은 모습을 늘 염두에 두면서, 얼마만큼의 땅이 꼭 필요한지 계산해야 합니다".
거룩하신 사부님께서 이렇게 말씀하신 것은, 어떤 이유에서든 형제들이 자신들이 사용하는 성당과 정원 그리고 다른 것들로 거룩한 가난을 훼손하지 않고 어떤 장소도 자기 소유로 삼지 않으며, 오히려 항상 순례자와 나그네임을 드러내었으면 했기 때문이다. 그리고 수도원에

---

16 이곳이 시에나의 어디인지 정확히 알 수 없다. 왜냐하면 프란치스코는 눈병 치료차 두 번 시에나에 왔는데, 한 번은 1225년 봄에 폰테 콜롬보(Fonte Colombo)에서, 또 한 번은 그해 가을에 리에티(Rieti)에서 왔기 때문이다.

형제들의 수가 너무 많지 않기를 바랐는데, 수가 많으면 그만큼 가난을 보존하기가 어렵다고 생각해서였다. 회개 때부터 죽을 때까지 그분의 확고한 의지는 어떻게 해서든 소중하고 거룩한 가난을 유지하는 것이었다.

15(58b). "그 다음, 형제들은 그 지방의 주교님을 찾아뵙고, 말씀드려야 합니다. '주교님, 어떤 은인이 주 하느님에 대한 사랑과 영혼을 구하기 위해 저희들에게 거처를 세울 만한 땅을 주시고자 합니다. 그래서 저희는 당신께 맡겨진 모든 양떼들과 이곳에 거처할 우리와 다른 모든 형제들의 영혼의 아버지요 주인이신 주교님을 먼저 찾아뵌 것입니다. 하느님과 주교님의 축복을 받아 그곳에 건물을 지었으면 합니다'".

성인이 이렇게 말한 것은, 형제들이 백성들 가운데서 실현했으면 하는 영혼의 유익을 ─ 추문을 일으키는 고위 성직자들을 비롯한 성직자들을 회개시키기보다는 오히려 고위 성직자를 포함한 성직자들과 평화롭게 지냄으로써 ─ 하느님과 백성과 성직자들에게서 더 쉽게 얻을 수 있기 때문이었다.

이어서 "주님은 당신 교회와 자모이신 성교회의 고위 성직자들과 사제들을 돕도록 우리를 부르셨습니다. 그러므로 우리는 그분들을 늘 사랑하고 존경하고 따를 의무가 있습니다. 이름에서처럼 품행도 다른 세속 사람들보다 더 겸손하게 드러나야 하기 때문에 바로 우리를 '보다 작은 형제들'이라 이르는 것입니다. 나는 회개 생활 시초부터 부친과 결별하게 되었을 때, 주님은 그리스도를 섬기는 데 필요한 조언과 용기를 나에게 북돋아 주시려고 아씨시 주교님의 입술에다 당신의 말씀을 놓으셨습니다. 그 이유뿐 아니라 내가 고위 성직자들 안에서 보게 되는 수많은 특전들 때문에, 나는 주교님뿐 아니라 불쌍한 사제들까지도 사랑하고 존경하며, 그들을 나의 주인으로 여기고 싶습니다".

16(58c). "주교님의 축복을 얻은 뒤 형제들은 그곳에 가서 선택한 지역 땅 둘레에다 큰 골을 파고, 봉쇄 벽 대신에 거룩한 가난과 겸손을 따라 나무 울타리를 세우도록 할 것입니다. 그 다음 나무와 진흙으로 작고 보잘것없는 집들과, 때때로 형제들이 조용하게 기도하고 일할 수 있고, 특히 무익한 대화를 피하면서 일할 수 있도록 움막을 만들도록 할 것입니다. 물론, 성당도 하나 지어야 합니다. 그러나 설교를 빌미로 혹은 내가 아는 다른 이유로 큰 성당을 짓지 못하도록 형제들에게 주의를 줄 것입니다".

"형제들이 다른 성당에 가서 설교를 하게 된다면 이것이 더 큰 겸손이 되고 좋은 모범이 됩니다. 이렇게 형제들은 거룩한 가난과 겸손과 자신들의 신분을 더욱 존중하는 사람이 될 것입니다. 혹, 고위 성직자들이나 사제들(수도 사제든 교구 사제든)이 여기에 오면, 집과 거처와 성당의 초라함에 놀라게 될 것이고 이에 감화를 받게 될 것입니다".

"가끔 형제들은 거룩한 가난을 훼손하고 백성들에게 말이 생기게 하고 나쁜 본보기를 만들어 내면서도 큰 집을 지으려고 합니다. 또 형제들은 더 좋고 거룩한 수도원을 빌미로 작은 수도원들을 버리기도 하는 것 같습니다. 그렇게 되면 그 수도원을 위해 봉헌을 한 사람들과 다른 사람들은 이런 이야기를 보고 들으면서 엄청 혼란에 빠지게 되고 마음 상하게 될 것입니다. 그러므로 형제들은 서약에 위배되는 행위를 하여 나쁜 보기가 되기보다는, 좋은 보기가 되기 위해 서약에 걸맞은 초라하고 소그만 수도원을 짓는 것이 훨씬 낫습니다. 형제들이 더 안락한 수도원을 갖기 위해 작고 초라한 수도원들을 버린다면 아름납시 못한 소문 거리가 될 것은 자명합니다".

시에나의 첫 번째 유언

17(59). 프란치스코가 보나벤투라 경과 이야기를 나눈, 같은 움막에서 어느 날 저녁 위장병이 심하게 도져 밤새도록 먹은 것과 함께 피를 토했다. 동료들은 그분이 고통 때문에 쇠진해서 곧 돌아가시리라 생각하고 울면서 이렇게 말했다. "사부님, 우리는 어떻게 합니까? 우리 모든 형제들을 축복해 주십시오. 우리에게 당신의 바람을 말씀해 주시어, 만일 주님께서 당신을 이 세상에서 불러 가신다면 '우리 사부님께서 돌아가실 무렵 당신 아들이요 형제들인 우리에게 이런 **말씀을** 남겨 주셨다'고 늘상 말할 수 있게 해주십시오". 그러자 그분은 "피라트로의 베네딕토[17] 형제를 불러 주시오" 하고 말했다.

이 형제는 수도원에 들어온 지 오래된, 경험 많고 거룩한 사제형제였다. 가끔 그는 프란치스코를 위해 그 방에서 거룩한 미사를 드리곤 했는데, 성인은 병환 중이었으나 할 수 있을 때는 흔쾌히 미사에 열심히 참례하곤 했다. 그 형제가 도착하자, 성인은 그에게 "지금 형제회에 있는 형제와 세상 종말까지 입회할 모든 형제들을 축복한다고 적으시오" 했다.

형제들이 총회에 모일 때, 모든 참석자들과 형제회의 다른 이들을 강복하고 죄를 사해 주는 것이 프란치스코가 늘 하는 일이었다. 앞으로 들어올 형제들까지도 축복하곤 했다. 총회뿐만 아니라 기회가 있을 때마다 이렇게 하곤 했다.

"내가 약하고 고통스러워서 말하기가 거북하지만, 몇 마디 말로 내

---

17 피라트로(Piratro) 혹은 프라토(Prato) 혹은 피라티오(Piratio)의 베네딕토라고 부르는 이 형제에 대해서는 더는 아는 바가 없다. 시에나에서는 파치피코 형제도 성인과 함께 있었다(「2첼라노」 137).

뜻을 형제들에게 전할까 합니다. 내 축복과 유언을 기념해, 형제들은 서로 사랑하며 서로 존경하십시오. 항상 거룩한 부인인 '가난'을 사랑하고 존경하십시오. 자모이신 성교회의 모든 고위 성직자들과 사제에게 항상 충실하고 순종하십시오"[18] 하고 덧붙였다.

그런 다음 성인은 형제들이 나쁜 본보기가 되지 않도록 조심하라고 권고했다. 그리고 자신들의 행동으로 형제회와 — 이들 명예 실추자들을 부끄럽게 만드는 — 거룩하고 훌륭한 형제들의 삶에 흠집을 내는 이들을 저주했다[19].

성당에 대한 존경심과 청소

18(60). 프란치스코가 포르치운쿨라의 성 마리아에 계실 그때(아직 형제들이 몇 사람 되지 않았다) 사부님은 때때로 주민들에게 회개를 설교하러 아씨시 일대의 마을과 성당에 들르곤 했다. 그분은 성당을 청소하려고 빗자루를 들고 다니곤 했는데, 어느 성당에 들어가서 깨끗이 정돈되어 있지 않은 것을 보면 너무 마음이 아팠기 때문이다.

그래서 백성들에게 설교를 마친 뒤, 신자들이 못 듣게 모든 사제들을 따로 한적한 곳에 불러 모으고, 그분들에게 영혼의 구원과 특히 성당과 거룩한 전례 거행에 사용되는 다른 모든 것들을 깨끗이 청소하는 데 힘쓰라고 당부하곤 했다.

18　소위 「시에나의 유언」 혹은 「작은 유언」이라고 알려진 내용이다.
19　이 권고와 저주에 대해서는 「2첼라노」 191.196에서 더 또렷하게 말하고 있다.

단순한 요한 형제의 성소

19(61). 어느 날 프란치스코가 아씨시 인근의 한 시골[20] 성당에 가서 청소를 했다. 그분이 왔다는 소식이 곧 마을 사람들에게 퍼졌다. 그들은 그분을 뵙고 즐겨 말씀을 듣곤 했기 때문이다. 성격이 매우 단순한 요한[21]이라는 사람은 ― 자기 밭에서 일하고 있다가 ― 그분이 오셨다는 소리를 듣고 바로 달려갔는데, 그분이 빗자루로 성당을 쓸고 있었다. 그는 "형제여, 당신을 돕고 싶군요. 빗자루를 제게 주십시오" 하고는 비를 받아들고 청소를 끝낸 다음, 앉아서 이렇게 말했다. "저는 오랫동안 하느님을 섬기고 싶었습니다. 특히 당신과 당신 형제들의 명성을 듣고 나서 말입니다. 그러나 어떻게 하면 당신을 뵈올 수 있는지 몰랐습니다. 이제 주님께서 영광스럽게도 이런 만남을 안배하셨으니, 당신이 제게 말씀하시는 것은 무엇이든 다 하겠습니다".

프란치스코는 그의 열정을 보고 주님 안에서 몹시 기뻐했으니, 아직 형제들이 몇 사람 안 되었고, 이처럼 순수한 단순성을 지닌 형제라면 틀림없이 좋은 형제가 되리라 생각했기 때문이었다. 그리하여 사부님은 그에게 "형제여, 만일 우리 생활을 원하여 함께 살기를 바란다면 당신의 모든 것을 포기하고, 할 수 있다면 추문을 일으키지 않도록 할 것이며, 거룩한 복음의 권고에 따라 그것을 가난한 사람들에게 나누어

---

20 아고스티노 신부[Fr. Agostino DA STRONCONE, 「Umbria Serafica」, 「MF」 2(1887)]는 유일하게 이 에피소드가 빌라 오티아나[Villa Ottiana(Nottiano?)]에서 있었던 일이라고 말하고 있다.

21 단순한 요한 형제의 이야기는 유명하다: 「Vita SS. Fratrum Provinciae Saxoniae」, 「AFH」 18(1925), 213~214에서는 그가 포르치운쿨라에서 죽어서 그곳에 묻혔다고 전한다. 다른 이들에 의하면 그의 회개는 1215/6년인 듯하다(참조: 「Franceschina」 I, 106~107).

주어야 합니다. 내 형제가 된 사람들은 이미 이렇게 했기 때문입니다" 하고 말했다.

이 말을 듣고 그 사람은 곧바로 소를 매어 둔 들로 뛰어가 장구를 풀고, 그중 한 마리를 프란치스코에게 몰고 왔다.

"형제여, 나는 오랫동안 아버지와 식구들을 돌보아 왔습니다. 유산이 얼마 안 되겠지만, 저는 이 소를 제 유산으로 삼아 당신이 보시기에 하느님 뜻에 잘 맞는 방법으로 가난한 사람들에게 주렵니다" 하고 말했다.

부모와 아직 어린 동생들은 그가 떠나려는 것을 보고, 그들은 물론 모든 가솔들이 울며 통곡했다. 대가족이고 초라하기 그지없었기에 프란치스코는 마음이 움직여 그들에게 이렇게 말했다. "식사를 준비해 같이 먹읍시다. 기쁘게 해드릴 테니 울지들 마세요".

즉시 그들은 음식을 준비해 즐겁게 식사를 했다. 식사가 끝난 뒤 프란치스코는 이렇게 말했다. "여러분의 이 아들은 하느님을 섬기려 합니다. 그러니 아파하기보다는 주님 안에서뿐 아니라 세속의 평판 안에서도 기뻐해야 합니다. 그는 여러분에게 영육 간의 영예와 유익을 가져올 것입니다. 하느님은 여러분 가문 덕분에 영광을 받으실 것이며, 지금부터 우리 모든 형제들이 여러분의 아들이자 형제가 될 것입니다. 그리고 그는 하느님의 피조물이기에 그 창조주를 섬기려는 것이고, 그에게 섬기는 것은 곧 다스리는 것이 됩니다. 그러니 나는 여러분의 자녀를 되돌려 줄 수도 없고, 또 되돌려 주어서는 안 되는 것입니다. 그러나 여러분이 좀 만족하도록, 나는 복음의 권고를 따라 가난한 사람들에게 주어야 하겠지만, 여러분이 가난하므로 이 소를 당신들에게 드리겠습니다".

프란치스코의 이 말에 모두들 마음이 진정하게 되었고, 또 가난했으므로 무엇보다 소가 그들 차지가 되어서 만족했다.

프란치스코는 자신은 물론 다른 이들 안에 있는 순수성과 거룩한 단순성을 사랑했고 매우 높게 평가했다. 그래서 그에게 수도복을 입히고서는 곧장 동료로서 그를 데리고 다녔다.

이 형제는 프란치스코가 하시는 모든 일에 대해 자기도 그대로 따라 해야 할 의무를 느낄 정도로 단순한 사람이었다. 그래서 프란치스코가 성당이나 다른 장소에서 기도하고 있으면 그가 하는 모든 행동을 따라 하려고 지켜보았다. 그리하여 프란치스코가 무릎을 꿇거나 손을 모아 하늘로 올리거나 침을 뱉거나 기침을 하거나, 그는 똑같이 따라 했다.

프란치스코는 크게 기뻐하며 이에 대해 그를 칭찬했다. 그러나 그는 이렇게 대답했다. "형제여, 나는 당신이 하는 것을 모두 하겠다고 약속드렸습니다. 그래서…". 프란치스코는 이 같은 순수성과 단순성을 보시고 감탄하며 아주 기뻐했다.

이 형제는 프란치스코와 다른 형제들이 그의 성덕을 칭송할 정도로 수많은 덕행을 쌓고 거룩한 삶으로 나아갔으며, 이 같은 완덕에 머무시다가 오래 지나지 않아 운명했다.

프란치스코는 내외적인 큰 기쁨을 가지고 형제들에게 그의 회개에 대해 이야기하곤 했고, 그가 죽은 뒤에는 그를 요한 형제가 아니라 성 요한이라 부르곤 했다.

올바르지 않은 지향을 가진 지원자를 거절함

20(62). 프란치스코가 마르키아 지방을 선교 여행하시던 어느 날 한 마을에서 설교를 하고 있었는데, 어떤 사람이 자신을 소개하며 이렇게 말했다. "형제여, 나는 세속을 버리고 당신 수도회에 들어가려고 결심했습니다".

프란치스코는 그에게 "형제여, 당신이 우리 수도회에 들어오시려면, 먼저 가서 복음적 권고에 따라 당신 재산을 가난한 이들에게 나누어 주고, 그 다음 모든 것을, 당신의 의지까지도 포기하도록 하시오" 하고 말했다.

그 사람은 바로 떠나갔다. 그러나 하느님의 영이 아니라 인정에 밀려 모든 것을 자기 친척에게 주어 버렸다. 그는 프란치스코에게 돌아와서, "형제여, 내 모든 재산을 처리했습니다" 하고 말했다.

"어떻게 하셨습니까?"

"형제여, 나는 그것이 필요한 내 친척에게 모두 주었습니다".

프란치스코는 성령의 비추심으로, 그의 성소는 하느님께로부터 온 것이 아님을 바로 알아차리고 그에게 말했다. "그대의 재산을 친척들에게 주었다고요? 그러고서 이제 형제들과 애긍으로 살아가겠단 말이지요? 가버리시오, 파리 형제!"

그 사람은 자기 재산을 가난한 이들에게 줘야 한다는 것을 받아들이지 못하고 끝내 떠나가 버렸다.

오랜 유혹을 극복하다

21(63). 프란치스코가 포르치운쿨라에 머물 때, 당신 영혼의 유익 때문에 엄청난 유혹을 받은 적이 있었다. 이 유혹 때문에 평상시처럼 형제들에게 웃음을 지을 수가 없었기 때문에 형제들과 대화하기를 피할 정도로 몸과 마음이 침울했다.[22]

---

22 보뢰(Vorreux)는 이때가 성인이 「인준받은 수도규칙」을 작성하고 「유언」을 작성하기 전(1223~1226)일 것으로 믿는다.

그분은 음식뿐만 아니라 대화도 끊으며 고뇌했다. 가끔 성당 뒤 숲 속으로 숨어 들어갔는데, 거기서는 당신 고통을 더 잘 털어놓고 홀로 주님과 더불어 울면서 전능하신 그분께서 하늘로부터 위안을 내려 주시기를 청할 수 있었기 때문이었다. 이 유혹으로 2년 이상 밤낮 시달리던 어느 날, 성 마리아 성당에서 기도하다가 그분은 "그대에게 겨자씨 한 알만 한 믿음이라도 있다면 '이 산을 보고 여기서 저리로 옮겨져라' 해도 그대로 될 것이다"(마태 17,20) 하신 복음 말씀이 마음으로부터 들려오는 것을 듣게 되었다.

"그럼 산은 무엇입니까?"

"그 산은 너의 유혹이다".

"그러면 주님, 말씀대로 이루어 주소서".

그러자 그분은 즉시 그 유혹에서 완전히 벗어났으며, 다시는 그러한 유혹을 받지 않게 될 것같이 생각되었다.

나환자와 식사하며 보속하다

22(64). 한번은 프란치스코가 포르치운쿨라의 성 마리아 성당으로 돌아왔는데 단순한 야고보 형제[23]가 온통 문드러진 나환자 한 사람과 함께 그곳에 낮부터 와 있는 것을 보았다. 그날 그 환자가 성당까지 찾아왔던 것이다. 성인은 그 형제에게 그 나환자와 아주 심한 나병 환자들을 돌보도록 했다(당시 형제들은 나병 요양원들에서 봉사하곤 했다).

---

23 이 야고보 형제에 대한 다른 정보는 없다. 피사의 바르톨로메오(「Conf.」 V, 131)도 프란체스키나(「Franceschina」 VII, 7)도 다른 특별한 정보를 제공해 주지 않는다.

야고보 형제는 말하자면 천형을 당한 사람들의 간호사였다. 그는 성의
껏 그들의 상처를 깨끗이 닦아내고 씻어 주며 붕대로 싸매 주기도 했다.

프란치스코는 조금 나무라듯 그에게 말했다. "우리 크리스천 형제
들을 그렇게 밖으로 데리고 다니지 않았으면 하오. 형제에게도 그들에
게도 별로 좋지 않은 것 같소".

성인은 나병 환자들을 "크리스천 형제들"이라 부르곤 했다. 이렇게
말한 것은, 그 형제가 비록 나환자들을 돌보고 봉사하는 것에 만족스
러워했지만, 아주 심한 환자들을 병원 밖으로 데리고 나오는 것을 바
라지 않았기 때문이었다. 하지만 순박한 야고보 형제는 성 마리아 성
당에 올 때 자주 나환자 몇몇을 데려왔고, 사람들은 몹시 심한 나환자
들을 보고 질겁했던 것이다.

사부님은 그 말을 하고 난 뒤 곧 후회했다. 그분은 당신이 야고보
형제를 나무란 것이 나환자를 업신여긴 것이라 여기고, 그 당시 총장
이던 베드로 카타니 형제에게 바로 가서 고백했다. 하느님과 나환자
앞에서 속죄하는 뜻으로 당신의 잘못을 고백한 것이다.

그래서 그분은 베드로 형제에게 이렇게 말했다. "제가 하고자 하는
보속을 허락해 주시고 거절하지 말아 주십시오".

"좋습니다" 하고 베드로 형제가 대답했다. 사실 그는 성인을 매우
존경하고 두려워하고 또 그분께 순종하고 있는 터였으므로, 비록 성인
의 몸을 안팎으로 다치게 하는 일이더라도 감히 그분의 명을 거스를
수가 없었다.

성인은 그에게 "제 보속은 저의 그 크리스천 형제와 함께 한 접시
로 먹는 것입니다" 하고 말했다. 성인이 그 나환자와 다른 형제들과
함께 식사를 하기 위해 앉았고 접시가 그들 사이에 놓였다. 그 나환자
는 완전히 얼굴이 일그러지고 진물이 흐르고 있었다. 특히 손가락이
썩어 문드러져 피가 흐르고 있었다. 얼마나 심하던지, 그가 손을 접시

로 가져가면 피가 떨어지곤 했다. 베드로와 다른 형제들은 이 광경을 보고 매우 괴로웠으나, 사부님이 두려워 감히 한마디도 입 밖에 내지 못했다[24].

이 글을 쓴 사람은 이 광경을 목격하고 이를 증언하는 바이다.

파치피코 형제가 보바라 성당에서 본 환시

23(65). 한번은 성인께서 마르키아의 파치피코 형제[25]와 함께 스폴레토 계곡을 지나가게 되었다. 파치피코 형제는 세속에 있을 때 "시의 왕"이라 일컬어졌고, 귀족 출신이며 신사요 음악 선생이었다. 그들은 트레비(Trevi) 나환자촌에서 여장을 풀게 되었다. 프란치스코가 파치피코 형제에게 "보바라(Bovara) 성 베드로 성당[26]으로 갑시다. 그곳에서 밤을 지내고 싶군요" 하고 말했다.

---

24   델로르메(「Legenda Antiqua S. Francisci」 III, 1922, 75의 각주)는 이 에피소드가 1220~1221년 이전의 것이라 여기지만, 베드로가 그 이전에 총장이 되었다는 것을 받아들이기 어렵다.
25   마르키아의 파치피코 형제의 회개는 「2첼라노」 106번에서 언급하고 있다. 형제회 입회 전에 굴리엘모 디비니(Guglielmo Divini)라 불렸고 리쉬아노 다스콜리(Lisciano d'Ascoli)에서 태어났다. "시의 왕"이란 별명을 얻을 정도로 유명했고, 프란치스코도 그를 존경해 「태양 형제의 노래」의 리듬을 손보고 형제들에게 가르치도록 부탁하기도 했다. 1217년에 성인이 프랑스로 파견했고 그곳 초대 관구장이 되었다. 수많은 수도원을 창설했고 그중 꼬르델 디 베즐레(Cordelle di Vézelay) 수도원에서 1236년에 선종했다. 1223년에 이탈리아로 돌아와서 성인의 마지막 여정을 함께 한 동료였다(VORREUX, 「Saint François」, 617).
26   산 피에트로 디 보바라(S. Pietro di Bovara)는 폰티 델 클리투노(Fonti del Clitunno) 지역에 아직까지도 있다.

그 성당은 나환자촌에서 멀지 않았고[27] 사람이 별로 살지 않았는데, 그 당시 트레비 주변은 황폐했으며 마을에도 사는 사람이 거의 없었기 때문이다[28]. 길을 가던 도중, 성인이 파치피코 형제에게 "병원으로 되돌아가시오. 오늘 밤 혼자 머물고 싶소. 내일 새벽에 날 찾아오시오" 하고 말했다.

혼자가 된 프란치스코는 끝기도와 다른 기도를 바치고 잠을 청했으나 잠을 이룰 수가 없었다. 마음은 불안으로 떨리고 마귀의 유혹이 엄습했던 것이다. 성인은 일어나 성당 밖으로 뛰어나가서는 십자성호를 그으면서 이렇게 말했다. "악마야, 전능하신 하느님의 이름으로 명하나니, 우리 주 예수 그리스도께서 허락하신 범위 내에서 어디 내 몸을 괴롭혀 보아라. 난 모든 걸 참을 준비가 되었어. 내 몸뚱이보다 더 큰 원수는 없어. 너는 내 가장 큰 적이요 원수를 괴롭히는 거야". 유혹은 금방 중단되었다. 밤을 지내시기로 한 곳에 돌아와 성인은 평화롭게 쉬시고 주무셨다.

아침이 되자 파치피코 형제가 찾아왔다. 프란치스코는 가대 쪽 제대 앞에서 기도하고 있었다. 파치피코는 함께 기도하면서 십자가[29] 앞

---

27   플라미니아(Flaminia) 북쪽 산타 마리아 디 피에트라로사(S. Maria di Pietrarossa) 지역에 프란치스코와 파치피코가 머물렀던 성 토마스와 성 라자로 나환자 요양원이 있었다. 아직까지 그 흔적이 남아 있고 나환자들이 몸을 씻곤 했던 우물이 있다. 보바라에서 3km 정도 떨어져 있다(참조: S. CECCARONI, 「La storia millenaria degli ospedali della città e della diocesi di Spoleto」, Spoleto, 1978, 154).

28   트레비(Trevi)는 1213년에 파괴되었다(A. SANSI, 「Documenti storici inediti」, Foligno, 1879, 222). 그리고 1215년에 폴리뇨 사람들에게 넘어가 재건되었다. 따라서 이 에피소드는 1213년(트레비의 파괴)에서 1217년(파치피코의 프랑스 파견) 사이에 일어난 일로 짐작된다. 이야기의 정신은 형제회 초기에 형제들이 나환자들을 돌보던 때임을 부각시켜 준다.

29   보바라 성당에는 지금까지도 12세기 나무 십자고상이 보존되어 있다.

면에 있는 가대 밖에서 사부님을 기다리고 있었다. 그런데 파치피코 형제가 막 기도를 시작할 즈음, 자기 몸 안인지 밖인지를 모르고 하느님만 아시는 일이지만(2코린 12,2), 탈혼 상태에 빠지게 되었다. 그때 그는 하늘에 옥좌를 여러 개 보았는데, 그중의 하나는 다른 것보다 높았고 영광으로 빛났으며 여러 가지 종류의 보석으로 번쩍거렸다. 그 아름다움에 감탄하다가 그는 이 옥좌는 무엇이며, 누구를 위해 준비된 것인가를 궁금히 여기고 있었다.

그때 갑자기 "이것은 루치페르의 옥좌였는데, 이제 프란치스코가 대신 그 자리를 차지할 것이다" 하는 소리가 들렸다.

탈혼이 끝나고 프란치스코가 그에게로 왔다. 파치피코 형제는 즉시 프란치스코의 발아래 엎드려 십자가 모양으로 팔을 벌렸다. 왜냐하면 환시에서 본 대로 그는 이미 프란치스코를 천국의 시민으로 생각했기 때문이었다. 그는 프란치스코에게 "사부님, 제 죄를 용서해 주시고, 하느님께서 저에게 자비를 베풀어 주시도록 간구해 주십시오" 하고 말했다. 프란치스코는 그가 환시를 본 것을 알아차리고 그에게 손을 내밀어 일으켜 세웠다. 성인도 이미 그 환시를 보았던 것이다. 그는 완전히 달라져 프란치스코에게, 사부님이 마치 살과 피로 된 이 지상 사람이 아니라 이미 천상 영광 안에 든 사람에게 하듯이 말했다. 그는 자기가 본 환시를 밝히고 싶지 않았기 때문에 아무 일 없었던 것처럼 꾸미고 프란치스코에게 "형제여, 당신은 당신 자신을 어떻게 생각하시오?" 하고 물어보았다.

"나 말이요? 나는 내가 세상에서 제일 큰 죄인이라는 것만 믿을 뿐이오" 하고 프란치스코는 대답하셨다. 파치피코 형제는 바로 자기 마음속에서 이런 말을 듣게 되었다. "이것으로 너는 네가 본 환시가 사실임을 알게 될 것이다. 루치페르가 교만 때문에 자기 옥좌에서 쫓겨난 것처럼, 프란치스코는 자기 겸손 때문에 영광을 받고 그 자리를 차지할 것이 당연하기 때문이다".

24(66). 다른 때 프란치스코가 눈병 치료차 리에티에서 테오발도 사라체노(Teobaldo Saraceno)라는 사람[30] 집에서 며칠을 묵고 있었는데, 세속에 있을 때 체트라(Cetra, 현악기의 일종) 연주가였던 한 동료에게[31] 이렇게 말했다. "형제여, 사람들은 주님의 일에는 맛들이지 못하고 당신 뜻을 거슬러 체트라나 프살테리움, 십현금 등 음악 도구들을 헛됨과 죄스러운 것이 되게 만들지요. 한때 하느님의 사람들은 주님을 찬미하고 자신들의 영혼의 휴식을 위해 연주하곤 했는데 말입니다. 형제가 몰래 선량한 사람에게 체트라를 빌려 나에게 주님께 기도하고 찬미하는 노래에 적합한 멜로디를 연주해 주었으면 하오. 내 몸은 고통으로 찢어질 듯하오. 이 육신의 고통이 잠시나마 영의 위로와 기쁨으로 바뀌었으면 하오".

프란치스코는 병중에 주님 찬가를 작곡해 그의 동료들에게 주님께 영광을 드리고 신자들에게 유익이 되게 노래하도록 했다.

그 형제는 이렇게 대답했다. "사부님, 부끄러워서 그렇게 못하겠습니다. 이 도시 사람들은 내가 세속에 있을 때 체트라를 잘 켰던 연주가임을 잘 알고 있습니다. 그래서 그들이 내가 다시 연주가로 되돌아가

---

30 사세티 사케티(A. SASSETTI-SACCHETTI, 「Anecdota Franciscana reatina」, Potenza, 1926, 38)는 그 당시 리에티에 테오발도 사라체노라는 참사원이 있었음을 보여 준다. 하지만 성인이 그 참사 사제의 집에 머물렀는지 주교관에 머물렀는지는 확실치 않다. 이 사건은 성인이 폰테 콜롬보에서 치료를 한 후 1225년 봄이나 가을에 있었던 일로 추정된다.

31 이 동료가 리에티의 안젤로라고 여겨져 왔으나, "시의 왕" 파치피코 형제일 거라는 가설이 더 설득력 있어 보인다[O. D'ANGERS, 「Du frère cithariste qui à Rieti se recusa」, 「Etudes Fransicaines」 44(1932), 549~556].

려는 유혹에 빠졌구나 생각할 것 같아 그렇습니다".

"그렇다면 형제여, 그만둡시다".

그날 밤 자정 무렵 성인은 아직 깨어 있었는데, 머물고 있던 집 아래서 한 번도 들어본 적이 없는, 아름답고 감동적인 선율로 체트라를 연주하는 소리가 들려왔다. 연주는 들릴 듯 말 듯 멀어져 갔다가 다시금 가까이 다가오곤 했다. 넉넉히 한 시간 동안은 이어졌다.

프란치스코는 이 모든 것이 인간이 하는 것이 아니라 하느님께서 하시는 일이라 여기고 기쁨으로 충만한 마음으로 이토록 각별하고도 멋진 방법으로 그를 위로해 주시는 주님께 감사드리며 그 연주를 더욱 깊이 만끽했다.

아침이 되어 일어나서 사부님은 그 동료에게 말하기를, "형제여, 내가 형제에게 요청했으나 허락해 주지 않았지요. 그런데 고통 중에 있는 당신 종들을 위로하시는 주님께서 황송하옵게도 지난밤에 나를 위로해 주셨소" 했다[32]. 그러면서 무슨 일이 있었는지 이야기해 주었다.

형제들은 감탄했으며 프란치스코를 위로하기 위해 이루어 주신 기적이라고 여겼다. 시장은 자정은 물론 소등 시간[33] 이후로는 길에 돌아다니는 것을 금지하고 있었기 때문이다.

프란치스코의 이야기에 따르면, 그의 영혼을 위로하기 위해 한 시간 이상 계속된 이 연주는 참으로 하늘나라의 오페라처럼, 입으로 노래함이 없이 조용한 침묵 중에 왔다 간 것이었다.

---

32   이 음악가인 형제가 리에티 출신이란 뜻은 아니다. 파치피코 형제의 명성이 이 도시에까지 잘 알려진 것은 사실이다.

33   델로르메(1922년판, 각주 56)는 이것은 이곳에 대해 보통 잘 아는 사람이 아니라는 것을 암시해 주고 있다고 본다.

리에티 성 파비아노 성당 포도원의 기적

25(67). 여전히 그 무렵의 일인데[34], 프란치스코는 눈병을 치료하기 위해 같은 도시에서 그리 멀지 않은 성 파비아노 성당에[35] 묵고 있었다. 그 성당에는 한 가난한 교구 사제가 있었다. 호노리오 교황 성하께서 당시 그 도시에 머물고 계셨기에[36] 적지 않은 교황청 사람들이 성인에 대한 크나큰 신심 때문에 거의 매일같이 성인을 찾아오곤 했다.

이 성당 안 프란치스코가 머문 집 옆에 작은 포도원이 딸려 있었는데, 집에는 포도원으로 나 있는 문이 하나 있었고 그를 찾아온 사람들이 그리로 나가곤 했다. 포도가 탐스럽게 익었고 또 쉬기에도 아주 좋은 공간이었기 때문이다. 그래서 포도원이 거의 망가져버렸다. 어떤 이는 포도나무에서 포도를 따 먹고, 어떤 이는 따 가져가 버리고, 어떤 이는 발로 짓밟기도 했기 때문이다.

그 사제는 몹시 불쾌했고 인내심을 잃기 시작했다.

그는 이렇게 말했다. "올해 수확은 망쳤구먼. 작은 포도원이지만 나한테는 포도주를 넉넉히 마련해 주었는데". 이 말을 들은 것처럼 프란치스코는 그를 불러 이렇게 말했다. "걱정하지 마십시오. 그리고 실망하지 마십시오. 어쩔 수 없지 않습니까. 주님을 믿으십시오. 그분께서는 당신의 종인 저를 통해 그 손해를 모두 갚아 주실 것입니다. 말

---

34 이 말로 앞선 이야기와 연결되는 것으로 생각할 수도 있는데, 본서가 꼭 그렇게 편집되지 않았음을 염두에 둘 것이다.
35 성 파비아노의 폐허는 라 포레스타 성지 내에 있었을 가능성이 높다(A. TERZI, 「Memorie Francescane della Valle di Rieti」, Roma, 1955, 225 이하; A. TERZI, 「S. Fabiano de La Foresta」, Roma, 1967).
36 교황은 1225년 6월 23일부터 1226년 1월 31일까지 리에티에 머물렀다 (POTTHAST, 「Regesta」, 7434~7526).

씀해 주십시오. 잘될 때 당신 포도원에서 한 해에 포도주를 몇 통 정도 내었습니까?"

"사부님, 13통입니다".

"걱정하지 마시고 다른 사람에게 모욕적인 언동이나 항의를 하지 마시오. 하느님과 그분의 약속에 믿음을 가지십시오. 그대가 20통 이하를 거둔다면 모자라는 부분은 내가 채워 줄 것이오".

사제는 그제야 진정하고 안심하게 되었다. 그리하여 그는 하느님의 은총으로 프란치스코가 약속한 양보다 더도 덜도 아닌 20통을 수확하게 되었다. 그 사제와 이 이야기를 들은 사람들은 모두 경탄했고, 이를 프란치스코의 공로로 얻은 큰 기적이라 여기게 되었다. 왜냐하면 그렇게 망가지지 않고 포도가 아무리 많이 달려도, 그 포도원은 결코 포도주를 20통이나 낼 수가 없었기 때문이다.

그리고 그분과 함께 살았던 우리는 그분이 "그렇게 됩니다" 아니면 "그렇게 될 거예요" 한 것은 언제나 그대로 이루어졌다고 증언할 수 있다. 우리는 그분이 생전에 그리고 또 사후에도 많은 예언을 이루는 것을 목격하였다.

의사에게 드린 식사

26(68). 같은 무렵[37], 똑같이 눈병 때문에 프란치스코는 리에티 근

---

[37] 43번에서 성인은 "50일 이상" 산 다미아노에서 머물렀다고 말하고 있고, 46번에서는 "눈병 치료에 알맞은 계절이 돌아와서"라고 말하는 것으로 미루어, 추운 겨울을 보내고 나서 1225년 2~3월에 성 파비아노가 아니라 폰테 콜롬보로 향한 것이라 할 수 있다. 그것도 교황청 의사가 아니라 그 지역 의사에게 치료받기 위해서였다. 왜냐하면 교황이 아직 리에티에 오지 않은 때였기 때문이다. 수

처 폰테 콜롬보 은수처에 머물고 있었다. 하루는 그 도시의 안과 의사가 그를 방문해 평소처럼 몇 시간 동안 그를 치료해 주었다. 의사가 막 떠나려 하자, 프란치스코가 그의 동료들에게 이렇게 말했다. "서둘러 의사 선생님께 식사를 차려 드리도록 하시오".

한 동료가 이렇게 대답했다. "사부님, 말씀드리기 송구스럽습니다만, 그분에게 먹을 것을 차려 드릴 정도로 음식이 없습니다".

"믿음이 약한 자여, 두말 마시고 차리십시오".

의사는 이렇게 말했다. "형제들, 여러분이 가난하기 때문에 오늘 여러분과 함께 먹고 싶소".

의사는 대단한 부자였고 여러 번 초대받았지만 한 번도 함께 식사하고 싶어하지 않았다.

형제들은 식사를 준비했고 부끄럽지만 남아 있는 포도주와 빵 조금과 자기들이 먹으려고 둔 채소 한 줌 정도를 내어 왔다. 음식을 먹으려 하는데 누가 문을 두드렸다. 한 형제가 나가서 문을 열었는데, 한 여인이 맛있는 빵과 물고기가 가득 찬 큰 바구니를 가져온 것이다. 새우 파이[38], 꿀, 싱싱한 포도, 모두 은수처에서 7마일쯤 떨어진 성에 사는 한 부인이 프란치스코에게 보낸 것이었다. 이를 보고 형제들과 의사는 프란치스코의 성덕을 생각하며 엄청난 감동을 받았다.

의사는 이렇게 말했다. "내 형제들이여, 여러분이나 저나 이분의 성덕에 대해 제대로 모르고 있는 것 같습니다".

술은 봄이 되자마자(tempus congruum) 곧 시작되었다.
38 "마스틸리스 기마로룸"(mastillis gymarorum)은 "파스틸리스 카마로룸"(pastillis cammarorum)을 잘못 본 것 같다. 새우는 리에티 호수에서 많이 잡혔다고 한다.

한 여인에게 남편의 회개를 예언하다

27(69). 한번은 프란치스코가 첼레 디 코르토나(Celle di Cortona)로 가던 중 프레지오(Pregio)[39] 형제들 수도원 근처에 있는 리미시아노(Limisiano)[40] 성 밑을 지나고 있었는데, 그 성의 한 귀족 부인이 그와 말하려고 뒤따라 달려왔다. 동료 하나가 그토록 숨차게 달려오는 것을 보고 프란치스코에게 가서 이렇게 말했다. "사부님, 하느님의 사랑 때문에 사부님과 이야기하고 싶어서 저토록 숨차게 뛰어오고 있는 부인을 좀 기다리시지요".

프란치스코는 늘 그랬듯이 사랑과 호의로 가득 차 부인을 기다렸다. 성인은 큰 소망과 신심을 가지고 당신을 만나러 달려오느라 완전히 지친 그 부인을 보고는 "부인, 무엇을 바라십니까?" 하고 물어보았다.

"사부님, 청하오니 저를 축복해 주십시오".

"결혼하셨습니까, 안 하셨습니까?"

"오랫동안 주님께서는 저에게 당신을 섬길 크나큰 원의를 불러일으키셨습니다. 저한테는 제 영혼의 구원을 바랐고 지금도 바라고 있습니다. 그렇지만 저는 그리스도를 섬기는 데에, 저나 자신에게도 장애가 되는 아주 성미 까다로운 남편이 있습니다. 이 때문에 제 영혼은 죽을 지경입니다".

프란치스코는 부인의 크나큰 믿음을 보고, 또 아직 젊고 반듯한 품행에 감동되어 부인을 축복하며 이렇게 말하였다. "가십시오. 집에 당

---

39 페루지아 길목의 옛 성으로, 지금은 움베르티데(Umbertide) 시의 일부이다.

40 콰라키(Quaracchi) 편집자들은(「AF」 t. 10,154,nota) 이 리미시아노(Limisiano)를 트라시메오(Trasimeno) 북쪽 파시냐노(Passignano)에서 그리 멀지 않은 마을인 리쉬아노 니코네(Lisciano Niccone)로 생각한다.

신 남편이 있을 것입니다. 우리를 구원하시기 위해 십자가에서 돌아가신 그리스도의 사랑으로 그대와 남편에게 권고하나니, 집에 그냥 머물러 살면서도 영혼의 구원을 열망하라고 내가 말하더라고 그에게 전하시오".

집에 돌아간 부인은 프란치스코가 말한 것처럼 남편을 만났는데, 남편은 아내에게 어디 갔다 오느냐고 물었다.

"프란치스코에게 갔는데 주님 안에서 저를 축복해 주시고 위안과 위로를 해주셨지요. 더욱이 그분은 저에게 우리 남은 생애 동안 영혼의 구원을 위해 힘쓰라고 당신에게 말씀하라고 하셨어요".

이렇게 말하자, 프란치스코의 공로로 주님의 은총이 그에게 바로 내려와, 갑작스레 변해 아내에게 고마워하며 이렇게 말했다. "부인, 지금 이 순간부터 당신이 좋아하듯이 프란치스코의 권고대로 우리 영혼의 구원을 위해 주님을 열심히 섬깁시다".

"여보, 우리가 정결을 지키고 산다면 좋을 것 같아요. 정결은 하느님께서 즐겨 하시는 덕행이고 많은 공로를 가져다 주어요".

"당신이 좋다면, 나도 좋소. 지금도 그렇고 앞으로도 당신의 뜻이 곧 내 뜻이라 생각하오".

그리하여 그들은 수년 동안 정결을 지키며 살았고 형제들과 가난한 사람들에게 많은 애긍을 베풀었다. 그들의 성덕에 대해 많은 귀족들과 수도자들이 놀라 마지않았으니, 세속에서 악명 높았던 그 사람이 그토록 갑작스레 회개했기 때문이다.

그들은 이러한 모범적인 생활과 덕행에 머물다가 며칠 사이로 서로 죽게 되었다. 그들의 죽음은 많은 성덕의 향기를 뿌렸다.

당신을 섬기도록 그들에게 은총을 베풀어 주신 주님께 모두들 감사와 찬미를 드렸다. 그리고 죽음까지도 그들을 갈라놓지 못했으니, 곧장 따라 죽었기 때문이다.

오늘날 그들을 아는 사람들은 아직도 그들을 성인처럼 이야기한다.

루카 출신의 한 젊은이의 입회를 거절하다

28(70). 아직 프란치스코의 승낙 없이는[41] 아무도 형제회에 들어올 수 없었던 때에, 루카(Lucca)의 한 귀족 아들이[42] 형제회에 입회를 희망하는 사람들과 함께 성인을 뵈러 온 일이 있었다. 그때 성인은 병중에 있었고 아씨시 주교관[43]에 있었다.

형제들이 프란치스코에게 지원자들을 소개했고, 그 귀족은 성인 앞에서 울며불며 받아 주길 애원했다.

프란치스코는 그를 바라보더니 "당신은 가련하게도 육적인 사람이군요. 왜 성령을 속이고 또 나를 속이려 드시오? 당신의 눈물은 영적인 것이 아니라 육적인 것이오" 하고 말했다.

이 말을 막 끝냈을 때, 주교관 밖에 그 젊은이의 부모가 말을 가져와 그를 태워 데려가려 했다.

말 울음소리를 들은 그는 창으로 자기 부모를 보고는 바로 일어나

---

41 형제회 초창기에는 성 프란치스코의 허락 없이는 아무도 받아들이지 않았다는 이야기는 「아씨시 편집본」에서 여러 차례 나온다. 그뿐만 아니라 입회는 천사들의 성 마리아에서만 있었다고 한다. 이는 간접적으로 형제들을 받아들일 권한이 1221년 이후에(「인준받지 않은 수도규칙」 7) 관구장들에게 확장되었다는 사실을 확인해 준다.

42 혹자는 데 루카(de Luca)를 가문 이름으로 보려 하는데, 실제로 아씨시 문헌들에 산 다미아노 근처에 있었던 지명으로 등장한다.

43 여기서 이야기하는 주교관에 프란치스코가 있었다는 것은 1226년의 일을 이야기하는 것이 아니다. 그러므로 성인이 아씨시 주교관에 여러 차례 머물렀다는 것은 확실하다.

부모를 따라 세속으로 되돌아가 버렸다. 이것은 성령께서 프란치스코에게 미리 알려 주신 그대로였다.

형제들과 함께 있던 사람들은 놀라면서 성인 안에 계시는 하느님께 영광을 드렸다.

생선을 먹고 싶어 하심이 이루어짐

29(71). 또 다른 어느 날 (같은 주교관에서)[44], 성인은 상태가 아주 안 좋았고 그래서 형제들은 뭘 좀 드시라고 그에게 청했다.

"내 형제들이여, 먹고 싶은 생각이 없구려. 글쎄 곤돌매기라고 하는 그 생선이 있다면 좀 먹을 수 있을까요?" 하고 말했다.

이 말씀을 하자마자, 어떤 사람이 바구니에 이미 잘 준비된 곤돌매기 세 마리와 성인이 즐겨 드시던 새우 한 접시를 가져온 것이 아닌가? 리에티의 원장이었던 제라르도 형제[45]가 사부님께 보낸 것이었다.

형제들은 성인의 덕행에 감탄을 했고 자신들은 도저히 할 수도 없는 방법으로 그를 만족시켜 주신 주님을 찬양했다. 무엇보다 겨울이었고 그 지역에서는 그런 생선을 구경도 할 수 없었기 때문이었다.

---

44 리에티 주교관이라는 생각이 든다. 제라르도 형제가 리에티에서 보냈으니 말이다. 하지만 "잘 준비된"(bene parati)이란 말 때문에 구워진 생선이라 여길 필요는 없다.

45 이 제라르도(Gerardo) 형제에 대해서는 더 이상 아는 바가 없다. 살림베네(Salimbene)가 언급하고 있는 제라르도 디 모데나(Gerardo di Modena)가 아닐까 생각된다. 델로르메(1926년판, 18)와 캄벨(CAMBELL, 「I Fiori」, 408, n.319)도 그렇게 여기고 있다.

형제들의 마음을 꿰뚫어 보심

30(72). 한번은 프란치스코가 아씨시의 명망 있는 집안 출신인 한 형제[46]와 길을 가고 있었다. 프란치스코는 몸이 불편하고 병중에 있었기에 나귀를 타고 갔다.

그 형제는 여행에 지쳐 속으로 이런 생각을 하게 되었다. "그의 부모는 우리 부모보다 하급 계층이었잖아. 그런데 지금 그는 나귀를 타고 가고 나는 고삐나 잡고 걸어가다니".

이렇게 생각하자마자 프란치스코가 나귀에서 내려 이렇게 말했디. "형제여, 니는 나귀를 타고 가고 당신은 걸어서 가는 것은 옳지 않을 뿐더러 말도 되지 않습니다. 세속에 있을 때 형제가 나보다 더 높은 귀족이었고 권세가 있지 않았습니까?"

그 형제는 놀라고 당혹스러워 그의 발 앞에 눈물을 흘리며 엎드려 자기가 생각했던 것을 고백하고 잘못을 말씀드렸다. 그리고 자기 생각을 꿰뚫고 있던 성인의 덕행에 경탄해 마지않았다.

형제들이 아씨시에서 그레고리오 교황 성하와 추기경들에게 프란치스코의 시성을 청원했을 때, 그는 교황 성하와 추기경들 앞에서 위에 말한 이야기를 증언했다[47].

---

46 「2첼라노」 31과 다른 사료들은 이 형제를 성인의 동료였던 아씨시의 레오나르도라고 한다. 그는 초기 동료는 아니었지만 산 다미아노에서의 아가페 식사 때의 환시의 증인이다[참조: BUGHETTI, 「Analecta de S. Francisco」, 「AFH」 20(1927), 106ss]. 레오나르도(Leonardo di Gislerio)라고 추정하는 포르티니(FORTINI, 「NV」 II, 146)의 가설은 근거가 없다. 이 구절에는 성인의 시성 조사에 대한 드문 언급이 들어 있다.

47 따라서 이 책의 편집자는 프란치스코의 시성 조사에 대해 잘 알고 있는 사람이다. 첼라노와 레오 형제의 「두루마리」에서도 그의 증언을 인용했을 수도 있다.

그레초에서 어느 형제의 바람대로 축복해 주다

31(73). 리에티 수도원에 사는, 성인의 사랑을 받던 한 거룩한 형제[48]가 하루는 크나큰 신심으로 길을 떠나 성인을 만나 뵙고 축복을 받으려는 열망에 이끌려 프란치스코가 거처하고 있던 그레초 은수처로 가게 되었다.

프란치스코는 이미 식사를 끝내고, 기도하고 잠자곤 하는 움막으로 가버리고 없었다. 사순절이었기에 요기할 때 잠깐 왔다 가고는 움막에서 나오지를 않았다.

그 형제는 성인을 만나 보지 못해서 몹시 마음이 아팠고, 자기 수도원으로 그냥 돌아가야 하는 것이 자신의 부당함 때문이라 여겼다.

성인의 동료들에게 위로를 받은 뒤, 그 형제는 수도원으로 돌아가려고 그곳을 나섰다. 성인의 동료 형제가 그 형제를 폰테 델 라고(Fonte del Lago)까지 배웅해 주고 돌아왔을 때 프란치스코가 하느님의 영감으로 움막에서 나와 그를 불러 "그 형제에게 날 좀 보고 가라고 하시오" 했다. 하지만 그 형제는 이미 꽤 멀리 떠나간 뒤였다.

그 형제는 프란치스코에게로 되돌아왔고 성인은 그를 축복해 주었다. 그 형제는 큰 기쁨에 사로잡혔고 자신의 바람을 충족시켜 주신 주

---

48 「1첼라노」 49와 「2첼라노」 44와 비슷하기에 아마도 리쩨리오(Rizzerio) 형제일 것 같다. 리체리오 형제는 귀족 가문[바쉬(Baschi?)] 출신이었고 볼로냐에서(페레그리노 형제와 함께) 공부하다가 성인의 말을 듣고 회두하게 되어 볼로냐의 리체리오라고 일컬어지기도 하였다. 나중에 마르키아 관구장을 지냈다. 이 때문에 마르키아 혹은 마체라타(Macerata)와 폴리뇨(Foligno) 사이에 있는 마을인 무차(Muccia)의 리체리오로 알려지기도 하였다. 이 지역 바스키 영주들의 가문에서 태어났을 것으로 본다. 휘버(F. HUEBER, 「Matrirologium」, Monachii, 1698)는 그가 1236년쯤에 숨졌다고 한다. 그에 대해서는 「잔꽃송이」 27을 보라.

님께 감사를 드렸다. 자신이나 다른 형제들의 요청이 없었는데도 성인이 자기를 축복해 준 것은 바로 하느님의 뜻이라고 생각했기 때문에 그는 더욱더 기뻐했던 것이다.

프란치스코의 동료들과 그곳의 다른 형제들은 감탄했고, 이 일을 기적처럼 여겼다. 왜냐하면 아무도 성인에게 그 형제가 온 것을 알리지 않았기 때문이다. 사실 성인이 부르시지 않으면 그 어떤 동료나 형제도 감히 그분께 갈 생각을 못했던 것이다.

거기서만이 아니라 어디서든 프란치스코가 기도에 들어가면 절대 고독 속에 머무르기를 바랐고, 누구든 부르지 않으면 그분께 갈 수기 없었던 것이다.

그레초에서 가난을 가르침

32(74a). 한번은 형제들의 관구장이 위에서 말한 곳에 머물고 있던 프란치스코를 찾아와 그분과 함께 성탄 축제를 지내고자 했다.

형제들은 성탄 날에[49] 장상에게 예를 표하려고 특별한 날을 위해 준비해 둔 아름다운 흰색 식탁보와 잔들로 식탁을 풍성하게 꾸몄다.

프란치스코가 식사하러 움막에서 내려왔다. 아주 풍성하게 차린 식탁을 보시고는 못 본 체하며 그날 왔던 한 거지의 모자와 지팡이를 가지러 가서, 작은 목소리로 형제 하나를 불러 다른 형제들이 모르게 은

---

49 「2첼라노」 61은 성탄이 아니라 부활 때라고 한다. 델로르메(1922년판, 290)는 여기서는 첼라노가 맞을 거라고 본다. 테르지(TERZI, 「Memorie」, 159, nota 62)는 옛날에 성탄을 "파스카 나티비타티스"(Pascha Nativitatis)라 했음을 잘 지적하고 있다. 클라레노의 「천국의 계단」(Scala Paradisi) 번역본 하나에서는 "성탄 파스카 밤에"라고 적고 있다(L. OLIGER, 「Expositio」 XXXV).

수처 문 밖으로 나가셨다.

한편, 형제들은 식탁에 둘러앉았다. 성인이 식사 시간에 맞춰 오시지 않아도 다른 형제들이 준비가 되었으면 식사를 그대로 시작하는 것이 성인이 원하신 관례였기 때문이다.

그 동료가 문을 닫고 문 뒤에 서 있었다.

프란치스코는 문을 두드렸고 그 형제는 잽싸게 문을 열어 드렸다.

프란치스코는 순례자마냥 머리를 어깨 위로 길게 내려뜨린 채 지팡이를 손에 들고 있었다. 그리고 형제들이 식사하고 있는 곳으로 들어오면서 마치 걸인처럼 잘 못 알아보게 하고는 말했다. "주님의 사랑으로 이 병들고 가난한 순례자에게 동냥하시오".

관구장과 형제들은 금방 그분을 알아보았다.

관구장은 "우리도 가난하고 사람도 많습니다. 우리가 먹는 것도 동냥이 필요합니다. 하지만 당신이 말씀하신 대로 주님의 사랑으로 들어와서 그분께서 우리에게 허락하신 동냥을 함께 나눕시다" 하고 말했다.

식탁 앞으로 그가 다가오자 관구장은 접시를 들어 그에게 빵을 덜어 주었다. 성인은 접시와 빵을 받아들고 불 가까이에 가서 의자에 앉아 있는 형제들을 마주 보며 땅바닥에 털썩 주저앉아 한숨을 내쉬며 말했다. "화려하고 우아하게 차린 식탁을 보고, 저는 이 식탁이 날마다 이집 저집 돌아다니며 애긍을 청하는 가난한 수도자들의 식탁이 아니라고 여겼습니다. 다른 수도자들보다 우리는 더 겸손과 가난의 길을 따르는 것이 당연하니, 우리는 바로 그렇게 살도록 부름을 받았고 하느님과 사람들 앞에서 이를 약속했기 때문입니다. 여기 이 자리가 저는 참으로 작은 형제의 자리인 것 같습니다".

형제들은 프란치스코의 말이 옳았으므로 고개를 들지 못했다. 더욱이 어떤 이는 프란치스코가 땅바닥에 앉은 것을 보고 또 얼마나 신중하게 그들을 훈육했는지를 생각하며 울음을 터뜨렸다.

33(74b). 또 성인은, 형제들은 세속 사람들이 감동받을 수 있도록 식탁을 아주 검소하고 소박하게 차려야 한다고 말했다.

한 가난한 사람을 초대하게 되면 그들과 함께 앉도록 해야 한다고 했다. 가난한 사람은 땅바닥에 앉고 그들은 식탁에 앉아서는 안 된다고 말이다.

그레고리오 교황 성하께서[50] 아직 오스티아(Ostia)의 주교로 계실 적에 포르치운쿨라 성 마리아 성당으로 형제들을 방문한 적이 있다. 그분은 많은 기사들, 수도승들, 성직자들을 거느리고 들어오셔서 형제들이 어디서 잠을 자는지 보고 싶어 했다. 그분은 형제들이 땅바닥에, 그것도 짚으로 만든 형편없는 요와 베개도 없이 구멍 난 걸레 같은 담요를 덮고 자는 것을 보고는 이들 앞에서 눈물을 쏟으며 말했다. "하느님 맙소사! 형제들은 여기서 이렇게 자는데, 우리 높다는 사람들은 모든 점에서 편리하게만 살고 있으니 말입니다". 그분도 다른 이들도 몹시 감동을 받고 떠나갔다.

형제들은 땅바닥에서 식사를 하였기 때문에 식탁조차도 볼 수가 없었다. 수도원 설립 때부터 그곳은 무엇보다도 전체 형제회에서 많은 형제들이 다녀간 곳으로 남아 있다(당시 형제들은 수도원에 들어와서 그곳에서 착복을 했다). 그런데도 숫자가 많든 적든 항상 땅바닥에서 식사를 하는 것이 관례가 되었다.

복되신 사부님이 살아 있을 때부터 그분의 모범과 원의에 따라 그곳 형제들은 계속 땅바닥에서 식사를 해오고 있다.

---

50   우골리노 추기경이 돗자리 총회에 참석한 것은 분명하지만(참조: n.114 <18>), 다른 총회에도 참석했다. 따라서 이 에피소드가 어느 총회인지는 정확히 알 수가 없다.

그레초에서 일어난 늑대와 우박에 대한 기적 이야기

34(74c). 프란치스코는 그레초에 있는 형제들의 은수처가[51] 소박하고 가난했으며, 그 성의 주민들도 비록 가난하고 단순했지만, 그 지방의 어느 지역보다도 그곳을 좋아했다.

성인은 자주 쉬거나 머물고자 그곳을 찾았는데, 특히 그곳에는 혼자 한적하게 있을 수 있는, 다른 곳에서 멀리 떨어져 있는 소박한 움막[52]이 하나 있기 때문이었다. 프란치스코와 형제들의 모습과 강론 때문에 많은 주민들이 주님의 영감을 받아 수도자가 되었다. 많은 부인들이 각자 집에 살면서 동정 서원을 발했으며 수도복을 입었다. 저마다 집이 있었지만 겸손되이 공동생활을 영위하고 단식과 기도로 육신을 다스리곤 했으니, 그들의 삶은 사람들이나 형제들에게 세속인이나 부모들의 삶이 아니라, 아직 젊고 단순했을지라도 참으로 이미 오랫동안 주님을 섬겨 온 수도자요 성인들의 삶으로 비쳤을 정도이다.

프란치스코는 가끔 형제들에게 기쁘게 이 남녀들에 대해 말씀하시곤 했다. "큰 도시에서도 아주 작은 성에 불과한 그레초만큼 많은 사람들이 회개한 적이 없습니다."

---

51 성인은 리에티 계곡을 일찍부터 방문했으며 깊은 애정을 갖고 있었고 주변의 여러 곳을 성지화했다(Greccio, Fonte Colombo, La Foresta, Poggio Bustone). 그레초에 처음 갔을 때 성인은 산꼭대기 부근에 움막을 마련했으나, 친구인 조반니 벨리타(Giovanni Velita)의 요청으로 좀 더 아래쪽으로 내려와서[L. WADDING, 「Annales Minorum, ad Claras Aquas」 I(1931~1964), a.1217], 주민들의 도움으로 1223년 성탄 기적이 있었던 조그마한 집을 마련했다. 1246년 그레초에서 레오, 안젤로, 루피노 세 동료들은 예시의 크레셴시오 총장에게 그 유명한 '두루마리'를 보내게 되고 이것이 이 편집본의 주 원천이 된다.

52 오늘날까지도 이 움막이 있던 장소를 볼 수가 있다. 테르지가 찾아냈다(「Memorie」, 171).

저녁에 형제들이 주님 찬가를 부를 때면(당시 형제들은 그렇게 하곤 하였다), 주민들은 남녀노소를 막론하고 모두 집 밖으로 나와 읍내 앞길에 서서 형제들과 주고받으며 큰소리로 "주 하느님은 찬미 받으소서" 하고 응답했던 것이다.[53] 아직 말을 잘 하지 못하는 아이들도 형제들을 보면 나름대로 주님을 찬미했다.

그런데 근래에 와서 주민들은 몇 해에 걸친 재앙 때문에 큰 괴로움을 겪고 있었다. 커다란 늑대들이 양떼를 해치고 해마다 우박이 포도원과 농작물을 황폐하게 만들었던 것이다.

어느 날 프란치스코는 그들에게 강론을 하며 이렇게 말했다. "하느님께 영예와 영광을 드리기 위해 여러분에게 한 가지 말씀을 드립니다. 만일 여러분 각자가 죄를 뉘우치고 항구한 결심과 의지를 갖고 마음으로 하느님께 돌아오기만 하면, 주 예수 그리스도께서 당신의 선하심으로 여러분을 오랫동안 괴롭혀 온 늑대와 우박의 재앙에서 여러분을 구해 주실 것이며, 영적인 축복과 물질적인 축복을 풍성히 내려 주실 것입니다. 하지만 만약 여러분이 ― 그런 일이 없기를 바랍니다만 ― 그때의 삶으로 되돌아간다면 이 재앙에다 더 많은 시련이 덧붙여져서 또 다시 여러분에게 되돌아오게 될 것임을 경고합니다".

하느님의 은총과 프란치스코의 공로로, 그날로 재앙이 멈췄다. 더욱이 ― 한층 더 기적적인 것은 ― 우박이 이웃의 들판은 휩쓸어도 그들의 들판은 건드리지 않았다는 것이다. 이렇게 16~20년 동안 그들은 영적으로나 육적으로나 충분히 축복을 받게 되었다.

그러나 그 후 풍요로 교만해지면서 서로 미워하고 때려 죽이고 동

---

[53] 초기 회개자들이 어떻게 창설되고 또 어떤 식으로 살았는지를 보여 주는 아주 중요한 대목이다. 이러한 그레초에 대한 구체적인 정황은 이 에피소드가 세 동료들이 보낸 두루마리에 들어 있었던 내용임을 확실히 드러내 준다.

물들을 죽이고 밤에 강도와 절도 짓을 하고 수많은 나쁜 짓들을 하게 되었다.

주님께서는 그들의 악행을 보시고, 또 프란치스코가 말한 것을 더 이상 지키지 않는 것을 보시고, 화가 나서 당신의 보호를 거두어 버리셨다. 그리하여 다시금 늑대와 우박의 재앙이 그들을 엄습하게 되었고, (프란치스코가 예언한 대로) 전보다 더 안 좋은 다른 많은 재앙도 함께 내렸으니, 성에 불이 나서 모든 것을 잃게 되었고 목숨들만 겨우 부지하게 되었다.

번영과 불행을 예언하셨던 성인 사부님의 말을 들었던 형제들과 사람들은 모두 말씀 그대로 이루어졌음을 보고는 그분의 성덕을 경탄해 마지않았다.

페루지아 광장에서 하신 설교

35(75). 한번은 프란치스코가 페루지아 광장에서 수많은 군중 앞에서 설교하고 있었다. 갑자기 그 도시의 기사들이 완전무장한 채로 마치 볼거리를 제공하듯이 광장을 빙빙 돌기 시작했고 그리하여 설교를 방해했다. 열심히 경청하던 사람들이 그들에게 항의했는데도 들은 체만 했다[54].

프란치스코는 열정에 북받쳐 그들을 향해 이렇게 말했다. "들어보시오. 주님께서 나를 통해 여러분에게 무슨 말씀을 하시는지 알아들으려 해보시오. 내가 아씨시 출신임을 개의치 마시오".

---

54 페루지아에서 발발한 시민들 간의 불화는 1214년과 1218년에 있었고, 1222~1223년에는 그 정도가 엄청났다고 우리는 알고 있다.

페루지아 사람들과 아씨시 사람들 사이에 미움이 극심했기에 이렇게 말했던 것이다[55].

"주님께서는 여러분을 주위 이웃들보다 더 높이 돌보아 주셨습니다. 이 때문에 여러분은 여러분의 창조주를 더욱더 공경해야 하고 전능하신 하느님과 여러분의 이웃에게 겸손하셔야만 합니다. 여러분의 마음은 여러분의 우월성과 재산 때문에 교만으로 뒤덮여 있습니다. 그래서 여러분의 이웃을 약탈하고 많은 사람들을 죽였습니다. 나는 여러분에게 말합니다. 여러분이 하루빨리 주님께로 돌아와서 여러분이 잘못한 사람들에게 보상하지 않으면, 불순한 자들을 모두 없애시는 주님께서 여러분에 대한 벌과 혼란으로 여러분 서로서로가 싸우게 만드실 것입니다. 그리하여 당신들끼리 서로 대치하고 불목과 내란이 일어나게 할 것이며, 당신네 이웃에게 당하는 재앙보다 훨씬 심각한 재난의 발단이 될 것입니다".

사실 프란치스코는 설교할 때 주님과 이웃에게 저지른 백성들의 악습을 낱낱이 드러나게 했다. 주님께서 그에게 이러한 은혜를 허락하셨으니, 이는 미천한 이든 힘 있는 이든 누구나 그를 보기만 하거나 듣기만 해도 그의 성덕 때문에 그를 공경하여 두려워하게 하신 것이다. 그래서 그가 어떤 질책을 내려도 그 때문에 부끄러움을 느낄지라도 감화되곤 했다. 더욱이 때로는 이 때문에 성인에게서 자신을 위한 특별한 기도를 받으려고 주님께로 돌아오는 이도 있었다.

---

55 이에 대해 「완덕의 거울」 105는 이렇게 적고 있다. "페루지아 사람들과 아씨시 사람들 간에 증오가 극심했고 지금도 그렇다". 왜냐하면 「완덕의 거울」을 작성할 때 프란치스코 디 무지오(Francesco di Muzio)의 일로 두 도시 간의 싸움이 다시 불붙게 되었기 때문이다(P. PELLINI, 「Dell'Historia di Perugia」 I, Venezia, 1664, 434ss). 프란치스코 디 무지오에 대해서는 「이탈리아 인명 사전」 제13권 (「Dizionario」 XIII, Roma, 1971, 818 이하)을 참조하라.

실제로 며칠 뒤 기사들[56]과 백성들 간에 알력이 일어나게 되었다. 백성들이 기사들을 도시에서 내쫓아 버렸고 기사들은 자기들을 지원하던 교회와 힘을 합해 백성들의 들판과 포도원과 나무들을 짓뭉개며 할 수 있는 한 반기를 들었다. 백성들은 또 기사들의 들판과 포도원과 나무들을 짓밟았다.

이렇게 이들은 그들 이웃들이 해본 적이 없을 만큼 심각하게 서로를 괴롭히게 되었다. 프란치스코의 예언은 말 그대로 이루어지게 되었다.

어느 경건한 수도원장과의 만남

36(76). 어느 여행길에 프란치스코는 자기를 사랑하고 존경하고 있는 어느 수도원의 원장을 만난 일이 있었다. 그 원장은 말에서 내려 자신의 영혼 구원 문제에 대해서 몇 시간 동안 성인과 대화를 나눴다. 헤어지기 전에 원장은 주님께 자기 영혼의 구원을 위해 기도해 달라고 간곡히 부탁했다.

"그렇게 하지요" 하고 프란치스코가 말했다. 그가 떠나가자 성인은 자기 동료에게 말했다. "형제여, 잠시 기다려 주시오. 약속한 대로 그 원장을 위해 잠시 기도해야 하겠소".

기도를 요청받으면 잊어버리지 않으려고 바로 기도를 바치는 것이 그의 습관이었다.

---

56 문맥상 이 기사들은 점점 성장해 가는 민중 계급을 걱정하여 하나의 기사 계급(societas militum)을 형성해 민중들의 성장을 억압하려고 한 영주 출신의 시민 계층이었다. 이들이 민중 계급에 확고하게 힘을 실어주는 프란치스코의 설교를 좋은 눈으로 보았을 리가 없다.

그 원장이 갑자기 주님의 방문을 마음속으로 받았을 때는 아직 프란치스코와 그리 멀지 않게 떨어져 길을 가고 있었을 때였다. 화끈한 기운이 얼굴에 스미더니 잠깐 동안이지만 그는 탈혼 상태에 빠져들게 되었다. 본 정신으로 되돌아온 뒤 그는 프란치스코가 자기를 위해 기도해 준 것을 깨달았다. 그래서 더욱 기뻐하며 주님께 찬미를 드렸다.

그때 이후로 그는 사부님의 성덕을 생각하며 성인 사부님에 대해 더욱더 큰 믿음을 가지게 되었다. 생전에 그는 그 사건을 큰 기적으로 여겼으며 자주 형제들과 다른 사람들에게 이에 대해 이야기하곤 했다.[57]

그리스도의 수난을 묵상하다

37(77-78). 프란치스코는 살아 있을 때 오랫동안 간장과 비장 및 위장병으로 고생했고(죽을 때까지 이를 달고 다녔다), 바빌론[58]과 이집

---

57 「2첼라노」 101에서는 이 수도원이 파르네토(Farneto) 수도원에서 3km 떨어진 굽비오(Gubbio)와 페루지아 사이에 있는 산 주스티노 발 다르나(S. Giustino Val d'Arna)라 부르는 곳이었다고 한다. 이 수도원은 점점 쇠퇴하다가 1237년 그레고리오 9세에 의해 성전기사단(Templari)에게 넘어갔다(KEHER, 「Italia Pontificia」 I, Berlino, 1906, 79). 와딩(WADDING, 「AM」, a.1218)은 이 에피소드가 1218년 것이라고 한다. 그해에 이 수도원장이 프란치스칸 수도원을 위해 땅을 기증하기도 했다는 것이다.

58 당시 작가들은 흔히 이집트를 바빌론이라고 했다. 여기서는 멜렉-엘-카멜(Melek-el-Kamel)의 동생, 코라디노(Corradino)나 멜렉-모아담(Melek- Moaddam)이 통치하던 다마스커스, 예루살렘 그리고 시리아 지역의 술탄령을 가리키는 것 같다.

트의 술탄[59]에게 설교하러 동방에 갔을 때[60] 큰 눈병도 얻었고, 오가는 중에 강렬한 빛을 쬐어 과로와 여행의 피로까지 겹쳐 더욱 심하게 되었다. 그러나 그리스도께 회개한 순간부터 피어올랐던 열정에 불타, 형제들과 많은 이들이 그의 상태를 염려해 권유했지만 도무지 그렇게 할 생각을 하지 않았다.

하느님의 아드님이 자기를 낮추는 본을 보이신 데에 늘 달콤함과 감동을 받았기에 몸에 힘든 것이라면 무엇이든 좋고 소중한 것이라 여겼던 것이다.

성인은 날마다 우리를 위해 그리스도께서 참으며 받으셨던 고통과 쓰라림을 묵상했고, 자신의 개인적인 고통은 전혀 돌보지 않았다.

회개한 지 몇 년 뒤 어느 날, 성인은 혼자 포르치운쿨라 성 마리아 성당 산책로를 걸어가다 울며 몹시 아파했다. 이렇게 울며 가던 중, 이미 성인이 형제들을 얻기 전부터 성인을 많이 도와주었던 경건한 한 사람과 마주치게 되었다(우리도 그 사람을 알고 있고, 이 이야기는 그

---

59 이집트의 술탄은 멜렉-엘-카멜(1218~1238)이었다.
60 1219년 5월 26일에 총회가 끝나자 성인은 동방으로 떠날 계획을 서둘렀다. 그전에도 시도한 적이 있었는데, 1215년에는 에지디오 형제와 그곳에 갔고, 1217년에는 그곳에 프란치스칸 관구를 설정하였다. 교황님의 편지 「쿰 딜렉티」(Cum dilecti)의 영향을 받아 성인은 1219년 6월 24일, 일루미나토 형제, 베드로 카타니 형제, 레오나르도 형제 등을 대동하고 안코나에서 배를 타게 된다. 그리고 산 조반니 다크리(S. Giovanni d'Acri)에서 이미 1217년부터 그곳에 와 있던 엘리아(Elia) 형제의 영접을 받게 되고, 8월 29일에는 다미에타에서의 십자군의 패전 때 그곳에 있게 된다. 약 한 달간 소강상태가 계속되는 동안 술탄을 만나러 가기도 한다. 9월 26일, 다시 전쟁이 재개되고 프란치스코는 십자군의 행동이 마음에 들지 않았던지 시리아를 거쳐 1220년 여름에 이탈리아로 다시 돌아오게 된다 [A. GHINATO, 「S. Franciscus in Oriente Missionarius ac peregrinus」, 「Acta Ordinis Fratrum Minorum」 LXXXIII (1964), 164 이하].

로부터 들은 것이다). 그는 마음이 움직여 성인에게 "형제여, 무슨 일입니까?" 하고 물었다. 몸이 많이 아픈 것으로 생각했던 것이다.

"부끄러워하지 않고 이렇게 울면서 세상을 돌아다니며 내 주님의 수난을 애통해 하고 싶다오" 하고 성인이 대답했다.

그러자 그도 성인과 더불어 통곡하기 시작했다.

성서를 읽어 주겠다는 형제에게 응답함

38(79). (계속 눈병을 앓고 있었던 때) 한 관구장이 그분이 고통으로 괴로워하는 것을 보고는 "형제여, 동료더러 예언서나 다른 성서 구절을 좀 읽어 달라고 그러시지요? 형제의 영혼이 주님 안에서 기뻐하겠고 큰 위안을 받게 될 텐데요" 하고 말했다.

성인이 그에게 대답하였다. "형제여, 하느님 아드님의 모범스러운 겸손을 묵상하면서 내 안에는 항상 같은 위안을 얻고 있답니다. 그래서 내가 세상 끝 날까지 산다 해도 성서의 다른 구절들을 읽거나 묵상할 필요가 더 이상 없습니다".

그분은 "내 영혼은 위로도 마다하나이다"(시편 76,3)라는 다윗의 구절을 자주 암송하곤 했다(그리고 형제들에게도 암송해 보라고 했다). 그리고 이는 형제들에게 가끔 말한 대로 모든 형제들에게 규범이 되고 거울이 되어야 한다고 느꼈기 때문이다.

병환 중에 그분은 약뿐만 아니라 필요한 음식도 줄이고자 했다. 이 원칙에 충실하시려고 당신의 몸 상태가 좀 좋아 보이면(항상 나빴지만) 병환 중이어도 당신 몸에 아주 엄격했다.

병환 중에도 자신에게 엄격하심

39(80). 한번은 그분이 중병에서 회복되면서 스스로 반성해 보고는, 병중에 별로 먹은 것이 없으면서도 좀 많이 해이해졌다고 생각한 듯했다. 갖가지 병을 오랫동안 앓으면서 아무것도 먹을 수가 없었기 때문이다. 그래서 사일열(四日熱)[61]에 걸린 채로 설교를 하려고 아씨시 군중들을 광장에[62] 불러들였다. 설교가 끝나갈 무렵, 그분은 자신이 다시 돌아올 때까지 꼼짝 말고 그 자리에 모두 있어 달라고 청했다.

그러고는 카타니의 베드로 형제(그분이 뽑았던 첫 총장)[63]와 그의 동료들과 함께 성 루피노 성당으로 들어가 지하 무덤[64]으로 내려갔다. 그분은 베드로 형제에게 그에 대해 말하거나 행하도록 청하는 것을 거절하지 말고 따라 달라고 간청했다.

베드로 형제는 "형제여, 우리와 관련된 일에서 형제의 마음에 들지 않는 일이라면 나는 할 수도 없고 또 하고 싶지도 않소" 하고 대답했다.

---

61 나흘간 계속되는 말라리아 증세와 비슷한 열병.

62 성인은 주민들을 당시 마을에서 가장 넓었던 성 루피노 광장에 불러 모았다. 시의 중심 광장에는 확장 공사가 벌어지고 있었기에 더욱이 그랬다. 따라서 성 루피노 광장에 있었던 옛날의 성당은 이미 사라지고 없었다. 성인들의 무덤이 었던 곳(Confessione)이 물에 잠겨 있을 정도로 그 폐허 상황을 짐작할 수 있다.

63 카타니의 베드로가 총장에 선출된 것을 강조하고 있는 것으로 미루어 이 에피소드는 1220~1221년 겨울에 있었던 것으로 생각된다.

64 "지하 무덤"(Confessione)은 그 성당이 봉헌된 성인의 무덤이었고 보통 중심 제대 아래, 가끔은 지하 적당한 곳에 있다. 프란치스코는 1212년 이래로 성 루피노 순교자의 시신을 안치했던 대성당 지하로 들어갔다고 생각해야 할 것이다. 성당은 봉헌식(1222)을 하지는 않았지만 업무는 보았고, 아직 전면부를 공사하고 있는 중이었다.

그러자 프란치스코는 수도복을 벗고는 베드로 형제에게 목에 끈을 매단 채 군중들 앞으로 끌고 가도록 하고, 또 다른 형제는 재 한 접시를 가지고 강론대 연단 위로 올라가서 머리 위에 뿌리라고 했다.

그러나 그 형제는 연민 때문에 감히 순종하지 못했다.

베드로 형제는 눈물을 흘리며(다른 형제들도 그랬다) 시키신 대로 그를 군중들 앞으로 끌고 나왔다. 거기서 모든 이들 앞에서 성인은 이렇게 말했다. "여러분은 저를 거룩한 사람이라고 믿고 있지요. 많은 이들이 저를 보고 세속을 포기하고 수도회에 들어와 형제로서의 삶을 살고 있습니다. 하지만 저는 하느님과 여러분 앞에서 이번에 아파서 고기와 국을 먹었음을 고백합니다".

모든 이가 감동받고 그분에 대한 연민 때문에 눈물을 흘렸는데, 날씨도 무척이나 추웠고(겨울이었다) 그분은 아직 사일열에서 완쾌되지 않은 상태였기 때문이었다. 그들은 "이 거룩한 사람은(우리가 그 삶을 잘 알고 있는데) 합당하고 꼭 필요했음에도 저렇게 겸손하게 스스로 고백하는구나. 더욱이 그리스도께로 회개한 뒤 자기 몸을 너무 심하게 괴롭혀 아직 살아 있는 듯 보이지만 실제로 육체는 이미 죽어 있는 상태구나. 육체의 본능에 따라 살아왔고 또 살아가려는 불쌍한 우리는 어떻게 해야 한단 말인가?" 하고 가슴을 치며 자신들의 잘못을 뉘우쳤다.

음식과 차림새에서도 위선을 경계하다

40(81). 또 한번은[65] 성 마르티노의 사순절[66]을 지내려고 어느 은수

---

65 사바티에와 다른 이들은 이 에피소드가 있었던 시기를 1220~1221년으로 본다.

66 성 마르티노의 사순절은 부활까지의 다른 사순절처럼 모든 성인 대축일부

처에 머물렀는데, 형제들이 그의 병을 생각해 고기 기름으로 맛을 낸 음식을 갖다준 적이 있다. 그런 몸 상태에는 식물성 기름이 좋지 않았기 때문이다.

사순절이 끝나고 그 은수처에서 그리 멀지 않은 곳에 모인 군중에게 설교하면서 성인은 이렇게 말씀을 꺼내는 것이었다. "여러분은 저에 대한 큰 신심을 갖고 저에게 오셨고 저를 거룩한 사람으로 믿으시겠지만, 저는 하느님과 여러분에게 이번 사순절에 저 은수처에서 고기 기름으로 맛을 들인 음식을 먹었음을 고백합니다".

그분은 형제들이나 형제들의 친구들(그들 집에서 함께 식사하게 될 때)이 그의 병환을 생각해 특별한 음식을 준비하면, 곧바로 집에서든 밖에서든 형제들과 자기를 잘 모르는 세속 사람들 앞에서 "저는 이것저것을 먹었습니다" 하고 말하곤 했다. 하느님께서 알고 계신 것을 사람들 앞에서 결코 숨기기를 원치 않았던 것이다.

만약 수도자들이나 세속 사람들 앞에서 자신이 허황함이나 교만함이나 다른 악습에 사로잡히게 되었다고 느끼면, 곧장 그들 앞에서 주저함 없이 자신의 잘못을 고백하곤 했다.

하루는 동료들에게 이렇게 말했다. "나는 은수처뿐만 아니라 어디서든지 사람들이 나를 보고 있는 듯이 살고 싶습니다. 왜냐하면 그들이 나를 거룩한 사람으로 믿고 있는데 내가 하느님의 사람에 걸맞게 살지 않는다면 나는 위선자가 되고 말 것이기 때문입니다".

어느 겨울날 비장과 위장의 병 때문에 그의 원장인 한 동료가 여우 가죽을 사 가지고 와서 비장과 위장 부근의 수도복 안쪽에 붙였으면

터 시작하여 성탄까지 준비하는 사십 일이었다. 성인은 수도승들의 관례에서 이를 따와 수도규칙에 삽입하였다. 「2첼라노」 131에서는 정확하지는 않지만(apud eremitorium de Podio) 리에티 계곡의 포조 부스토네(Poggio Bustone) 은수처에서 있었던 일이라고 한다.

하고 청했다.

알다시피 날이 몹시 추웠다. 그러나 그분은 그리스도를 섬기기 시작한 때부터 죽을 때까지 필요에 따라 기운 수도복 한 벌 외에는 다른 어떤 것도 걸치고 싶어 하지 않았다.

프란치스코는 이렇게 대답했다. "내가 수도복 안에 그 가죽을 붙이기를 바란다면 바깥에도 한쪽을 대어 주시오. 그래서 내가 안쪽에 가죽을 붙였다는 것을 사람들이 알 수 있게 말이오".

그래서 그렇게 해드렸는데 당신 몸이 좋지 않아 꼭 필요했는데도 오래 달고 다니지 않았다.

헛된 영광을 자책하다

41(82). 한번은 성인이 아씨시 시내를 지나가는데 많은 군중이 뒤따랐고 한 가난한 할머니가 하느님의 사랑으로 그에게 애긍을 청했다. 성인은 주저 없이 할머니에게 걸치고 있던 망토를 내주었다. 그러나 금방 모든 이들 앞에서 자신이 헛된 영광에 사로잡혔노라고 고백했다.

그분과 함께 살았던 우리는 이와 비슷한 일들을 많이 보고 들었다. 하지만 여기서 다 이야기하려면 너무 길 것 같다.

프란치스코는 하느님 앞에서 위선자가 되지 않으려고 무척 조심했다. 그의 몸 상태로 볼 때 특별한 음식이 필요한데도 형제들과 다른 사람들에게 추문이 나지 않도록 하고 좋은 본보기가 되려고 무척 노력했다. 그분은 하느님 마음에 들고 모범에서 벗어남 없이 육신을 만족시킬 수 있을 때도, 그렇게 하기보다는 차라리 육신의 만족을 절제하는 쪽을 철저히 택하곤 했다.

우골리노 추기경이 치료를 권하다

42(83a). 오스티아 주교(후일 교황이 되셨다)[67]는 프란치스코가 예전에도 지금도 늘 자기 몸을 심하게 학대하고 있고, 또 시력을 잃어가고 있으면서도 돌보려 하지 않는 것을 알고는 큰 애정과 연민으로 성인에게 이렇게 생각해 보도록 했다. "형제여, 눈병을 치료하지 않고 그냥 내버려두는 것은 좋지 않아요. 그대의 건강과 당신의 생명은 그대에게는 물론 다른 이들에게도 아주 소중한 것이에요. 그대는 그대의 앓는 형제들에게 항상 너그러운 이해심과 애정 어린 보살핌을 보여 왔지요. 이렇게 심각하고 위험스런 상황에서 그대 자신을 그렇게 모질게 다스려서는 안 됩니다. 그러니 치료를 받도록 하세요".

죽기 2년 전[68], 산 다미아노 진흙 움막집에서 살던 중 이미 눈병이 아주 심하게 되었는데 총봉사자 형제[69]가 이를 보고 치료받기를 권했다. 더 나아가 의사가 수술하고자 할 때 함께 있겠다고도 말씀드렸다. 그래야 그분이 더 기꺼운 마음으로 치료를 받을 것이고, 또 힘을 북돋아 드리기 위해서였다. 사실 당시 성인이 몹시 힘들어했던 것이다.

하지만 그때는 날이 너무 추워서[70] 수술하기에는 날씨가 좋지 않았다.

---

67 유명한 오스티아의 추기경 우골리노를 말하는데, 나중에 그레고리오 9세가 되었다.

68 1224년 가을이다. 수술이 강조되고 있으나 그럴 상황이 아니었음이 분명하다. 여러 사료들을 통해 프란치스코는 폰테 콜롬보로 가기 전 산 다미아노에서 50일 이상을 머물렀다는 것도 확실하다.

69 1221년부터 형제회 총대리는 엘리아 형제였다.

70 때는 1224~1225년 겨울이었다.

「태양 형제의 노래」

43(83b). 프란치스코는 거기서 50일 이상[71] 몸져누워 있었는데 낮에는 햇빛을, 밤에는 불빛을 견뎌낼 수 없어서 그 움막은 항상 어두침침했다. 더욱이 눈이 너무 아파서 낮이나 밤이나 쉴 수도, 잠을 제대로 이룰 수도 없는 지경이었다.

이는 그분의 눈병과 다른 지병들을 더욱 악화시켰다.

게다가 가끔 누워 있던(집의 한쪽 구석에 있었다) 그 움막에서 좀 쉬거나 잠을 자려 하면, 쥐들이 거저 위아래로 돌아다녀서 도저히 잠을 잘 수가 없었다. 이놈들은 특히 기도 중에 귀찮게 했고 낮이든 밤이든 그를 공격했다. 식사를 할 때도 접시 위에 뛰어오르곤 했다.

그분이나 동료들이나 이를(사실 그랬지만) 마귀의 박해라고 여겼다.

어느 날 밤 프란치스코는 자신의 수많은 시련을 생각하다가 자신에 대한 연민이 북받쳐 올랐고, "주님, 오시어 나를 도우시어 고통을 인내로이 참아 받게 하소서"(시편 70,12 참조) 하며 스스로를 달랬다.

그때 이런 응답이 들려왔다. "형제여, 어디 말해 보게나. 그대의 지긋지긋한 병과 시련 때문에 그대가 엄청난 보화를 얻게 된다면, 즉 거대한 땅덩어리가 금으로 변하고, 돌덩이가 보석으로, 물이 향수로 변한다면 형제는 이 땅덩어리와 돌덩이와 물을 쓸데없는 것으로 여기겠는가? 말해 보게나. 그대는 엄청 좋아하지 않겠는가?"

프란치스코는 이렇게 대답했다. "주님, 참으로 엄청나고 말로 다할 수 없는 보화일 것입니다. 엄청 귀하고 사랑스럽고 가지고 싶은 것이겠지요".

---

71 산 다미아노에서 50일 이상을 지낸 후 날이 좀 풀리자(2~3월?) 폰테 콜롬보로 출발하였다.

"그렇다면 형제여, 그대는 병과 시련 가운데서 기뻐하고 즐거워하시게나. 왜냐하면 이제부터 그대는 이미 내 왕국에 있는 것처럼 그렇게 확신을 가져야 할 테니까 말이야".

다음 날 아침, 자리를 걷어차고 일어나서 동료들에게 이렇게 말했다. "만일 황제가 어느 종에게 한 나라를 선물했다면 그는 얼마나 기뻐하겠습니까? 만일 전 제국을 다 준다면 더욱더 기뻐하겠지요. 그러니 이제 나도 내 병과 고통에 대해 몹시 기뻐하며 주님 안에서 위로를 찾으며 나에게 수많은 은혜를 허락하신 성부와 독생 성자 우리 주 예수 그리스도와 성령께 감사를 드려야 할 것 같습니다. 당신 자비하심으로 아직도 육신으로 살아 있고 당신 왕국을 내게 주시기를 원하시니 말입니다. 이 때문에 그분께 찬미가 되고 내게는 위로가 되며 이웃에게는 감화가 되도록 주님께 드리는 찬가(Lauda)를 하나 만들고자 하오. 날마다 우리를 섬기고 그것들 없이는 우리가 살아갈 수 없는 당신의 피조물들 때문에 말이오. 사람은 피조물들 안에서 창조주의 마음을 가끔 상하게 하지요. 그리고 우리 또한 이다지도 좋은 선물들에 무심한 것 같은데, 이는 우리가 마땅히 돌려드려야 할 창조주께 감사를 드리지 않고 있기 때문이지요".

그러고는 자리에 앉아서 명상에 잠겼고, 한참 있다가 이렇게 운을 떼었다. "지극히 높으시고, 전능하시고, 좋으신 주님" 여기에다 곡을 붙이시고 동료들에게 배우도록 했다. 그분의 영은 어찌나 기쁨과 달콤함으로 충만해 있었던지 세속에서 "시의 왕"(노래 전문가)이란 별명을 얻었던 파치피코 형제를 불러, 그로 하여금 능력 있고 착하고 열심한 형제들을 뽑아 하느님을 왜 찬미해야 하는지 설교하고 노래하도록 세상에 파견하고자 했다.

자기 생각으론 능력 있는 한 형제가 먼저 군중들에게 해야 할 설교를 하고, 설교 뒤에 마치 주님의 음유 시인인 양 주님 찬가를 노래하면

되겠다고 말했다. 노래가 끝나면 설교가는 군중에게 "우리는 하느님의 음유 시인들입니다. 그래서 하느님의 음유 시인으로서 우리는 여러분이 언제나 착하게 살아 그 값을 치러 주시기 바랍니다" 하고 말하라고 했다.

그는 가끔 이렇게 말하곤 했다. "주님의 종들이란 바로 마음을 감동시키고 사람들을 영적인 기쁨으로 충만하게 만들어야 하는, 그분의 음유 시인 같은 사람이 아니겠습니까?" 그리고 이는 백성들의 구원을 위해 파견된 작은 형제들이 무엇보다도 그래야 한다고 생각하며 말씀한 것 같다.

"지극히 높으시고, 전능하시고, 좋으신 주님"으로 시작하는, 성인이 지은 주님 찬가를 당신은 「태양 형제의 노래」라 했다. 해는 모든 피조물 중에서 가장 아름답고 하느님을 많이 닮았기 때문이다. 그분은 "아침에 해가 떠오르면 각자는 자신을 창조해 주신 주님께 찬미를 드려야 하니, 해 덕분에 우리 눈이 낮에 볼 수 있기 때문이지요. 이와 마찬가지로 저녁에도 밤이 오면 각자는 다른 피조물인 불 형제를 통해 주님께 찬미를 드려야 하니, 불 덕분에 우리 눈이 밤에 볼 수 있기 때문이지요" 하고 말하곤 했다.

"우리 모두는 장님과 같습니다. 주님께서는 이 두 피조물로써 우리 눈을 밝혀 주십니다. 그래서 우리가 끊임없이 이용하고 있는 이 두 피조물 때문에, 또 다른 피조물들 때문에 우리는 주님께 찬미를 드려야 합니다" 하고 말했다.

이렇게 그분은 건강할 때나 병중에 있을 때나 기쁘게 주님을 찬미하고 다른 이들에게도 그렇게 하도록 권했다. 극심한 병고 중에서도 이 찬가를 불렀고 이어서 형제들이 계속 부르게 했는데, 노래로 극심한 아픔을 잊으려는 뜻이었다.

돌아가실 때까지 성인은 이렇게 했다.

아씨시 주교와 시장을 화해시키다

44(84). 계속 눈병을 앓는 중에(그 에피소드와 찬가 작성 뒤에)[72] 있었던 일이다. 당시 아씨시 주교[73]가 아씨시 시장을 파문했는데 이에 시장은 보복하려고 시내에 이상한 사람들을 풀어서 아무도 주교와 물건을 팔거나 사거나 법적인 계약을 못하도록 했다. 그래서 그들 사이에 엄청난 불화가 생겼다.

프란치스코는 병중이었지만 이 사건에 관심을 가졌다. 왜냐하면 수도자와 평신도 그 누구도 그들 사이를 중재하지 못하고 있었기 때문이다. "주교님과 시장님[74]이 저렇게 사이가 좋지 않으신데도 아무도 중재 노력을 못하고 있다는 것은 하느님의 종들인 우리에게도 분명 좋지 않은 일입니다".

그리하여 이 일 때문에 당신 찬가에 다음 구절을 덧붙이게 되었다.

**내 주님, 당신 사랑 까닭에 용서하며,
병약함과 시련을 견디어 내는 이들을 통하여 찬미 받으시옵소서.**

---

72 성인이 여전히 산 다미아노에 머물고 있었는지 불확실하다. 그렇다고 아씨시 주교관으로 옮겼는지는 더욱 알 수 없다.

73 귀도 2세(?).

74 포르티니(「NV」 I, II, 230)는 이 시장이 1225년 5월 1일부터 1226년 5월 1일까지 아씨시를 통치했던 오포르툴로(Oportulo)였다고 믿는다. 하지만 성인이 산 다미아노에서 50여 일만 머무시고 겨울에 폰테 콜롬보로 떠나셨다면 5월에는 분명 아씨시에 더 이상 계시지 않았다는 것이 된다. 그렇다고 새로 뽑힌 시장이 뽑히자마자 주교와 이토록 심하게 마찰을 빚었다는 것도 믿기 어렵다. 더욱이 역사적 근거도 없이 프란치스코가 여름에 산 다미아노를 떠났을 거라고 믿는 사람들의 의견도 지지할 수 없다.

평화 안에서 이를 견디는 이들은 복되오니,
지극히 높으신 이여, 당신께 왕관을 받으리로소이다.

그러고 나서 동료 중 한 사람에게 말했다. "가서 내 이름으로 시장님에게 시의 모든 저명 인사들과 초대하고 싶은 모든 이와 함께 주교관저로 오시라 전하시오".

그가 떠나자 다른 두 동료에게 말했다. "가서 주교님과 시장님 그리고 다른 이들 앞에서 「태양 형제의 노래」를 부르시오. 하느님께서 그들의 마음을 움직이셔서 옛날처럼 화해하고 친구로 되돌아오리라고 저는 믿습니다".

모두들 주교관 회랑 뜰에 모였을 때 두 형제가 앞으로 나왔고 그들 중 한 형제가 이렇게 말했다. "프란치스코께서는 병환 중에 하느님을 찬미하고 이웃들을 감화시키기 위해 피조물의 노래를 작성하셨습니다. 특별한 신심을 갖고 들어주시기 바랍니다". 그리고 「태양 형제의 노래」를 불렀다. 이 초대에 응해 시장은 자리에서 일어나 두 손을 모으고 아주 진지하게 경청했고 마침내 감동해 눈물을 흘리게 되었는데, 그는 프란치스코를 몹시 흠모하고 사랑하고 있었기 때문이다.

찬가가 끝나자 시장은 참석자들에게 이렇게 말했다. "진심으로 말씀드리지만, 저는 제가 주인으로 여겨 마땅할 주교 각하를 용서할 뿐만 아니라 내 형제나 내 아들을 죽인 사람도 용서할 것입니다". 그리고는 주교의 발 앞에 엎드려 이렇게 말했다. "우리 주 예수 그리스도와 그분의 종 프란치스코에 대한 사랑 때문에 저는 주교님께서 원하시는 대로 처분에 맡기겠습니다".

주교는 그에게 팔을 내밀어 그를 일으켜 세우며 말했다. "참으로 직무로 봐도 내가 당신처럼 무릎을 꿇어야 했소. 나를 용서해 주시오! 내 성질이 불같아서 말이요". 그러고는 정중한 애정으로 서로 껴안고 입을 맞추었다.

  형제들은 프란치스코의 성덕을 생각하며 엄청나게 감탄했다. 참석자들은 이 일을 프란치스코의 공로로 돌려야 할 큰 기적으로 받들었다. 말 한마디 없이 이토록 빨리 주님의 영에 감도된 것과, 그토록 불화가 심했는데 그토록 완벽한 화해를 이루었으니 말이다.

  그리고 그분과 함께 살았던 우리는 그분이 "그렇게 되지, 암 그렇게 되고 말고" 할 때마다 글자 그대로 이루어졌음을 증언할 수 있다. 하지만 여기에 다 기록하고 말하기에는 너무 길 것 같다.

클라라와 자매들에게 위로의 말씀을 보내다

  45(85). 같은 때 같은 곳에서 프란치스코는 찬가를 만들고 나서 산 다미아노의 가난한 자매들을 위로하고자 곡을 쓴 적이 있다. 그들이 당신의 병 때문에 몹시 힘들어하는 것을 잘 알고 있었기 때문이다. 건강이 나빠 그들에게 갈 수 없었기에 성인은 동료들이 가서 노래를 불러 주도록 했다.

  이 노래에서 성인은 그들에게 늘 하듯이 사랑과 가족적인 친교 안에 살아갈 것을 짧게 당부했다. 아직 형제들이 얼마 되지 않았을 때 자매들은 당신의 모범과 말씀을 따라 그리스도께 자신들을 봉헌했기[75] 때문이다.

  자매들의 회개와 삶은 작은 나무로서 형제회와 전체 교회를 위해 큰 유익이 되었다.

  프란치스코는 그들이 회개하면서부터 기꺼운 마음으로 엄격하고

---

75 오늘날 성녀 클라라의 가출은 1211년 3월 28일에 있었다고 본다.

가난하게 살아왔음을(또 지금도 그렇게 살고 있다) 잘 알고 있었다. 그래서 항상 그들에게 깊은 애정을 느끼고 있었다.

이 곡에서 성인은 자매들에게 주님께서 곳곳에서 그들을 불러모아 거룩한 사랑과 가난과 순명의 삶을 살도록 하셨음과 이 서약에 죽는 날까지 늘 충실할 것을 상기시켰다. 주님께서 그들에게 허락하시는 애긍으로 기쁨과 분별력 안에서 물질적인 필요에 응하라 했고, 건강한 자매들은 병고에 시달리는 자매들을 인내심을 가지고 잘 돌보고, 마찬가지로 병중에 있는 자매들은 끈기 있게 필요를 참아 내라고 당부했다.

수술을 위해 폰테 콜롬보로 옮겨가다

46(86a). 그리고 눈병 치료에 알맞은 계절이 돌아와서 프란치스코는 눈이 아주 좋지 않은 상태로 그곳을 떠났다. 성인은 형제들이 만들어 준 큰 모자를 쓰고 모자에 박아 꿰맨 양모로 된 띠를 두 눈에 둘렀다. 찌르는 듯한 고통 때문에 햇빛을 바로 볼 수가 없었기 때문이다.

동료들은 그를 마차에 태우고 리에티의 눈병 전문 의사에게 진찰을 받기 위해 리에티 계곡의 폰테 콜롬보 은수처[76]로 데려갔다.

의사가 와서 프란치스코에게 뺨 위쪽에서부터 상태가 제일 안 좋은 눈 위의 눈썹 부분까지 마취를 시켜야겠다고 했다. 프란치스코는 엘리아 형제가 오기 전까지는 시술하고 싶어 하지 않았다. 그러나 엘리아 형제가 할 일이 많아서 도착할 생각을 하지 않자, 프란치스코는

---

76 이번에 성인은 폰테 콜롬보로 향했다. 9월에는 라 포레스타로 간다. 「복되신 프란치스코의 행적」(XXI 참조)의 저자는 이 두 여행을 혼동하고 있다. 이것이 「잔꽃송이」로 그대로 넘어갔고, 오늘날 많은 사람들이 혼동하고 있는 것이다.

시술을 망설였다. 마침내 치료 시간이 촉박해 오스티아 추기경과 총봉사자에 대한 순명으로 좋다고 대답했다. 하지만 혼자 감당하기엔 너무 힘들었다. 이 때문에 총봉사자가 오면 하려고 했던 것이었다.

47(86b). 어느 날 밤, 성인은 고통 때문에 잠을 통 못 이루다가 자신에 대한 연민에 사로잡혀 동료들에게 이렇게 말했다. "내 형제들이여, 내 병을 돌본다고 너무 힘들어 하지들 마시고 너무 피곤해 하지 마십시오. 주님께서는 당신의 가난한 종인 나를 통해서 이 세상에서나 저세상에서나 여러분이 나와 내 병을 돌보느라고 할 수 없었던 선업의 공로를 내려 주실 것이며, 더 나아가 형제회 전체와 형제들의 삶에 필요한 모든 것보다도 더 큰 은혜를 풍성히 내려 주실 것입니다. 이렇게들 말하시오. 그대 때문에 고생하겠지만 주님께서 대신 갚아 주시리라고".

거룩하신 사부님은 그들이 마음이 약해져 "우린 더 이상 기도도 할 수 없고 이런 고생은 더 못하겠어" 하며 간호 때문에 지쳐서 힘들어 하거나, 슬퍼하여 그들이 수고한 공로를 잃을지도 몰라 그들을 위로하고 격려하려고 이렇게 말한 것이다.

48(86c). 어느 날 그 의사가[77] 눈병을 치료하려고 마취 기구를 가지고 왔다. 그것을 불에 집어넣으라고 했고, 불에 달구기 시작했다.

프란치스코는 자신의 마음이 약해지지 않도록 불에게 이렇게 말했다. "지존하신 분의 피조물 중에서 가장 아름답고 유용한 불 형제여, 그대를 창조하신 주님 때문에 나는 그대를 사랑해 왔고 앞으로도 사랑

---

77 사세티(SASSETTI, 「Anecdota」, 41)의 지적에 따라, 부게티[BUGHETTI, 「AFH」 20(1927), 425]는 이 의사가 1203~1233년에 걸쳐 여러 문헌에서 등장하고 있는 니콜라(Nicola) 선생일 것이라고 믿고 있다.

할 것이니, 이 시간에 나에게 정중히 대하도록 하시오. 덜 뜨겁게 하여 내가 참아낼 수 있도록 하시오"[78]. 기도가 끝나자 그분은 십자성호를 그었다.

그 자리에 있었던 우리는 그분에 대한 사랑과 연민 때문에 모두 자리를 피했다. 의사만이 그분과 함께 남았다.

불로 지지는 시술이 끝난 뒤 우리는 그분에게 돌아왔다.

"겁쟁이들, 믿음이 약한 자들! 왜 도망들 갔습니까? 나는 아무런 통증도 느끼지 않았고 불의 뜨거움도 느끼지 못했습니다. 아니 수술이 잘 안 되었으면 다시 지지도록 하시오" 하고 우리에게 말씀하셨다.

의사는 깜짝 놀라며 기적이라고 소리쳤다. 왜냐하면 그분이 정말 전혀 아무것도 느끼지 못한 것을 보았던 것이다. 그 의사는 말했다. "내 형제들이여, 이러한 수술에서 전문가로서 고백하건대, 이토록 연약하고 허약한 분이 아니라 건장한 몸을 지닌 사람이라 해도 이렇게 지독한 불로 지지는 것을 감당할 수 있을까 의구심이 든다오".

사실 귀에서부터 눈썹에 이르는 모든 부위를 불로 지졌는데, 수년 동안 밤낮으로 눈에서 많은 고름이 흘러내렸기 때문이다. 의사의 권유에 따라 귀에서 눈썹에 이르기까지 전 부위를 시술하는 것이 좋겠다고 생각했던 것이다. 다른 의사들은 그에게 별 도움이 못 될 것이므로 하지 말라고 했다. 실제로도 그랬다. 또 다른 의사는 귀를 뚫어 보자고 했는데 그것 역시 소용이 없었다.

---

[78] 만셀리(Manselli)는 이 기도문을 중세의 불 구마 기도와 비교하면서 아주 색다른 시각으로 바라보고 있다(「Nos qui」, 122).

모든 피조물에 대한 존경심

    49(86d). 불이나 다른 피조물들이 때로 프란치스코에게 예의를 표했다는 것은 그리 놀랄 일이 아니니(그분을 동행했던 우리가 목격했는데), 그분이 피조물들을 열정적으로 사랑했고 열심히 돌보았으며 그 일을 즐겨 했기 때문이다. 마음에서 우러나 그렇게 부드럽게 대해 주었기에 누군가가 아무렇게나 피조물들을 대하면 싫어했다. 그들과 겉으로 드러나게 아주 기쁨에 넘쳐 대화하곤 했다. 마치 그들이 하느님에 대해 알아듣고 이해하고 말할 줄 아는 양 대했다. 이와 비슷한 경우에 때론 탈혼에 빠지기까지 했다.

    어느 날, 불 가까이에 앉아 있다가 모르는 사이 한쪽 다리에 덮여 있던 아마포 잠방이에 불이 붙었다. 그분은 뜨거운 열기를 느꼈고 같이 있던 형제는 불을 보고 끄려 했다. 프란치스코는 그 형제에게 이렇게 말했다. "사랑하는 형제여, 불 형제를 모질게 대하지 마시오". 그러고는 불을 끄지 못하도록 말렸다. 그러자 그 형제는 원장 형제를 불러 그에게 데려왔다. 원장은 프란치스코의 뜻을 거슬러 불을 꺼 버렸다.

    성인은 필요하면 보통 그렇게 하듯이 촛불과 등잔, 불을 끄지 않기를 바랐다. 불에 대해서 그만큼 부드러운 애정을 가지고 있었다. 어떤 형제가 불이나 타고 있는 장작을 함부로 꺼 버리는 것을 참지 못했고, 오히려 그 피조물의 주인이신 분에 대한 존경심으로 그를 조심스럽게 다루라고 충고하곤 했다.

불에 그을린 양털 가죽을 쓰지 않으려 하다

50(87). 라 베르나 산에서 사순절을 지내던 어느 날, 한 동료가 식사 시간 무렵에 함께 식사하곤 했던 방에 불을 지피고는 그날 미사 복음 말씀을 읽어 드리러 프란치스코가 늘 기도하고 잠자는 방으로 갔다. 성인이 미사를 드릴 수가 없었기 때문에 식사하기 전에 늘 그날 복음 말씀[79]을 듣고 싶어 했기 때문이다.

프란치스코가 불을 지핀 방으로 식사하러 내려갔는데 불길이 이미 천장까지 번져서 타오르고 있었다. 그 동료는 불길을 잡으려 갖은 애를 다 쓰는데 프란치스코는 그를 도와주기는커녕 밤에 덮곤 하시던 양털 가죽을 가지고 숲속으로 도망가 버렸다.

그곳의 다른 형제들이 멀리서(그 방은 형제들의 거처에서 멀리 떨어져 있었다) 그 방에 불꽃이 치솟는 것을 보고 불이 난 것을 알게 되어 달려왔다. 나중에 프란치스코가 식사하러 왔고 식사 후에 그 동료에게 말했다. "이 양털 가죽을 더 이상 덮지 않으렵니다. 내 탐욕 때문에 불 형제가 집어삼키지 못하도록 했기 때문이지요".

피조물을 향한 특별한 사랑

51(88). 이와 비슷하게 손을 씻을 때 성인은 헹군 물이라도 발로 짓

---

[79] 아씨시 성녀 클라라 대성당에 보관 중인 성 프란치스코의 성무일도 가장자리에 아마도 레오 형제 자신이 쓴 것으로 보이는 이런 글귀가 있다. "…병 때문에 또는 다른 명백한 장애로 인해 미사에 참례할 수 없는 날엔 그날 성당에서 읽는 복음 말씀을 읽곤 하셨다"(참조: Van Dijk WALKER, 「The Origins of the modern Roma liturgy」, London, 1960, 129).

밟지 않을 장소를 골랐다. 돌 위를 걸어갈 때도 바위이신 그분[80]을 생각하며 존경심과 두려움을 갖고 걸었다.

"이 몸을 바위 위에 올려 주셨나이다"(시편 60,3)라는 시편 구절을 읊을 때면 큰 신심과 존경심을 갖고 "이 몸을 바위 발치 아래 올려 주셨나이다"로 바꾸곤 했다.

땔감을 마련하는 형제들에게 나무를 완전히 자르지 말고 한쪽만 잘라 다른 쪽은 살 수 있도록 하라고 당부했다. 그곳에 사는 형제들에게도 똑같이 당부했다.

정원을 돌보는 형제에게 밭을 다 갈아엎지 말고 한쪽을 남겨 두어 철마다 형제들이 꽃을 심을 수 있도록 하라고 당부했다. 더욱이 정원사 형제는 마당 한쪽 모서리에 아름다운 정원을 만들어 온갖 아름다운 꽃을 피우는 화초와 꽃나무들을 심어, 때가 되면 철마다 주님 찬미에 초대하도록 하라고 당부했다. 모든 피조물은 사실 저마다 우리에게 이렇게 말하고 외친다. "오 사람아, 하느님께서는 그대를 위해 나를 만드셨다오!"

그리고 그분과 함께 살았던 우리는 그분이 피조물들을 대할 때 눈에 띄게 기뻐했고 그들을 쓰다듬어 주기를 좋아했고 마음이 더는 땅에 있지 않고 천상에 있는 양 바라보던 것을 많이 보았다.

이는 또한 하느님의 피조물들에게서 받았던 크나큰 위로 때문에, 돌아가시기 얼마 전에 피조물에 대한 주님 찬가를 하나 만들어, 이것을 듣는 이로 하여금 주님을 찬미하고 하느님께서 그의 피조물들 안에서 영광 받으시도록 마음을 움직이게 하셨다는 사실로도 증명되고 설명된다.

---

80   1코린 8,4.

어느 눈병이 든 가난한 여인을 구해 줌

52(89). 그 당시 한 가난한 여인이 눈병 치료차 마킬로네(Machilone)[81]에서 리에티로 왔다.

어느 날 의사가 프란치스코에게 와서 이렇게 말했다. "형제여, 눈병 난 가난한 여자가 나한테 왔는데 워낙 가난해 내가 하느님의 사랑으로 도와주고 치료비까지 내야 할 것 같습니다".

이 말에 프란치스코는 아주 고무되어 원장을 불러 말했다. "형제여, 우리 것이 아닌 것을 좀 돌려주어야 하겠습니다".

"무얼요?" 하고 원장[82]이 물었다.

"저 눈병 난 가난한 여인한테 우리가 빌린 이 망토 말입니다".

"좋으실 대로 하십시오" 하고 원장이 대답했다.

프란치스코는 아주 만족하며 당신의 친한 친구인 경건한 사람 하나를 불러 이렇게 말했다. "이 망토와 옷 열두 벌을 가져다가 저 의사 선생님이 가리켜 주실 — 그분이 돌보고 있는 — 가난한 여인에게 가서 말하시오. '당신이 이 망토를 빌려 주었던 어떤 가난한 사람이 자기에게 베풀어 준 은혜에 감사하십시오. 당신 것을 모두 가지십시오'라고".

그 사람은 가서 프란치스코가 말한 대로 여인에게 말했다.

그 가난한 여인은 그를 사기꾼이라 생각하고 이렇게 말했다. "나를 좀 내버려 두세요. 뭐라 대꾸해야 할지 모르겠어요".

그러나 그 사람은 그녀의 손에 망토와 열두 벌의 옷을 쥐어 주었다.

---

81 마킬로네(Machilone)는 오늘날 포스타(Posta)로 불리는데, 리에티에서 30km 떨어진 벨리노(Velino) 계곡에 있다.

82 아마도 프란치스코의 원장이었고 움브리아의 관구장이었던 리에티의 안젤로였을 것이다.

그 여인은 참말로 한 말이구나 생각하고 어쩔 줄 몰랐지만 행복해서 그를 밀치고는, 다시 빼앗길까 두려워 그 밤으로 떠나 몰래 집으로 달려가 버렸다.

프란치스코는 그 여인이 그곳을 떠날 때까지 날마다 하느님의 사랑 때문에 먹을 것을 주라고 원장에게 부탁까지 했다.

그리고 그분과 함께 살았던 우리는 그분이 건강할 때든 병환 중이든, 형제들과 건강하든 병들었든 가난한 이들에게 크나큰 애정과 이해심을 보였음을 증언할 수 있다. 형제들이 가끔 걱정스러워 그분을 위해 구해 준 꼭 필요한 옷가지들도 흔쾌히 벗어 남에게 주었으며, 우리보고 기분 나빠하지 말라고 하시며 다른 이들에게 선물해 버리곤 했다.

총장[83]과 원장은 허락 없이는 당신 수도복을 어떤 형제에게도 주지 말 것을 명하기까지 했다. 사실 형제들은 그분의 수도복에 대한 신심 때문에 가끔 수도복을 갖고 싶다 했고, 그러면 그분은 바로 그것을 줘 버리곤 했던 것이다. 아니면 당신이 먼저 어느 형제가 옷이 낡았거나 잘 입지 못한 것을 보면 당신 수도복을 두 쪽으로 나눠 한쪽을 선물하고 다른 한쪽만 가졌다. 왜냐하면 수도복을 한 벌밖에 갖고 싶어 하지 않았기 때문이다.

수도복을 가난한 자들에게 주다

53(90). 한번은 그분이 한 지방을 두루 설교하며 다니던 중, 프랑스인 형제 둘을 만났는데 그들은 매우 기뻐했다. 그들은 신심 때문에

---

83 엘리아 형제일 것이다.

하느님 사랑으로 수도복을 주십사 청했다. "하느님 사랑으로"란 말을 듣자마자 그분은 옷을 벗어 주곤 한동안 벌거벗은 채로 있었다[84].

사실 성인은 "하느님 사랑으로 수도복이나 띠나 다른 것을 달라고 청해 오면, 사랑 자체이신 주님께 대한 사랑 때문에 즉시 벗어 주는 것이 습관이었다.

그러나 형제들이 아무 때나 "하느님 사랑으로"라는 말을 남발하는 것은 싫어했다.

"하느님의 사랑은 얼마나 심오합니까. 그러니 꼭 필요할 때만 극진한 존경심을 가지고 그렇게 말해야 합니다"라고 말하곤 했다. 그의 동료 중 하나가 수도복을 벗어 성인에게 주었다.

가끔 수도복을 주고 나면 다른 것을 금방 구하기가 쉽지 않았기 때문에 오랫동안 고생하기도 했다. 더욱이 당신은 남루하고 기운 수도복만 입고 싶어 했기 때문이다. 어떤 때는 천 조각을 안팎으로 기우도록 시켰고 새로운 옷은 결코, 아니 거의 받아 본 적이 없었다. 하지만 이 형제에게서 한쪽, 저 형제에게서 다른 한쪽을 얻는 것을 좋아했다. 가끔 당신 지병 때문에 새로운 천을 수도복 안쪽에 기워 입기도 하였다.

이렇게 옷을 검소하게 입는 자세는 돌아가실 때까지 계속 지켰다. 돌아가시기 며칠 전, 수많은 병 때문에 가죽과 뼈만 앙상한 수종병자[85]에게 형제들은 수도복을 몇 벌 마련해 주었는데, 밤이고 낮이고 필요

---

84 토마소 디 에클레스톤(TOMMASO DI ECCLESTON, 「De Adventu fratrum Minorum in Angliam」, 「AF」 I, 219)으로부터 우리는 프란치스코가 자기 수도복을 로렌조 디 보베(Lorenzo di Beauvais) 형제에게 준 것을 알고 있다. 이 형제는 나중에 영국으로 파견되었다. 그렇다면 그는 이 둘 중의 하나일지도 모른다.

85 단순 수종을 넘어서서 시안카렐리(Ciancarelli)는 영양실조로 인한 기아 수종일 것이라고 믿고 있다(O. RIEDEN, 「De infirmitatibus S. Francisci Assisiensis」, 「Miscellanea Melchor de Pobladura」 I, Roma 1964, 122도 참조할 것).

할 때마다 갈아입을 수 있게 하려는 뜻이었다.

수도복을 잘라 가난한 사람을 도우려 하다

54(91). 또 한번은 넝마를 걸친 한 걸인이 형제들의 은수처에 와서 하느님의 사랑으로 어떤 옷이든 좀 달라고 청했다. 프란치스코는 한 형제를 보내 혹시 그에게 줄 만한 옷이나 천 조각이 있는지 찾아보게 했다. 그 형제가 온 데를 다 뒤졌으나 찾지 못했다.

그 걸인을 빈손으로 돌려보내지 않으려고 프란치스코는 몰래 (원장이 못하게 할까 두려워) 칼을 집어들고 수도복 안쪽에 대고 기운 천 조각을 자르기 시작하였다.

원장이 무슨 짓을 하고 있는지 알게 되었고 프란치스코에게 가서 못하게 했다. 날씨가 몹시 추웠고 그분은 병환이 심한 데다가 독감까지 들었기 때문이다.

프란치스코는 원장에게 이렇게 말했다. "내가 그에게 이것을 주는 것을 바라지 않으시면 그 가난한 형제에게 꼭 다른 것을 주도록 해야만 합니다".

그래서 형제들이 프란치스코를 생각해 그들의 옷을 한 벌 그에게 내주었다.

형제들이 그분에게 망토를 한 벌 마련해 주면, 그분이 생각하기에 그 옷이 필요하다고 생각되는 가난한 사람이 그분에게 오면 줘도 좋다는 조건으로만 이를 받아들였다. 이는 걸어서 세상을 두루 설교하러 갈 때나 나귀를 타고 갈 때나 마찬가지였다. 왜냐하면 몸이 안 좋아지고부터는 걸어 다닐 수가 없었고 가끔 나귀에 의지하지 않을 수 없었기 때문이다. 그러나 임종 직전에 몹시 위중할 때 그랬던 것처럼 정말 꼭 필요한 경우가 아니고서는[86] 말에는 결코 오르려 하지 않았다.

에지디오 형제의 망토를 가난한 사람에게 주게 하다

55(92). 형제회 초창기에 프란치스코는 단 두 명의 형제들(당시 많은 형제들이 있었다)과 리보토르토에서 거처하고 있었을 때 세 번째[87] 형제가 된 형제 하나가 함께 살려고 찾아왔다. 그 형제는 여러 날 동안 세속에서 가져온 옷들을 계속 입고 있었다.[88]

그런데 가난한 사람이 프란치스코에게 애긍을 청하러 그곳에 왔다. 프란치스코는 세 번째로 들어온 형제에게 "저 가난한 형제에게 그대의 망토를 주시오" 하고 말했다. 그 형제는 바로 옷을 벗어 아주 기쁜 마음으로 가난한 사람에게 주었다.

이러한 행위 때문에(기쁘게 망토를 준 행위) 주님께서 자기에게 새로운 은총을 주셨음을 그 형제는 금방 느낄 수 있었다.[89]

---

86 아마도 바냐이아(Bagnaia)에서 아씨시의 기사들이 그를 데려올 때, 분명 나귀가 아닌 말을 이용했을 것이다.

87 베르나르도와 베드로 다음에 언급된 세 번째 형제는 에지디오였다.

88 눈으로 본 목격 증인이 아니고서는 이렇게 쓸 수 없다.

89 델로르메(1922년판, 307-308, n.2)는 이 텍스트에 덧붙여「완덕의 거울」36에서는 "그리하여 성 프란치스코는 그를 수도회에 입회하도록 해주었으며 완덕으로 꾸준히 나아가게 하였다"(sicque receptus a b. Francisco semper usque maximam perfectionem virtute perfecit)고 적고 있음을 지적한다. 이는 에지디오 형제가 이「아씨시 편집본」의 원천을 쓸 당시에는 살아 있었는데,「완덕의 거울」작성 당시에는 이미 선종했음을 암시해 주는 말이다.

신약성서를 가난한 형제의 어머니에게 주다

56(93). 또 한번은 프란치스코가 포르치운쿨라의 성 마리아에 살던 때, 두 형제의 어머니인 가난한 과부가 프란치스코에게 애긍을 청하러 왔는데, 그해에 먹고살 양식이 없었기 때문이다. 프란치스코는 당시 총장이던 베드로 카타니 형제[90]에게 "우리 어머니께 드릴 게 좀 없을까요?" 하고 물었다.

성인은 각 형제의 어머니는 곧 형제회의 모든 형제들의 어머니라고 부르곤 했다.

베드로 형제는 "필요한 양식을 살 수 있도록 봉헌금이라도 드리고 싶지만, 우리가 드릴 수 있는 것이라곤 아무것도 없군요. 성당에 우리가 아침기도 때 독서하는 신약성서 한 권이 있을 뿐입니다" 하고 대답했다.

그 당시 형제들은 아직 성무일도서를 갖고 있지 않았고 시편집만 몇 권 가지고 있었다.

프란치스코는 "그럼, 우리 어머니에게 신약성서를 주십시오. 그것을 팔아 필요한 양식을 사시도록 말입니다. 나는 이 책이 독서로 읽히는 것보다 주님과 그분의 동정 어머니께 더 기쁨이 되리라 믿소" 하고 대답했다. 이렇게 해서 책을 과부에게 주게 되었다.

여러분은 "내 어미 뱃속에서부터 내 안에서 사랑이 솟아나고 피어

---

90 이 에피소드는 베드로 형제의 총장 임기 시(1220. 9. 29~1221. 3. 10)에 일어난 일이다. 토마스 첼라노는 그를 총대리(vicario generale)라 부르는데, 베드로든 엘리아든 성인이 돌아가시기 전에는 총장(generali)이라 하지 않고 대리(vicari)라 불렀기 때문이다(참조: Cl. SCHMITT, 「I vicari dell'Ordine francescano da Pietro Cattani a fra Elia」, 「Francesco d'Assisi e francescanesimo dal 1216 al 1226」, Assisi, 1977, 235~263).

났나이다"(욥 31,18)라는 욥기의 말씀을 프란치스코에게 적용시킬 수 있을지도 모른다.

그분과 함께 살았던 우리로서는 다른 사람으로부터 들은 것은 놔두고 우리 눈으로 본 것만도 글로 다 적기가 어려울 것 같다.

성인의 손발을 씻은 물로 우역을 치료하다

57(94). 프란치스코가 폰테 콜롬보의 성 프란치스코(!) 은수처[91]에서 머물던 때, 여간해서는 어떤 동물도 살아남을 수 없는 우역(牛疫)이 성 엘리아 옆 동네까지 번진 일이 있었다.

소들이 병들어 죽어가기 시작했다.

어느 날 밤, 그 동네에 사는 어떤 경건한 사람이 꿈에 이런 소리를 들었다. "프란치스코가 머물고 있는 은수처로 가서 그가 손발을 씻은 물을 가져다가 소들에게 뿌리면 나을 것이다".

그 사람은 아침 일찍 일어나 은수처로 달려가 성인의 동료들에게 이 이야기를 했다. 그들은 식사 시간에 손 씻은 물을 그릇에 담았고 저녁에 이유를 말씀드리지 않고 발을 씻어 드리게 해달라고 청했다. 그리고 프란치스코의 손과 발을 씻은 물을 그 사람에게 주었다.

그 사람은 그것을 가지고 가서 마치 성수인 양 이미 땅에 쓰러져 죽은 것처럼 보이는 소들과 다른 모든 동물들에게 뿌렸더니, 즉시 이

---

91   프란치스코가 성 프란치스코 은수처에 머물렀다는 것이 아주 흥미롭다. 이는 저자가 이 글을 성인의 시성 후에 작성했다고 생각하면 의문이 풀린다. 그래서 폰테 콜롬보에는 성인이 거처한 동굴이 보존되어 형제들에게 공경의 대상이 되었던 것이다. 같은 내용을 본서 266쪽 93(118)에서도 읽을 수 있다.

모든 동물들이 하느님의 은총과 프란치스코의 공로로 낫게 되었다[92].

프란치스코는 이미 손, 발, 옆구리에 성흔이 있었던 것이다[93].

리에티의 참사 사제의 치유와 그의 비참한 종말

58(95). 눈병으로 고생하던 프란치스코께서 리에티의 주교관에서 며칠 머무시던 때[94], 아주 세속적인 사람인 기드온[95]이라는 리에티 교구청 신부가 중병과 신장 통증으로 오랫동안 병상에 누워 있었다. 그는 다른 사람의 도움 없이는 침대에서 움직일 수도 없었고, 여러 사람이 부축하지 않으면 일어날 수도 걸을 수도 없을 정도였다. 누가 부축해 주면 신장 통증 때문에 똑바로 서지 못하고 허리를 굽힌 채 구부리고 걷곤 했다.

어느 날 그는 프란치스코에게로 가서 그분의 발 앞에 엎드려 눈물을 줄줄 흘리며 강복해 달라고 애원했다.

프란치스코가 그에게 대답했다. "하느님의 심판은 조금도 생각지 않고 육체의 본능에 따라서만 늘 살아온 그대를 내가 어찌 강복할 수

---

92 이 치유는 「3첼라노」 18에서도 언급되고 있다.
93 성인은 이미 오상을 받았다고 한다. 따라서 1224~1225년이다. 앞 번호에서 언급한 에피소드와 같은 때가 아니다. 앞 번호의 이야기는 베드로 카타니(+1221)가 아직 살아 있을 때 일어난 일이다. 이 폰테 콜롬보에서 프란치스코는 눈병 치료차 머물렀을 것이다.
94 따라서 프란치스코가 병중에 리에티 주교관에 머물렀다는 것은 확실하다. 하지만 그것이 1225년 가을이었는지는 확실치 않다. 그때 주교관은 교황청 사람들도 붐볐을 때이기 때문이다.
95 「2첼라노」 41에 의하면 참사 사제이다.

있단 말이오?"

그러나 프란치스코는 그가 악과 고통에 그토록 시달리는 것을 보시고 마음이 움직여 그에게 말했다. "주님의 이름으로 당신께 십자성호를 긋습니다. 하지만 주님께서 기꺼이 당신을 낫게 해주신다면 다시는 죄짓지 않도록 조심하십시오. 그대의 죄로 말미암아 주님의 선하심을 잊고 은혜를 배신하고 능욕함으로써 그대는 더 엄중한 벌을 받게 될 것이며 지독한 심판을 면치 못할 것입니다".

그에게 십자성호를 긋자, 금세 그 신부는 똑바로 섰고 완전히 자유로운 몸이 되었다. 그가 몸을 똑바로 펼 때 그의 옆구리 뼈가 마치 마른 나무를 부러뜨리듯 우지끈 소리를 냈다.

그러나 몇 년 안 되어 그 사람은 주님께서 당신 종 프란치스코를 통해 그에게 당부하신 것을 무시하고 다시 예전으로 돌아가고 말았다.

[어느 날, 그 사람은 그의 동료 참사 사제의 집에 저녁을 먹으러 가서 그 집에서 자게 되었다. 잠을 자는데 집 천장이 무너져 내렸다. 다른 이들은 무사히 구조되었는데, 그 사람만 불쌍하게 깔려 죽었다][96].

아씨시 군사들이 그를 데리러 노체라에 오다

59(96a). 시에나[97]와 첼레 디 코르토나에서 돌아와서, 프란치스코

---

96 사본에서 유실되어 「2첼라노」 41에서 베껴 놓은 것이다.
97 성인은 다른 의사들과 다른 치료법을 찾아서 리에티의 한 의사를 대동하고 시에나에 왔다. 이는 1225년 봄의 수술 이후나 교황청 의사들의 진료를 받은 뒤이다. 성인은 알베리노[Alberino, 오늘날의 라바치아노(Ravacciano)] 은수처에 머물게 된다[V. FACCHINETTI, 「L'Alberino di Siena」, 「Frate Francesco」 7(1934), 205~210].

는 포르치운쿨라의 성 마리아[98]로 잠시 오셔서 머물다가, 노체라 북쪽 바냐이아(Bagnaia) 수도원[99]으로 가서 얼마 동안 머물렀다. 그곳에 형제들을 위한 집을 최근에 하나 지어 그래서 그곳에서 사부님은 며칠을 머물게 된 것이다.

이미 수종으로 발과 무릎이 부어올랐는데, 더욱더 악화돼 갔다. 아씨시 사람들이 이를 알게 되었고 그들은 성인이 거기서 죽어 시신을 다른 사람들 손에 넘겨주게 될까 봐 시의 군사들을 보내어 그분을 아씨시로 모셔오게 했다. 그리하여 환자를 후송하는 도중 점심 식사를 하러 아씨시 관내의 한 성[100]에서 잠시 멈추게 되었다. 프란치스코와 그의 동료들은 큰 축제와 사랑으로 그들을 맞이한 한 은인의 집으로 들어갔고, 반면 기사들은 먹을 것을 사기 위해 동네를 돌아다녔지만 아무것도 구하지 못했다. 그들은 프란치스코에게 되돌아와서 반 농담으로 이렇게 말했다. "형제여, 당신이 애긍하신 것을 우리에게 좀 나누어 주셔야겠습니다. 아무것도 살 수가 없었습니다".

프란치스코는 열정에 북받쳐 대답했다. "당신들이 아무것도 구하지 못했다면, 그건 당신들이 하느님께 신뢰를 두지 않고 파리들[돈]을 과신한 탓이오. 여러분이 사러 갔던 사람들 집에 다시 가서 부끄러워

---

98   예르겐센(「San Francesco d'Assisi」, Assisi, 1975, 333)과 사바티에(「Vie de S. François d'Assise」 èdition definitive, Paris, 1931, 431), 그 외 다른 이들은 성인이 다른 길로 갔다고 하지만 본서는 시에나에서 첼레 디 코르토나로 갔다가 거기서 천사들의 성 마리아로 돌아왔다고 한다.

99   바니 디 노체라(Bagni di Nocera)와 혼동해서는 안 된다[G. SIGISMONDI, 「Origine della romita di Nocera Umbra」, 「SF」 36(1939), 245~249]. 이곳의 한 프란치스칸 수도원이 1318년 프란치스코 디 무지오(Francesco di Muzio)가 도시를 강압으로 점령했을 때 파괴된 적이 있다.

100 「2첼라노」 77에 의하면 아직도 존재하는 사트리아노(Satriano) 성이다.

하지 말고 하느님의 사랑으로 그들에게 애긍을 청하시오. 성령께서 그들을 움직이시어 여러분은 풍성하게 받게 될 것입니다".

거룩하신 사부님의 제안대로 그들은 애긍을 청하러 갔고 그곳 남자들과 여자들은 정중하게 그들이 가진 바를 풍성히 이들에게 베풀어 주었다.

그들은 기쁨에 넘쳐 프란치스코에게로 돌아와서 그들에게 일어난 일을 말씀드렸다. 그들은 이를 명백한 기적으로 여겼으니 그들에게 말씀하신 것이 글자 그대로 이루어졌다고 생각했기 때문이다.

60(96b). 하느님의 사랑으로 애긍을 청하는 깃을 프란치스코는 하느님 눈에도 세상의 눈에도 기품 있고 위엄 있고 품위 있는 위대한 행위로 여겼다. 왜냐하면 천상 성부께서 사람의 행복을 위해 창조하신 모든 것을 원죄 이후에는 당신 독생 성자에 대한 사랑 때문에 합당한 사람이든 아니든 간에 애긍으로 거저 모두 풍성히 베풀어 주신다고 말하곤 했기 때문이다. 그분은 종종 하느님의 종은 한 가지를 사려고 온 갖 최선을 다하는 사람의 마음 자세와 기쁨을 갖고 하느님의 사랑으로 애긍을 청해야 한다고 말했다. 그리고 "나에게 어떤 것을 주시면 은전 100마르크를, 아니 천 배나 더 드리겠습니다. 사실 하느님의 종은 지상의 그 무엇과도 또 천상의 그 무엇과도 비교거리가 안 되는, 애긍을 하는 사람에게서만 얻을 수 있는 하느님의 사랑을 드리는 것입니다" 하고 외쳐야 한다고 했다.

형제들의 수효가 늘어나기 전이나 증가한 후에도, 만일 어떤 귀족이나 부자가 신심 때문에 그분을 자기 집 식사에 초대하거나 잠자리를 제공하게 되면(그분이 설교하러 다니신 여러 도시와 마을들에는 아직 형제들의 거처가 없었다), 주인이 모든 것을 풍성하게 준비해 놓은 것을 알면서도, 형제들에게 모범을 보여 주기 위해, 또 가난 부인에 대한 높은 공경심 때문에, 식사 시간이 되면 하느님의 사랑으로 애긍을 청하러 나가곤 했다. 때론 주인에게 이렇게 말했다. "나는 나의 왕다운 품위이며 유산이자 나와 작은 형제들의 서약(즉, 애긍을 청하러 가는 것)을 포기하고 싶지 않습니다. 비록 빵 세 조각밖에 얻지 못한다 해도 말입니다. 왜냐하면 나는 항상 내가 해야 할 일을 수행하고 싶기 때문입니다".

이렇게 주인의 뜻을 거슬러 가면서까지 그분은 애긍을 청하러 나갔다. 그리고 그를 초대한 주인이 그를 따라가서 프란치스코에게 주는 빵 조각들을 들고 다니면서, 신심 때문에 마치 유품처럼 보따리에 담곤 하였다.

이 글을 쓴 사람은 이러한 일들을 여러 번 본 증인이다.

우골리노 추기경 집에서 애긍을 청하러 나가다

61(97a). 한번은 성인이 후일에 교황이 되신 오스티아의 추기경을 방문하던 중, 점심시간에 추기경 몰래 애긍을 청하러 나갔다. 돌아와 보니 추기경은 벌써 식탁에 앉아서 드시고 계셨는데, 당신 친척 기사들도 몇 사람 초대해 놓았기 때문이었다. 프란치스코는 얻어온 빵 조각을 식탁 위에 올려놓고 추기경 옆에 자리를 잡았는데, 추기경 집에서 식사할 때는 추기경이 항상 옆에 앉기를 원하셨기 때문이다. 추기경은 이에 짜증스러웠지만 손님들 앞에서 아무 말씀도 하지 않으셨다.

식사 중에 프란치스코는 빵 조각을 들어 주님의 이름으로 기사들과 추기경의 가솔들 한 사람 한 사람에게 한 조각씩 나누어 주었고, 그들은 경건한 마음으로 이를 받았다. 어떤 이들은 받아먹었고, 어떤 이들은 열심한 마음으로 보관했다. 어떤 이들은 프란치스코를 존경하는 마음으로 그것을 받기 위해 모자를 벗기까지 했다. 추기경은 그들이 보여 준 공경심에 아주 만족하셨고 그 빵 조각들이 밀로 만든 빵이 아니어서 더욱 그러하셨다.

식사를 마치고, 추기경은 프란치스코를 당신 방으로 데리고 가서 밝은 표정을 지으면서도 이렇게 말씀하셨다. "나의 단순하기 짝이 없는 형제여, 왜 당신은 내 집에서 애긍을 청하러 나가는 무례를 저질렀습니까? 내 집이 곧 형제들의 집이 아니오?"

"그렇지 않습니다. 전하, 저는 전하께 큰 영예를 안겨 드렸습니다. 어떤 아랫사람이 자기 의무를 완수하면 그것은 그 주인과 웃어른에게 영예가 되는 것이기 때문입니다. 저는 당신의 가난한 자들의 기준과 본보기가 되어야 하니, 형제회 안에는 이름으로나 실제로도 작은 형제들이 있고 또 앞으로도 있을 것을 알고 있기 때문입니다. 이들은 하느님 사랑과 모든 것에서 그들을 가르치시고 또 가르치실 성령의 은총으로, 형제들을 섬길 때 온갖 굴욕과 복종에 순응할 것입니다. 반면 어떤 이들은 인간적인 존경심에 빠져버렸거나 순응하지 않아서, 자신을 낮추거나 애긍을 청하러 가거나 이와 비슷한 일을 하는 것을 부끄러워하고 또 부끄러워하게 될 것입니다. 이 때문에 저는 저의 행동으로, 형제회에 있고 앞으로 오게 될 사람들에게 기준이 될 필요가 있습니다. 그리하여 하느님 앞에서 이들은 이 세상에서나 저세상에서나 변명할 여지가 없게 될 것입니다. 한편, 저의 주인이시고 스승이신 당신 집에 머물 때나 세상의 위대한 사람들과 부호들 집에 있을 때나 모두들 크나큰 호의로 저를 집에 받아줄 뿐만 아니라 심지어 그렇게 하도록 강요하기도 하지만, 저는 애긍하러 나가는 것을 부끄러워하지 않으렵니다. 아니, 저는 그것을 하느님 안에서, 우주의 주인이셨지만 우리를 위해 모든 이의 종이 되기를 원하셨고, 그 존엄성에서 부요하시고 복된 분이셨지만 가난하고 보잘것없는 사람으로 우리 인성을 취하신, 지존하신 임금을 따르는, 위대한 기품과 위엄으로 여기렵니다".

"현재의 형제들과 미래의 형제들은, 비록 호의로 차린 것이지만 온갖 맛좋은 음식들로 풍성히 차려놓은 전하의 식탁이나 다른 높으신 분들의 식탁에 있을 때보다 형제들의 가난한 식탁에 앉아 주님의 사랑으로 문전걸식하여 얻어온 빵 조각들 앞에 있게 될 때, 나에게 훨씬 큰 위로가 된다는 것을 알아야만 합니다. 애긍으로 얻은 빵은 기도와 하느님 사랑으로 성화된 거룩한 빵입니다. 왜냐하면 형제들은 애긍을 청하러 갈 때 먼저 '주님은 찬미 찬양 받으소서' 하고 난 뒤 '하느님의 사랑으로 우리에게 애긍을 하십시오' 하고 말해야 합니다".

추기경은 성인과 대화한 뒤 많은 감화를 받고 말씀하셨다. "아들이여, 그대 눈에 좋은 것이라 생각되면 하시오. 하느님께서 그대와 함께 계시고 그대가 하느님과 함께 있기 때문이오".

62(97b). 프란치스코는 어떤 형제도 오랫동안 애긍을 청하러 나가지 않는 일이 없기를 바랐는데(여러 번 그렇게 말씀하셨다), 나중에 부끄러움을 느끼지 않도록 그래야 한다는 것이었다.

한때 그런 적이 있었지만, 세속에서 귀족이며 높은 지위에 있던 형제일수록 애긍을 나가 좋은 본보기가 되기 위해 낮은 사람들에게 복종하면 그분은 더욱더 감동하고 만족하셨다.

형제회 초기 시절에(형제들이 아직 리보토르토에 살 때), 기도도 별로 하지 않고 일도 하지 않고, 또 부끄러워서 애긍을 청하러 가지도 않으면서 먹기는 잘 먹는 형제가 하나 있었다.

이를 알게 된 프란치스코는 하느님의 영감으로 그가 육적인 사람임을 알게 되어 그에게 이렇게 말했다. "파리 형제여, 당신의 길을 가시오! 당신은 주님의 밭에서 게으르게 빈둥대기만 하고 형제들이 수고한 열매를 먹기를 원하니, 추수는 하지 않고 일벌들의 노동과 열매를 먹어치우는 수벌 형제와 같구려".

그리하여 그는 제 갈 길로 가버렸고, 그렇게 육적인 사람이었으니 자비를 얻을 자격이 없었다.

애긍을 청하고 돌아오는 형제를 환대하다

63(98). 또 한번은 한 경건한 형제가 애긍한 보따리를 둘러메고 아씨시에서 포르치운쿨라로 돌아오고 있었다(그리고 프란치스코는 그곳에 계셨다). 성당 근처에 도착해 기쁨에 넘쳐 큰 소리로 하느님을 찬미했다. 이 소리를 듣고 프란치스코는 일어나 길로 나가 그를 마중하고 애정을 다해 보따리를 둘러멘 그의 어깨에 입을 맞추었다. 그러고는 보따리를 받아 자기 어깨에 메고서는 형제들의 집까지 날랐다. 그분은 이렇게 말했다. "나는 이렇게 내 형제들이 애긍을 나가서 행복하고 기쁘게 돌아오기를 바라오".

기쁨 중에 임종을 기다리심

64(99). 성인이 바냐이아에서 돌아와 편찮으셔서 아씨시 주교관에 머물던 중, 이미 몹시 위중하셨는데, 아씨시 사람들은 자기들이 모르게 밤에 돌아가셔서 형제들이 그 시신을 다른 곳으로 옮길까 봐, 밤새 주교관 담 둘레에 보초를 세우기로 했다.

프란치스코는 매우 병약했지만, 수많은 고통 때문에 실의에 빠지지 않으려고 오래전에 당신이 작곡한 주님 찬가를 낮 동안 동료 형제들에게 노래하게 했다. 또한 밤에는 자기를 위해 주교관을 지키는 보초들이 쉴 수 있도록 그렇게 시켰다.

프란치스코가 위중한 상태에서 스스로 위로하고 주님 안에서 기뻐하기 위해 이렇게 하는 것을 본 엘리아 형제는 어느 날 성인에게 이렇게 말씀드리게 되었다. "지극히 사랑하는 형제여, 이렇게 위중한 상태에서도 자신과 형제들을 위해 기쁨을 잃지 않으려 노력하는 것을 보고 저는 몹시 기뻤고 또 감동했습니다. 하지만 사람들은 형제가 살아 있든 돌아가시든 형제를 성인으로 여기겠지만, 형제가 불치병 때문에 곧 죽게 될 거라 믿고 있습니다. 그래서 '어찌하여 그분은 죽음의 수렁에서도 저렇게 기뻐하시나? 죽음을 생각하셔야지' 하고 생각하고 말하는 것 같습니다".

프란치스코가 그에게 대답했다. "당신은 내가 2년 이상 살지 못할 거라고 말한 폴리뇨에서 본 그 환시를 기억합니까?[101] 그 이전에, 마음속에 온갖 좋은 것을 불어넣어 주시고 당신 신자들의 입술에 피어나게 하시는 성령의 은총으로, 나는 자주 밤낮 나의 종말을 상상해 보곤 했지요. 그러나 그 환시 이후로 나는 날마다 더욱더 내가 죽는 날을 생각하느라 정신이 없었지요. 내버려 두시오, 형제여! — 그분은 영에 북받쳐 이렇게 덧붙였다 — 내가 병약함 가운데서 주님께 기쁨과 찬미의 노래를 드리는 것은 성령의 은총으로 내 하느님과 하나가 되어 그분의 은총으로 참으로 내가 그분 안에서 기뻐할 수 있기 위해서입니다".

나의 자매인 죽음이여, 어서 오시오

65(100). 그즈음, 성인의 친한 친구인 아레쪼 출신의 부온조반니

---

101 「2첼라노」 109에서 더 자세히 이야기하고 있다.

(착한 요한)라는 의사가 그분을 뵈려고 주교관에 왔다. 프란치스코는 그에게 당신 병에 대해 물어보았다. "요한 형제[102], 당신이 보기에 내 건강 상태가 어떻소?"

프란치스코는 "선하신 분은 하느님 한 분뿐이시다"(루카 18,19)라고 말씀하신 주님에 대한 존경심으로, "착한"이란 이름을 가진 사람에게는 그의 이름을 부르려 하지 않았다. 이와 마찬가지로 "세상에 있는 누구를 보고도 아버지라 부르지 마시오. 여러분은 스승 소리를 들으려 하지 마시오"(마태 23,9-10) 하신 주님을 존경하는 뜻에서, 그분은 누구에게도 아버지라거나 스승이라고 부르려 하지 않았고 이 낱말을 편지에서도 쓰지 않았다.

그 의사가 "형제여, 하느님의 은총으로 다 잘될 것입니다" 하고 대답했다. 그는 머지않아 돌아가실 거라고 그에게 말하고 싶지 않았던 것이다. 프란치스코께서 줄기차게, "분명하게 말해 주시오. 어떻게 생각하시오? 하느님의 은총으로, 나는 죽음을 두려워하는 겁쟁이가 절대 아니오. 주님의 도우심과 은총으로, 나는 주님의 뜻에 맞게 살아와서 살거나 죽거나 똑같이 만족합니다".

그 의사는 그제야 분명하게 그에게 말했다. "사부님, 우리의 의학 지식으로는 당신의 병은 고칠 수 없습니다. 그리고 당신은 9월 말이나 10월 4일쯤에 돌아가시게 될 것입니다".

아주 쇠약한 상태에서 침대에 누워 계시면서도, 프란치스코는 크나큰 열정과 신심으로 주님을 향해 손과 팔을 펴들고 기쁨에 가득 차 이렇게 소리쳤다. "어서 오시게, 나의 자매인 죽음이여!"

---

102 "피니아투"(Finiatu)는 "요한 형제"(frater Iohani)가 잘못 쓰여진 것이다. 프란치스코는 의사를 "부온조반니"(Buongiovanni)라 부르지 않으려고 그가 형제가 아님에도 불구하고 "요한 형제"라 부르고 있는 것이다.

리체리오 형제와 책

66(101a). 안코나의 마르키아 출신의 리체리오 형제는 품위 있는 집안 출신이고, 성덕은 더욱더 품위 있었고, 프란치스코의 총애를 받은 형제인데, 어느 날 그 주교관으로 성인을 방문하러 왔다. 형제회와 수도규칙의 준수 등에 관해 이야기하던 중에 그 형제가 요청했다. "사부님, 당신이 형제들을 모으기 시작했을 때 가졌던 뜻과, 그리고 죽을 때까지 지키시려는 뜻이 어떤 것인지를 저에게 말씀해 주십시오. 당신의 첫 번째 그리고 마지막 소원이 무엇인지 확실하게 알고 싶기 때문입니다. 많은 책을 갖고 있는 우리 성직자 형제들이 '이 책들은 형제회 책들이야' 하며 가질 수 있습니까?"

프란치스코께서는 "형제여, 형제들이 내 이야기를 올바르게 알아듣는다면 저의 처음이자 마지막 소원은 이것입니다. 형제가 수도규칙이 허락하는 수도복과 띠와 속옷 외에 그 무엇도 가져서는 안 되는 것입니다" 하고 대답했다.

작은 형제들의 명칭

67(101b). 한번은 성인께서 형제들에게 이런 말씀을 하셨다. "작은 형제들의 수도규칙과 생활은 하느님의 아드님께서 성부께 최근에 청해서 얻으신 작은 양떼 무리가 되는 것입니다. 그분은 '가난과 겸손에서 탁월하고 지금까지 저에게 주신 사람들 가운데서 나로만 만족하며 가난과 겸손에서 탁월한 새로운 작은 백성을 지금 저에게 주십시오' 하며 성부께 청하셨습니다".

"성부께서는 사랑하는 아드님에게 '네가 바라는 대로 될 것이다'

하고 응답하셨습니다".

프란치스코는 거듭해서 말했다. "주님께서는 우리가 작은 형제들로 불리기를 원하셨는데, 우리는 바로 하느님의 아드님께서 당신 성부께 청하여 얻은 백성이기 때문입니다. 그리고 그분은 우리 형제들에 대해서 복음에서 이렇게 말씀하고 계십니다. '작은 양떼들이여, 두려워 마시오. 성부께서 하늘나라를 여러분에게 주시기로 작정하셨습니다'. 그리고 '여기 있는 나의 가장 작은 형제 중의 하나에게 해준 것이 곧 내게 해준 것입니다'(루카 12,32). 비록 여기서 주님께서는 모든 마음이 가난한 사람들을 지칭하고 계시지만, 그럼에도 이 말씀으로 무엇보다도 교회 안에서 삭은 형제회의 출현을 예견하시고 말씀하신 것입니다".

주님은 수도회 이름이 "작은 형제회"가 되어야 한다고 프란치스코에게 계시하셨다. 이를 성인은 첫 수도규칙에 기록하게 했고, 인노첸시오 3세 교황 성하께 제출해 교황 성하께서 이를 인준하고 허락해 주셨으며, 나중에 이를 공의회에 제출하셨던 것이다[103].

주님은 유언에 기록돼 있는 것처럼, 또한 형제들이 해야 할 인사를 그분에게 계시하셨다. "'주님께서 당신에게 평화를 내려 주시기를 빕니다' 하고 우리가 해야 할 인사를 주님께서 나에게 계시하셨습니다".

형제회의 초기 시절에 프란치스코는 초기 동료 열둘 중 한 사람과 길과 들을 지나가면서 마주치는 남녀들에게 "주님께서 여러분에게 평화를 주시기를 빕니다" 하고 인사하곤 했다. 하지만 그들은 형제들로부터 이런 인사를 들어 본 적이 없기 때문에 놀라워했다. 어떤 이들은 심지어 불쾌해 하면서 "이 인사가 도대체 무슨 뜻이야?" 하고 빈정대기까지 했다. 그 형제는 부끄러워서 프란치스코에게 "형제여, 그냥 다

---

103   아마도 제4차 라테라노 공의회(1215)인 듯하다.

른 식으로 인사하게 해주세요" 하고 프란치스코에게 청했다.

프란치스코는 그에게 대답했다. "그렇게들 말하도록 내버려 두시오. 그들은 하느님의 일을 모르고 있소. 형제여, 부끄러워하지 마시오. 이 세상의 귀족들과 제후들도 이 인사 때문에 그대와 다른 형제들을 공경하게 될 것이오. 주님께서 그 많은 양떼들 중에서 지극히 높으시고 영광스러우신 당신만으로 만족하는 작은 백성에게 특별한 애정을 보여 주셨다는 것이 그 얼마나 대단한 일이오?"

68(101c). 그리고 만일 어떤 형제들이 왜 프란치스코는 살아생전에, 리체리오 형제가 말한 것처럼 엄격한 가난의 삶을 준수하도록 하지 않았으며 또 규정을 만들지도 않았는지 묻는다면, 그분과 함께 살았던 우리는 직접 들은 그분의 말씀으로 이렇게 답변한다. 그분은 형제들을 위해 이 말씀과 다른 많은 말씀들을 해주셨다. 그리고 수도규칙 안에 이미 많은 것을 적어 놓으셨는데, 오랜 기도와 묵상 끝에 형제회의 유익을 위해 주님에게서 얻으신 것들이며 그것이 바로 주님의 뜻이라 확신하셨다. 하지만 이를 형제들에게 제시하자 형제들 눈에는 지키기가 너무 힘들고 불가능해 보였는데, 그 당시로는 그분의 사후에 형제회에 무슨 일이 일어날지 알지 못했기 때문이었다. 그리고 자기와 형제들 간의 불화가 커져 갔기에 그분은 그들과 논쟁을 벌이고 싶어하지 않으셨다. 그래서 자신의 뜻을 죽여 그들이 원하는 대로 해주었고 나중에 주님께 용서를 청했다.

그러나 주님께서 형제들의 유익을 위해 당신 입술에 담으신 그 말씀이 열매를 맺지 못하고 되돌아가지 않도록, 하느님께 공로를 돌려드리기 위해 당신 홀로 그것을 지키려 노력하셨다. 그리하여 마침내 그의 마음은 안정을 되찾았고 위안을 얻게 되었다.

어느 봉사자와 책

69(102). 사부님이 동방에서 돌아오자, 어느 관구장이 사부님이 원래 생각한 뜻을 알고 싶어 하며 가난에 대한 장(章)에 대해 문의하러 왔다. 왜냐하면 수도규칙에 "여행할 때 아무것도 지니지 마시오"(루카 9,3)라는 거룩한 복음에 나오는 이런 금지에 관한 장[104]이 있었기 때문이다.

프란치스코는 말했다. "저는 이렇게 해석합니다. 형제들은 수도규칙에 정해진 대로 수도복과 띠와 속옷만 가져야 하고, 꼭 필요한 경우 신발을 신을 수 있습니다".

그 관구장이 응답했다. "그럼 50파운드 이상 값어치가 나가는 책을 많이 가지고 있는 저는 어찌해야 합니까?"

이렇게 말씀드린 것은 양심에 걸리지 않고 편안하게 책을 갖고 싶어서였다. 프란치스코가 가난에 대한 장을 엄격하게 해석하는 바람에 그는 양심의 가책을 느꼈던 것이다.

프란치스코는 그에게 "형제여, 나는 내 양심과 우리가 서약한 거룩한 복음 준수를 거스르고 싶지 않습니다" 하고 대답했다.

이 말씀을 듣고 그 관구장은 침울해졌다. 프란치스코는 그가 그토록 힘들어 하는 것을 보고 열정에 북받쳐 그에게(그렇지만 모든 형제들에게 들으라고) 이렇게 말했다. "그대들 작은 형제들은 복음을 따르는 사람들로 세상 사람들이 알아주기를 바라고 있지요. 하지만 실제로 여러분은 다른 이들처럼 돈주머니를 챙기고 있습니다".

관구장들은 형제들의 수도규칙 규범에 따라 형제들이 거룩한 복음을 지킬 의무가 있음을 잘 알고 있었다. 그런데도 "여행할 때 아무것도

---

104 「인준받지 않은 수도규칙」 14를 언급하고 있는 것 같다.

지니지 마십시오"라고 쓰여 있는 그 장을 빼내게 만들었다. 그렇게 하여 거룩한 복음의 준수를 피할 수 있다고 믿었던 것이다.

프란치스코는 성령이 비춰 주셔서 그들이 훼손한 것을 알게 되어 어떤 형제들에게 이렇게 말했다. "관구장들은 하느님과 나를 우습게 여기는가 봅니다. 형제들이 복음적 완덕을 지켜야 함을 그들이 잘 알게 되도록, 나는 수도규칙의 시작과 말미에 분명하게 우리 주 예수 그리스도의 거룩한 복음을 실행해야 한다고 적고 싶습니다. 주님께서 나와 내 형제들의 구원과 선익을 위해 내 입술에 담아 주시고, 내가 그들에게 전해 주었고 또 전해 주고 있는 그 모든 것을, 나는 실제로 죽는 날까지 증언하고 지키고자 합니다. 그리하면 형제들이 하느님 앞에서 아무런 변명도 하지 못하게 될 것입니다".

그리고 그분은 형제들을 갖기 시작한 때부터 죽을 때까지 거룩한 복음을 글자 그대로 지켰다.

어느 수련자와 시편집

70(103a). 언젠가 어쭙잖지만 시편을 읽을 줄 아는 수련자가 하나 있었다[105]. 시편 읽는 것을 좋아해서 그 형제는 총장과 관구장에게서 시편집(詩篇集) 한 권을 가질 수 있도록 허락을 받았다. 그렇지만 그 형제는 프란치스코의 동의 없이 그것을 갖고 싶지는 않았다. 그 형제는 프란치스코가 형제들이 공부와 책에 탐닉하는 것을 바라지 않고, 반대

---

105 이 에피소드는 호노리오 3세의 칙서 「쿰 세쿤둠 콘실리움」(Cum Secundum Consilium, 1220. 9. 22.)으로 형제회에 수련기가 설정된 이후 시기를 전제하고 있다. 당시 총장은 엘리아였을 것이다.

로 거룩한 단순성과 거룩한 기도와 가난 부인을 소유하고 열망하기를 바라신다는 말씀을 들었던 것이다. 성인들과 초기 형제들은 이러한 덕행들 위에 자신을 세웠고, 이것이 영혼을 구원할 수 있는 가장 안전한 길이라고 성인은 여겼던 것이다.

하지만 그분이 거룩한 것에 대한 학문을 무시하거나 멸시하신 것은 아니다. 오히려 형제회와 세속의 학자들에게 애정과 존경을 보였으며, 당신 유언에서 이렇게 말하고 있다. "우리는 모든 신학자들과 지극히 거룩하신 하느님의 말씀을 전해 주는 사람들을 우리에게 영과 생명을 전하는 사람들로 공경하고 존경해야 합니다". 그러나 그분은 미래를 바라보면서, 성령의 비추심으로 많은 이들이 다른 이들에게 좋은 것을 베푼다는 빌미로 고유 성소, 즉 순수하고 거룩한 기도와 단순성, 거룩한 가난 부인을 소홀히 하게 될 것을 알았다. "그들은 성서 공부를 많이 함으로써 믿음과 하느님 사랑에 더 나아가게 될 것이라 믿지만, 바로 그 때문에 필시 마음이 꽁꽁 얼어붙고 허망하게 될 수밖에 없을 것입니다. 하지만 그들은 자신들의 성소에 따라 산다는 의미를 잃어버렸기 때문에 원래의 성소로 돌아올 수도 없을 것입니다. 나는 그들이 자신들의 성소에서 벗어남으로써 가지고 있다고 생각하는 것마저 빼앗기게 될까 걱정스럽습니다".

71(103b). 그분은 또 말했다. "거룩한 성소와 열성적인 기도를 소홀히 하면서 밤낮으로 학문 연구에 모든 정열을 쏟는 이들이 많습니다. 그리하여 그들이 다른 형제들이나 백성들을 가르쳤고, 그 사람들이 민감하게 불이 붙고 감동을 받아 회개하게 되었을 때, 자신들의 말 때문에 감동 받아 회개한 줄로 생각하면서 다른 사람이 해놓은 것을 교만스럽게 자기 것으로 취합니다. 그들은 주님께서 거룩한 형제들이 눈치채지 못하게 그들의 기도를 통해서 움직이시고 회개시킨 사람들입니

다. 주님께서는 그들이 교만에 빠지지 않도록 이런 식으로 배려하시기 때문입니다".

"자신과 다른 이들의 죄를 통회하면서 기도와 묵상에 전념하기 위해 고적한 곳에서 숨어 지내는 이들이 바로 저의 거룩한 형제들이요 원탁의 기사들입니다. 그들의 성덕은 형제들과 세상에는 감추어져 있지만 하느님은 잘 알고 계십니다. 천사들이 그들의 영혼을 하느님께로 데려갈 때 하느님께서는 그들에게 희생의 열매와 상, 그들의 기도로 구원된 영혼들의 수를 밝히시며 이렇게 말씀하실 것입니다. 아들들이여, 이 영혼들이 그대들의 기도로 구원된 것들일세. 그대들이 작은 일에 충실했으니 이제 내가 그대들에게 큰일을 맡기겠네".

가끔 프란치스코는 "아이 못 낳던 여인이 수많은 자녀를 낳을 것이고, 아이 많던 여인은 아이를 못 낳게 되었도다"(1열왕 2,5)란 구절을 이렇게 풀이하곤 했다. "아이 못 낳는 여자란 기도와 덕행이라는 성덕으로 자신과 다른 이들을 기르는 좋은 수도자를 말합니다".

이러한 설명을 성인은 형제들에게 말씀할 때, 특히 포르치운쿨라의 성 마리아에서 총회에 참석한 관구장들과 다른 형제들에게 말씀할 때 자주 했다. 이렇게 그분은 모든 관구장들과 설교가들이 잘 일해 나가도록 가르쳤다. 그분은 성직과 직무 설교에 대한 열성 때문에 — 좋은 모습을 보여 주고 자신과 다른 이들의 영혼을 구원하는 — 거룩하고 열심한 기도와 애긍을 청하러 가는 일이나 다른 형제들이 하는 손노동 등을 대치해서는 안 된다고 했다. 그리고 이렇게 말씀하곤 했다. "수하 형제들은 자신들의 관구장과 설교자들이 기도에 열심히 참여하고 자신을 낮추어 겸손하게 되는 것을 볼 때 많은 감화를 받습니다".

그리스도의 충실한 열성가요 모방자인 그분은 건강이 허락하는 한, 자기 형제들에게 가르친 바를 실행에 옮겼다.

72(103c). 앞에서 말한 그 수련자가 한 은수처에서 지내고 있을 때, 그곳에 프란치스코가 들르게 되었다. 그 수련자가 말했다. "사부님, 시편집을 한 권 가지게 되면 저에게 큰 위로가 되겠습니다. 총장님이 저에게 허락하셨지만 저는 사부님의 허락을 얻고 싶습니다".

프란치스코는 그에게 다음과 같은 대답을 했다. "카를로 황제, 오를란도 경과 올리비에로 경 그리고 전쟁에서 공을 세웠던 수많은 귀족과 기사들은 죽음까지 무릅쓰면서 땀과 수고로 비신자들을 진압하며 화려하고 유명한 승리를 일구어 냈다오. 그리고 결국 이들 거룩한 순교자들은 그리스도에 대한 신앙 때문에 전투에서 죽임을 당했다오. 이제 그들의 고생을 이야기하는 것만으로 사람들에게서 영예와 영광을 받고 싶어 하는 이가 있구려".

이 말씀에 대한 설명을 우리는 그분의 「권고」 말씀에서 찾아볼 수 있다. 거기서 이렇게 말씀한다. "성인들은 이렇게 업적을 이루었는데 우리는 그것을 그저 이야기하고 설교만 하며 영광과 영예를 받기 원하고 있습니다".

또한 이렇게 말씀하곤 했다. "학식은 거만하게 만들고, 사랑은 감화시킵니다".

너 성무일도, 너 성무일도!

73(104). 언젠가 한번은 프란치스코가 몸을 덥히려 불가에 앉아 있을 때, 그 수련자가 다시 돌아와서 시편집에 대해 이야기했다. 프란치스코는 그에게 이렇게 말했다. "그대가 시편집을 갖게 되면, 성무일도서를 갖고 싶을 것이오. 성무일도를 갖게 되면 고위 성직자처럼 흔들의자에 앉아 그대의 형제에게 '내 성무일도서를 좀 갖다 주게' 할 것이

오". 이렇게 말씀하시면서 그분은 열정에 북받쳐 재를 손에 쥐고 머리 위에 뿌리고 마치 세수를 하듯이 비벼대면서 자기 자신에게 "너 성무일도, 너 성무일도!" 하고 반복했다. 그분은 이렇게 손을 머리 위에서 빙빙 돌리며 여러 번 반복해서 그렇게 했다.

그 수련자는 얼굴을 붉히며 아무 말도 하지 못했다. 프란치스코는 이렇게 말했다. "형제여, 나도 책에게 유혹을 당한 적이 있소. 하지만 이에 대한 주님의 뜻을 알기 위해 복음서를 펼쳐 들고 주님께 기도했소. 첫 번째로 복음서를 펼치자 이런 복음 구절이 나왔소. '너희에게는 하느님 나라의 신비가 주어졌지만 다른 사람들에게는 비유로만 말씀하셨다'"(마르 4,11). 그러고는 이렇게 덧붙였다. "학문에 권좌를 내어 주는 사람들이 참으로 많지만, 하느님의 사랑 때문에 그것을 포기하는 사람이 복될 것이오".

74(105). 몇 달 뒤, 프란치스코는 포르치운쿨라의 성 마리아에 머물고 있었다. 어느 날 집 뒤쪽 길가에 있는 당신 움막 가까이에 있는데, 그 형제가 다시 돌아와서 시편집을 갖게 해 달라고 고집을 피웠다. 프란치스코는 그에게 "가서 그대의 관구장이 말하는 대로 하게나" 했다.

그 형제는 출발했다.

프란치스코는 길에 멈추어 서서 당신이 그 형제에게 하신 말씀에 대해 반성을 하고서 바로 그의 뒤를 따라가서 "형제여, 기다려요. 기다리시오" 하고 소리 질렀다. 그를 따라잡은 성인은 그에게 말했다. "내가 시편집에 대해서 그대의 관구장이 말하는 대로 하게나 했던 지점이 어딘지 가리켜 보시오".

그 자리로 돌아온 프란치스코는 땅에 앉아 그 형제 앞에서 무릎을 꿇고 말했다. "내 탓이오, 형제여, 내 탓이오. 작은 형제가 되고자 하는 자는 누구나 수도규칙이 허락하는 대로 수도복과 띠와 속옷 외에는 다른 것을 가져서는 안 됩니다. 그리고 꼭 필요할 때나 앓고 있을 때만 신발을 신을 수 있습니다".

형제들이 이런 종류의 의견을 구하러 그분께 올 때마다, 그분은 늘 똑같은 대답을 했다. 그리고 이렇게 결론지었다. "학식 있는 자는 행하는 만큼 압니다. 그리고 수도자는 설교하는 그 정도만큼 훌륭한 설교자입니다". 이는 "좋은 나무는 그 열매를 보고 안다"는 말씀에 비길 수 있을 것이다.

남용에 대한 관용

75(106a). 프란치스코가 아직 그 주교관에 머물고 있을 때 그분과 함께 있었던 동료들 중 하나가 그분께 이렇게 말했다. "사부님, 이미 다른 형제들이 문의한 것을 또 청한다면 용서하십시오. 한때 형제회는 하느님의 은총으로 순수한 완덕으로 꽃피어 났음을 잘 알고 계십니다. 형제들은 열과 성을 다해 모든 것, 즉 작고 보잘것없는 건축물들, 단순하고 초라한 도구들, 작고 볼품없는 책들, 초라한 의복들 등에서 거룩한 가난을 지켰습니다. 이러저러한 외적인 것들 안에서 그들은 한 가지 생각만을 가지고 있었지요. 즉, 완덕과 성소에 충실하는 것과 좋은 모범을 보이는 것이었지요. 또한 하느님 사랑과 이웃 사랑에서도 그들은 한마음이었지요".

"그런데 언제부터인지는 몰라도 이러한 순수성이 안팎으로 변질되기 시작했습니다. 형제들은 형제회가 커짐으로 해서 그 규정들을 더 이상 지킬 수가 없다는 변명과 구실을 늘어놓고 있습니다. 더 나아가 많은 이들은 옛 관습이 아니라 이러한 쇄신 적응을 사람들이 좋아하고 있고, 그들 생각엔 대다수가 그런 식으로 거룩하게 살고 일하도록 부름받았음을 느끼고 있다고 말하기까지 합니다. 그리고 우리 수도회의 모체요 기초인 단순성과 가난을 우습게 여깁니다".

"우리는 이 모든 것을 보면서 사부님도 마음이 아프시리라 확신합니다. 하지만 저희는 저들이 그토록 사부님을 괴롭혀도 잘 참아 주시고 벌하지 않으심에 또한 정말 감탄하지 않을 수 없답니다".

76(106b). 프란치스코가 그에게 대답하였다. "형제여, 주님께서 그대를 용서하시기를 빕니다. 그대는 내 직무와 관련이 없는 것들로 나와 토론하고 옥신각신하고 시비를 따지고자 합니다. 내가 형제들의 장상이었고 형제들이 자신의 성소와 완덕에 충실했을 때부터, 내가 그리스도에게로 회개한 초기에, 비록 내가 병약하였을지라도 비교적 쉽게 나는 그들에게 모범과 말로 도움이 될 수가 있었습니다. 하지만 주님께서 점차로 형제들의 수를 늘려 주시면서부터, 그리고 형제들이 미온적인 태도와 용기 부족으로 걸어왔던 길을 벗어나기 시작하고 그대가 말한 것처럼 자신들의 성소와 좋은 표양 혹은 나의 말과 모범을 통해 받아들였던 그 길을 신중히 생각지도 않고 아주 넓은 길로 들어서고부터, 나는 형제회를 주님과 형제들의 장상들에게 맡겨 드렸습니다. 그리고 내가 총장직을 사임할 때 총회에서 형제들 앞에서 내 건강 때문에 형제들을 더 이상 돌볼 수 없노라고 변명을 했을지라도, 형제들이 내가 바라던 길을 걷고 또 걸었다면 나는 그들을 위로해 죽을 때까지 나 외에 다른 총장을 갖도록 내버려 두지 않았을 것입니다. 왜냐하면 유순하고 착한 수하 형제가 장상의 뜻을 알고 지키려 한다면 장상은 별로 걱정할 것이 없기 때문입니다. 그렇게 나는 형제들의 착함을 즐기고 그로부터 나와 그들에게 유익한 위안을 받게 되어서, 내가 병으로 자리에 누워 있어도 그들을 돌보는 것이 그다지 힘이 안 들지 않겠습니까?"

"내가 형제들에게 갖고 있는 권위는 영적인 것입니다. 나는 형제들의 약점들을 억제하고 바로잡아 주어야 합니다. 내가 말과 좋은 본보기로 그들을 감화시키고 개선시키지 못한다 하더라도 세속 사람들처럼 매질하고 문초함으로써 사형 집행인이 되고 싶은 생각은 조금도 없습니다. 나는 보이지 않는 원수들이 ― 이승에서나 저승에서나 벌을 내리는 주님의 천사들 ― 주님의 명을 어기는 자를 징계하고 세상 사람들이 모욕과 수치로 그들을 벌하게 되리라고 주님 안에서 확신합니다. 그리하여 그들은 자신들의 성소(聖召)를 지키려 돌아오게 될 것입니다. 그렇다 해도 죽는 날까지 나는 바른 품행으로 주님께서 제게 기르쳐 주셨고, 내가 그늘에게 가르쳐 주어 걷게 한 그 길을 따라 걷도록 가르치는 일을 계속할 것입니다. 그리하면 그들은 주님 앞에서 변명하지 않게 될 것이고, 나는 그분 앞에서 그들이나 나에 대해서 셈 바쳐야 할 의무가 없게 될 것입니다".

77(106c). 그래서 이 때문에 그분은 형제들의 집은 거룩한 가난과 겸손의 상징으로 진흙과 나무로 지어야 하고, 형제들을 위해 세우는 성당들은 작아야 한다고 유언으로 기록하게 했다. 더욱이 그분은 이 규정이, 형제들이 거처한 이래로 주님께서 그들을 늘려 주시기 시작한 첫 거처인 포르치운쿨라의 성 마리아부터 적용되기를 원했다. 이는 형제회에 있고 앞으로 오게 될 모든 형제들에게 전형으로 항상 남아야 했다.

많은 이들이 그분에게, 형제들의 집을 진흙과 나무로만 지어야 하는 것은 문제가 있지 않겠느냐고 지적했다. 사실 적지 않은 지방에서 나무가 돌보다 더 귀했던 것이다.

성인은 이 문제로 그들과 논쟁하고 싶어 하지 않았다. 그만큼 위중한 상태였으며 죽음이 임박했던 것이다(얼마 후 운명하셨다). 그러나 그분은 당신 유언에 이렇게 기록하게 했다. "형제들은 성당과 초라한 집 그리고 형제들을 위해 세운 모든 건물이 우리가 수도규칙에서 서약한 거룩한 가난에 맞지 않으면 그것들을 절대로 받지 않도록 조심할 것이며, 거기서 나그네와 순례자같이 항상 손님으로 머무십시오".

그분과 함께 살았던 우리는 그분이 수도규칙이나 거의 모든 글을 쓰실 때 많은 형제들, 특히 장상들이 반대하는 것들을 수도규칙과 당신 글에 많이 써넣게 했음을 확실히 말씀드리는 바이다. 그런데도 프란치스코께서 살아 계실 때 그들이 반대했던 것들이, 지금 돌아가신 후에는 전 형제회를 위해 아주 유익해 보인다.

그분은 실랑이를 피했다. 그래서 당신 뜻을 죽여 형제들이 바라는 대로 따르기도 했다. 그러나 그분은 자주 이런 경고를 하곤 했다. "형제회의 발전을 위해 제가 주님의 뜻으로 알고 있는 것에 대해 나를 반대하는 형제들은 불행합니다. 그러니 제가 그들의 바람대로 해주는 것은 악을 행하는 것이 될 것입니다".

그분은 가끔 당신 동료들에게 이렇게 반복해서 말하곤 했다. "여기에 내 아픔과 고민이 있습니다. 전 형제회의 현재와 미래의 유익을 위해 내가 오랜 기도와 묵상을 통해 하느님으로부터 당신 자비하심으로 얻게 되었고 그분 마음에 드는 것임을 알고 있는 바를, 나중에 다른 형제들이 권위와 학문적 거만함으로 나에게서 빼돌려 '이것은 받아들이고 지킬 만한데, 저것은 아니야' 하면서 나를 반대한다는 것입니다". 하지만 이미 말한 바와 같이 실랑이를 피했기에 당신 뜻이 아닌 많은 것들을 허용하고 그들의 바람을 많이 충족시켜 주었다.

무익한 수다를 꾸짖다

78(107). 지극히 거룩하신 사부 프란치스코는 언젠가 포르치운쿨라의 성 마리아에 머물던 때, 식사 후 날마다 습관적으로 형제들과 함께 게으름을 피하려고 손노동을 하곤 했다. 왜냐하면 그분은 당신과 형제들이 기도 안에서 주님의 도우심으로 얻게 된 공로를 쓸데없고 무익한 잡담으로 잃어버릴까 두려워했기 때문이다.

이 점에 소홀하지 않도록 하기 위해서 그분은 다음과 같은 규정을 마련해 형제들이 지켰으면 했다. "만일 어떤 형제가 쉬는 시간이나 일할 때 다른 쓸데없고 무익한 말을 내뱉게 되면 주님의 기도와 하느님을 찬미하는 노래[106]를 시작과 끝에 바칠 것입니다. 그러나 바로 깨우치고 용서를 구하면 위에서처럼 주님의 기도와 하느님을 찬미하는 노래를 자기 자신을 위해 바칠 것입니다. 만일 다른 형제가 지적했다면 그것을 그 형제를 위해 바칠 것입니다. 만일 지적을 받고도 주님의 기도를 바치지 않으려 하면 그것을 지적하거나 이런 무익한 말을 내뱉는 것을 들었음을 증언할 그 형제를 위해 위에 말한 주님의 기도를 두 배로 바칠 것입니다."

"그 형제는 하느님을 찬미하는 노래를 바칠 때 그곳에 있는 모든 형제들이 잘 들을 수 있게 크고 또렷한 목소리로 해야 할 것입니다. 그동안 형제들은 조용히 경청할 것입니다. 그리고 만일 누가 이 규정을 어겨 침묵을 지키지 않으면 그 위반자도 하느님을 찬미하는 노래와 더불어 주님의 기도를 한 번 바칠 것입니다."

"각 형제는 수도원이나 움막이나 다른 곳에서 한 명 이상의 형제들을 만나게 되면 항상 주님을 찬미하고 찬송하는 것을 잊어버리면 안

---

106 성무일도 전에 바치는 찬미경을 의미한다.

됩니다".

이 하느님을 찬미하는 노래를 바치는 것이 지극히 복된 사부님의 습관이었고, 다른 이들도 자주 열심히 이를 바치기를 매우 바랐다.

형제들을 파견한 뒤 프랑스로 가기로 결정하다.

79(108a). 처음으로 형제들을 해외로 파견한 그 수도원에서 개최된 총회 때[107]에, 프란치스코는 회의를 마치고 그곳에 남아서 몇몇 그의 동료들에게 이렇게 말했다. "지극히 사랑하는 형제들, 나는 모두에게 거울이요 모범이 되어야 하오. 따라서 내가 나의 형제들을 고생과 모욕, 배고픔과 수많은 고초를 겪게 이국 땅으로 파견했다면 나도 먼 지방으로 떠나는 것이 옳고 좋은 일이라 생각되오. 형제들은 나도 똑같은 고초를 겪고 있다는 것을 알면 자신들의 결핍과 고초를 좀 더 쉽게 참아낼 수 있을 것이오. 가서 — 덧붙이기를 — 주님께서 하느님의 영광과 영혼들의 유익과 구원, 우리 수도회의 좋은 모습을 더 잘 드러낼 수 있는 지역을 선택하게 나를 비추어 주시도록 기도하시오".

먼 지역이든 가까운 지역이든 갈 준비를 할 때, 하느님의 뜻에 어느 곳이 나은지를 인도해 주시도록 주님께 기도하고, 또 형제들에게 기도를 청하는 것이 거룩하신 사부님의 습관이었다.

형제들이 기도에 들어갔다가 그분에게 돌아오자 그들에게 이렇게

---

[107] 사바티에는 이 구절이 이탈리아 밖의 선교를 조직한 시기를 아는 데 매우 중요하다고 보고 있다. 총회는 1217년 총회인데, 피렌체에 있는 우골리노 추기경에게 보낸 칙서(1217. 1. 23.)가 알려져 있기 때문이다. 우골리노는 피렌체에서 프랑스로 가려던 프란치스코를 만났다. 또 다른 선교사 파견은 1219년 5월 26일 총회에서 있었다.

말했다. "우리 주 예수 그리스도와 그분의 동정 어머니와 모든 성인들의 이름으로 나는 교회의 어떤 신자들보다도 더 그리스도의 몸을 공경하는[108] 가톨릭 신자들이 살고 있는 프랑스 땅을 선택합니다. 그리스도의 몸은 저에게 그 무엇보다도 소중합니다. 아주 흔쾌히 나는 그들과 함께 머물 것입니다".

80(108b). 사실, 프란치스코는 그리스도의 몸에 대하여 지극한 존경심과 신심을 가지고 있었다. 이 때문에 그분은 수도규칙에, 형제들은 자신들이 살고 있는 지역에서 성체 신심을 증진하고 성직자들과 사제들에게 성체를 합당하고 깨끗한 장소에 보관하도록 말하고 권고하라고 쓰고 싶어 했다. 그들이 하지 않으면 형제들이 하도록 했고, 한번은 모든 지방에 두루 성합을 형제들에게 들려 보내기까지 했으며, 그리스도의 몸이 방치된 것을 보면 잘 간수하도록 당부했다.

예수 그리스도의 지극히 거룩하신 몸과 피에 대한 존경심 때문에 만일 형제들이 성체 축성 문구에 들어가는 단어들(혹은 거룩한 용어들)을 부주의하게 방치하고 있거나 지저분한 장소에 떨어뜨려 흩어져 있는 것을 발견하면, 주님께서 친히 발설하신 말씀에 대한 존경 때문에 그분은 그것을 주워 모아 따로 보관할 것을 수도규칙에 넣고자 했다. 사실 많은 것들이 하느님의 말씀으로 축성되며 그리스도의 말씀의

---

108 프란치스코는 아마도 자코모 다 비트리(Giacomo da Vitry)로부터 인노첸시오 3세의 장례식이 있었던 페루지아에서 성체 신심이 프랑스에서 꽃피고 있음을 알게 되었을 것이다(ECCLESTON, 「De Adventu」, 15). 이는 당시 리게(Liège)의 성체 운동과 관련이 있어 보인다. 이 운동의 주역은 성 줄리엔 드 몽코르니용(Julienne de Montcormilon, 1191~1258)이다. 촛대의 사용은 이미 12세기 말에 일반화되어 있던 것으로 십자고상 앞에도 놓아두곤 했다. 「세 동료들이 쓴 전기」 24에서 이에 대해 강조하고 있다.

권능을 통해 제단의 성사가 이루어지는 것이다.

그러나 형제들의 눈에 그것을 의무조항으로 하는 것이 바람직하지 않게 보여, 그분은 이를 수도규칙에 넣지는 않았다. 하지만 거룩하신 사부님은 유언과 당신의 다른 글들에서 이를 기억으로 남기고자 했다.

그분은 몇몇 형제들에게 제병 기계를 만들기에 적당하고 멋진 쇠붙이를 들려서 여러 지방에 두루 보내고자 했다.

그분은 당신과 함께 다닐 형제들을 뽑고자 하면서 그들에게 말했다. "주님의 이름으로 둘씩 짝지어 가시오. 길을 가면서 품행을 조심하고, 쓸데없고 무익한 말을 내뱉지 말고, 새벽부터 삼시경까지 침묵을 지키며 마음속으로 주님께 기도하십시오. 또한 여행하는 동안도 여러분의 품행은 마치 은수처나 여러분의 움막에 있는 것처럼 방정해야 합니다. 우리가 어디에 있든지 어디를 가든지 우리는 바로 우리의 움막을 가지고 다니기 때문입니다. 육체 형제가 내 움막이며 영혼은 그 은수자로서 문을 닫고 주님께 기도하고 관상을 합니다. 만일 영혼이 자기 움막 안에서 침묵과 고독 가운데 머물지 못한다면, 손으로 만든 움막도 수도자에겐 별 도움이 안 됩니다".

아레쪼가 평화를 되찾은 이야기

81(108c). 형제들이 아레쪼에 도착해 보니, 오랫동안 서로 미워하고 있는 두 당파 때문에 도시 전체가 엄청난 불화와 치열한 암투에 휘말려 있었다. 프란치스코는 시 외곽 지역의 한 병원에 머무시면서 이를 보고 또 밤낮으로 이러한 소란과 고함을 들으시고는, 곧 마귀가 이러한 불화를 부추겨 사람들을 선동해 불과 재앙으로 도시를 파멸시키려 한다는 것을 깨달았다. 이 도시에 대한 연민의 정으로 가득 차게 된

그분은 신앙이 돈독하고 감탄할 만한 단순성과 순수성의 소유자로 그분이 성인으로 여기는 사제요 하느님의 사람인 실베스테르 형제에게, "성문께로 가서, 큰 소리로 마귀들에게 이 도시에서 떠나라고 명하시오" 하고 말했다.

실베스테르 형제는 일어나서 성문께로 가서 큰 소리로 외쳤다. "주 예수 그리스도의 이름은 찬미 찬양 받으소서! 전능하신 하느님의 이름으로 그리고 우리 사부 프란치스코에 대한 거룩한 순명으로 모든 마귀들에게 명하노니, 이 도시에서 떠날지어다".

그러고는 얼마 지나지 않아, 하느님의 자비와 프란치스코의 기도 덕분에 시민들은 성인의 다른 말도 필요 없이, 평화와 일치를 되찾게 되었다.

그 당시에 프란치스코는 그들에게 설교할 수 없었다. 나중에 그들에게 설교를 하게 되었을 때 처음 담화에서 이렇게 말했다. "나는 지옥에서 풀려 나온 사람들에게 하듯이 여러분에게 말합니다. 사실 여러분은 그릇된 생각 때문에 스스로 사슬에 묶여 있었으며 광장에 끌려나온 짐승들같이 보였습니다. 여러분이 여러분 자신과 도시 전체를 파괴했고 또 파괴하는 자의 심판에 자신을 내맡긴 것은 마귀를 도와준 꼴이었습니다. 여러분은 가련하고 주님의 은혜도 모르는 사람들입니다. 왜냐하면 여러분 대부분이 모르시겠지만 그분은 때마침 실베스테르란 이름을 가진 지극히 거룩한 한 형제의 공로를 통해 이 도시를 구해 주셨기 때문입니다".

프랑스 여행을 중단한 이야기

82(108d). 피렌체에 도착하신 프란치스코는 거기서 호노리오 교황

성하께서 토스카나, 롬바르디아, 베네치아까지 이르는 마르카 트레비지아나(Marca Trevigiana) 공작령의 특사로 그곳에 보내신 오스티아의 주교인 우골리노 추기경(후일 교황으로 선출됨)을 만났다[109]. 추기경은 그분을 보고 몹시 기뻐했다. 그러나 성인이 프랑스로 가려는 것을 듣고 이렇게 말씀했다. "형제여, 나는 그대가 알프스 너머로 가는 것을 바라지 않습니다. 왜냐하면 로마 교황청에는 당신 형제회의 발전을 탐탁지 않게 여기는 고위 성직자들과 사람들이 아직 많이 있기 때문입니다. 당신 수도회를 좋아하는 나와 다른 추기경들은 당신이 이 땅 안에 남게 된다면 더 효율적으로 당신 수도회를 보호하고 도울 수 있을 것입니다".

프란치스코는 "각하, 저희 형제들을 멀리 보내 놓고 저는 이 지역에 남아 있는 것은 저에게 엄청난 부끄러움입니다" 하고 대답했다.

그러나 추기경은 그에게 화를 내듯이 이렇게 주장했다. "그럼 왜 형제는 당신의 형제들을 그리 멀리 보내어 배고픔과 수많은 고초를 겪게 하여 죽게 만듭니까?"

프란치스코는 열정에 북받쳐 마치 예언하듯이 이렇게 대답했다. "각하, 각하께서는 하느님께서 형제들을 이 땅을 위해서만 일으키셨다고 생각하십니까? 아닙니다. 주님께서는 온 세상의 모든 영혼들의 유익과 구원을 위해 형제들을 선택하시고 파견하신 것입니다. 신자들 땅에서도 비신자들 땅에서도 그들은 환영받게 될 것입니다. 그리고 만일 그들이 주님께 약속한 것에 충실히 머문다면 주님께서는 그들에게 신자들 땅에서처럼 비신자들 땅에서도 일용할 양식을 주실

---

[109] 이 만남에 대해서는 다음 글을 참고: A. CALLEBAUT, 「Autour de la rencontre à Florence de S. François et du Card. Hugolin」, 「AFH」 19(1926), 530~540.

것입니다"[110].

추기경은 사실이 그렇다고 인정하면서 이 말씀에 감탄했다. 그러나 프랑스로 가는 것을 허락하지는 않았다. 그리하여 프란치스코는 파치피코 형제[111]를 다른 형제들과 함께 그곳으로 보내고, 당신은 스폴레토 계곡으로 되돌아왔다.

참 기쁨에 대한 소고

83(109). 포르치운쿨라의 성 마리아에서 개최될 총회가 가까웠을 무렵, 프란치스코는 한 동료에게 말했다. "지금 그대에게 간단히 말할 생활 규정을 내가 지키지 않는다면 나는 작은 형제가 아닐 것이오. 자, 형제들이 큰 열심과 존경으로 나에게 와서 총회에 참석하라고 초대합니다. 나는 그들의 생각을 받아들여 그들과 함께 갑니다. 모두들 앉아서 나에게 하느님에 대하여 말하기를 청합니다. 나는 성령께서 영감을 주시는 대로 말하게 되겠지요. 내 강론 끝 무렵에 형제들이 '우리는 당신이 우리를 다스리는 것을 바라지 않습니다' 하고 반대하여 말한다고 합시다. '당신은 말주변도 없고 너무 우직합니다. 당신같이 무식하고 촌스런 자를 우리 장상으로 모신다는 것은 큰 수치입니다. 따라서 이 시간부터 당신을 우리의 장상이라고 더 이상 말하고 싶지 않습니다'. 이렇게 그들은 나를 큰 혼란으로 빠져들게 할 것입니다".

"그들이 나를 무시하고 나를 장상으로 받아들이지 않고 무식하게

---

110 이 일이 성인과 우골리노 추기경 간의 첫 만남인지는 의심스러울 정도이다.
111 파치피코 형제는 1217년 프랑스로 갔다. 그는 프랑스에서 라 꼬르데유(La Cordelle)로 알려진 베즐레(Vézelay)에, 처음으로 작은 형제회 수도원을 세웠다.

끌어내릴 때도, 그들이 나를 공경하고 나에게 순응할 때와 마찬가지로 두 가지 경우 다 똑같은 영혼의 유익을 얻어 누리지 못한다면 나는 작은 형제가 아닐 것입니다. 왜냐하면 형제들이 나를 칭찬하고 공경할 때 그들의 호의와 선의를 즐거워한다면(내 영혼에 해가 될 수 있는 것), 그들이 나에게 찬동하지 않거나 수치스럽게 나를 거부할 때 — 거기서 내 영혼의 이익을 얻게 됩니다 — 내 선익과 영혼의 건강을 즐기고 기뻐해야 함은 훨씬 더 논리적이기 때문입니다"[112].

매미에 대한 에피소드

84(110). 한번은 여름이었는데, 프란치스코가 아직 그 수도원에 거처하며 정원 울타리 곁에 있는 끝 방(프란치스코 사후, 정원사였던 라니에로 형제가 차지함)에서 지내고 있던 중[113], 어느 날 매미 한 마리가 당신 방 가까이 있는 무화과나무 가지 위에 손 닿을 거리에 있었다. 그래서 성인은 손을 내밀며 매미에게 "매미 자매여, 어서 오세요"라고 했다. 그러자 매미가 곧 그분의 손가락 위로 내려왔다. 그분은 다른 손가락으로 매미를 사랑스러이 만져 주면서 "매미 자매여, 노래를 부르세요" 했다. 그러자 매미가 곧 울기 시작했다.

프란치스코는 몹시 기뻐하며 주님을 찬미했다. 이렇게 근 한 시간 동안 매미를 손에 쥐고 있었다. 그리고 난 뒤 성인은 매미를 원래 있던 무화과나무 가지 위로 다시 올려놓았다.

---

112 「참되고 완전한 기쁨」의 정신과 아주 비슷하다.
113 매미에 대한 에피소드는 「2첼라노」 171과 리틀(Little)의 수사본 191에도 나온다. 따라서 「잔꽃송이」와 같은 전설적인 이야기가 아니다.

그 후 8일 동안이나, 매미는 성인이 방에서 나오시면 늘 똑같은 자리에 있었고, 매번 손에 쥐고 만지며 노래 부르게 하면 노래를 불렀다.

8일째 되는 날, 성인은 동료들에게 말했다. "매미 자매를 놓아줍시다. 우리를 충분히 기쁘게 해주었으니 이제 가고 싶은 데로 가게 합시다. 우리 육신이 헛된 영광에 사로잡힐 것 같군요" 하고 놓아주니 매미는 곧장 떠나가서 다시는 돌아오지 않았다. 동료들은 어떻게 매미가 그분께 순종하고 유순할 수 있었는지 궁금해 하였다.

프란치스코는 창조주에 대한 사랑 때문에 자신의 영혼과 육신을 위로해, 주님께서 자기에게 유순하게 해주시든 난폭하게 해주시는 간에, 피조물들과 큰 기쁨을 누리곤 했다.

늘 형제들의 모범이 되고자 함

85(111). 한때 프란치스코께서는 리에티의 콘딜리아노(Con-digliano)에 있는 성 엘레우테리오(S. Eleuterio) 은수처[114]에 머물고 있었다. 어느 날, 그분은 수도복 한 벌만 걸친 채 큰 추위에 시달려야 했다. 그래서 그분은 자기 수도복과 동료의 수도복 안쪽에 조각천을 대어 깁도록 하였고 그제야 몸이 좀 풀리게 되었다.

오래지 않아 기도에서 돌아와 기쁨에 넘쳐 자기 동료에게 말했다. "나는 모든 형제들에게 모범이 되어야 합니다. 이렇게 두껍게 기운 수도복이 내 몸에 분명 필요하겠지만, 똑같이 필요한데도 이렇게 하지 못하고 자신을 돌볼 수도 없는 형제들을 생각해야 합니다. 나는 그들

---

114 이 은수처는 오늘날 리에티-콘타넬로(Rieti-Cottanello) 길 17km 상의 성 올리비에로(S. Oliviero)라 하는 마을에 있다.

수준에 맞추어야 하고 그들과 같은 결핍을 겪어야 하니, 그들이 이를 보고 좀 더 평안하게 결핍을 견디어 낼 수 있을 것이기 때문입니다".

그분과 함께 살았던 우리는 그분이 형제들에게 좋은 모습을 보이려고, 얼마나 많이 자기 몸에 필요한 음식과 의복을 거절했는지, 그리하여 형제들이 자신들의 결핍을 인내심을 다해 견디어 내게 했는지 그 수를 헤아릴 수가 없다. 그리고 특히 형제들의 수가 늘어나기 시작하고 당신이 형제회 운영을 포기한 뒤 그분의 가장 큰 염려는, 늘 말보다는 행동으로 무엇을 해야 하고 피해야 하는지를 형제들에게 가르치는 것이었다.

형제회의 창설자는 누구인가

86(112a). 한번은 어떤 형제들이 나쁜 본보기를 보여 완덕의 성소에서 벗어나게 되었다는 이야기를 듣고, 성인은 마음이 불편해 기도 중에 주님께 "주님, 당신이 저에게 맡기신 이 가족을 당신께 내맡깁니다" 하고 말씀드렸다.

주님께서 그에게 응답하셨다. "어떤 형제가 수도회를 떠나거나 형제들이 내가 너에게 지시해 준 길을 더 이상 걷지 않는다고, 왜 그토록 상심하느냐? 그리고 누가 작은 형제회를 창설했는지 말해 보아라. 그들을 회개시킬 자가 누구이며, 그들에게 항구심을 줄 사람은 누구인가? 내가 아니겠느냐?"

그리고 내면 깊숙한 데서 이런 말이 들려왔다. "나는 내 가족을 잘 인도하도록 너를 선택했다. 내 양떼를 지키는 이는 나라는 것을 네가 (너와 다른 이들이) 알게 하려고, 학식이나 말재주와는 거리가 멀고 아주 단순한 사람인 너를 말이다. 나는 너를 그들을 위한 하나의 봉인으로 삼았다. 그들은 너를 바라보면서 내가 네 안에서 이루는 업적들을 견주어 보아야만 한다. 나의 길을 걷는 자는 나를 얻게 되고, 내 안에서 모든 것을 갖게 된다. 하지만 내 길을 걷지 않으려는 자는 가지고 있다고 생각하는 것마저 빼앗기게 될 것이다. 그러니 슬퍼하지 마라. 네가 해야 할 일을 하고, 네가 해야 하는 것만 신경 써라. 나는 내 영원한 사랑 안에서 이 형제회를 심었노라. 한 형제가 옛 생활로 돌아가서 형제회 밖에서 죽게 된다면 그를 다른 형제로 대치해 그가 받을 영광의 관을 이어받게 할 만큼, 내가 이 수도회를 사랑하고 있다는 것을 알아라. 만일 그가 아직 태어나지 않았다면 곧 태어나게 하겠다. 내가 이 형제회를 얼마나 사랑하고 있는지 너에게 확신시켜 주기 위해, 형제회 전체 회원이 셋밖에 남지 않는다고 가정하자. 그래도 나는 그들을 버리지 않을 것이다".

87(112b). 이렇게 자기 마음에게 이야기하면서 그분은 이 말씀들로 위안을 받게 되었다. 형제들의 몇몇 나쁜 모습에 대해 듣고 몹시 고통스러웠기 때문이었다. 주님으로부터 이런 위안을 받은 뒤, 그분은 형제들의 나쁜 모습을 알게 될 때 자신의 슬픔을 완전히 감출 수는 없었지만 이 말씀들을 떠올리곤 했고, 형제들에게 하신 설교에서 이렇게 말했다. "나는 수도규칙을 지킬 것을 굳게 맹세합니다. 하지만 형제들도 맹세해야 합니다. 그러므로 내 병 때문에 그리고 나와 모든 형제들의 영혼의 더 나은 유익을 위해 총장직을 사임한 지금, 좋은 모습을 보여 주는 것 외에 그들에 대한 다른 의무는 없습니다. 나는 주님에게서 이를 알게 되었으며 이제 확실하게 압니다. 병이 변명의 구실이 될 수 없겠지만, 형제회에 내가 줄 수 있는 가장 좋은 도움은 형제회를 위해 끊임없이 주님께 기도하는 것입니다. 주님께서 형제회를 다스리시고 보존하시고 지켜 주시고 보호하시도록 말입니다".

"형제들 중 하나가 나의 나쁜 모습 때문에 상처를 입게 되면 주님 앞에 셈 바칠 것을 주님과 형제들 앞에서 맹세합니다".

가끔 어떤 형제들이 그분께 형제회가 가는 방향에 개입하라고 권유하면, 그분은 이렇게 응답하곤 했다. "형제들은 자신들의 수도규칙을 가지고 있고, 이를 지키기로 서약했습니다. 형제들이 변명하지 못하도록, 내가 그들의 장상이 되는 것이 주님 마음에 들었을 때부터 그들 앞에서 나는 수도규칙을 서약했고, 세상 끝 날까지 수도규칙을 지키기를 원합니다. 형제들이 뭘 해야 하고 하지 말아야 하는지 이미 알고 있기 때문에, 이제 살아서나 죽어서나 좋은 본보기로 ― 이를 위해 그들에게 나를 내어놓습니다 ― 그들을 교화시키는 것 외에 내가 할 것은 없습니다".

자신보다 더 가난한 사람을 만나면 부끄러워함

88(113). 한번은 성인이 어떤 지방으로 설교를 다니던 중 한 가난한 사람과 마주쳤다. 멈추어 서서 그 극심한 가난을 지켜보고 나서 성인은 동료에게 말했다. "이 사람의 비참함이 우리를 부끄럽게 하고 우리의 가난을 질책하는구려".

"왜 그런데요, 형제여?" 동료가 그에게 물었다.

성인은 말했다. "나는 나보다 더 가난한 사람을 보게 되면 속이 편치 않아요. 나는 내 뜻으로 거룩한 가난을 나의 부인이요 나의 영육의 기쁨으로 삼았기 때문이오. 그래서 온 세상 사람들이 내가 하느님과 사람들 앞에서 가난을 서약했다고 말할 정도지요. 그래서 나보다 더 가난한 사람을 보게 되면 나는 부끄러워해야만 하는 것이오".

가난한 사람을 무시한 형제를 꾸짖음

89(114). 그 지역 주민들에게 설교하러 프란치스코가 로카 디 브리지오(Rocca di Brizio)[115] 형제들의 은수처에 간 그 설교 날에, 반은 병든 가난한 사람이 도착했다. 그 사람을 보자 성인은 마음이 움직여 가난과 그 사람의 건강 상태에 대해서만 생각이 고정될 정도였다. 그리고 그 사람의 가난과 신체 상황을 당신 동료와 더불어 불쌍하게 생각했다. 그리하여 그 사람의 가난과 병약함에 연민이 북받쳐 당신 동료와 함께 그를 가엾게 여기면서, 자신의 벌거벗음과 자신의 건강 상태에 대해 반성하기 시작했다.

동료가 성인에게 말했다. "그 사람이 가난하긴 하지만 마음은 그 누구보다 부자일 것 같네요".

프란치스코는 그의 무자비한 판단을 나무라시고 그 동료는 자기가 잘못했다고 말했다.

프란치스코는 그에게 "그대에게 제시할 보속을 하겠소?" 하자, "그럼요" 하고 그가 대답했다.

"그럼 가서 수도복을 벗고 저 사람 앞에서 벌거벗은 것을 보이시오. 저 사람 발 앞에 엎드려 저 사람을 거슬러 범한 죄를 고백하시오. 그대는 사실 저 사람을 비방했소. 주님께서 그대를 용서해 주시도록 그대를 위해 기도해 달라고 저 사람에게 청하시오".

그 동료는 가서 프란치스코가 엄명한 대로 하고 나서, 일어나 수도

---

115 「완덕의 거울」 37,3,1 참조: 사바티에와 다른 이들은 이곳을 아씨시 북서쪽에 위치한 스테르페토(Sterpeto)와 산 그레고리오 사이에 있는 산타 마리아 델라 로키촐라(S. Maria della Rocchicciola)나 로카 산 안젤로(Rocca S. Angelo)와 같은 곳으로 본다. 이곳에 초기 프란치스칸 수도원 중의 하나가 세워졌고, 오늘날에도 성당에는 당시 프레스코화가 남아 있다.

복을 다시 입고 프란치스코에게로 돌아오자 성인은 그에게 이렇게 말했다. "그대가 어떻게 저 사람에게, 아니 그리스도께 잘못을 하였는지 설명해 줄까요? 가난한 사람을 보게 되면 그대는 그 사람에게서 그의 이름으로 오시는 분, 즉 우리의 가난과 병고를 다시 입으시러 오신 그리스도를 보아야 합니다. 이 사람의 가난과 병고는 우리에겐 우리 주 예수 그리스도께서 인류 구원을 위해 당신 몸에 지니셨던 그 가난과 병고를 비추어 보여 주고 달콤하게 생각하게 해주는 거울과 같은 것입니다".

강도를 회개시킨 이야기

90(115). 보르고 산 세폴크로(Borgo S. Sepolcro)에 있는 한 은수처에[116] 강도 몇이 가끔 형제들에게 빵을 청하러 오곤 했다. 그들은 그 지역 울창한 숲속에 살면서 행인들에게서 빼앗으려고 길과 산길로 내려와 덮치는 그런 위인들이었다.

그곳의 일부 형제들은 "사람들에게 엄청난 해를 끼치는 강도들에게 애긍을 하는 것은 옳지 않다"고 투덜거렸다.

반면 어떤 형제들은 그들이 겸손하게 청하는 것을 보고 또 필요한 것이 분명했기에 늘 생활을 바꾸라고 권고하면서 그들에게 먹을 것을 주곤 했다.

그러던 중 프란치스코가 그곳에 오게 되었고 형제들은 그들에게

---

116 아고스티노(Agostino DA STRONCONE, 「Umbria Serafica」, a.1213)에 따르면, 이 은수처는 치타 디 카스텔로(Città di Castello) 주교가 프란치스코에게 선물한 몬테 카살레(Monte Casale) 은수처로서 지금도 있다.

빵을 주어야 하는지 아닌지 여쭈어보았다.

프란치스코는 이렇게 대답했다. "내가 말하는 대로 하면 그 영혼들을 구할 수 있으리라 확신합니다. 가서 좋은 빵과 포도주를 준비해 그것을 그들이 숨어 있는 숲으로 가져가시오. 그리고 큰소리로 그들을 부르시오. 강도 형제들, 이리 나오시오. 수도원 형제들입니다. 좋은 빵과 포도주를 좀 가져왔습니다. 그들은 바로 뛰쳐나올 것이고 그때 그대들은 땅에 보를 깔아 그 위에 가져간 빵과 포도주를 놓고 그들이 다 먹을 때까지 단순하고 좋은 마음으로 봉사하십시오. 그런 뒤 주님에 대해 말씀하시고 끝에 하느님의 사랑으로 첫째 부탁, 즉 더 이상 어떤 사람도 해치거나 나쁜 짓을 하지 않겠다고 약속하라고 하시오. 왜냐하면 그대들이 한꺼번에 많은 것을 그들에게 청하면 그들은 그대들의 말을 듣지 않을 것이기 때문이오. 그들은 자기들에게 보여 준 사랑 때문에 곧 그렇게 약속할 거요. 다음날도 똑같이 하시오. 약속이 지켜졌으면 빵과 포도주에 달걀과 치즈를 더하시오. 그리고 그들에게 모두 가져가서 그들이 먹을 수 있도록 전날처럼 봉사하시오. 그런 다음 그들에게 말하시오. '왜 여러분은 허구한 날 모든 고초에 노출된 채 배고픔에 허덕이고 황당하게 악행을 저지르며 이곳에 있는 것이오? 회개하지 않으면 벌을 받게 될 것이오. 주님께 의탁하는 것이 더 낫소. 그러면 그분은 이 세상에서는 일용할 양식을 보장해 주고, 저 세상에서는 구원을 여러분에게 주실 것이오. 주님께서는 그대들이 저들에게 보여 준 겸손과 사랑 때문에 감동 받으셔서 당신 자비하심으로 그들을 회개로 인도하실 것이오'".

형제들은 일어나서 프란치스코가 제안한 대로 했다. 그러자 강도들은 그들 위에 내리신 하느님의 자비와 은총으로 형제들의 모든 요구 사항을 받아들여 하나하나 실행에 옮기게 되었다. 더욱이 형제들이 보여 준 예의와 사랑 때문에 나무를 한 짐 해서 은수처로 날라 주기 시작했다. 그리고 그들 중 어떤 이들은 형제들의 사랑과 친절이 동기가 되어 수도회에 입회했고, 또 다른 이들은 앞으로 결코 악한 일을 하지 않을 것이며 오히려 자신들의 손으로 일해서 먹고 살겠다고 형제들의 손안에서 맹세를 하며 회개 생활을 하게 되었다[117].

형제들과 이 이야기를 들은 사람들은 그들의 회개를 예견한 프란치스코의 성덕에 놀라고 감탄했다. 즉, 악행과 범죄를 일삼던 사람에서 그토록 빨리 회개자들이 되었으니 말이다.

성인으로 여겨진 형제의 가면을 벗기다

91(116). 밤낮으로 기도에 열중하며 단순하고 거룩한 삶을 사는 한 형제가 있었다.

그 형제는 가끔 사제형제에게 고백할 때도 말로 하지 않고 몸짓으로 할 정도로 엄격하게 침묵을 지키곤 하였다. 형제들과 함께 앉아 있다가 혹시라도 좋은 말을 들을라치면 말없이 안팎으로 열기가 충만해져, 형제들과 함께 있는 이들이 그를 보며 하느님 사랑으로 인도될 정도로 하느님을 사랑하는 데에 열정적인 사람으로 보였다. 그리하여 모두들 한결같이 그 형제를 성인으로 여기고 있었던 것이다.

프란치스코가 그 은수처에 갔을 때 그는 벌써 수년 동안 그러한 삶의 태도를 유지해 오고 있었다. 그 기이함을 형제들로부터 전해 듣고 성인은 "이는 자기 죄를 고백하지 않기 위한 마귀의 유혹입니다"라고 했다.

---

117 보뢰(VORREUX, 「Documents」, 962)는 이것이 3회원이 되었다는 것을 말하는 양식이 아닐까 생각한다.

마침 총장이 프란치스코를 방문하였고 역시 그 형제를 칭송했다.

프란치스코는 "내 말을 믿으시오. 그 형제는 마귀에의 유혹에 빠져 있는 것입니다" 하고 말했다.

총장은 "이처럼 많은 성덕의 표시를 보여 주고 있는 사람을 그렇게 말씀하시는 것을 믿기가 어렵군요" 하고 대답하셨다.

프란치스코는 "그를 시험해 보시오. 일주일에 한두 번 고백성사를 보라고 이르시오. 당신에게 순종하지 않으면 내가 한 말이 맞다는 것을 아시오" 하며 역설하였다.

어느 날 총장은 그 형제에게, "형제여, 나는 형제가 일주일에 두 번, 아니면 적어도 한 번씩은 꼭 고백하기를 바랍니다" 하고 말했다.

그 형제는 손가락을 입에 대고는 그렇게 못하겠다고 강변했다. 총장은 그를 화나게 만들까 봐 두려워 그냥 내버려 두셨다. 그러나 그 형제는 오래지 않아 자발적으로 수도회를 떠나 세속으로 돌아가 버렸다.

어느 날 프란치스코의 두 동료가 아주 가난한 순례자인 양 걸어가고 있는 그를 길에서 만났다. 형제들은 연민에 사로잡혀 그에게 말했다. "불쌍한 사람, 그대의 그 단순하고 거룩했던 생활은 어디에 있는 겁니까? 당신은 형제들과 함께 있으려고도, 또 그들과 대화도 하지 않으려 하였으며 홀로 고독만 즐기려 하지 않았소? 그런 당신이 이제는 하느님도 그 종들도 모르는 사람으로 세상을 떠돌아다니고 있단 말이오?"

그러자 그 사람은 독설을 가끔 내뱉으며 형제들과 말하기 시작했다. 형제들은 대답했다. "불쌍한 사람, 당신이 마치 세속 사람들처럼 그렇게 독설을 내뱉는 걸 보니, 수도원에 있을 때 쓸데없는 말만 피한 게 아니라 감화를 주는 말까지도 피한 게로군요?"

그는 형제들에게 "어쩔 도리가 없었다"고 대답했다.

그리하여 형제들은 그를 가도록 내버려 두었고 얼마 지나지 않아 그런 상태로 죽게 되었다.

형제들과 다른 사람들은, 형제들과 다른 이들이 그를 성인으로 여기고 있을 때 이미 이 사람의 파멸을 내다보고 있었던 프란치스코의 성덕을 생각하며 감탄해 마지않았다.

마귀의 괴롭힘과 위로

92(117). 한번은 프란치스코께서 후일 교황이 되신 오스티아의 주교, 우골리노 추기경을 방문하러 로마에 가서 그분과 며칠을 함께 지냈다. 그 집에서 물러나온 성인은 훌륭하고 친절한 분이신 성 십자가의 레오(Leone di S. Croce) 추기경[118] 집으로 갔는데, 그분은 프란치스코를 아주 존경하고 있었기에 반가이 맞아 주었다. 그래서 그분은 겨울이고 날씨도 몹시 춥고 그 무렵에 자주 그러하듯이 강한 비바람이 몰아치기도 하니 며칠 동안 자기 집에 머물라고 성인께 부탁했다[119]. 그분은 성인에게 이렇게 말하였다. "형제여, 여행할 날씨가 못 되오. 날씨가 좋아질 때까지 나와 함께 머무시지요. 매일같이 나는 가난한 사람들에게 집에서 먹도록 하니, 당신도 한 자리를 차지하면 될 것 아니겠소?"

추기경께서 이렇게 말한 것은, 교황과 추기경들 그리고 사회의 저

---

118 예루살렘 성 십자가의 레오네 브란칼레오네(Leone Brancaleone) 신부는 1202년에 추기경이 되었고 1230년에 죽었다(EUBEL, 「Hierarchia Cath.」 I). 그는 예루살렘 성 십자가 성당 바로 옆에 집을 가지고 있었고, 탑은 무라 아우렐리아네(Mura Aureliane)에서 얼마 떨어지지 않았을 것이다(참조: 「Dizionario Biografico degli Italiani」 XIII, Roma, 1971, 814 이하).

119 성인의 이 로마 여행은 아마도 「인준받은 수도규칙」(1223년)의 인준 때문인 것 같다.

명인사들이 그분을 성인으로 알고 생각할 만큼 많은 성덕을 지니고 있다 하더라도, 프란치스코는 겸손 때문에 늘 가난한 사람으로 대접받고 싶어 한다는 것을 알고 있었기 때문이다.

추기경은 덧붙여 "당신 좋으실 대로 기도하고 음식을 먹을 수 있는, 그런 한적하고 당신 마음에 드는 거처도 드리겠소" 하고 말씀하셨다.

추기경 집에는 첫 열두 형제 중의 한 분인 안젤로 탄크레디 형제도 있었는데 프란치스코에게 이렇게 말했다. "형제여, 이 근처 성벽 위에 탑이 하나 있는데, 안이 아주 넓고 망루도 아홉 개나 있어서 마치 은수처에 있는 것처럼 조용하게 계실 수 있을 것입니다".

"보러 갑시다" 하고 성인이 말했다.

그곳을 보고 마음에 든 성인은 추기경께 돌아와서 "각하, 며칠 동안 신세를 질까 합니다" 하고 말씀드렸다.

추기경은 몹시 기뻐하셨다. 안젤로 형제는 성인과 한 동료가 추기경 집에서 묵는 동안 밤낮 그곳에서 지낼 수 있도록 가서 탑을 치웠다. 안젤로 형제는 날마다 그분과 동료를 위해 음식을 날라다가 바깥에다 놓아두는 일도 맡아서 하였다. 그도 다른 이들도 감히 안에 들어가서는 안 되었기 때문이다.

프란치스코는 동료와 함께 그곳에서 기거했다. 그런데 첫날 밤, 잠자리에 들었는데 마귀들이 침입해 그를 채찍으로 때렸다. 그래서 성인은 옆방에 있던 동료에게 좀 와달라고 했다. 그 형제는 일어나서 성인의 방으로 왔다.

그러자 성인은 "형제여, 마귀들이 나를 오랫동안 사정없이 때렸습니다. 여기 내 곁에 좀 있어 주시오. 혼자 있기가 두렵습니다"라고 했다.

그 형제는 밤새도록 성인과 함께 머물렀다. 성인이 마치 열병이 라도 난 것처럼 덜덜 떨었기 때문이다. 이렇게 두 사람은 아침까지 뜬눈으로 밤을 지새우게 되었다. 프란치스코가 동료에게 물었다. "왜 마귀들이 나를 때렸고, 왜 주님께서는 그들이 나에게 나쁜 짓을 하도록 내 버려 두셨을까요? 마귀들은 우리 주님의 사자들입니다. 누가 잘못을 저지르면 시장이 그를 벌주려고 사자를 보내듯이, 주님께서도 당신의 사자들인 마귀들의 손으로 당신이 사랑하는 자들을 벌하시고 바로잡 아 주십니다. 이 때문에 마귀들은 주님의 봉사자지요. 가끔 완벽한 수 도자도 무의식중에 죄를 짓는 법이니까요. 그리고 바로 자기 죄를 알 아차리지 못하기 때문에 이러한 벌을 내려서 자기 내면을 샅샅이 뒤져 잘못을 찾아내도록, 마귀를 보내 벌하시는 것입니다. 사실 주님께서는 현세 삶에서 극진히 사랑하는 사람들 안에서 죄를 보고 싶어 하시지 않기 때문이지요".

"나는 하느님의 자비로우신 은총으로 고백성사와 보속을 통해 치 유되어 그 어떤 결함도 없다고 생각합니다. 더욱이 하느님의 선하심으 로 내가 당신 마음에 들기 위해 무엇을 해야 하고, 하지 말아야 하는지 기도하는 중에 알 수 있는 은총을 허락하기도 하셨습니다. 내 생각으 론 주님께서 당신 신하들을 보내시어 나를 벌하신 이유는 이렇지 않나 봅니다. 추기경님은 나를 참 좋아하시고 내 허약한 몸은 그분의 도움 이 필요하기에 내가 이를 기꺼이 받아들일 수도 있습니다. 하지만 배 고픔과 고초들을 겪으면서 세상을 두루 다니고 있는 나의 형제들과 초 라한 거처에서 살고 있는 다른 이들이 내가 추기경님 댁에서 머문 것 을 들으면 나를 두고, '우리는 수많은 고초를 겪고 있는데, 당신은 온 갖 안락을 다 누리고 있군요' 하고 수군거릴지도 모릅니다. 그러므로 나는 그들에게 좋은 모범을 보여 주어야 합니다. 이 때문에 나는 그들 에게 나를 내어주는 것입니다. 형제들은 내가 다른 곳에 머물 때보다 그들과 함께 조그마한 은수처에 머물 때 훨씬 감화될 것이고, 또 나도 똑같이 하고 있다는 것을 듣고 알게 될 때 자신들의 결핍을 좀 더 잘 견디어 낼 것입니다".

프란치스코는 늘 병들어 있었을지라도(이미 회개하기 훨씬 전부터 몸이 여리고 허약했고 죽음에 가까이 이르면서 점점 더 그러했다) 형제들에게 좋은 모범을 보여 주고 자신 안에 있을 수 있는 그 어떤 불평의 동기라도 제거하려고 무던 애를 썼다. 그리하여 형제들이 "저는 자기 욕구를 충족시키고 있고 우리는 아니구나!" 하고 말할 수 없도록 했다. 다른 한편 그분은 병중에든 건강할 때든 돌아가실 때까지 엄청난 시련들을 마주하려 했기에 형제들 중 누가 그것을 알게 되면, 돌아가실 때까지 한동안 그분과 함께 지냈던 우리들처럼, 그 사실을 회상하며 눈물을 흘리지 않을 수 없고, 또 자신이 고초를 겪어야 할 때 더 큰 인내심으로 견디어 내지 않을 수 없을 정도였다.

새벽 일찍 프란치스코는 탑에서 내려와 추기경께 당신이 겪은 일과 당신 동료에게 했던 말씀을 드리러 왔다. 더 나아가 이렇게 덧붙였다. "사람들은 나를 성인으로 믿으며 나를 두고 많은 말들을 합니다. 그래서 마귀들은 나를 감옥에서 내쫓았던 것입니다". 사실 그분은 감옥에 있는 것처럼 조용히 머물며 당신 동료 외에는 그 누구와도 말하지 않으려 했던 것이다.

추기경은 이에 몹시 기뻐했다. 하지만 그분을 성인으로 여겼기에 더 이상 붙잡지 않으려고 결심했다.

이렇게 추기경 집에서 떠난 프란치스코는 리에티 인근 폰테 콜롬보에 있는 성 프란치스코 은수처로 갔다.

세라핌 천사의 환시를 보다

93(118). 어느 날, 프란치스코는 라 베르나 은수처로 갔는데 그 조용함이 아주 마음에 들어 성 미카엘 대천사를 기념하는 사순절을 그

곳에서 보내고자 했다[120]. 그분은 영광스러운 동정 마리아의 승천 축일 전에 그 산에 올랐다. 그분은 성모 승천에서부터 성 미카엘 천사 축일까지의 날들을 세어 보시고는 사십 일이 되자, "나는 하느님과 당신 모친 동정 마리아와 천사들과 영혼들의 으뜸인 성 미카엘 대천사를 기념해 이곳에서 또 하나의 사순절을 보내고 싶습니다"라고 했다.

성인은 사순절 동안 머물 움막으로 가서, 첫날 밤에 주님에게 그곳에 머무는 것이 당신의 뜻인지 어떤 식으로든 확인해 주시기를 청했다.

기도하기 위해 어느 곳에 머물거나 설교하러 세상을 두루 다닐 때면, 프란치스코는 주님을 더 기쁘게 해드리려고 즉시 주님의 뜻을 알려고 노력했다. 때때로 그분은 육신이 외진 곳에서 기도한다는 구실 아래, 하늘에서 내려오신 그리스도께서 하신 것처럼, 설교하러 세상을 두루 다니는 그런 고생을 하지 않고 쉬려 할까 봐 두려워했다. 더 나아가 그분은 하느님의 사랑을 받고 있다고 생각한 이들에게 당신 뜻을, 즉 설교하러 세상을 두루 다녀야 하는지, 아니면 한적한 곳에서 기도에 전념해야 하는지를 밝혀 주시도록 기도를 부탁하곤 했다.

그런데 먼동이 틀 무렵, 그분은 기도하고 있었는데 온갖 종류의 새들이 날아와 당신이 머물고 있는 움막 위에서 지저귀기 시작했다. 한꺼번에 모두가 아니라 먼저 한 마리가 와서 아름다운 선율을 노래하고 가고, 또 한 마리가 날아와서 노래하고 가고, 모두가 그렇게 했다. 프란치스코는 이에 몹시 기뻐하셨고 많은 위안을 받았다. 하지만 이것이 무슨 뜻인지 성찰하기 시작했다.

주님께서 영으로 그분에게 말씀해 주셨다. "이는 주님께서 이 움막

---

120 1224년 성 미카엘 사순절을 말한다. 성 미카엘 사순절은 성모 승천 대축일 다음날부터 시작되는 사순절로, 성인의 신심 중 하나였다.

에서 너에게 선을 베푸실 것이며 많은 위로를 주시리라는 표시이니라".

정말 그랬다. 주님께서 그분에게 주신 감추어진 은총과 드러난 은총들 중에서 세라핌 천사의 환시가 있었는데, 그로부터 그분의 영혼은 주님과 하나가 된다는 엄청난 위로를 받았고, 이는 여생 동안 그분에게 지속되었던 것이다. 언젠가 이 모든 것을 식사를 가져다 준 그 동료에게 이야기해 주었다.

이 움막에서 받은 수많은 위로에 대한 보상으로 마귀는 당신 동료에게 털어놓은 것처럼 그분에게 수많은 괴로움을 안겨 주었다. 언젠가 이렇게 말하기도 했다. "형제들은 마귀들이 나에게 얼마나 많은 형벌을 주는지 아는지! 나에게 연민과 동정을 느끼지 않을 사람이 없을 거요".

이 때문에(자주 당신 동료들에게 말씀하시곤 하셨는데) 그분은 형제들도 바랐겠지만 그들과 더 친근하게 오래 머물면서 그들을 기쁘게 해줄 수가 없었던 것이다.

깃털 베개의 소동

94(119a). 언젠가 프란치스코는 그레초 은수처에 있었는데, 밤낮으로 기도하기 위해 큰 방 옆에 있는 골방에서 지냈다. 어느 날 밤 성인은 옆방인 낡은 큰 방에서 자고 있던 동료를 불렀다. 그 동료는 바로 일어나 프란치스코가 잠자던 방문 앞으로 갔다.

성인은 그에게 "형제여, 오늘 밤 나는 잠을 이룰 수 없고, 기도하러 서 있을 수도 없습니다. 머리와 다리가 마치 상한 빵을 먹었을 때와 같이 후들거립니다" 하고 말했다.

그 동료는 성인을 진정시키려고 애썼다. 그러나 프란치스코는 그에게 "마귀가 내 머리맡에 있는 베개 속에 숨어 있는 듯합니다"라고 했다.

그 베개는 살아생전에 성인을 극진히 사랑하였고 성인이 몹시 좋아했던 그레초의 요한 경이 그분을 위해 사온 것이었다.

세속을 떠난 뒤 프란치스코는 병뿐만 아니라 다른 어떤 이유로도 요 위에서 자거나 털로 된 베개를 갖고 싶어 하지 않았다. 그러나 이번에는 당신의 심한 눈병 때문에 형제들이 당신 뜻을 거슬러 억지로 쓰게 했던 것이다.

성인은 베개를 집어 들어 그것을 동료를 향해 내던졌고, 동료는 일어나서 그것을 오른손으로 잡아 왼쪽 어깨 너머로 걸치고는 출구 쪽으로 나갔다. 그런데 갑자기 그는 말도 할 수 없고, 또 팔과 손을 움직일 수도 없게 되었다. 심지어 베개도 내려놓을 수 없었고, 정신이 나간 사람처럼 멍하게 되었다.

하느님의 자비하심으로 프란치스코가 그를 불렀을 때까지 이렇게 한 시간은 좋이 있었다. 그는 정신이 돌아와 베개를 어깨 뒤로 내릴 수 있었다. 그가 프란치스코에게 돌아오자, 성인은 그에게 있었던 일을 이야기해 주었다.

"어젯밤, 끝기도 중에 마귀가 내 방으로 들어오는 것을 느꼈지요" 하고 성인은 말문을 열었다.

바로 마귀가 잠도 못 자게 하고 기도하러 일어나지도 못하게 했다는 것을 확신하고 성인은 동료에게 이렇게 말했다. "마귀는 아주 교활합니다. 하느님의 선하심과 은총 때문에 내 영혼을 해칠 수 없자, 마귀는 내 육신의 필요와 대립하게 하여, 잠도 못 자게 하고 또 기도하러 서 있지도 못하게 한 것입니다. 이렇게 나를 신심과 내적 기쁨에서 빼내어 병 때문에 불평하도록 나를 몰아붙이는 것입니다".

성무일도에 대한 존경심

95(119b). 수년간 프란치스코는 위장, 비장, 간, 눈병으로 고생했다. 그러한데도 그분의 신심은 대단했고 기도 중에 벽이나 다른 곳에 기대지 않고 머리에 모자(카푸치옴)도 쓰지 않은 채 자주 무릎을 꿇고 있을 정도로 열심히 기도하곤 했다. 그리고 밤낮의 거의 대부분을 기도로 보내려 힘썼다.

설교하러 걸어서 세상을 두루 여행하면서 성무일도를 바쳐야 할 때는 항상 멈췄다. 늘 그랬지만 편찮은 몸으로 말을 타고 갈 때는 성무일도를 바치기 위해 말에서 내렸다.

96(120a) 한번은 로마의 레오 추기경 집에서 며칠 머물고 돌아오는 길에, 편찮아서 말을 타고 로마에서 떠나오신 그날, 하루 종일 비가 왔다. 그럼에도 성인은 비가 와서 흠뻑 젖는다 할지라도 성무일도를 바치기 위해 땅에 내려 길모퉁이에 멈추어 섰다.

성인은 이렇게 말했다. "육신이 벌레들의 밥이 될 그 양식을 편안하게 먹는다면, 영혼은 그 양식인 하느님 자신을 취할 때는 그 얼마나 평화와 고요 가운데 있어야 하겠습니까?"

형제인 육신

96(120b). 성인은 다시 말했다. "마귀는, 하느님의 종의 신심과 내적인 기쁨, 즉 순수한 기도와 선행에서 나오게 되는 기쁨을 없애버리거나 방해할 수 있으면 기뻐 날뛰게 됩니다. 마귀가 하느님의 종에게서 뭔가 꼬투리를 잡게 될 때, 만일 그가 지혜롭지 못하고 뉘우침과 고

백성사와 적절한 보속으로 그 끈을 끊어버리지 못하면, 마귀는 순식간에 머리카락 하나로 올가미를 만들어 점점 더 무거운 멍에를 씌울 것입니다".

"하느님의 종은 먹든지 잠자든지 그 어떤 필요에서든 육신 형제가 '나는 서 있을 수도 없고 기도할 수도 없어. 내 상태로는 조용히 있거나 선행을 할 수도 없어. 왜 나를 돌보지 않는 거야' 하며 불평불만을 못하도록 자기 육신을 그렇게 다스려야 합니다".

"만일 하느님의 종이 가능한 범위 안에서 알맞고 분별 있게 육신을 잘 먹였음에도 불구하고 육신 형제가 나태하고 졸려서 기도와 밤샘 그리고 다른 영적인 일에 무기력하게 되면, 마치 돈을 벌지 않고 먹으려고만 하거나 무거운 짐을 지지 않으려고 하는 반항적이고 게으른 당나귀처럼 육신 형제를 매질해야만 할 것입니다. 그리고 겸손하고 정직하게 자기 형제나 장상에게 청했는데도, 가난과 빈곤 때문에, 육신 형제가 건강이 좋든 나쁘든, 필요한 양식을 충족시키지 못하게 되면, 하느님의 사랑 때문에 이 모든 것을 견디어 내십시오. 그러면 주님께서 이를 순교로 여기실 것입니다. 그리고 자기 안에 있는 일을 했기 때문에, 즉 필요한 것을 청했기 때문에, 육신이 더 허약해진다 하더라도 죄는 면하게 될 것입니다".

기쁨을 유지하고자 애쓰심

97(120c). 프란치스코는 회개 때부터 임종 때까지, 당신 육신을 아주 엄격하게 다스렸다. 그렇지만 그분은 항상 영육 간에 거룩한 기쁨을 누리고 보존하고자 했다.

그분은 자주 이렇게 말했다. "하느님의 종이 순수한 마음에서 나오는 영육 간의 기쁨을 유지할 수 있으면, 마귀들은 그를 해칠 수가 없습니다. 마귀들은 말할 것입니다. 하느님의 종이 좋을 때나 나쁠 때나 기쁨을 유지할 줄 아는 순간부터 우리는 그 사람 안에 들어가 악행을 저지를 방도를 찾을 수 없구나".

어느 날, 성인은 괴롭고 슬픈 표정을 짓고 있는 한 동료를 꾸짖었다. "왜 형제의 죄에 대해 슬퍼하고 괴로운 표정을 하는 것입니까? 그대의 죄를 하느님께 보이고 당신의 선하심으로 구원의 기쁨을 그대에게 주시도록 기도하세요. 나와 다른 이들 앞에서 항상 기쁨을 유지하도록 노력하세요. 형제들과 다른 사람들 앞에서 슬프고 침울한 표정을 짓는 것은 하느님의 종에게 어울리지 않습니다".

"마귀들은 주님께서 당신의 선하심으로 나에게 주신 은총을 시기한다는 것을 나는 잘 알고 있습니다. 마귀들은 나를 해칠 수 없자 나의 동료들을 통해서 나에게 해악을 끼치려고 합니다. 하지만 그들을 통해서도 나에게 해를 끼치지 못하게 되면 떠나가게 됩니다. 가끔 내가 유혹 받거나 게을러졌음을 느낄 때조차도 내 동료의 기뻐하는 모습을 보게 된다면 바로 이 때문에만도 나는 유혹과 태만에서 벗어나 평온을 되찾게 됩니다".

아씨시를 축복하심

98(4). 프란치스코가 병으로 아씨시 주교관에 누워 있을 때, 어느 날 영적이며 거룩한 사람이었던 형제 하나가 웃으며 농담 투로 성인에게 이렇게 말했다. "형제의 이 누더기를 주님께 비싼 값으로 팔게 될 것이오! 지금은 자루 옷을 걸치고 있는 형제의 몸에 값진 비단과 명주 천이 둘러질 것이오".

그 당시에 프란치스코는 병 때문에 머리에 굵은 천으로 덧씌운 모피 모자를 쓰고 있었고, 수도복도 굵은 천으로 만든 것이었다. 복되신 프란치스코는 — 그분이 아니라 그분을 통해 성령께서 — 열정과 마음의 기쁨에 북받쳐 대답했다. "옳은 말씀이오! 형제가 말한 대로 그렇게 될 거요".

99(5). 여전히 그 주교관에 머물면서 프란치스코는 자신의 병이 갈수록 더 악화되어 가는 것을 느끼고, 들것으로 자신을 포르치운쿨라의 성 마리아로 데려가게 했다. 병이 악화돼 도저히 말을 탈 수 없었던 것이다. 들꾼들이 병원 근처에 이르렀을 때[121] 성인은 그들을 멈추게 한 뒤, 심하고 오래된 지독한 눈병 때문에 쪼그라들고 거의 장님이 된 그분은, 들것을 아씨시를 볼 수 있도록 돌리라고 했다. 그러고 나서 상체를 조금 일으키고는 이렇게 아씨시를 축복했다. "주님, 한때 이 도시는 저도 그렇게 생각했지만, 주변 사람들에게 널리 알려진 사악하고 불의한 사람들의 피난처요 소굴이었습니다. 이제 당신이 원하시는 때 당신의 크신 자비로 이 도시에 넘치는 은혜를 베푸셨음을 봅니다. 이제 당신을 알아 모시고 당신 이름에 영광을 드리는 사람들의 거처가 되었습

---

121 성 십자가 수도회원들(Crocigeri)이 운영하던 파레티(Pareti) 혹은 팔라레토(Pallareto)의 산 살바토레(S. Salvatore) 병원으로, 시에서 가장 오래되었고 1195년 문헌에서 이미 거명된 바 있다(「Arch. Catt. fasc.」 II, 148). 아씨시와 천사들의 성 마리아 성당 도상에 있는 현재의 빌라 괄디(Villa Gualdi)에 세워져 있었다. 이 병원에서 일하던 모리코(Morico)라는 수사가 성 프란치스코에 의해 치유되어 나중에 성인의 동료 중 하나가 되었다(성 보나벤투라, 「대전기」 IV, 8). 성인의 다른 동료인 모리코 파르보(Morico Parvus)와 혼동하지 말아야 할 것이다(「Nova Vita di san Francesco」 II, Assisi, 283). 하지만 형제들이 프란치스코를 포르타 모이아노(Porta Moiano)를 통해 운반했다면, 아르체에 있는 산타 마리아 막달레나 나환자 요양원 근처에 멈추었을 것이다.

니다. 그리고 도시는 크리스천 백성들에게 좋은 행실과 믿음과 정직의 향기가 가득 차게 되었습니다. 하오니 자비의 아버지이신 주 예수 그리스도님, 우리의 불충을 보지 마시고 당신의 크신 사랑을 항상 이 도시에 베풀어 주시기를 청하오닙니다. 그리하여 당신을 알고, 세세에 찬미와 영광 받으실 당신 이름을 찬양하고자 하는 사람들의 도시로 남게 될 것입니다. 아멘."

그런 뒤 그분은 포르치운쿨라의 성 마리아로 옮겨졌다.

자매인 죽음

100(6). 프란치스코는 회개 때부터 임종 때까지, 건강하든 아프든 항상 주님의 뜻을 알고 행하려고 애썼다.

(7). 어느 날, 한 형제가 그분에게 이런 말을 했다. "사부님, 사부님의 삶과 행동은 당신의 형제들과 전체 하느님의 교회를 위한 빛나는 거울이었고 또 지금도 그러합니다. 또한, 사부님의 죽음도 그러할 것입니다. 사실, 그 죽음이 형제들과 많은 이들에게는 고통과 슬픔이 될지라도 당신을 위해서는 위로와 끝없는 기쁨이 될 것이니, 이 고통스런 상태에서 영원한 안식으로, 갖가지 고통과 시련으로부터 끝없는 기쁨으로, 거친 가난 — 당신이 그리스도께 회개한 이래로 죽을 때까지 항상 충실히 사랑하셨던 — 에서 참되고 끝없는 엄청난 보화로, 죽음의 상태에서 이승에서 그토록 뵙기를 바랐던 주 하느님을 마주하며 뵈올 영생으로 넘어가게 될 것이기 때문입니다".

그런 후 그는 성인에게 솔직하게 말했다. "사부님, 주님께서 높은 데서부터 개입하지 않고는 사부님의 병은 나을 수 없고 얼마 더 사실 수 없다는 사실을 아십시오. 의사들도 그렇게 말했습니다. 제가 이런 말씀을 드린 것은 사부님의 마음을 위로하기 위해서입니다. 사부님이 주님 안에서 그 위안을 누리셔서 당신 형제들과 당신이 곧 돌아가실 것을 알고 당신을 찾아오는 이들이 주님 안에서 기쁨을 누리고 있는 당신을 볼 수 있도록 말입니다. 그리하여 사부님의 귀천(歸天)은 그들과 그것을 듣게 될 이들에게 당신 삶과 행동이 그러했듯이 모범이 될 것입니다".

성인은 이제 병으로 쇠진해 신음하면서도 뜨거운 열정과 기쁨을 드러내며 주님을 찬미하고 나서 그 형제에게 대답했다. "나는 곧 죽을 것이니, 안젤로 형제[122]와 레오 형제를 불러서 나에게 자매인 죽음을 노래해 달라고 하시오". 두 형제는 그에게 왔고 눈물을 흘리며 성인이 병중에 하느님을 찬미하고 자신과 다른 이들을 위로하기 위해 만든 형님인 태양과 다른 피조물들의 노래를 불렀다. 그 노래의 마지막 소절 앞에 자매인 죽음에 관한 소절을 다음과 같이 덧붙였다.

내 주님, 우리 육신의 죽음 자매를 통하여 찬미받으시옵소서.
살아있는 어느 사람도 이를 벗어날 수 없나이다.
불행하옵니다, 죽을 죄를 짓고 죽는 이들이여!
복되옵니다, 당신의 지극히 거룩한 뜻을 실천하며 죽음을 맞이할 이들이여,
두 번째 죽음이 저들을 해치지 못하리이다.

---

122 초기 사료에 등장하는 세 명의 안젤로가 있는데, 아씨시의 기사인 안젤로 탄크레디(Angelo Tancredi), 안젤로 다 리에티(Angelo da Rieti), 안젤로 다 보르고 산 세폴크로(Angelo da Borgo S. Sepolcro)가 그들이다. 여기서는 아마도 안젤로 다 리에티를 지칭하는 것 같다.

야고바 부인의 마지막 방문

101(8). 어느 날, 프란치스코는 당신의 동료들을 불러 이렇게 말했다. "세테솔리의 야고바 부인[123]이 나와 우리 수도회를 얼마나 좋아하는지 아시지요? 내 병세를 그 부인에게 알려 준다면 큰 호의와 위안을 받게 될 것 같은데요. 그 부인에게 특별히 저 바다 건너 지방의 시토 회원들이 입는 수도복과 같은 수의(壽衣)를 만들 수 있도록 잿빛 옷감을 좀 보내달라고 말씀드리세요. 그리고 내가 로마에 들르곤 했을 때 수차례 만들어 주었던 그 과자도 좀 가져오시라 하세요".

이 사탕과자는 아몬드와 설탕, 꿀과 다른 재료들을 넣어 만든 것으로 로마인들은 그것을 모스타촐로(mostacciolo)라 한다.

야고바 부인은 로마에서 가장 고귀한 집안에 속하는 부유한 집안의 열심한 부인이요 과부요 하느님께 봉헌된 분이었다. 부인은 프란치스코의 공로와 말씀으로 하느님께 많은 카리스마를 받아 항상 눈물과 하느님과의 친밀한 일치 안에서 제2의 막달레나처럼 살았던 분이다.

---

123 노르마니(Normanni) 가문의 야고바(Iacopa). 남편은 로마인 그라지아노 아니치오 프란지파니(Graziano Anicio Frangipani)인데, 그는 마리노(Marino)의 백작이며 셉티조늄(Septizonium)의 부호였다. 세테솔리(Settesoli)는 이 셉티조늄의 잘못이다. 야고바 부인은 그로부터 두 아들을 두었는데, 요한과 그라지아노(야고보?)였다. 1217년에 이미 과부가 되었다. 그녀의 출생과 죽음에 대한 정확한 정보는 없다. 본 편집본은 다른 전기들(「3첼라노」 37~39; 「Actus b. Francisci et sociorum eius」 18; BARTOLOMEO DE PISA, 「De Conforitate vitae b. Francisci ad vitam Domini Jesu」, 「AF」 V, Quaracchi, 1912, 429 이하)과는 달리 성인의 임종 무렵에 두 아들 중 요한만을 데리고 왔다고 전하고 있는데, 첼라노에 따르면 요한은 성인의 시성 조사 때 증언을 했던 인물이다. 부인은 1230년 이후 아씨시에서 살았고, 나이가 아주 많이 들어 아씨시에서 죽어서 하층 대성당에 묻혔다가, 현재는 성인의 무덤을 마주하고 있는 계단 벽에서 영면하고 있다.

거룩하신 사부님의 말씀대로 편지를 쓴 한 형제가 그곳에 갈 다른 형제를 찾고자 염려하고 있는 바로 그때, 누군가가 갑자기 문을 두드렸다. 한 형제가 가서 문을 열었더니 야고바 부인이 프란치스코를 보려고 로마에서 급히 서둘러 온 것이 아닌가? 기쁨에 가득 차 그 형제는 즉시 프란치스코에게 가서 야고바 부인이 아들과 다른 많은 사람들을 대동하고 방문하러 왔다고 알렸다. 그리고 "사부님 어떡하죠? 그분을 이곳까지 들어오게 할까요?" 하고 물었다.

사실은 성인의 명으로 이곳에 대한 존경과 신심 때문에 어느 여자도 들어와서는 안 된다는 규정이 오랫동안 정해져 있었던 것이다[124].

프란치스코는 이렇게 대답했다. "그 멀리서 큰 믿음을 갖고 찾아온 부인에게 이 금지 조항을 적용시켜서는 안 되지요". 그리하여 부인이 들어오게 되었다. 프란치스코를 보자 그 부인은 몹시 흐느껴 울었다.

(놀라운 일은) 그 부인이 수의를 만들 잿빛 옷감과 편지에 적혀 있는 다른 모든 것을 가지고 와, 형제들은 놀라움을 금치 못했고 프란치스코의 성덕을 칭송했다.

야고바 부인은 형제들에게 이런 이야기를 해주었다. "제가 기도하고 있는 중에 이런 말씀이 들려왔습니다. '너의 사부 프란치스코를 찾아가라. 그리고 지체 없이 서둘러라. 늦으면 살아 있는 그를 못 보게 될 것이다. 수의를 만들 이러저러한 옷감과 네가 알고 있는 그 과자를 만들 재료들, 재와 향로도 많이 가져가거라'".

그런데 프란치스코는 진정 편지에 향을 지시한 적이 없었다. 그러나 주님께서 성인의 마음을 위로하고 보답하기 위해 부인에게 알려 주

---

[124] 봉쇄는 수도승들이 아주 옛날부터 지켜온 관습인데, 보니파시오 8세 때까지는 법으로 규정되지 않았다. 프란치스코는 자기 형제들의 거처를 위해 이것이 필요하다고 생각했고, 적어도 줄로 표시하도록 했다.

셨던 것이니, 왜냐하면 가난한 성인의 위대함이 더 잘 알려지도록 하느님께서 그의 임종 날에 그렇게 영광스럽게 만들고자 하신 것이었다.

삼왕에게 영감을 주시어 당신의 사랑하시는 아드님의 가난한 탄생을 경축하러 가게 하셨듯이, 주님은 그 부인에게 영감을 주시어 그렇게 멀리서부터 선물들을 가지고, 살아서나 죽어서나 크나큰 열정으로 당신 아드님의 가난을 사랑하고 하나가 되려 하셨던 당신 종인 성인의 몸을 공경하러 가게 하셨던 것이다.

그리고 야고바 부인은 성인이 드시고 싶어 하셨던 그 모스타촐로를 만들었다. 그러나 그것을 조금 맛보시자마자 그분의 몸은 극도로 쇠약해져 점점 꺼져 가면서 죽음으로 치닫게 되었다.

그 부인은 임종 후에 그분의 거룩한 시신 주위를 밝히도록 많은 촛불도 켜게 했다. 형제들은 부인이 가져온 그 옷감으로 수의를 만들었다. 프란치스코는 거룩한 겸손과 가난의 표시와 증거로 굵은 천 조각으로 바깥쪽을 꿰매라고 부탁하였다. 그리고 하느님께서 바라시는 대로 야고바 부인이 도착한 그 주간에 프란치스코는 이승을 떠났다[125].

---

125 「오상에 대한 고찰」 IV에서는 이렇게 적고 있다. "그리스도의 영광스러운 증거자인 거룩한 프란치스코님께서는 1226년 10월 4일 토요일에 이승을 떠나셨고, 일요일에 묻히셨습니다". 그러나 보다 정확히 말한다면, 프란치스코는 10월 3일 저녁 해가 떨어지고 나서 밤에 돌아가셨고, 산 조르조(S. Giorgio) 성당 지하에 묻히셨다. 이미 다른 형제들이 포르치운쿨라에 묻혔으나, 시민들은 그분을 성안 안전한 곳에 안치하기를 원했던 것이다. 시성은 1228년 7월 16일에 있었고, 1230년 5월 25일에 성인의 유해는 새로 건립된 대성당으로 이장되었다.

겸손과 가난을 위해 나환자들에게 봉사하다

102(9). 프란치스코는 하느님의 도우심으로 그의 회개 때부터 지혜롭게 자신과 자신의 집(수도회)을 하느님의 아드님의 지극히 높으신 겸손과 가난이라는 든든한 바위 위에 세웠으며 그래서 수도회를 "작은 형제회"[126]라 일렀다.

그분은 형제회를 지극히 높으신 겸손 위에 세웠다. 그리하여 형제회 시초부터 그분은 형제들의 수가 증가하기 시작하자 나환자 병원에 머물면서 그들에게 봉사하기를 바라셨던 것이다. 그래서 귀족이든 평민이든 형제회에 입회하면 무엇보다 먼저 나환자에게 봉사하고 그 요양원에 머물도록 했다[127].

그분은 형제회를 지극히 높으신 가난 위에 세웠다. 그리하여 (수도규칙에서 말하고 있는 것처럼) 형제들은 그들이 거처하는 곳에서 나그네와 순례자처럼 살아야만 하였다. 하늘 아래서는 거룩한 가난 외에

---

[126] 「1첼라노」 38: "작은 형제회는 그 자신이 처음으로 세웠고, 따라서 그가 수도회에 이 이름을 붙였다. 사실 수도규칙에 다음과 같이 기록되어 있다. '작은 자가 되십시오'. 그는 이 말을 듣자 불현듯 '나는 이 수도회가 작은 형제회로 불리기를 원합니다'라고 말했다". "작은"이란 수식어는 당시 아씨시의 사회계급인 "미노레스"(minores)를 생각하게 해주는 것이었다.

[127] 성인과 동료들의 첫 사도직은 당시 천형이라 여겼던 나환자들을 보살피는 것이었다. 성인은 유언에서 자신의 회개가 나환자들을 통해서 이루어졌다고 고백하고 있다. "죄 중에 있었기에 나에게는 나병 환자들을 보는 것이 쓰디쓴 일이었습니다. 그런데 주님 친히 나를 그들 가운데로 이끄셨고 나는 그들과 함께 지내면서 자비를 실행하였습니다. …그 후 얼마 있다가 나는 세속을 떠났습니다"(「유언」 1~3). 성인이 첫 번째로 보살폈던 나환자 요양원은 성 라자로(S. Lazzaro) 혹 산타 마리아 막달레나 다르체(S. Maria Maddalena d'Arce)라 불리는 곳으로, 지금도 그 경당이 남아 있다.

는 그 아무것도 찾지 말아야 하니, 그 때문에 하느님께서 이승에서 육신의 음식과 은총으로 먹여 주실 것이고 저승에서는 천상 상속을 해줄 것이기 때문이다.

그분은 당신 자신을 엄격한 가난과 겸손 위에 세웠다. 그리하여 하느님의 교회 안에서 큰 인물 대접을 받으셨지만 교회와 형제들 사이에서 철저히 아무것도 아닌 분으로 여겨지기를 원했다.

테르니의 주교 앞에서 자신을 낮추다

103(10a). 하루는 성인이 주교관 광장에서 테르니[128] 사람들에게 설교하고 있었는데, 사려 깊고 경건하신 그곳 주교도 설교하는 자리에 있었다. 강론 끝에 주교께서 일어나시어 여러 말씀 중 이런 말씀을 했다. "주님께서는 말과 행동으로 교회를 도와주도록 거룩한 사람들로 당신 교회를 — 창설 때도 그 성장 때도 — 항상 비추어 주셨습니다. 이젠 — 이 마지막 시기에 — 보잘것없고 배운 것도 없는 이 가난한 사람(손가락으로 프란치스코를 가리키며)으로 교회를 도와주십니다. 이 때문에 여러분은 이제부터 하느님을 사랑하고 공경하며 죄를 조심해야 합니다. 주님께서는 어느 백성에게도 이같이 아니하셨습니다"(시편 147,20).

주교의 말이 끝나자마자 프란치스코는 연단에서 내려와 그분과 함께 주교좌성당으로 들어가서 크나큰 존경심의 표시로 무릎을 꿇고 말했다. "주교님, 아무도 주교님께서 오늘 저에게 해주신 것보다 더 저

---

128 「완덕의 거울」 45에서는 리에티(Rieti)라고 하는데, 여기서는 테르니(Terni)이다. 「2첼라노」 141; 「소완덕의 거울」 13에서도 테르니로 나온다. 그 당시 주교는 라이네리오(Rainerio, 1218~1253)였다. 이 에피소드는 1218년경의 것으로 추정된다.

를 영광스럽게 해준 사람은 없습니다. 다른 사람들은 '저 사람은 성인이다'고 하면서 창조주께 돌려야 할 영광과 성덕을 피조물에게 돌립니다. 하지만 주교님은 사려 깊으신 분으로서 귀한 것과 귀하지 않은 것을 잘 구분할 줄 아셨습니다".

104(10b). 프란치스코는 칭찬을 받거나 성인으로 칭송받을 때 자주 이렇게 대답하곤 했다. "나는 아직도 아들이나 딸을 갖지 말아야 하는지 확실치 않습니다". 그리고 덧붙여 말했다. "주님께서 나에게 맡기셨던 보물을 거두어 가신다면 비신자들도 갖고 있는 영혼과 육신 외에 남을 게 뭐가 더 있겠습니까? 만일 주님께서 나에게 주신 만큼 어떤 건달이나 이방인에게 그토록 큰 은총을 베푸셨다면 그들은 오늘 나보다 더 충실하게 주님을 섬겼으리라고 나는 굳게 확신합니다. 마치 나무에 그려진 주님이나 복되신 동정녀의 상본 안에서 하느님이나 복되신 동정녀가 공경을 받고, 나무나 그림은 아무것도 아니므로 그분들에게 영광을 돌리는 것처럼, 하느님의 종은 한 편의 그림으로서 하느님의 피조물이고 그분의 작품이 칭송받게 되는 것입니다. 사람은 화판이나 그림일 뿐이므로 스스로 교만해서는 안 되고 영예와 영광은 홀로 하느님께만 돌려야 마땅한 것입니다. 자신에게는 오로지 죽는 순간까지 하느님의 선물을 거스르는 육신을 확인해야만 하는 혼미함과 슬픔밖에 돌릴 것이 없습니다".

총장직을 사임함

105(11a). 프란치스코는 자기 형제들 가운데서 겸손한 사람이 되고자 했다. 이 덕행을 더 잘 보존하려고, 회개하고 몇 년이 안 되어 그분

은 포르치운쿨라의 성 마리아에서 개최된 어느 총회에서[129] 모든 형제들 앞에서 총장직을 사임했다. "지금 이 순간부터 나는 여러분에게 죽은 목숨입니다. 여기 카타니의 베드로 형제[130]가 있습니다. 나와 여러분 모두 그에게 순종하게 될 것입니다".

그러자 모든 형제들은 왈칵 눈물을 흘리며 울기 시작했으나, 프란치스코는 베드로 형제 앞에서 무릎을 꿇고 그에게 순종과 존경을 약속했다. 그리고 죽을 때까지 다른 수많은 형제 중의 하나처럼 수하 형제로만 남았다.

한 원장에게 예속되어 있고자 함

106(11b). 그분은 총장과 관구장(어느 관구에 가든지 그곳 관구장의 순종 아래 머무셨다)에게 예속되기를 바랐을 뿐만 아니라 이미 돌아가시기 한참 오래전부터 높은 완덕과 겸손으로 총장에게 이런 말씀도 했다. "나의 동료 중 하나에게 당신의 권한을 위임해 주셨으면 합니다. 살아서나 죽어서나 당신이 제 곁에 계셨으면 하고 바라기에, 좋은 모범을 보여 주고 순종의 공로를 얻기 위해, 당신에게 순종하듯이 그

---

129 아마도 성인이 동방에서 돌아오신 후, 1220년 9월 29일, 포르치운쿨라에서 개최된 총회인 것 같다. 같은 해 성 도미니코도 볼로냐에서 개최된 총회에서 그렇게 하려고 시도했다고 한다.

130 베드로 카타니는 아씨시 시청의 법률관이었고 아마도 주교좌성당의 참사였을지도 모른다. 성인의 두 번째 동료로서 베르나르도 퀸타발레 다음으로 같은 날(「세 동료들이 쓴 전기」 8)에 입회하였다. 프란치스코의 동방 여행 때 동행했으며 1220년 9월 29일 총회에서 총대리가 되었다. 포르치운쿨라에서 죽었고 그의 무덤은 죽은 뒤에 곧장 만들어진 것으로 지금도 경당 벽에 남아 있다.

에게 항상 순종하겠습니다"[131].

그때부터 그분은 한 동료를 원장으로 삼아 총장에게 하듯이 그에게 순종했다. 더욱이 한번은 당신 동료들에게 이렇게 말했다. "지존하신 분께서 나에게 여러 은총 중에서도 이런 은총을 주셨습니다. 첫 번째로 들어온 가장 나이 많은 형제에게 내가 순종하듯이, 수도회에 오늘 막 입회한 수련자에게 마치 나의 원장인 것처럼 기꺼이 순종하려는 은총 말입니다. 수하 사람은, 자기 장상 안에서 사람을 보아서는 안 되고 당신에 대한 사랑 때문에 수하 사람이 되게 하신 바로 그 하느님을 보아야 합니다. 내가 원했더라면 주님께서 그렇게 해주셨겠지만, 나만큼 형제들이 두려워해야 할 그런 장상은 이 세상에 아무도 없을 것입니다. 그러나 지존하신 분께서는 모두가 나를 형제회 안에서 가장 끝자리 형제로 여기기를 바라는 은총을 나에게 베풀어 주셨습니다".

그분과 함께 살았던 우리는[132] 그분이 여기서 말한 것처럼 행동하는 것을 우리 눈으로 여러 번 보았다.

여러 번, 어떤 형제가 당신의 필요에 사랑을 보여 주지 않았거나 좀 가혹한 말을 할 것 같으면 곧 기도에 들어갔다. 기도를 마치고 나와서는 "그 형제가 애정을 보여 주지 않았어" 혹은 "나에게 나쁜 말을 했어" 하며 불평한 적이 한 번도 없었다.

죽음이 가까워지면서 그분은 어떻게 하면 더 완전한 겸손과 가난 안에서 살다 죽을까 깊이 고민하였다.

---

131 「2첼라노」 151을 통해서 성인이 원장을 달라고 청했던 총장은 여전히 베드로 카타니로 나온다. 따라서 총장식을 그에게 맡기자마자 청했던 것이 된다(R. MANSELLI, 「S. Francesco」, Roma, 1980, 236 참조).

132 이는 성인의 동료들이 자신을 소개하는 정형 문구라고 만셀리는 말한다. 참조: R. MANSELLI, 「Nos qui cum eo fuimus, contributo alla questione francescana」, Roma, 1980.

베르나르도 형제를 축복하심

107(12a). 야고바 부인이 그 유명한 모스타촐로를 만들었을 때 성인은 베르나르도 형제[133]가 생각나서 당신 동료들에게, "이 과자를 베르나르도 형제가 좋아할 것 같군요" 하시고는 한 형제에게 "가서 베르나르도 형제에게 나에게 바로 오라고 하시오" 했다.

그 형제는 가서 베르나르도 형제를 프란치스코에게로 데려왔다. 베르나르도 형제는 성인이 누운 자리 옆에 앉아서, "사부님, 저를 축복해 주시고 그리하여 당신 사랑의 표시를 내려 주시기를 청합니다. 아버지처럼 사부님이 저에게 낳신 애정을 보여 주시면 하느님과 다른 형제들도 더욱더 저를 사랑해 주시리라 믿습니다" 하고 말했다.

프란치스코는 그를 볼 수 없었다. 시력을 잃은 지 며칠이 지났기 때문이었다. 그리하여 베르나르도 형제의 머리인 줄 알고 오른손을 뻗어 에지디오 형제(베르나르도 형제 옆에 앉아 있던 세 번째 동료)의 머리 위에 얹었다[134]. 하지만 에지디오 형제의 머리를 더듬어 만지고서는 즉시 성령의 영감으로 "이는 나의 형제 베르나르도의 머리가 아니군요" 했다[135].

---

133 퀸타발레의 베르나르도 형제는 아씨시의 귀족이고 부유한 가문 사람이었다. 「1첼라노」 24는 "경건하고 단순한 사람" 하나가 먼저 있었다고 하나, 그는 성인의 첫 번째 동료로 여겨지고 있다. 「연대기」 36에 의하면, 그는 1208(9?)년 4월 16일에 자기 집을 버렸다고 한다. 그의 회개에 관해서는 「잔꽃송이」 2 참조.

134 이 구절을 「잔꽃송이」 6과 비교해 보면 재미있다. 이 편집본이 더 신빙성이 있고 더 먼저라는 것을 쉽게 알 수 있다.

135 에지디오 형제는 아씨시의 청년으로서 베르나르도와 베드로 카타니, 실베스테르의 용감한 행동에 관한 이야기를 듣고 1208(9?)년 4월 23일 산 조르조(S. Giorgio)에서 미사를 드린 후 포르치운쿨라로 내려와서 그들과 합세했다. 살림베네 (SALIMBENE DE ADAM, 「Cronica」, 810)는 레오 형제가 그의 전기를 썼다고 하는데 일

그래서 베르나르도 형제가 성인께 더 가까이 다가섰더니, 당신 손을 그의 머리에 얹고 축복했다. 그러고 나서 동료 중 하나에게 말했다. "내가 말하는 대로 기록해 두십시오. 주님이 나에게 주신 첫 번째 형제는 베르나르도 형제였고, 또한 자신의 모든 재산을 가난한 사람들에게 나누어 주고 나서 거룩한 복음의 완덕을 극히 완전하게 시작하고 끝마친 형제도 바로 그였습니다. 이런 이유로 또한 그가 받은 여러 가지 은총의 선물 때문에, 나는 우리 수도회의 어떤 형제보다도 이 형제를 더 사랑할 의무감을 가지고 있습니다. 그래서 나는 할 수 있는 데까지 바라고 명합니다. 총봉사자가 누가 되든지 간에 나를 사랑하고 존경하는 것처럼 그를 사랑하고 존경하며, 또한 다른 관구 봉사자들과 우리 수도회의 모든 형제들은 그를 나처럼 대하십시오".

이 말씀은 베르나르도 형제와 그곳에 있던 모든 형제들에게 큰 위로가 되었다.

베르나르도 형제의 거룩한 죽음을 예언함

108(12b). 또 다른 때, 프란치스코는 베르나르도 형제의 뛰어난 성덕을 생각하면서, 모든 형제들 앞에서 이렇게 예언했다. "여러분에게 말하거니와, 가장 힘세고 교활한 마귀들이 베르나르도 형제를 시험하고자 파견될 것입니다. 그 마귀들은 수많은 고통과 유혹으로 그를 괴롭힐 것입니다. 그러나 주님의 자비로 죽기 전에 영과 육이 모든 시험에서 해방될 것이고, 깊은 평회와 기쁜 안정을 되찾게 될 것입니다. 그

부만 남아 있을 뿐이다. 어떤 부분은 「행적」에 남아 있다. 그의 동료들이 수집했다는 「어록집」이 유명하다. 1262년 몬테 리피도(Monte Ripido)에서 죽었다.

리하여 이 사실을 알게 된 형제들은 놀라움을 금치 못하게 될 것이고 이를 큰 기적으로 여기게 될 것입니다. 그는 이러한 깊은 평화와 기쁜 안정 안에서 이 세상을 떠나 주님께로 가게 될 것입니다".

프란치스코가 이 예언을 할 때 그 자리에 있었던 형제들은 후에 성인이 하느님의 영감으로 예언한 그대로 한 획까지 다 이루어진 것을 보고 놀라움을 금치 못하였다. 실제로 베르나르도 형제는 그를 죽음으로 이끈 병중에도 큰 평화와 마음의 안정을 누렸으니, 누워 있으려고도 하지 않았던 것이다. 만일 억지로 누워야 한다면 거의 앉아 있었다. 부질없는 생각이 머리에 떠올라 몽롱하게 되거나 공상에 빠지게 되어, 그로씨 하느님과의 일치를 잃게 될까 봐서였다. 가끔 이런 기분이 들 때면 그는 즉시 일어나, "이게 무슨 일이냐? 왜 그따위 생각을 하지?" 하면서 자신을 격려했다. 또한, 기운을 북돋우기 위해 장미 향수를 코에 갖다 대는 습관을 가지고 있었는데, 임종이 가까워 오자 이것마저도 포기했으니, 하느님과의 지속적인 일치를 더 잘 유지하기 위해서였다. 그래서 누가 그것을 갖다 주면 "나를 내버려 두시오" 하곤 했다.

평화와 안정 가운데 더욱 기쁘게 죽을 수 있도록 자기 몸의 치료를, 의사로서 돌봐준 한 형제에게 내맡겼다. 그에게 이렇게 말했다. "나는 이제 먹거나 마시고 싶다는 바람을 조금도 표시하지 않겠소. 당신이 알아서 하시오. 당신이 주면 먹고, 주지 않으면 먹지 않겠소".

아픈 사람이 그렇듯이, 그는 항상 죽을 때까지 사제형제 한 사람을 가까이 두고자 했다. 그리고 양심의 가책을 느낄 수 있는 어떤 생각이 머리에 떠오르면 그 자리에서 죄를 고백하고 공적으로 참회했다. 죽은 뒤 그의 육신은 희고 부드럽게 되어, 마치 웃음을 띠고 있는 것 같아서 죽은 후가 살아생전보다 훨씬 아름다워 보였다. 그를 바라본 사람은 살아 있을 때보다 더 기뻐 용약하였으니, 웃음 띤 성인인 듯했기 때문이었다.

클라라 자매에게 하신 예언

109(13). 프란치스코가 임종한 그 주간에, 제2회의 첫 나뭇가지이며 아씨시 성 다미아노 수도원의 가난한 자매들의 어머니이시고 하느님의 아드님의 가난을 따르는 데에서 프란치스코의 경쟁자였던 클라라 자매[136]는 중병을 앓고 있었다[137]. 프란치스코보다 먼저 죽게 될까 두려워, 그 자매는 육신과 영혼의 위로이시고 하느님의 은총 안에 살게 해준 제일 가는 분이신 유일한 사부를 다시 볼 수 없다는 사실에 비통하게 울었고 그 어떤 위로도 소용이 없었다. 그래서 그녀는 한 형제를 통해 이를 프란치스코에게 알렸고, 이를 듣자 성인은 마음이 움직였다. 왜냐하면 클라라와 그녀의 자매들이 거룩하게 살았고, 무엇보다도 당신의 첫 동료들이 도착한 지 몇 년 지나지 않아, 그녀가 하느님의 영감과 당신의 권유로 하느님께 자신을 봉헌하였기에, 아버지다운 사랑으로 그녀와 그녀의 자매들을 사랑하였기 때문이다. 클라라의 회개는 형제회를 위해서도 위대한 모범이었을 뿐만 아니라 교회 전체를 위해서도 그러했다. 그러나 프란치스코는 클라라가 바라는 것(즉 자기를 보는 것)이 둘 다 몹시 아프기 때문에 지금으로서는 이루어질 수 없다

---

136 클라라는 1193(94) 아씨시에서 파바로네 디 오프레두치오(Favarone di Offreduccio)와 오르톨라나(Ortolana) 사이에서 태어났다. 18세 무렵, 프란치스코가 산 루피노에서 사순절에 설교하는 것을 듣고 성지 주일 밤에 가출하여 성인에게 순종을 서약한다. 성인은 그녀와 자매들을 산 다미아노에서 살게 하였고 그녀는 그곳에서 1253년 8월 11일에 죽게 된다. 이미 성 프란치스코의 시신이 묻혔던 산 조르조의 바로 그 무덤에 유해가 안치되었고 나중에 그 자리에 성녀 클라라 대성당이 들어서게 된다.

137 성녀 클라라가 앓았던 병이 무엇이었는지는 확실치 않다. 다만 파시피카 디 궬푸초(Pacifica di Guelfuccio) 수녀의 증언(「시성 조사록」 I)을 통해서 보면, 그 병은 성인이 죽기 2년 전부터 29년간이나 계속되었다고 한다.

는 것을 알아차렸다. 그래서 성인은 클라라를 위로하려고 당신 축복을 편지로 써 보냈고, 당신의 명과 뜻을 거슬러, 그리고 하느님의 아드님의 명을 거슬러 혹시라도 저질렀을 온갖 궐함을 용서해 주었다.

클라라가 모든 슬픔을 이겨낼 수 있도록 주님 안에서 그녀를 위로하기 위하여 성인은(당신이 아니라 당신 안의 성령께서) 클라라 자매가 보낸 그 형제에게 이렇게 말씀했다. "가서 이 편지를 클라라 자매에게 전하시오. 지금 나를 볼 수 없다고 너무 괴로워하지 말라고 이르시오. 클라라가 죽기 전에 확실히, 클라라는 물론 그녀의 자매들이 나를 보게 될 것이고 그 때문에 큰 기쁨을 누리게 될 것을 아시라고 하시오".

몇 시간 뒤 밤중에 프란치스코는 세상을 떠났다. 아침이 되자 아씨시의 모든 남자와 여자, 모든 성직자들이 돌아가신 그 수도원에서부터 노래와 찬송가를 부르며 손에는 나뭇가지를 흔들며 하느님의 뜻으로 거룩한 시신을 성 다미아노로 모셔 갔다. 이렇게 당신 딸들과 여종들을 위로하시려고 주님께서 성인의 입을 통해 하신 말씀이 그대로 이루어졌다.

평상시 성체를 받아 모시고 가끔 하느님의 말씀을 듣도록 만든 창문 쇠창살을 걷어내고 형제들은 들것에서 성인의 유해를 쳐들어 어깨 위로 올리고 한 시간 남짓 그 창문 위로 붙잡고 있었으니[138], 클라라와 그 자매들이 위로를 받을 수 있도록 하기 위함이었다. 그들은 온통 눈물과 고통으로 얼룩졌으니[139], 하느님 다음으로 그분이 이 세상에서 그들의 유일한 위안이셨기 때문이었다.

---

138 「1첼라노」 116과 비교해 보면 좀 더 구체적인 정황을 이야기하고 있다고 볼 수 있다. 이는 목격 증인이 아니면 알 수 없는 내용일 것이다.

139 참조: 「1첼라노」 117.

종달새들이 성인의 죽음을 위로하다

110(14). 프란치스코가 죽었을 때는 토요일 저녁기도 후 어둠이 깔리기 전이었는데 한 떼의 종달새들이 프란치스코의 움막 지붕 위로 아주 낮게 날면서 노래하며 빙빙 돌고 있었다[140].

그분과 함께 살았고 이 회상들을 쓴 우리는 그분이 몇 번이나 이렇게 말하는 것을 들었음을 증언할 수 있다. "언젠가 황제에게 말할 기회가 되면, 나는 하느님의 사랑과 나의 청원 때문에 아무도 종달새 자매를 잡거나 해치지 말라는 칙령을 만들도록 청할 것입니다. 또한, 나는 모든 시장과 성주들이 해마다 성탄 때 백성을 초대해 도시와 성 밖 길을 따라 열매와 씨앗들을 흩뿌리게 하여 새들이, 특히 종달새들이 이 위대한 대축일에 배불리 먹을 수 있도록 해주기를 바랍니다. 이와 비슷하게 당신 모친 복되신 동정녀께서 소와 나귀들 틈에서 구유에 누이신 하느님의 아드님께 영광을 드리기 위해, 그날 밤에는 소 형제와 나귀 형제에게 먹을 것을 풍부하게 주기를 바랍니다. 그리고 성탄에는 모든 가난한 이들이 부자들에게서 배불리 얻어먹을 수 있어야 합니다".

프란치스코는 주님의 어떤 다른 축일보다도 성탄절을 장엄하게 경축했다. 왜냐하면 다른 축일에 주님께서 우리의 구원을 이루셨다면, 우리 가운데 태어나심으로써 우리를 구속하셨기 때문이라고 말했다. 바로 이러한 이유로 그분은, 모든 신자는 주님 안에서 기뻐해야 하고, 당신 자신을 우리에게 주신 그분에 대한 사랑 때문에 기쁘게 가난한 사람들은 물론 동물들과 새들에게도 너그러이 베풀기를 원했던 것이다.

프란치스코는 종달새에게 이렇게 말하곤 했다. "종달새 자매는 형제들처럼 모자를 쓰고 있지요. 종달새는 겸손한 새랍니다. 작은 모이

---

140 참조: 「3첼라노」 32.

를 찾으러 기꺼이 길가로 날아가고, 동물들의 오물 속에서 모이를 발견해도 그것을 쪼아서 먹지요. 공중을 날면서 주님을 찬미합니다. 그때는 마치 훌륭한 수도자들이 지상의 것들을 거절하고 늘 천상 것에 열중하는 것과 비슷하지요. 더 나아가 그 옷은(깃털을 말하는 것이다) 땅 색과 비슷합니다. 그래서 나는 형제들에게 화려하거나 현란한 색깔의 옷을 피하고 갈색 옷을 입으라 권고하는 것입니다".

이렇게 프란치스코는 종달새들을 끔찍이 사랑했고, 멈추어 서서 기쁘게 그들을 바라보곤 했다.

필요 이상으로 애긍을 받는 것을 도둑질로 여김

111(15). 프란치스코는 가끔 이런 말씀을 당신 형제들에게 하곤 했다. "나는 가난한 사람들의 유산인 애긍을 결코 내 것으로 가진 적이 없습니다. 오히려 나에게 필요한 것보다 항상 더 적게 가졌습니다. 왜냐하면 다른 이들의 몫을 훔치지 않기 위해서였습니다. 달리 행동하면 도둑이 될 것입니다".

공동으로든 개인적으로든 아무것도 소유하지 말라

112(16). 관구장들이 이 많은 수의 형제들이 숨이라도 쉴 수 있도록, 적어도 어떤 것은 공동으로 소유할 수 있도록 허락해 줄 것을 성인에게 요청한 적이 있었다. 프란치스코는 기도 안에서 그리스도께 여쭈어보았는데, 즉시 그분은 개인으로든 공동으로든 아무것도 허락하지 말라고 성인에게 명하셨다. 왜냐하면 이 가족은 아무리 커진다 하더라

도 당신이 늘 보살피시고, 당신을 신뢰하는 만큼 보호해 주실 당신의 가족이기 때문이라는 것이었다.

관구장들이 수도규칙을 반대함

113(17). 첫 번째 수도규칙을 잃어버린 뒤 프란치스코는 그리스도의 명에 따라 수도규칙을 작성하고자 아씨시의 레오 형제와 볼로냐의 보니지오 형제[141]와 더불어 어느 산 위에 머물고 있었다. 꽤 많은 장상들이 성인의 대리자인 엘리아 형제[142]에게로 가서 이렇게 말하였다. "우리는 이 복 받을 프란치스코가 새로운 수도규칙을 쓰고 있다는 이야기를 들었습니다. 우리는 그가 지킬 수 없을 정도로 힘든 수도규칙을 만들까 걱정됩니다. 그에게 가셔서 우리는 그 수도규칙을 지킬 의향이 없다고 좀 말해 주십시오. 만들려면 자신을 위해 만들고 우리를 위해서는 만들지 말아 달라고 하십시오".

엘리아 형제는 프란치스코의 꾸중이 두려워 가려고 하지 않았는데, 그들이 하도 조르는 바람에 그들도 함께 간다면 그렇게 하겠노라고 말

---

141 어떤 사본에는 보니모(Bonimo)라 나오는 데도 있는데 보니지오(Bonizio)가 옳다. 그는 볼로냐 출신으로 알려져 있다.

142 엘리아 봄바로네(Elia Bombarone)는 아씨시의 선생이었는데, 1211년에 입회하였다. 1217년에 성지 관구장으로 임명되었고, 그곳에서 1219년 프란치스코를 마중했다. 1221년부터 1227년까지 수도회 총대리였고 1232년부터 1239년까지 총장으로 재직했다. 아씨시 대성당 건립 위원장이었고 형제회에 수많은 알력을 조장한 뒤 물러나서 당시 교황과 적대 관계에 있던 프레데릭 2세 황제 편이 되었다가 파문당하고 형제회에서도 쫓겨났다. 화해를 한 뒤, 1253년 4월 22일, 코르토나에서 죽었다. 그의 인물됨을 정확히 평가하기는 힘들다.

했다. 그리하여 모두 함께 떠났다. 엘리아 형제는 수하 사람들과 함께 도착해 프란치스코가 있는 곳에 가서 그를 불렀다. 프란치스코는 그들을 보고 "이 형제들이 무엇을 원하는 것입니까?" 하고 물었다.

엘리아 형제가 말했다. "이 사람들은 당신이 새로운 수도규칙을 쓴다는 소리를 듣고 당신이 수도규칙을 너무 어렵게 만들까 봐 두려워하며 자기들은 그 수도규칙을 지킬 의향이 없음을 알리려고 온 장상들입니다. 그러니 당신 자신을 위해서 쓰시되 그들을 위해서는 쓰지 마십시오."

그러자 프란치스코는 얼굴을 돌려 하늘을 우러러보면서 그리스도께 이렇게 간청했다. "주님, 그들이 당신을 믿지 않을 거라고 제가 이미 말씀드리지 않았습니까?" 그러자 즉시 공중에서 그리스도의 음성이 들려오는 것이었다. "프란치스코야, 수도규칙에는 너의 것이라고는 하나도 없다. 거기 있는 모든 것은 나의 것이다. 그리고 나는 수도규칙이 이렇게 글자 그대로, 글자 그대로, 글자 그대로, 해석 없이, 해석 없이, 해석 없이 지켜지기를 원한다". 그리고 덧붙여 이렇게 말씀하셨다. "나는 인간이 얼마나 연약한지 그리고 내 도움이 얼마나 큰지 알고 있다. 원하지 않는 사람은 형제회를 떠날지어다."

프란치스코는 그 형제들에게 돌아서서 말하였다. "들었습니까? 들었습니까? 제가 되풀이할까요?"

그들은 아무 말도 못하고 자신들이 행한 일을 혼란스러워하며 떠나갔다[143].

---

143 이 에피소드는 최종 수도규칙(「인준받은 수도규칙」)에 관한 이야기인데, 후에 1223년 11월 29일자로 교황 호노리오 3세에게 인준을 받게 된다.

다른 수도규칙에 대해 들으려 하지 않음

114(18). 프란치스코가 소위 돗자리 총회[144]라 알려진 포르치운쿨라의 성 마리아 총회에 참석하셨을 때의 일이다. 이 총회에는 오천 명[145]의 형제들이 참석했는데 그중에는 똑똑하고 유식한 형제들이 많이 있었다. 그들은 총회에 참석한 추기경(후일의 그레고리오 9세 교황)께 프란치스코가 위에서 말한 유식한 형제들의 제안에 귀를 기울이고 그들에게 형제회 운영을 맡기도록 설득해 주기를 부탁했다. 그들은 성 베네딕토, 성 아우구스티노, 성 베르나르도의 수도규칙에 의존해 형제들의 삶을 이러저러하게 규정하고자 했던 것이다.

추기경으로부터 이 문제에 대한 충고를 들은 프란치스코는 손으로 그분을 붙잡고, 총회에 모인 형제들 앞으로 모시고 가서 형제들에게 이렇게 말하였다. "나의 형제들이여, 나의 형제들이여, 하느님께서는 겸손과 단순의 길을 걷도록 나를 부르셨지 다른 길은 가르쳐 주시지 않으셨습니다. 그러므로 '나는 성 아우구스티노 수도규칙이다', '성

---

144 프란치스칸들은 초창기부터 1년에 두 번, 성령 강림과 성 미카엘 대천사 축일(9월 29일)에 총회를 열었다. 나중에는 1년에 한 번만 열게 되고, 「인준받은 수도규칙」에서부터 그 기간이 유동적이 되었다. 이 총회를 돗자리 총회라 했는데 형제들의 수가 너무 많아서 돗자리를 깔고 했기 때문이었다. 그 시기에 대해서는 학자들의 의견이 다르다. 다수가 1221년 5월 30일을 주장하고 있고, 사바티에와 무어맨은 1218년을, 파리의 그라지아노 등은 1219년을, 브루크(Brooke)는 1222년을 주장하고 있다. 이 「아씨시 편집본」은 총회에 우골리노 추기경이 참석했다고 말하고 있기에 1221년 총회는 아닌 것 같다. 왜냐하면 그 당시 우골리노는 베로나(Verona)에 있었기 때문이다.

145 이 숫자는 다른 사료들에서도 확인된다: 「완덕의 거울」 68; 「Actus」 20; T. ECCLESTON, 「De adventu」, 232; A. CLARENO. 그러나 「연대기」에서만 삼천 명이라고 말한다.

베르나르도 수도규칙이다', '성 베네딕토 수도규칙이다' 하는 소리를 듣고 싶지 않습니다. 주님께서는 내가 세상에서 새로운 바보가 되기를 바라신다고 나에게 말씀하셨습니다. 그분은 이 길 외에 다른 길로 여러분을 인도하기를 원치 않으셨습니다. 그리고 바로 여러분의 그 지혜와 유식함으로 그분은 여러분을 헷갈리게 할 것입니다. 나는 주님께서 당신 사자들의 손을 통해 여러분을 벌하시리라 믿습니다. 그래서 여러분이 원하든 원하지 않든 부끄러워하며 여러분의 길을 다시 걷게 될 것입니다".

추기경은 감탄했고 형제들은 아무 말도 하지 못했다.

교황청에 특전 요청을 거부하다

115(20). 어느 날, 어떤 형제들이 프란치스코에게 말씀드렸다. "사부님은 주교님들이 가끔 설교 허락을 주지 않고 백성에게 설교하기 전에 며칠씩 우리를 그 지역에 붙들어 두는 것을 모르십니까? 사부님이 교황님께 영혼들의 구원에 크게 도움이 되게 특전을 얻어내시면 얼마나 좋겠습니까?"

성인은 몹시 화난 어조로 그들에게 대답했다. "그대들, 작은 형제들이여, 그대들은 아직도 하느님의 뜻을 모르십니까? 그렇다면 내가 온 세상을 회개시키는 것이 하느님의 뜻이라고 여러분이 믿을 수 있겠습니까? 나는 겸손과 존경으로 고위 성직자들을 회두(回頭)시키기를 원합니다. 그들은 우리의 거룩한 삶과 그들을 향한 존경심을 보게 될 때, 여러분에게 백성에게 설교하고 회개시키도록 청하게 될 것입니다. 그것이 여러분을 교만하게 만들 특전보다 훨씬 더 여러분을 풍성하게 만들 것입니다. 만일 여러분이 온갖 종류의 탐욕에서 멀어지고 백성에게 교회에 십일조를 내라고 초대할 것 같으면, 그들은 제일 먼저 여러분에게 백성에게 성사를 주라고 요청할 것입니다. 하지만 이에 대해서는 염려할 필요가 없습니다. 회개할 줄 안다면 쉽게 고해 신부도 찾을 수 있을 테니까요. 나는 나 자신을 위해서는 이것 하나만 주님께 특전으로 청하고 싶습니다. 즉, 모든 사람과 더불어 겸손한 자가 되고 거룩한 수도규칙을 따르는 가운데서 말보다는 행동으로 회개시키는 것 외엔 그 어떠한 인간적 특전을 갖지 않는 것 말입니다".

116(21). 한번은 우리 주 예수 그리스도께서 복되신 프란치스코의 동료인 레오 형제에게 계시하셨습니다.
"나는 형제들이 불만스럽네".
"왜요, 주님?"
"세 가지 이유 때문이지. 하나는 형제들이 씨를 뿌리거나 거두어들이지 않아도 내가 매일같이 은혜를 베풀고 있는 것에 대해 감사할 줄 모르는 것이고, 또 하나는 하루 종일 쑥덕대기만 하고 게으름을 피운다는 것, 마지막 하나는 가끔 말다툼하고 화해를 하지 않고 받은 상처를 용서하지 않는다는 것이지".

최후의 만찬과 임종

117(22). 어느 날 밤, 프란치스코는 병과 고통이 너무나 극심해서 도저히 잠자거나 쉴 수가 없을 정도였다. 아침에 통증이 좀 누그러지자 성인은 수도원에 있는 모든 형제들을 부르도록 했다. 형제들이 그분 둘레에 모두 모였을 때, 그분은 여기 모인 형제들을 모든 형제들의 대표로 여기며, 첫 형제부터 시작해 각자의 머리 위에 오른손을

없으시며 축복해 주었다. 이렇게 형제회 안에 있었고 세상 끝 날까지 들어오게 될 모든 형제들을 축복하고자 한 것이다. 그분은 평화롭지 못해 보였는데, 임종 전에 자기 아들들을 전부 다시 볼 수가 없었기 때문이다.

그런 다음 빵과 포도주를 가져오도록 청했다. 그러곤 축복하고 당신 몸 상태 때문에 빵을 쪼개지는 못하고 한 형제에게 여러 조각으로 자르게 해 그것을 한 조각씩 나누어주며 모두 먹으라고 했다. 형제들에게는 마치 주님께서 당신 죽음을 앞두고 목요일에 사도들과 함께 만찬을 드시기를 원하신 것처럼, 어쩌면 프란치스코도 죽기 전에 그들을 축복하고 또 그들 안에서 모든 나른 형제들을 축복했으며, 다른 모든 형제들과 함께 하는 것처럼 축복한 빵을 먹으라고 말하는 듯했다. 하루 차이가 있었지만 사부님은 목요일인 줄 알았노라고 형제들에게 말했을 정도였다.

한 형제가 그 빵 한 조각을 보존했는데, 프란치스코가 임종한 뒤, 그것을 먹은 몇몇 환자들이 바로 병에서 완쾌되었다[146].

---

146 참조: 「2첼라노」 216~217.

번역을 마치고

엉겁결에 「페루지아 전기」를 번역하게 되었다. 그러나 잘했다는 생각이 든다. 무엇보다도 프란치스코의 인격을 다시금 체험할 수 있는 계기가 되었다. 행정보다는 모범으로 영적 기여를 하는 것이, 그분이 형제들에게 하는 사랑의 구체적인 표시였음을 다시금 깨닫는다.

텍스트는 마리노 비가로니(Marino Bigaroni)의 이탈리아본 「S. Francesco d'Assisi dagli Scritti dei suoi Compagni」(Assisi, 1987^2)를 사용했다. 비가로니는 이 「페루지아 전기」를 처음으로 「아씨시 편집본」(Compilatio Assisiensis)이라 이름을 붙였다. 각주도 이것을 주로 따랐다. 하지만 원래의 번역이 델로르메(Delorme)의 1926년판에서 따온 것이기에 그 판의 번호를 따랐고, 괄호 속에 병행하는 「아씨시 편집본」의 번호를 함께 붙였다.

모쪼록 최종 비판본 번역이 나올 때까지 쓸모 있게 쓰이기를 바라 마지않는다.

2001년 사순절 어느 날,
정동에서
오상선(바오로)

【 부록 】

비트리Vitry 야고보의 증언

옮긴이: 배의태(요셉), 작은 형제회(프란치스코회)

팔레스티나 지방의 아크리(Acri) 혹은 톨레마이데(Tolemaide)의 주교 비트리의 야고보는 프란치스칸 기원에 관해 가장 값진 증거를 남겨 준 외부 증인이다.

그는 나무르(Namur, 현재 벨기에) 교구에 있는 비트리에서 태어났고, 이 지방에서 본당 신부, 주교와 참사위원 직책을 맡다가 인노첸시오 3세 교황이 서거한 며칠 뒤 1216년에 페루지아에서 호노리오 3세로부터 주교 품을 받았다. 몇 달 뒤에 자기 주교좌 아크리로 떠났고, 다미아타(Damiata)의 포위와 점령과 패배에서 십자군과 같이하였다. 1228년에 프라스카티(Frascati) 주교좌를 맡으며 추기경으로 임명되었다. 1240년에 사망했다.

비트리의 야고보가 성 프란치스코와 작은 형제들의 기원에 대해 남겨준 글은 다음과 같다.

1) **1216년의 편지** 자기 교구로 떠나기 며칠 전 제노바에서 1216년 10월에 쓴 편지이며, 성 프란치스코와 작은 형제회에 관한 최초의 역사적 증언이다. 이 편지에서 야고보는 당대의 수도회 운동을 묘사하고 있고, 특히 자기가 직접 목격한 "작은 형제들"과 "작은 자매들"의 생활을 집중적으로 쓰고 있다.

2) **1220년의 편지** 1220년 2~3월 즈음에 다미아타에서 쓴 이 편지에서 야고보는 작은 형제회의 급속한 발전을 말하고 여기에 내포되어 있는 위험성을 지적한다. 이 편지의 중요성은 무엇보다도 야고보가 직접적인 목격자로서 성 프란치스코의 이집트 술탄 방문과 그로부터 받은 호감을 이야기해 주는 데 있다. 비트리의 야고보가 1216년 인노첸시오 3세 교황 장례식 때 페루지아에서 프란치스코를 만났을 가능성은 배제할 수 없지만, 다미아타에서는 틀림없이 프란치스코를 직접 만나게 되었다.

3) 「동방 역사」 비트리의 야고보는 1219년에 이 책을 쓰기 시작했고, 다미아타의 패배(1221년 9월 8일) 전에 마쳤으리라고 짐작된다. 이 책 32장에서 교회 안에서의 작은 형제회의 '새로움'을 강조하며, 특히 설립자 프란치스코의 지향에 따라 사는 최초 형제들의 복음적이며 사도적인 생활을 강조한다. 이 글에서도 다미아타에서의 프란치스코나 십자군과의 만남, 그리고 술탄과의 만남을 증언하고 있다.

4) 두 개의 설교 성 프란치스코의 시성식이 끝나고 얼마 후에 비트리의 야고보가 추기경으로 있으면서 성 프란치스코에 관하여 작은 형제들에게 한 두 개의 설교이다.

1) 첫째 편지(제노바에서 1216년 10월 초순)

1. 아크리 교회의 보잘것없는 봉사자 야고보는 하느님의 자비로운 도우심으로 매우 사랑하는 친우들에게 주님 안에서 영원한 구원을 기원하는 바입니다.

2. …

3. 이런 일들이 있고 나서(즉, 광포의 범람에서 도망쳐서) 밀라노 시에 갔는데 이곳은 참으로 이단자들의 동굴입니다.
　여기에 며칠 머무는 동안 여러 곳에서 하느님의 말씀을 전했습니다. 도시 전체에서 이단자들을 반대할 용기가 있는 사람은 거의 찾을 수 없는데, 예외적으로 세속 사람들이 농담으로 "파타리니"(Patarini)라고 부르는 거룩한 남자와 경건한 여자 몇이 있습니다. 그러나 설교하고 이단자들을 공격하기 위해, 그들을 인준하시고 그들의 수도회까지 인준하신 교황님은 이들을 "후밀리아티"(Humilliati)라고 하십니다. 이들은 모든 재산을 버리고 여러 곳에 함께 모여서 손수 일해 가며 살면서 하느님의 말씀을 자주 전하기도 하고 기꺼이 듣기도 합니다.
　그리고 신앙에서는 완전하고 굳건하며 행동은 효과적입니다. 이들의 수도회는 밀라노 교구에 널리 퍼져 있으며 자기 집에서 살고 있는 사람들을 계산하지 않고도 남자 수도자들과 여자 수도자들의 수도원을 합하면 150개가 넘습니다.

4. 이곳을 떠나 페루지아에 갔을 때 인노첸시오 교황은 이미 서거했지만, 아직 장례를 지내지 못했음을 알게 되었습니다. 그리고 도둑들이 밤에 들어와 그의 시신에서 모든 값진 옷을 빼앗아가 그의 시신

은 거의 벗겨졌으며 부패 상태로 성당에 둔 채 도망갔습니다. 나는 그 성당에 들어가 이 세상의 허무한 영화가 얼마나 짧은 것인가를 확실하게 느끼게 되었습니다.

장례식이 끝나고 다음 날(1216년 7월 18일) 추기경들은 호노리오를 교황으로 뽑았습니다. 나이가 지긋한 경건한 호노리오는 단순하고 매우 유순하며 자기 재산을 거의 다 가난한 사람들에게 나눠 준 적이 있는 분이었습니다. 호노리오는 선출된 다음 주일에 교황으로 서품되었습니다.

5. 나는 그 다음 주일(7월 31일)에 수교 서품을 받았습니다.

6. …

7. 교황청을 잠시 출입하는 동안 나는 내 마음에 들지 않는 여러 가지 사항들을 보게 되었습니다. 모든 이가 현세적이고 세속적인 일, 왕들과 왕국에 관한 일, 논쟁과 재판에 관한 일들에 너무 분주하게 사는 결과, 영적인 영역에 관한 주제를 말할 여유가 없었습니다.

8. 그러하지만 그 지방에서 나에게 큰 위로를 준 사건 하나를 발견했습니다. 부유한 남녀 평신도들이 그리스도 때문에 모든 재산을 버리고 세속을 떠난 것을 보았기 때문입니다. 이들은 "작은 형제들" 그리고 "작은 자매들"이라 일컬어지고 교황과 추기경들은 이들을 영예롭게 여기고 있습니다.

이들은 현세적인 어느 것에도 마음을 두지 않고 오히려 열성적인 소망과 열심한 노력으로 멸망의 위험에 있는 영혼들을 세속의 허영심에서 구제하며 자기들 대열에 끌어들이려고 날마다 노력합니다. 그리고 하느님의 은총으로 이미 풍부한 결실을 거두면서 많은 이들을 자기편으로 끌어들였습니다. 이는 그들의 말을 들은 사람은 다른 이에게 "오라"고 하며, 이렇게 한 무리는 다른 무리를 끌어당기기 때문입니다.

9. 이들은 초기 교회의 생활양식에 따라 살고 있습니다. 초기 교회에 대해 사도행전은 말합니다. "신도들의 무리는 한 마음 한 정신이 되었다"(사도 4,32)[1]. 낮에는 도시와 마을에 들어가 사람들을 주님께 이끌려고 적극적으로 노력하며, 밤에는 외딴 곳이나 조용한 곳에 돌아가 관상에 전념합니다[2].

10. 자매들은 도시에서 멀지 않은 어떤 숙소(숙박소, Hospitium)에서 머물며, 어떤 애긍도 받지 않고 오히려 손수 일하면서 삽니다. 자기들이 바라는 이상으로 성직자와 평신도로부터 존경을 받는 것이 그들에게는 불만과 흥분의 원인이 됩니다[3].

11. 이 수도회의 남자들은 1년에 한 번 정해진 곳에 모여 주님 안에서 기뻐하며 함께 음식을 먹는데, 이러한 모임은 그들에게 매우 유익합니다. 이때 전문가들의 도움을 받아 거룩한 법규를 작성하고 공포하

---

1 시간상으로는 멀리 떨어져 있으나, 초기 교회의 크리스천 삶의 양식이 다시 회복되고 있음을 확인해 주는 첫째 증언이다. 후에 성 프란치스코의 전기 작가들은 이러한 일치성을 재확인한다.
2 노동 생활보다 사도적 활동을 강조한다. 이렇게 프란치스칸 삶은 관상과 사도직을 겸했던 것으로 그려져 있다.
3 "가난한 자매들"(클라라회)을 언급하는 것 같다. 이들은 모든 것을 버리고 세상을 떠나 세상과 격리된 채 공동생활을 하며 손수 일하고 산다.

며, 다음에 인준을 받기 위해 교황 성하께 제출합니다[4].

회의가 끝나면 그들은 1년 동안 롬바르디아, 토스카나, 풀리에 (Puglie)와 시칠리아 지방으로 흩어져 지냅니다. 얼마 전에 교황 성하의 동향인으로서 거룩하고 경건한 니콜라오 형제는 교황청을 떠나 이 수도회에 입회했으나, 교황이 꼭 필요로 한 사람이었으므로 돌아오도록 하셨습니다.

나는 주님께서 세말이 오기 전에 단순하고 가난한 이 사람들을 통해서 많은 영혼들을 구원하고 싶어 하심을 믿고 있습니다. 이것은 "짖지도 못하는 벙어리 개들"(이사 56,10)로 변해 버린 고위 성직자들을 부끄럽게 하기 위한 것입니다.

12. 마침내 페루지아 시를 떠나 토스카나와 롬바르디아 지방 경계선 바닷가에 있는 고귀한 도시인 제노바로 향했습니다.

2) 둘째 편지. 다미아타의 점령(1220년 초기)

1. (아크리의) 성 미카엘 성당의 원장이었던 라이네리오는 작은 형제들의 수도회에 입회했습니다. 이 수도회의 회원들은 세계적으로 많이 늘어나 있습니다. 그 원인은 초기 교회의 생활양식을 분명하게 본받으며 모든 일에서 사도들의 생활을 따르려고 하기 때문입니다(그렇지만 내 생각에는 이 수도회가 큰 위험을 안고 있는 것 같습니다. 온 세상에 둘씩 짝지어 파견할 때 성숙한 수도자만 파견하는 것이 아니라, 아직도 감독받고 얼마 동안 수도원 규율 밑에 단련되어야 할 젊고

---

4   여기서 "총회"의 제도와 그 깊은 의미를 잘 묘사한다.

미성숙한 수도자도 파견되기 때문입니다)[5].

    2. 이 형제들의 수도회를 창설한 스승은 우리 군대가 있는 데로 왔다가 신앙의 열정에 불타 적군들이 있는 데로 넘어가기를 두려워하지 않았습니다. 며칠 동안 사라센인들에게 주님의 말씀을 전파했는데 별 효과를 거두지 못했지만, 이집트의 군주 술탄은 하느님의 영감을 받아 하느님의 마음에 가장 드는 종교를 받아들일 수 있도록 자기를 위해 주님께 기도해 달라고 비밀리에 부탁했습니다.

    3. 우리 교회의 성직자인 영국사람 헨리코와 우리 협조자들인 다른 두 명, 즉 교사 미카엘과 나의 부탁으로 성 십자가의 성당을 맡은 마테오가 그 수도회에 입회했습니다. 게다가 합창 지휘자 — 콤브라이(Combrai)의 요한 — 와 헨리코와 그 외 몇 사람들이 나의 곁을 떠나지 않을까 걱정입니다.

3) 작은 형제들의 수도회와 그들의 설교(「동방 역사」 32장)

    1. 예부터 세 개의 수도회, 즉 은수자와 수도승과 성직 참사회원들(Canonici)의 수도회가 존재해 왔으나, 주님께서는 일정한 수도규칙에 따라 사는 이들의 삼각형의 기둥이 든든한 기초 위에 굳세어지도록, 이 시기에 세 개의 옛 수도회에 네 번째 수도가족, 즉 새로운 수도회의 아름다움과 새로운 수도규칙의 거룩한 모습을 추가시키기를 바라셨다.

---

5 괄호 안에 있는 이 부분은 어떤 사본에는 누락되어 있다. 전문가들은 작은 형제회에 대한 부정적인 시각 때문에 삭제되었을 것이라고 주장한다.

2. 그러나 실은 초기 교회의 삶의 양식을 주의 깊게 살펴본다면 주님께서 새로운 수도규칙을 탄생시키셨다는 것보다는 땅에 떨어져 있었던 옛 수도규칙을 일으키시어 거의 죽어간 종교를 되살리셨다고 결론지을 수 있다. 그리고 이것은 멸망의 자식이 올 때가 임박하는, 즉 종말이 가까워지는 이 세상의 해질 무렵에 생긴 일이다. 이렇게 함으로써 주님께서는 위험이 많은 적그리스도의 시기를 위해 당신 교회를 보호하고 굳세게 할 새로운 투사들을 준비시키실 것이다.[6]

3. 이 수도회는 십자가에 못 박히신 예수님을 따르는 참된 가난한 자들의 회이며, 작은 형제들이라고 불리는 설교자들의 회이다.[7] 이들은 입는 수도복이나 헐벗음이나 세속에 대한 멸시 때문에 현대의 모든 수도자들 중에 가장 작고 겸손한 사람들이다.

4. 이들은 한 분을 최고 장상으로 모시고 있으며, 수하 장상들과 다른 모든 형제들은 존경하는 마음으로 그분의 명령과 지시에 순명한다. 최고 장상은 설교를 하고 영혼들을 구하기 위해 형제들을 세계 여러 지역으로 파견한다.

5. 이들은 목마른 듯이 복음의 샘에서 흘러나오는 그 깨끗한 물을 영적인 열성으로 빨아들임으로써 초기 교회의 종교와 가난과 겸손을 스스로 재현하려고 열성적으로 노력하는바, 사도적 생활을 좀 더 가까

---

6   여기서 초기 교회의 생활과 작은 형제들의 생활이 비슷했음을 강조하고 있다. 또한 자기 시대를 종말론적 시각으로 보고 있다는 것을 보면 이러한 생각이 널리 퍼져 있었음을 짐작할 수 있다. 실은 성 프란치스코 자신도 여러 차례 자기 형제들이 이 마지막 시기를 위해 파견되었다고 말한 적이 있다.
7   작은 형제들의 사도적인 성격을 특별히 지적하고 있다.

이 본받기 위해 복음의 명령만이 아니라, 복음의 권고까지 실행하려고 최선을 다한다. 모든 재산을 버리고 자기 자신을 버리며 십자가를 지고 헐벗으신 분을 헐벗은 몸으로 따른다[8].

이들은 요셉처럼 겉옷을 뿌리치고[9] 사마리아 부인처럼 물동이를 버려두고[10] 뒤를 돌아보지 않은 채 자유롭고 가벼운 걸음으로 주님의 대전 앞으로 달려간다. 옛 것을 잊고 멈추는 일 없이 앞으로 나아가며, 죽음이 들어오지 못하게 온갖 주의를 기울이며 조심하면서 구름처럼 혹은 둥지로 돌아오는 비둘기처럼 날아간다[11].

6. 교황 성하께서 그들의 수도규칙을 인준하셨으며 존경하는 표시로 지역 주교의 허락을 받은 뒤 성당마다 설교할 수 있도록 해주셨다. 이들은 주님의 평화와 재림의 선구자로서 둘씩 짝지어 설교하도록 파견되었다.

7. 그리스도의 이 가난한 자들은 길을 떠날 때 자루도 빵도 지니지 않으며, 돈주머니도 지니지 않고 금이나 은도 없으며, 신발도 신지 않는다[12]. 실은 이 수도회의 형제 누구에게도 소유는 그 어떤 것도 허용되지 않는다. 이 형제들은 수도원이나 성당, 밭이나 포도원이나 동물, 집이나 어떤 재산도 가지고 있지 않고, 머리 기댈 곳조차 없다[13]. 이들

---

8 마태 16,24; 19,21.
9 창세 39,12.
10 요한 4,28.
11 이사 60,8.
12 루카 10,4; 마태 10,9~10; 마르 6,8~9.
13 루카 9,58.

은 가죽 옷이나 아마천 옷을 입지 않고 오직 모자가 달린 털옷으로 만든 투니카를 입으며 가빠나 외투나 두건이 달린 망토나 다른 어떤 종류의 옷도 입지 않는다.

8. 어떤 사람의 집에 식사 초대를 받으면 주는 대로 먹고 마신다[14]. 그리고 누가 애긍으로 자비롭게 무엇을 준다면 내일을 위해 챙겨두지 않는다.

9. 1년에 한두 번 정해진 때와 자리에 총회에 모이고, 아주 먼 데 있거나 바다 건너 있는 사람 외에는 모두가 참석한다. 총회가 끝날 때 장상은 둘씩 혹은 그 이상으로 그룹을 지어 여러 지방과 관구와 도시에 그들을 다시 파견한다.

10. 그리고 설교만이 아니라 무엇보다도 거룩한 생활과 완전한 수도 생활의 모범을 통해, 신분이 낮은 사람들뿐만 아니라 부자와 귀족들을 포함해서 모든 이에게 세속을 멸시하도록 초대한다. 이래서 많은 부자와 귀족들은 자기들의 도시와 성과 넓은 땅을 버리고 값진 교환을 하듯 지상의 재화를 영적인 재화로 바꾸며 작은 형제들의 수도복을 입는다. 수도복은 몸을 가리는 값싼 투니카와 동여매는 띠로 되어 있다. 그리고 이 형제들의 수가 짧은 시간에 얼마나 늘어났는지, 그리스도 교회가 퍼져 있는 지역이라면 적어도 몇 명의 형제들이 없는 곳이 없을 정도이다. 이들은 자신들은 매우 깨끗한 거울처럼 세속적 허영심에 대한 멸시의 영상을 반영하고 산다.

이들은 또한 누구에게도 수도회의 문을 막지 않는다. 단, 결혼이나

---

14 루카 10,7.

다른 수도회에서 발한 수도 서원 때문에 이미 인연을 맺은 사람들은 예외인데, 사전에 아내나 수도회 장상으로부터 허락을 받지 않고서는 이들을 받아들일 수 없고 받아들여서도 안 되기 때문이다.

11. 그러나 다른 이들은 어떤 어려움이나 불평 없이 큰 신뢰심으로 이 수도회의 넓은 가족으로 받아들여진다. 이는 하느님의 섭리의 손길과 그분의 자비하심에 신뢰를 두고 있기 때문에 물질적인 것에 대한 근심 걱정을 하지 않고 하느님께서 먹을 것을 마련하시리라는 것을 믿고 있기 때문이다. 입회하려는 사람들에게 투니카와 띠를 주고 나머지는 하느님의 섭리에 맡긴다.

12. 그리고 주께서는 이 세상에서 당신의 길을 따르는 종들에게 참으로 이 세상에서 백배의 상으로 갚아 주시고 어여삐 굽어보시는바, 성서의 말씀, 즉 "주께서 떠도는 사람을 사랑하여 그에게 먹을 것 입을 것을 주신다"[15]는 말씀이 그들 안에서 글자 그대로 이루어지는 것이다. 실은 형제들에게 접대하고 애긍을 주는 사람들은 그들이 이를 거절하지 않을 때에 이것을 큰 복으로 삼는다.

13. 그리고 그리스도교 신자들뿐만 아니라 사라센인들과 아직도 무신앙의 어둠 속에 있는 사람들마저 이 형제들이 복음을 용감하게 전하러 올 때, 이들의 겸손과 덕행에 감탄하고 이들을 기쁘게 맞아주며 필요한 것을 기꺼이 내준다.

14. 우리는 이 수도회의 창립자요, 스승이신 분, 모든 형제들이 최

---

15 신명 10,18.

고 장상으로 모시고 순명하는 분이 이룩한 다음 일을 목격했다. 프란치스코 형제라고 불리는 이분은 단순하고 배우지 못한 사람이지만, 하느님과 사람들한테서 사랑을 받고 있는 분이다. 이분은 사랑과 영적인 열정에 충만해 이집트에 있는 다미아타의 성벽 앞에서 진을 치고 있던 그리스도교 군대가 있는 곳으로 왔다가 오로지 신앙심을 방패로 삼아 용기 있게 이집트 술탄의 군대 진영으로 가고 싶어 했다. 그리고 가는 도중에 포로로 잡힌 그는 사라센인들에게 거듭 말하기를, "저는 그리스도교 신자입니다. 당신네들의 군주에게 데려가 주십시오"라고 했다. 그이 앞으로 끌려갔을 때 하느님의 사람의 모습을 바라본 잔혹한 짐승은 순한 사람으로 변했고, 지기와 자기 사람들 앞에서 며칠 동안 그리스도를 전한 프란치스코의 말을 주의 깊게 들어주기도 했다. 그 후에 술탄은 프란치스코의 설교의 효력으로 자기 군인들 중의 누가 그리스도 신앙으로 개종해 그리스도교 군대로 넘어갈까 두려워해서, 존경심을 표하며 안전하게 다시 우리 군대 진영으로 모시고 갈 것을 명했다. 작별 인사를 하는 동안 프란치스코에게 부탁했다. "나를 위해 하느님께 기도해 주시고, 당신 마음에 가장 드시는 법과 신앙을 보여 주시도록 기도해 주십시오".

15. 작은 형제들이 그리스도의 신앙과 복음의 교리를 전할 때 사라센인들은 그들의 설교를 기쁘게 들어주곤 한다. 그러나 그들의 설교에서 마호메트를 거짓말쟁이와 배반자로 공공연하게 공격하기 시작할 때면 이것을 참지 못해 그들을 박해하고 매질하며 자기들의 도시에서 추방했는데, 하느님의 기적적인 보호가 없으면 그들을 죽이기까지 한다.

16. 이것이야말로 작은 형제들의 거룩한 수도회이며, 사도적인 사

람들의 놀라운 수도회이며, 내 생각에 하느님께서 멸망의 자식인 적그리스도와 그의 추종자들에게 대항하기 위해 이 마지막 시기에 일으키신 수도회이다. 이 형제들은 그리스도의 용사들과 같이, "가마를 타고 오는 솔로몬을 경호하며 예루살렘의 성벽을 지키는 파수꾼으로서 칼을 차고 집집마다 돌고 있기에 낮과 밤에 쉬지 않고 하느님을 찬미하고 거룩한 대화로 시간을 보낸다"[16]. "민족들을 응징하고 백성들의 죄상을 드러내기 위해 나팔처럼 소리 높여 목청껏 소리지르고"[17], "사람을 죽이고 삼키면서 칼을 뽑아 피를 흘리게 하며"[18], "먹이를 찾아 헤매는 개들과 같이 빈 창자를 채우지 못하고 읍내를 여기저기 다닌다"[19]. 이들은 "세상의 소금"[20]과 같이 도시의 달콤한 음식과 구원의 음식을 짜게 하여 음식물을 보존하며 벌레들로 인한 부패와 악습의 악취를 멀리한다. 이들은 또한 "세상의 빛"[21]과 같이 진리를 깨닫도록 많은 사람들을 비춰 주며 그들이 사랑의 열정에 불타오르게 한다.

17. 그러나 이와 같이 완덕이 높은 수도회와 앞이 환히 트인 수도원(세상 전부)의 넓이는 나약하고 불완전한 사람들에게 합당한 자리가 아닐 성싶다. 이들이 먼저 "높은 데서 오는 능력을 못 입어 도시에 정

---

16   아가 3,7.
17   이사 58,1.
18   예레 48,10.
19   시편 58,7~15.
20   마태 5,13.
21   마태 5,14.

착하지 않으면"²² "바다에 배를 띄워 깊은 물에서 고생하다가"²³ 힘센 파도에 휩쓸려 죽을 위험이 있기 때문이다.

22　루카 24,49.
23　시편 106,23.

자노 조르다노의 연대기

옮긴이: 박장원(필립보), 작은 형제회(프란치스코회)

프란치스코는 1221년 총회에서 첫 번째 독일 지역 선교 실패 이후 형제들을 다시 독일로 파견할 계획을 발표한다. 자노의 조르다노 형제는 미래의 순교자들을 — 그는 두려움을 느끼면서 그렇게 확신하고 있었는데 — 개인적으로 알고 싶은 "호기심"을 지닌 형제로서 농담으로 시작했다가 결국 강제로 출발자들의 대열에 합류하게 된다. 그 지역에서 내부 소임과 외부 소임을 맡으며 40년간 일한 뒤 — 1241년 보헤미아와 폴란드 관구의 부관구장으로 있었으며, 거기서 몽골의 위험에 대해 관심을 불러일으키고자 편지를 발송했다 — 1262년 할버슈타트(Halberstadt)의 관구 회의에서 독일에서 작은 형제회가 정착하고 발전한 상황에 관한 기억들을 적어 줄 것을 위임받는다. 그는 자기가 언급하지 않는 다른 지역에서 한 일시적인 선교에 관해서는 정해진 한도를 엄격히 따르지만, 역사적으로 매우 값진 장면인 수도회 초기와 엘리아 형제 당시의 사건들에 대해서는 덜 엄격하다.

연대기의 전반부는 북쪽을 향해 여행 중인 이 새로운 "원탁의 기사들"의, 항상 유쾌하지만은 않은 사건들을 생생하고 인간적으로 서술하다가, 두 연대기적 축(軸), 즉 총회와 독일의 관구 회의에 고정되어 점점 건조하고 본질적으로 기술한다. 그러나 사건들에 대한 자연적인 호감 때문에 연로한 이야기꾼은 활력을 얻어 정확하고 진실된 선으로 사실들과 인물들, 고통과 열정들, 단순성과 계략들을 조각한다. 조르다노가 우리에게 알리려는 수도회는 격동 중의 수도회이다. 그 수도회가 발전하고 성장했듯이, 독일에 정착한 그 대사건도 기적과 같은 사실이며, 약속들로 가득 차 있었다는 것을 이제 관상하고 있는 것이다.

번역 대본으로 H. 뵈머(Boehmer)의 「Cronaca fratris Jordani」(CED, VI. Paris, 1908)를 사용했으며, 콰라키 이전에 나온 「Chronica fratis Iordani a Iano」(「AF」, I, quaracchi, 1885, 1-19)와 대조했다.

그러나 실제 번역에는 다음의 이탈리아 판을 사용했다: L. POMPIOJ, 「La Cronaca」(Brescia, 1923); A. BIANCHERI, 「La Cronaca」(Milano, 1972).

머리말

스폴레토 계곡의 자노[1]의 조르다노 형제가 독일에 살고 있는 작은 형제회의 형제들에게, 현세에서는 선한 것을 향해서 굽힘 없는 인내로 나아가며, 내세에서는 그리스도와 함께 끝없는 영광을 누리게 되기를 비는 바입니다.

내가 가끔 형제들에게 독일에 진출한 첫 형제들의 가족적인 습관들과 삶[2] 관한 이야기를 해줄 때 그것을 듣던 대부분의 형제들은 감동을 받았다. 많은 형제들로부터 여러 번 나는 내가 이야기해 준 것과 기억해 낼 수 있는 다음 사건들을 글로 적어 줄 것과, 또 되도록 연대를 표시해서 언제 형제들이 독일로 파견되었는지, 언제 이런저런 사건들이 일어났는지 적어 줄 것을 부탁받았다.

성서에도 "굴복하지 않음은 신을 거스르는 죄요, 순종하지 않음은 우상을 섬기는 부정이다"[3]고 하였듯이, 나도 형제들의 거룩한 열망을 들어주기로 했는데, 여기에는 특히 브란데부르고의 발도비노(Baldovino

---

1 나중에 언급되겠지만 스폴레토의 계곡에 있는 작은 마을이다. 성 프란치스코 시대에 형제들의 작은 수도원이 있었다.

2 원문에는 "콘베르사시오네 에 비타"(conversatione et vita)로 되어 있는데 번역하기 어렵다. 용어 자체 때문이기도 하고 그것이 지니는 의미 때문에도 번역하기 어렵다. "콘베르사시오"(conversatio)는 "대화한다"는 뜻뿐 아니라 특수한 행동 방식 모두를 가리키는 말이기도 하다. "비타"(vita)는 복음과 프란치스칸 빛에서 볼 때 하루를 구성하는 행동 전체를 의미한다.

3 이 구절은 1사무 15,23에서 발견되는데 조르다노는 인용문에서 다음과 같은 뜻을 지니는 "반역"과 "불순종"의 용어들을 바꾼다. 즉 "반역은 신을 거스르는 죄요, 불순종은 우상숭배의 불의이다".

di Brandeburgo) 형제의 도움이 컸다. 그는 당시 삭소니아의 관구장 바르톨로메오 형제[4]의 부탁을 받고 자발적으로 필기사 역을 맡았다.

이렇게 해서 1262년 "기뻐하라"[5]는 주일에 할버슈타트에서 열린 관구 회의가 끝난 뒤 나와 발도비노 형제는 그 회의 장소에 남아, 나는 이야기를 전해 주는 사람으로, 발도비노 형제는 필기사의 일을 시작했다. 그러나 그들의 그 열망을 만족시켜 줄지 자신이 없다.

이 일이 잘되면 나도 기쁘겠지만, 반대로 (잘 안) 되면 관대함을 보여 주셔야 하겠다. 잘 알다시피 내가 이 일을 맡게 된 것이 내가 전문가여서가 아니라 여러분의 간절한 요청 때문이었다.

일련의 연대 표기에 대해서 건망증 때문에 몇 곳에서 잘못 쓰였다면, 사실 나이 들어 늙고 지친 나에게 당연한 일이니, 독자에게 용서를 청하며 실수한 부분을 발견하거든 그것을 수정하고 보충해 주시길 부탁하는 바이다.

또한 받아 적은 거친 표현들을 작가다운 문장체와 미사여구로 꾸밀 형제에게 감사드린다. 내 생각에는 훌륭한 문장가와 글 다듬는 전문가에게 충분한 자료를 제공했다고 본다.

나의 보잘것없음과 부족함, 또 나와 함께 독일에 파견되었던 다른 형제들의 보잘것없음과 부족함을 생각하면서[6], 또 이와는 대조적으로 현재 우리 수도회의 발전과 영광을 생각하면, 내 자신 혼미해지면

---

4 78번 참조: 거기에는 그가 관구장으로 선출된 것에 대해 말한다.
5 이것은 부활 제3주일(1262. 4. 30.) 미사의 입당송 후렴 첫 부분이다.
6 원문에는 "콘시데란티 미히"(consideranti mihi), 즉 절대 3격 또는 편리 3격으로 되어 있다. 이 구조는 조금 이상하며, 문장의 구조가 통속적이고도 장황한 맛을 풍긴다. 즉 주체자가 자기 자신을 목적으로 삼는 서술법이다.

서 마음속으로 하느님의 자비를 찬양하며, 사도의 다음 말씀을 여러분에게 들려주지 않을 수 없다. "형제 여러분, 여러분이 하느님의 부르심을 받았을 때의 일을 생각해 보십시오. 세속적인 견지에서 볼 때에 여러분 중에 자기들의 지혜로써 우리 수도회에 형태를 부여한 지혜로운 사람이 얼마나 있었습니까? 자기들의 힘으로 수도회를 살리려고 애쓴 권세 있는 사람들이 얼마나 있었습니까? 자기들의 호의로 수도회를 영예롭게 살핀, 가문 좋은 사람들이 얼마나 있었습니까? 그런데 하느님께서는 지혜 있다는 자들을 부끄럽게 하시려고 세상의 어리석은 사람들을 택했고, 또 유력한 자를 무력하게 하시려고 세상에서 보잘것없는 사람들과 멸시받은 사람들, 곧 아무것도 아닌 사람들을 택하셨습니다. 그러니 인간으로서는 아무도 하느님 앞에서 자랑할 수 없다는 말입니다".

그러므로 사람 안에서 자랑하지 않고, 당신의 지혜로 수도회를 만드시고, 당신 종 프란치스코를 통해 이 수도회를 세상의 모범으로 주신 하느님 안에서 자랑하기 위해서 다음 장들에서 언제, 어떻게, 어떤 인물들을 통해서 이 수도회가 우리에게 도달되었는지 더욱 뚜렷하게 이야기할 것이다.

1. 1207년[7], 직업이 상인이었던 프란치스코는 성령의 숨결에 감동되어 뉘우치는 마음으로 은수자의 옷을 입고 회개의 생활을 시작했다. 그의 회개에 대해서는 이미 「전기」[8]에서 충분히 언급되었기 때문에 여기서는 넘어가겠다.

2. 1209년, 그가 회개 생활을 한 지 3년 되던 해에[9] 복음서에서 그리스도께서 제자들을 전도하러 파견하실 때 말씀하신 대목을 듣고는[10], 그 즉시 지팡이와 전대와 구두를 벗어버리고 현재 형제들이 입고 다니는 옷으로 바꾸었으며 스스로를 복음적 가난을 본받는 자, 그리고 복음을 부지린히 선포하는 자로 생각했다.

3. 1219년[11], 그가 회개한 지 10년 되던 해에, 프란치스코 형제는 포르치운쿨라의 성 마리아 성당에서 열린 총회에서 몇몇 형제들을 프랑스, 독일, 헝가리, 스페인, 그리고 형제들이 아직 진출하지 못한 이탈리아의 다른 지방으로 파견했다.

---

7 여기 적힌 담화의 날짜(1207)가 다른 원전들과 일치한다 하더라도 최근 비판에 따라 폐기된다. 최근 비판은 다른 원전들과 공통으로 1206년을 선호한다(참조: O. ENGLEBERT, 「Saint Francis of Assisi」, Chicago: Illinois, 1965, 393-396).
8 조르다노는 틀림없이 두 전기, 즉 토마스 첼라노의 「전기」와 율리아노 스피라의 「전례용 성무일도」를 알고 있었다.
9 「1첼라노」 21에도 "제3년째에…". 그 밖에는 88번, 108번 참조. 사망 연도 추정에도 회개한 지 만 20년이란 말을 쓰면서 1206년부터 계산한다. 따라서 여기서도 1208년이 맞을 것이다.
10 루카 10,8; 「1첼라노」 22 참조.
11 연도가 분명히 틀렸다. 회개한 지 10년이면 1217년이나 1216년이다. 오늘날에는 1217년을 받아들인다. 그 해에 첫 번째 독일 선교가, 1219년에 두 번째 독일 선교가 있었다.

4. 프랑스에 도착한 형제들은[12], 혹시 "알비파"[13]가 아니냐는 질문에 알비파는 무엇을 뜻하는지도 모른 채, 더구나 알비파가 이단이라는 사실도 모른 채 그렇다고 대답했기 때문에 이단자로 여겨진 적이 있었다. 그 후 주교와 학자들이[14] 그들의 수도규칙[15]을 주의 깊게 읽은 뒤 형제들이 복음적이며 가톨릭적이라는 것을 깨닫고는 교황 호노리오 3세에게[16] 문의했다. 교황은 서신을 보내[17] 그들의 수도규칙이 성청의 인가를 받은 진실된 것이라는 것과, 형제들은 로마 교회의 특별한 아들들이요, 참된 가톨릭 신자라는 것을 공포해 주었다. 이렇게 이단의 혐의에서 형제들을 해방시켜 주었다.

---

12 프란치스코 대신에 파치피코 형제가 선교단을 인솔했다(참조: 「완덕의 거울」, 65). 보나벤투라 「대전기」(VI, 9)에서는 파치피코 형제를 프랑스 첫 관구장으로 기억하고 있다.

13 카타리(순수한)파는 1150년경 프랑스 남부, 특히 알비 근처에(그래서 알비파라고도 함) 폭넓게 퍼져 있었다. 그들의 이원론적 교설은 물질과 관련된 모든 사회적 구조들을 악으로 단죄했다. 인노첸시오 3세는 이들에 맞서 십자군을 선포하였다.

14 피에르 드 느무르(Pierre de Nemours, 1208~1219). "마에스트리"(Maestri)는 여기서 신학 교수를 의미한다.

15 값진 증언이다. 그들은 1217(?)년에 "자기들의 수도규칙"을 지니고 있었다.

16 호노리오 3세 교황(1216~1227).

17 「프로 딜렉티스 필리스」(Pro dilectis filiis, 호노리오 3세, 1220. 5. 29.) 칙서만이 아니라, 이전 칙서인 「쿰 딜렉티」(Cum dilecti, 호노리오 3세, 1218. 6. 11.)도 포함한다. 전자에서 교황은 "생명의 길"을 "의당히 인준한다"고 선언하고, 후자에서는 이 수도회를 기존에 "인준된" 다른 수도회로 간주한다.

5. 다음, 독일에는 펜나[18]의 요한(Giovanni di Penna) 형제를 비롯해 약 60여 명의 형제들이 파견되었다. 이들은 독일 지역에 들어가서 언어도 모르면서 침식과 삶에 관한 것을 원하는지 질문을 받을 때 "야"(ja, 예)라고 대답해 어떤 이들에게 환대를 받았다. 형제들은 "야"라는 말이 인간적인 대접을 받는다는 것을 알아, 그 다음부터는 어떤 질문을 받든지 "야"라고 대답해야겠다고 마음먹었다. 이 때문에 다음 일이 일어났으니, 이단자가 아니냐는 질문에, 또 롬바르디아[19]를 타락시킨 것처럼 독일을 오염시키기 위해 오지 않았느냐는 질문에 똑같이 "야"라고 답변했다. 그 결과 어떤 형제들은 감옥에 갇히고, 어떤 형제들은 옷을 벗기우고 벌거숭이가 된 채 끌려 다녀 군중들에게 웃음거리가 되기도 했다. 이렇게 형제들은 독일에서 성과를 거둘 수 없음을 알고서는 이탈리아로 철수했다. 이 일로 독일은 형제들 사이에 비인간적인 나라로 인식되어 순교할 열망이 아니고서는 감히 그곳에 가려 하지 않을 정도였다.

6. 한편 헝가리에 파견된 형제들은 헝가리의 어떤 주교의 관심으로 바다를 통해서 들어갔다. 그런데 형제들이 놀림을 당하면서 평평한 땅을 지나가고 있을 때 갑자기 목동들이 개들을 데리고 공격했는데, 한 마디 말도 없이 멈추지 않고 손에 들고 있던 뭉툭한 창으로 형제들을 때리는 것이었다. 형제들은 이렇게 나쁘게 취급받는 이유를 몰라 서로 물어보았는데 어떤 형제가, "아마 우리가 위에 걸치고 있는 옷을 원하

---

18   마체라타와 아스콜리 중간에 있다. 펜나의 요한에 대해서는 「복되신 프란치스코와 그 동료들의 행적」의 부록(사바티에 판, 69)과 「잔꽃송이」 55에서 말하고 있다. 그는 아마도 1274년 아주 늙어서 귀천했을 것이다.
19   롬바르디아는 그 당시 독일인들 사이에는 이단자들의 지역으로 인식되어 있었다(참조:「비트리 야고보의 증언」).

는 것 같다"[20]고 말했다. 그래서 형제들은 그 옷을 그들에게 주었다. 그러나 그들은 때리는 짓을 멈추지 않았다. 그 형제가, "아마 속옷을 원하는 것 같다"고 덧붙여 말하기에, 그것을 주었는데도 그들은 막무가내였다. 그래서 그 형제는 "아무래도 팬츠를 원하는 것 같다"고 하며 그것도 벗어 주었다. 그제야 때리는 것을 멈추고 벌거벗은 형제들을 가게 해주었다. 그들 중 한 형제는 무려 열다섯 번이나 팬츠를 새로 입었다고 나에게 말했다. 다른 옷이 아니라, 바로 팬츠 때문에 수치심과 부끄러움으로 고통을 당한 그 형제는 그 다음부터 팬츠에다가 황소 똥과 다른 더러운 것을 묻혀서 목동들이 팬츠의 지독한 냄새 때문에 그것을 그냥 놔두게 했다는 것이다. 형제들은 이런저런 모욕을 다 당하고 이탈리아로 철수하였다.

7. 스페인을 거쳐 간 몇몇 형제들 중에서 다섯은 순교의 월계관[21]을 얻었다. 그런데 이 형제들이 위에서 언급한 그 총회에서 파견된 것인지, 아니면 그 전 총회, 즉 엘리아 형제가 몇몇 동료들과 함께 바다 너머의 땅으로 갔을 때의 그 총회에서 파견된 것인지 지금 정확히 말할 수 없다.

8. 위 형제들의 순교, 삶과 전기[22]가 복되신 프란치스코에게 보고되었을 때 그는 형제들이 자기를 칭송하는 것을 듣고, 또 그들의 순교

---

20 이 구절과 다음 구절에서 형제들의 의복에 대해 서술하고 있다. 형제들은 검은으로 수도복을 입었고, 피부와 닿는 부분에는 무릎까지 내려오는 모직으로 된 거친 속옷을 입었으며, 그 안에는 바지 같은 팬츠를 입었다.
21 그들은 베라르도, 베드로, 아듀토, 아쿠르시오, 오토네이다. 1220년 1월 16일 모로코에서 순교했다.
22 이러한 "전기"는 분실되어 버렸다.

를 자랑스럽게 생각하는 것을 보았는데, 그는 자신을 철저히 경멸하고 또 사람들의 칭찬과 영광에 화를 내는 사람이기에, 그 전기를 거부하고 그것을 읽는 것을 금지하면서 이같이 말했다. "우리 각자는 자기의 순교로 영광을 받아야지 다른 사람들의 순교로 영광을 받아서는 안 됩니다"[23].

이렇게 첫 번째 선교는 모두 아무런 성과도 내지 못했는데, 아마 그 이유는 선교할 때가 오지 않았기 때문일 것이다. 자고로 "만물은 다 하늘로부터 정해진 때가 있는 것이다"[24].

9. 한편 엘리아 형제[25]는 복되신 프란치스코로부터 바다 너머 땅의 관구장으로 임명되었다. 그의 설교로 성직자 체사리오가 수도회에 입회했다. 스피라(Spira)에서 출생한 독일인이었고 차부제였던 그는, 스승 스피라의 코라도(Corrado) 밑에서 신학을 공부했다. 코라도는 십자군 운동을 위한 설교자였으며 나중에 힐데스하임(Hildesheim)[26]의 주교가 되었다. 그 형제가 아직 교구 성직자였을 때에 그는 위대한 설교가요, 복음적 완덕을 본받는 이였다. 한번은 그가 자기 도시에서 설교했는데 몇몇 귀부인들이 화려한 옷을 다 버리고 남루한 옷을 입게 되어, 남편들이 그를 끌어다가 이단자처럼 화형을 시키려 했다. 이때 코라도 교

---

23 참조:「권고」6.
24 참조: 코헬 8,6.
25 아씨시 혹은 코르토나 출신(1180~1253). 이야기 중 몇 번 언급된다. 원전에서 벌써 토론된 인물이며, 재주가 비상한 사람이다. 그는 1217년부터 1221년까지 시리아의 관구장으로 임명되었다. 이 책 여러 곳에서 언급된다.
26 코라도의 스피라는 파리와 마곤자에서 신학을 가르쳤다. 십자군에게 알비파를 반대하는 설교를 했다. 그 후 1221년 힐데스하임의 주교로 성성되었다. 1246년 귀천했다.

수의 힘으로 그는 그 화염의 위기에서 벗어나 파리로 돌아갔다[27]. 그 후에 그는 성대한 행렬[28]이 있을 때 바다를 건너갔는데, 위에 언급한 대로 엘리아 형제의 설교를 듣고 수도회에 들어왔고, 학문이 뛰어나며 모범적인 사람이 되었다.

10. 한편 형제들을 보내고 나서 복되신 사부는 반성하기를, 형제들이 그리스도 때문에 고통을 감수하며 불편을 겪고 순교하는데, 혹시 자기만 평온하다는 인상을 주어서는 안 되겠다고 여겼다. 그는 큰 용기를 지닌 사람이었고, 또 그리스도를 따르는 데에 아무도 자기를 앞설 수 없고 자기가 모든 이들에 앞서 가고 싶었다. 그 때문에 위험한 곳에는 되도록 형제들을 보내지 않고 주로 신자들 가운데 보내면서 스스로는 그리스도의 수난에 대한 사랑에 감동되어, 다른 형제들을 파견했던 같은 해에, 즉 회개한 지 13년 되는 해에 비신자들에게 가기로 마음먹었다. 그는 바다를 건너는 온갖 위험을 감수했으며, 결국 술탄[29]을 만나러 갔다. 그러나 그를 만나기 전에 그는 온갖 모욕과 무시를 당했다. 그 지방 언어를 몰랐기에 그는 얻어맞는 가운데서도 "술탄", "술탄"만을 외쳐댔다. 그 결과 술탄에게 인도되어 갔는데, 그로부터 극진한 대우를 받았으며, 매우 인간적으로 병 치료를 받았다. 그러나 그들한테서 아무런 성과를 얻을 수 없었기에 그곳을 떠나기로 했다. 술탄은 명령을 내려 무장 호위병을 붙여 주었고, 그를 크리스천 군대가 주둔하고 있는 다미아타까지 무사히 안내하게 했다.

---

27 체사리오는 벌써 파리의 코라도 학교에 있었음이 분명하다.
28 성대한 행렬이란 십자군의 바다 횡단을 의미한다.
29 40대의 멜렉 엘 카멜(1218~1238)이다.

11. 복되신 프란치스코는 법률 전문가요, 법 교수인 복된 베드로 카타니(Pietro Cattani)[30]를 데리고 바다를 건너갈 때, 대리자를 두 명 남겨 두었다. 나르니의 마테오(Matteo di Narni) 형제[31]와 나폴리의 그레고리오(Gregorio di Napoli) 형제[32]가 그들이다. 마테오는 포르치운쿨라의 성 마리아에 머물게 해 형제회에 입회하려는 사람들을 받아들이게 했고, 그레고리오는 이탈리아를 돌아다니게 해 형제들에게 힘을 주도록 했다.

그런데 형제들은 초기 수도규칙에 따라[33] 수요일과 금요일에 단식을 했고, 복되신 프란치스코의 허락을 받아 월요일과 토요일에도 단식을 했다. 그러나 잘 먹는 다른 날에는 고기를 먹었다. 그런데 두 대리자는 이탈리아 전역의 연로한 형제들 중 일부와 함께 회의[34]를 열고서는 다음과 같이 결정했다. 즉 형제들은 잘 먹는 날에도 고기를 사용하지 말고, 신자들이 자발적으로 봉헌했을 때만 고기를 먹을 수 있다. 또 월요일과 다른 두 날에 단식을 하며, 월요일과 토요일에는 우유 제품을 사지 않으며 절제한다. 단 열심한 신자들이 봉헌한 경우는 예외이다.

---

30   베드로 카타니. 그는 프란치스코의 두 번째 추종자(「1첼라노」 25)로 여겨진다. 그리고 1220년부터 1221년 3월 10일 그가 귀천할 때까지 수도회 총장 대리였다. 묘비가 기억해 주듯이 천사들의 성 마리아 성당에 매장되었다.

31   정확한 것은 모른다.

32   수도회 초기에 매우 복잡한 인물이다. 북부 프랑스의 관구장을 역임했다. 엘리아 형제를 편들었고, 거기에 대한 대가를 치렀다. 1239년 로마에서 거행된 성령 강림 총회에서 파면되었고, 감옥형을 언도받았으며, 거기서 귀천했다. 참조: 「엘리아 형제의 회람용 편지」 1.

33   프란치스코가 작성했으며 수도회의 법적 설립 해인 1209년 인노첸시오 3세로부터 구두로 승인받은 "생활양식"이다. (「인준받지 않은 수도규칙」)에는 이런 규정에 대한 언급이 없다. 분명히 시간이 흐르면서 가난한 삶과 일상적 노동을 염두에 두면서 삭제되었다.

34   1220년 성령 강림날.

12. 이러한 결정에 분개한 어떤 평형제가 거룩한 사부의 수도규칙에 오만하게도 뭔가를 덧붙였다며 대리자들의 권위를 무시하고 그 규정을 들고 바다를 건너갔다. 그는 복되신 프란치스코를 보자마자 먼저 허락도 없이 찾아온 죄를 고하고 그 잘못에 대해 용서를 청하면서 그럴 만한 필요성을 설명했다. 즉 성인이 남겨 둔 대리자들이 수도규칙에 새로운 규정들을 덧붙이는 오만함을 보였다는 것, 그리고 대리자들과 또 다른 새로움을 요구하는 형제들 때문에 형제회가 이탈리아 전역에서 큰 혼란에 휩싸이고 있다는 것을 알려 주었다.

식탁에 앉아 고기를 먹으려던 복되신 프란치스코는 규정을 주의 깊게 읽은 뒤 베드로 형제에게 질문했다. "베드로 선생님, 어떻게 할까요?" 그가 대답하기를, "프란치스코 선생님, 권한을 가지고 있으니 좋을 대로 하십시오" 했다. 베드로 형제는 교양이 있는 귀족 출신이므로 복되신 프란치스코는 정중하게 예의를 갖추어 그를 "선생님"이라고 불렀다. 그들 사이의 이러한 상호 존경은 이탈리아에서나 바다를 건너와서나 똑같았다. 드디어 복되신 프란치스코가 결론을 내렸다. "그럼 먹읍시다. 복음이 말씀하시는 대로 우리 앞에 차려진 음식은 먹어도 됩니다"[35].

13. 바로 그 당시 바다 건너에 어떤 여자 "점쟁이"가 살고 있었는데 그 여인은 여러 가지를 잘 알아맞혔다. 그래서 그 지방 말로 "족집게 여사…"[36]로 통했다(그녀는 프란치스코와 함께 있던 형제들에게

---

35 참조: 루카 10,5~8. 이 복음 구절은 「인준받은 수도규칙」에서도 인용된다. 성서의 이 대목과 그 다음 대목은 이야기의 유일한 근거이다.
36 "피토니사"(Pythonissa), 즉 점쟁이이다. 원문이 불완전해서 따옴표를 만들어 삽입했다.

말했다). "돌아가시오, 돌아가시오, 프란치스코 형제가 없어서 수도회가 혼란스럽구려. 수도회가 갈라지고 흩어지고 있구려". 이것은 사실을 말하고 있었다. 실제로 가난한 부인들을 돌보던 필립보 형제[37]는 복되신 프란치스코의 뜻을 거슬러서 ─ 프란치스코는 법적인 권위를 행사하기보다 겸손으로써 반대자들을 극복하고 싶었다 ─ 교황청에 편지를 써 요청했는데, 거기에는 가난한 부인들을 보호할 권한과 그들을 괴롭히는 자들을 파문시킬 권한이 있었다. 이와 마찬가지로 캄펠로의 요한 형제[38]는 많은 남녀 나환자를 모아 수도회를 떠나 새로운 수도회를 창설하려 했다. 그는 규칙을 하나 써서 추종자들과 함께 교황청에 인가를 받으려고 제출했다.

이런 달갑지 않은 사건 외에도 위의 점술가가 예언했듯이 복되신 프란치스코가 없는 동안 많은 혼란이 일어났다.

14. 복되신 프란치스코는 엘리아 형제, 베드로 카타니 형제, 체사리오 형제(이 형제는 위에서 말한 대로 엘리아 형제가 시리아의 관구장으로서 수도회에 받아들인 인물임)와 다른 형제들을 대동하고 급히 이탈리아로 돌아갔다[39]. 그는 혼란의 원인을 더 깊이 깨달은 뒤 문제의 인물들을 만나지 않고 교황 호노리오[40]에게로 달려갔다.

---

37 프란치스코의 초기 동료 중의 하나이다. 「1첼라노」 25에 의하면 그는 여섯 번째 동료인 필립보 롱고(Filippo Longo)이다. 그는 "거룩한 부인들"의 시찰자였다.

38 원문에는 "콤펠로"(Compello)로 되어 있지만 아마도 클리투노(Clitunno) 위에 있는 "캄펠로"(Campello)일 것이다. 그러나 그의 별명일 가능성도 배제할 수 없다: 카펠라의 요한, 즉 카펠로의 요한이다.

39 1220년 9월 29일 이전.

40 호노리오 3세는 그 당시 오르비에토에 거주했다.

그는 교황의 집무실 밖에서 그렇게 위대한 분의 문을 감히 두드릴 용기가 없어 겸손하게 서 있으면서, 끈기를 가지고 그가 어쩌다 나오기를 기다리고 있었다.

그가 나오자 복되신 프란치스코는 그에게 공경을 표시하며, "교황 성하, 하느님께서 평화를 주시기를 빕니다!" 하고 인사했다. 그가 "주께서 그대에게 평화를 주시기를, 아들이여!" 했다. 복되신 프란치스코는 "성하, 당신은 위대하시고, 또 여러 가지 복잡한 문제로 늘 바쁘실 겁니다. 가난한 이들은 필요가 생길 때마다 성하께 직접 가서 말씀드릴 수가 없습니다. 성하께서는 제게 여러 특사[41]를 보내 주셨습니다. 성하, 그중에서 한 분만 저에게 주십시오. 그러면 문제가 생길 때마다 성하 대신 그분께 찾아가 말씀드리면 그는 우리의 문제들과 우리 수도회의 문제들을 해결해 줄 수 있을 것입니다" 했다.

그랬더니 교황은 그를 돌아보며, "어떤 분을 주었으면 좋겠느냐, 아들아?" 하셨다. 그는 "오스티아 주교님이면 좋겠습니다"[42] 했다. 그는 그것을 허락했다.

복되신 프란치스코가 당신의 주인[43]인 오스티아의 주교에게 혼란의 원인들을 보고했더니 그는 당장 필립보 형제에게 준 편지를 취소했고, 요한 형제와 그 추종자들에게 모욕을 주면서 교황청에서 쫓아냈다.

---

41 여기서는 "보호자들"을 의미한다.

42 세니의 우골리노(Ugolino da Segni). 그는 1206년부터 1227년까지 오스티아와 벨레트리의 추기경이며 주교였다. 나중에 그레고리오 9세라는 이름으로 교황에 오른다(1227~1241).

43 원문에는 "papae suo".

15. 이렇게 하느님의 호의로 혼란을 일으킨 자는 조용해졌고 복되신 프란치스코는 수도회를 당신 계획대로 재건축했다. 그리고 체사리오 형제가 성서에 전문가라는 것을 알고 그에게 자신이 직접 단순한 말로 입안한 수도규칙[44]을 복음의 말씀으로 꾸미라는 임무를 맡겼다. 그래서 그는 그렇게 했다[45].

복되신 프란치스코를 두고 여러 가지 불길한 소문이 퍼졌는데, 그가 죽었다는 말도 있고, 살해당했다는 말도 있고, 물에 빠져 죽었다는 말도 있어서 많은 형제들이 깊이 걱정했다. 그런데 그가 살아서 돌아왔다는 것을 알고는 너무 기뻐 큰 빛이 밝게 빛나는 느낌을 받았다.

복되신 프란치스코는 지체하지 않고 포르치운쿨라에서 총회를 소집했다.

16. 1221년 5월 23일 성령 강림 대축일[46]에 복되신 프란치스코는 포르치운쿨라의 성 마리아 성당에서 총회를 열었다. 총회에는 당시 형제회의 관습에 따라 서원자뿐만 아니라, 수련자도 참석해 그 숫자가 무려 3,000여 명[47]을 헤아렸다. 총회에는 부제 추기경 라니에로

---

44 「인준받지 않은 수도규칙」.

45 사바티에는 「아씨시의 성 프란치스코의 생애」(「Vie de Saint François d'Assise」, Paris, 1918, XL)에서 수도규칙의 확장을 프란치스코에게 돌리면서 이 사실을 증거하고 있다. 그러나 모호한 면이 있다. 몇몇 근본적인 복음적 인용은 확실히 본문과 일치하지만, 나머지 대부분의 성서 인용은 아주 교묘히 프란치스코의 정신과 일관되게 만들었지만 역시 첨가했다는 맛을 준다.

46 날짜 매김이 틀렸다. 1221년의 성령 강림은 5월 30일이다.

47 「완덕의 거울」과 에클레스톤의 「연대기」의 증언은 그 당시 모인 형제들의 수효를 약 5,000명으로 보고한다.

(Raniero) 경[48], 여러 주교들, 다른 회의 수도자들이 참석했다. 추기경의 명령으로 어떤 주교가 미사를 주례했고, 복음 봉독은 복되신 프란치스코[49]가, 서간 봉독은 다른 형제가 했으리라 생각된다.

수많은 형제들이 들어갈 만한 큰 건물이 없었으므로 형제들은 넓은 공터에다 나뭇가지를 엮어 만든 임시 건물에서 지내면서 질서정연하게 놓인 스물세 개의 식탁에서 편안하게 먹고 자고 했다. 그곳 주민들은 그 총회를 위해 정성을 다해 봉사해 주었으며, 빵과 포도주도 충분히 마련해 주었고, 이런 형제들의 모임과 복되신 프란치스코의 귀환을 진심으로 환영했다.

이 총회에서 복되신 프란치스코는 총회의 주제를 시편 말씀, 즉 "내 주 하느님은 찬미 받으소서. 그분은 전투에 내 손 익게 하시오니"로 택하면서 형제들에게 설교하고, 덕행을 가르치고, 인내할 것을 권하고, 형제들이 세상에 좋은 모범을 보여 주라고 권고했다. 같은 모양으로 백성에게도 이야기했고, 백성과 성직자들은 감화를 받았다.

과연 누가 그 당시 형제들 사이에 크게 존재했던 애정, 인내심, 겸손, 순종, 형제적 기쁨을 옳게 표현해 낼 수 있겠는가? 이와 비슷한 총회, 즉 참석한 형제들의 엄청난 수와 예절의 장엄함에 견줄 만한 총회를 나는 더 이상 수도회에서 보지 못했다. 거기 모인 형제들의 수가 대단했지만, 주민들은 얼마나 기쁘게 준비해 주었던지, 7일간의 총회 일정이 끝난 뒤에는 그들의 봉헌물을 더 이상 받지 않으려고 문을 잠그지 않으면 안 될 지경이었고, 이미 받은 봉헌물을 소비하는 데에도 이

---

48 코스메딘(Cosmedin)의 성 마리아의 부제 추기경인 라니에로 카포치 치스테르첸세(Raniero Cappocci Cistercense)는 비테르보의 주교였고, 스폴레토 백작의 스승이었다. 1252년에 귀천했다.
49 프란치스코는 부제였다.

틀은 걸렸을 정도였다[50].

17. 그리고 그 총회가 끝나갈 무렵 복되신 프란치스코는 수도회가 독일에 아직 정착하지 못했음을 상기시켰다. 그런데 그는 벌써 중병에 걸렸기에[51] 총회에서 발언을 하고 싶으면 엘리아 형제를 통해서 전달했다. 복되신 프란치스코는 엘리아 형제의 발 아래에 앉아 있으면서 할 말이 있으면 엘리아 형제의 수도복을 잡아당겼다. 그러면 엘리아는 몸을 굽혀 주의 깊게 경청한 뒤 일어서서 복되신 프란치스코를 가리키면서 "형제들이여, 형제님께서 이렇게 말씀하십니다 — 프란치스코는 형제들의 "형제님"으로 존경받았다 — 독일이라는 나라가 있는데 열심한 그리스도인들이 살고 있습니다. 여러분도 알다시피 그들은 긴 지팡이를 들고 큰 신발[52]을 신고 우리 동네를 지나, 하느님과 성인들께 찬미의 노래를 부르며 뜨거운 햇빛 아래 땀을 흘리면서 성인들의 무덤을 순례합니다. 일전에 우리 형제들이 한번 그들한테 갔다가 얻어만 맞고 되돌아왔기에 형제님은 아무에게도 그곳으로 가라고 하지 않고, 다만 하느님과 영혼 구령에 대한 열정 때문에 마음이 움직여, 가고 싶어 하는 형제들이 있으면 그들에게 마치 바다를 건너가는 형제들에게 주는 것과 똑같은 순종장[53]을 주고 싶어하십니다. 따라서 가고 싶은

---

50 「행적」 20; 「잔꽃송이」 18에 보면 이 유명한 "돗자리" 총회는 다른 총회들에 의해서 흘러들어 온 여러 가지 소식들 덕분에도 벌써 시(詩)의 세계로 들어간 것 같다.

51 동방에서 전염된 안질에다 말라리아의 고열로 잠시도 평안하지 못했다.

52 우리는 원문의 "largis cereis"(큰 초)보다도 "largis ocreis"(큰 신발)를 선택했는데 이것이 더 맞는 것 같다.

53 "오베디엔자"(Oboedienza)는 프란치스칸 용법으로는 수도규칙에 근거한 직무, 명백한 명령을 의미한다. 한편, "리테래 오베디엔시알레스"(Litterae

형제들이 있다면 일어나서 한쪽으로 모이십시오". 열망으로 불탄 형제들 약 90명 정도가 일어섰다. 그들은 죽을 각오를 하고 말한 대로 한쪽으로 모였다. 그러고는 누가, 얼마나, 어떻게, 언제 떠나야 하는지 그 응답을 기다렸다.

18. 그 총회에 참석한 어떤 형제가 하나 있었는데 그는 기도 중에 주님께 자주 간청했다. 즉 자기 신앙이 롬바르디아의 이단자들에 의해서 부패되지 않고, 또 독일 사람들의 잔인성 때문에 배교하지 않게 해달라는 것, 그리고 주님이 자비를 베푸시어 이 두 위험으로부터 자기를 해방시켜 달라는 것이었다. 그는 많은 형제들이 독일 선교에 자원하는 것을 보고 틀림없이 그들이 순교할 것이라고 생각했다. 그리고 스페인에 갔다가 순교한 형제들을 개인적으로 몰랐던 것을 후회해 이번에는 그런 일이 일어나서는 안 되겠다고 생각했다. 그는 형제들 사이에서 일어나 그들에게 접근해 이 사람, 저 사람에게 왔다 갔다 하며 "형제는 누구이며 어디 출신이냐"고 물었다. 만일 그들이 순교할 경우, 그는 "나는 이 사람도 알고, 저 사람도 안다"고 말할 수 있다는 것이 자기에게는 큰 영광이라고 여겼던 것이다.

그들 중에서 나중에 마크데부르크의 원장이 된 부제 형제 팔메리오가 있었다. 그는 명랑하고 재치가 넘치는 사람이었고, 아풀리아 지방 가르가노 산동네 출신이었다. 위에 말한 호기심 많은 형제가 그에게 다가가서는 "당신은 누구이며 이름이 뭐냐"고 물었다. 그가 대답하기를 "나는 팔메리오야"라고 하면서 그의 손을 꽉 잡은 후 덧붙이기를 "그대도 우리와 함께 갈 거지?"라고 하면서 독일 가는 형제들 사이로

---

oboedientiales)는 합법적인 직무에 대한 서면 증명서를 의미한다. 말하자면 신임장, 신분증, 교회의 여권을 의미한다.

집어넣으려 하였다. 그러나 그 형제는 독일 이외의 곳은 어디든지 보내달라고 주님께 이미 여러 번 기도했다. 독일이라는 이름을 증오하면서 그는, "나는 그대들과 함께 가지 않아. 다만 그대들을 알고 싶어서 온 거야. 난 거기 갈 마음이 없다구" 하며 거절했다. 그러나 재기가 넘치는 그 형제는 그를 놔주지 않고 말과 태도로 반대하는 그를 질질 끌고서 독일 가는 형제들 대열에 강제로 앉혀 놓았다.

이런 일이 벌어지는 동안 그 호기심 많은 형제가 다른 이들과 함께 그 대열에 있다가 결국 다른(독일) 관구로 가게 되었다. 즉 "모(某) 형제는 모(某) 관구로 가야 한다!"는 것이 들어맞았다. 그 경위는 이러했다.

90명의 형제들이 결정을 기다리고 있는데, 독일 스피라 출신 체사리오 형제가 독일의 관구장으로 임명되었다. 그는 90명의 형제들 중에서 원하는 형제들을 선택할 권한을 받았다. 그는 형제들 틈에 문제의 형제가 있음을 알았을 때 형제들로부터 그를 데려가라는 권고를 받았다. 그런데 그 형제가 마지못해 독일에 간다고 하면서 집요하게 다음의 말을 반복했다. 즉 "나는 여러분들의 소속이 아니야. 함께 갈 마음이 없다구". 그는 엘리아 형제에게 불려갔다. 그런데 그와 소속이 같은 관구의 형제들이 그 형제가 건강이 안 좋고 또 가는 곳이 추운 지방이라는 것을 알고 그를 남겨 두어야 한다고 주장했다. 그러나 체사리오 형제는 모든 방법을 동원해 그를 데려가려고 했다. 엘리아 형제는 다음과 같이 말하면서 문제에 쐐기를 박았다. "형제여, 다시 한 번 기회를 준다. 거룩한 순종으로 명하노니, 갈 것인가, 말 것인가?" 그러나 순종에 묶여 있는 그는 어찌 해야 할지 자신이 없었으니, 만일 자기가 선택한다면 자기 뜻대로 한다는 인상을 주게 되고, 그런 인상을 주지 않으려니 양심에 따라 선택해서는 안 되었던 것이다. 독일인들의 잔인성 때문에 따라가자니 겁이 났다. 혹시라도 고문을 받게 될 때 인내심을 잃는다면 자기 영혼을 위태롭게 하는 것이 아닌가? 이렇게 양자택일을 놓고서 스스로의 힘으로는 결정할 수가 없어 당혹감에 빠지자, 그는 위에서 언급한 헝가리에서 팬츠를 열다섯 번이나 뺏겨버릴 정도로 많은 어려움을 겪은 경험자 형제를 찾아가 조언을 청하기로 했다. "사랑하는 형제여, 이렇게 나에게 결정권이 주어졌는데, 선택하기가 겁나네. 어떻게 해야 할지 모르겠네". 그 형제가 답변하기를, "엘리아 형제에게 가서 이렇게 말하게. '형제여, 가고 싶지도 않고, 남고 싶지도 않아요. 그저 형제가 명하는 대로 하겠습니다'. 그러면 문제가 해결될 게 아닌가?" 그래서 그는 그렇게 했다. 이 말을 듣고 엘리아 형제는 그에게 얼른 체사리오 형제와 함께 독일 갈 준비를 하라고 거룩한 순종의 이름으로 명령했다.

이 형제가 바로 자노의 조르다노이다. 여러분을 위해서 이 기억을 남기고 있으며, 이런 우여곡절을 겪으면서 독일에 왔고, 소름 끼치는 독일 사람들의 광포함에 도망쳤으며, 체사리오 형제와 다른 형제들과 함께 처음으로 독일에 작은 형제회를 정착시킨 사람[54]이다.

---

[54] 이것은 이 연대기의 가장 아름다운 이야기 중의 하나이다. 조르다노는 이야기꾼으로서 자기 재능을 자랑하며 조심스럽고도 섬세하게 자기와 관계된 이 사건을 심리적으로 분석한다. 이 책 여러 곳에 소개되는 이런 일화의 맛이 여기서 최고점에 도달한다. 프란치스칸 역사에서 훨씬 흥미로운 것은 이 총회가 갖는 거룩하고 기쁨이 충만한 분위기의 서술에 있다. 그렇지 않다면 "독일" 선교에 대해 지나치게 조심하면서도 그 총회에서 다룬 큰 사건들과 긴장들을 침묵으로 지나가는 이 "호기심 많은 형제"를 우리는 질책해야 할 것이다. 큰 사건들 중의 하나는 조금 전에 언급한 「인준받지 않은 수도규칙」의 소개이다. 그러나 이 총회에 「완덕의 거울」이 전한 "돗자리 총회"의 고유한 다른 문제들을 연결시킬 필요는 없다. 사실 우골리노 추기경은 롬바르디아에 있었기 때문에 그 모임에 참석하지 못했다. 「행적」과 「잔꽃송이」에 대해서도 똑같은 주의가 요청된다.

19. 독일의 첫 관구장 체사리오 형제는 자신의 임무를 효과적으로 성취하고자, 라틴과 롬바르디아[55]의 설교가 피안 델 카르피네의 요한 (Giovanni da Pian del Carpine) 형제[56], 롬바르디아어와 독일어의 탁월한 설교가 독일인 바르나바 형제, 성 프란치스코의 「1생애」와 「2생애」를 쓴 첼라노의 토마스 형제[57], 트레비소의 요셉 형제, 헝가리의 아브라함 형제, 콜라초네 백작의 아들 토스카나 출신의 시몬 형제[58], 독일 신학생 코라도, 카메리노의 베드로 사제, 야고보 사제와 괄티에르 사제, 팔메리오 부제, 자노의 조르다노 부제, 그리고 몇몇 평형제들, 즉 독일 소에스트의 베네딕토, 스위스 출신의 엔리코, 그 밖에도 이름을 기억할 수 없는 많은 형제들을 데리고 갔다. 모두 합해서 성직자 12명, 평형제 13명이었다.

경건한 사람 체사리오 형제는 위에 언급한 형제들을 선택한 다음,

---

55 조르다노의 다음 말, 즉 움브리아 출신의 이 형제와 독일 출신 바르나바 형제가 롬바르디아어를 말할 줄 안다는 것이 무엇을 의미하는 것인지를 정확히 아는 것은 재미있을 것이다. 롬바르디아어는 북이탈리아 언어를 뜻하는 것 같다.

56 페루지아 근처의 카르피네는 오늘날 마조네이다. 이 형제는 수도회의 확장에 지대한 공로를 세운 인물이다(삭소니아-보헤미아-폴란드-헝가리-덴마크-노르웨이). 인노첸시오 4세는 1245년 그를 몽골 사신으로 파견했다(참조: Ystoria Mongalorum, 「quae nos Tartaros appellamus Pubblicato dal A. Van Den Wingaert」, 「Sinica Franciscana」, I, Quaracchi, 1929, 27~130). 유럽에 돌아온 그는 루이 9세 궁정에 교황 대사로 파견되어 왕으로 하여금 십자군을 준비하게 했다. 그러나 살림베네의 증언에 의하면 그는 십자군을 연기하도록 파견되었다고 한다. 그는 이탈리아에서 1252년 8월 1일 귀천했다.

57 첼라노의 토마스에 대해서는 그의 작품 서문과 「1첼라노」 6을 보라.

58 토디 근처의 성이다. 시몬의 어머니는 황제 오토 4세와 그의 부인 베아트리체의 친구였다. 그 아들은 가족들의 뜻과는 반대로 성직자가 되었으며, 파르마의 요한에 의해서 스폴레토 계곡의 관구장으로 선출되었다. 그는 스폴레토에서 1250년 귀천했다.

복되신 프란치스코와 다른 거룩한 형제들을 마지못해 남겨 두고 프란치스코의 허락을 얻어 자기에게 할당된 동료들을 롬바르디아의 여러 지역으로 분산시키면서 자기의 지시를 기다리라고 했다. 그리고 자기는 스폴레토 계곡에서 약 석 달 동안 머물렀다. 그리고 독일 여행을 시작하면서 형제들을 먼저 모이게 한 후, 자신과 형제들을 위해 트렌토에 거처를 마련하도록 피안 델 카르피네의 요한 형제와 바르나바 형제 그리고 몇몇 형제들을 앞서 보냈으며, 다른 형제들은 셋이나 넷으로 나누어 뒤따라가게 했다.

20. 이렇게 분산된 대열로 형제들은 성 미카엘 대축일 전에 트렌토에 도착해서 트렌토의 주교[59]에게 따뜻한 환영을 받았으며, 6일 안에 다른 형제들도 차례차례 도착했다. 성 미카엘 대축일에 체사리오 형제는 성직자들을 위해서 설교했고, 바르나바 형제는 백성들을 위해서 설교했다. 그들 설교의 열매로 트렌토의 시민, 즉 부유하고 독일어와 롬바르디아어에 능통한 펠레그리노 씨가 형제들에게 새로운 속옷과 겉옷을 선사하여 입힌 뒤 모든 재산을 팔아 가난한 사람들에게 나누어 주고 수도원에 입회했다.

21. 그 후 체사리오 형제는 트렌토에서 자기 형제들을 불러 모으고 그들에게 겸손과 인내심을 잘 지키라고 권고했고 — 몇몇 형제들은 백성들의 교화를 위해 뒤에 남겨 놓고[60] — 다른 형제들은 두 명이나 세 명씩 짝을 지어 한쪽에는 물질적인 임무를, 다른 쪽에는 영신적인 임

---

59 라베스타인의 아달베르토(Adalberto di Ravestein, 1219~1223).

60 줄표 속의 첨가는 글라스버거(Glassberger) 판에서 추론하여 뵈머가 삽입한 것이다.

무를 맡기고 볼차노로 먼저 보냈다. 거기서 볼차노 주교는 계속해서 도착한 형제들을 여러 날 도와주면서 자기 교구에서 설교하도록 허락해 주었다.

형제들은 볼차노를 떠나 브레사노네에 도착했는데 거기서도 그 지역 주교의 따듯한 환대를 받았다.

브레사노네를 떠나 산악 지대를 넘어 스테르칭에는 점심시간이 지나서 도착했다. 그런데 그곳 주민들은 남은 빵이 없어서 형제들은 동냥할 수 없었다. 그래서 저녁에는 주민들의 사랑으로 원기를 회복할 수 있는 장소에 도착하기를 희망하면서 여행을 계속했다. 드디어 그들은 미텐발트[61]에 도착했다. 그런데 그곳도 음식이 크게 부족해서 형제들은 빵 두 조각과 무 일곱 개로 배고픔의 고통을 채울 수밖에 없었고, 갈증은 그저 마음의 기쁨으로 채우려 했다. 그러나 그럴수록 배고픔의 고통이 더 커졌다. 형제들은 어떻게 빈 배를 채울 것이며 밤에 조금 편안한 잠을 잘 것인가를 서로 상의한 뒤 힘겹게 7마일을 걸어가 그 근처에 흘러가는 깨끗한 계곡 물을 마시기로 했다. 빈 배에서 나는 꼬르륵 하는 소리를 없애기 위해서였다.

날이 밝자 일어나서 굶주린 배를 안고 밥도 못 먹은 채로 다시 걸음을 재촉했다. 반 마일도 가지 않아서 거리에 안개가 끼기 시작했고, 먹은 것이 없어서 다리에 힘은 빠지고 무릎이 굽어지면서 온몸이 흔들거리기 시작했다. 형제들은 굶주림의 경련을 약화시키기 위해서 계곡의 주변과 길거리에서 만나는 나무 열매들을 따서 조금씩 먹었다. 그날이 공교롭게 금요일이어서 단식을 깨지 않을까 염려했다. 하여간 나

---

61 뵈머에 의하면 조르다노는 미텐발트(Mittenwald)를 마트라이(Matrei)와 스테르칭(Sterzing) 사이에 있는 마을들, 즉 그로센사스(Grossensass)나 그리스(Gries)나 잔 조닥(San Jodak)과 혼동하고 있다.

무 열매들을 따서 요기한 것이 형제들에게 다소 원기를 살려 주어, 궁하면 통한다는 것을 체험했다. 이렇게 때로는 멈추고 때로는 천천히 걸어가면서 아주 힘들게 마트라이에 도착했다. 드디어 가난한 자가 의지하는 하느님은 당신의 가난한 자들을 염려해 형제들이 도시에 들어가면서 관대한 두 사람을 만나게 해주셨다. 그들은 형제들에게 빵을 조금 사 주었다. 그러나 그것이 많은 형제들에게 무슨 요기가 되겠는가? 그때는 무를 추수하는 계절이어서 형제들은 무를 동냥해서 그것을 부족한 빵으로 바꾸어 먹었다.

22. 이런 식으로, 즉 영양을 보충했다기보다는 주린 배를 채우는 식으로 점심을 때우고 형제들은 다시 여행을 계속해 촌락들과 여러 성곽들과 수도원들을 지나 아우크스부르크(Augsburg)[62]에 도착했다. 거기서 그곳 주교와 주교의 조카인 총대리에게서 따뜻한 환대를 받았다. 아우크스부르크의 주교[63]는 형제들에 대해서 큰 애정을 보여 주었으며, 한 사람 한 사람 껴안으며 영접했고, 같은 식으로 형제들에게 작별 인사를 했다. 이와 마찬가지로 총대리도 형제들을 호의적으로 맞아들였으며, 교구청에 형제들의 주거지를 마련해 주기 위해서[64] 스스로 거기서 물러나왔다. 또한 형제들은 성직자들과 백성들로부터도 진심으로 환영받았으며 존경심이 깃든 인사를 받았다.

---

62 뵈머는 정확한 경로들을 강조하는데 빌텐, 인스부르크, 아우크스부르크(Wilten - Innsbruck - Augsburg)를 통하는 옛 로마의 길들을 제시한다.
63 이 주교의 이름이 모든 필사본에 빠져 있다. 독일 주교들의 "비체도미누스"(vicedominus)란 용어는 주교관의 집사나 주교대리, 그 외에도 부지배인을 뜻한다.
64 형제들의 첫 주거지이다.

23. 1221년, 성 갈로(Gallo)⁶⁵의 축일을 전후해서 독일 첫 관구장 체사리오 형제는 독일에 들어와서 처음으로 회의를 열기 위하여 자기 형제들 31명을 아우크스부르크에 소집했고, 그 후 다시 그들을 여러 지방으로 파견했다. 누구보다도 피란 델 카르피네의 요한 형제와 바르나바 형제를 설교자로 임명해 뷔르츠부르크(Würzburg)로 파견했다. 그들은 그곳에서 마곤자(Magonza), 보름스(Worms)⁶⁶, 스피라(Spira), 스트라스부르(Strasburg), 쾰른(Colonia)으로 돌아다녔다. 그들은 백성들에게 자신들을 소개하고 회개의 삶에 대해서 설교했으며, 다음에 올 형제들을 위해서 주거지를 마련했다.

24. 그 회의에서 체사리오 형제는 조르다노 형제를 두 동료들, 즉 아브라함과 콘스탄티노와 함께 잘츠부르크로 파견했다. 그들은 그 도시의 주교한테서⁶⁷ 따뜻한 환대를 받았다. 체사리오 형제는 또 요셉 형제와 함께 세 형제들을 라티스보나(Ratisbona)에 파견했다. 체사리오 형제는 자기보다 앞서 간 형제들의 길을 부지런히 쫓아다니며 말과 행동으로써 형제들에게 선을 행하라고 용기를 주었다.

25. 같은 해 체사리오 형제는 뷔르츠부르크에 도착해 유능하고 교양 있는 젊은이를 수도회에 받아들였는데, 그 이름이 하르트무트(Hartmuth)였으며 — 이탈리아 형제들은 아무리 해도 그의 이름을 옳게

---

65 10월 16일.
66 이 정보의 정확성에 대해서 뵈머 27, 주석 5를 보라.
67 투루흐세스의 에베르하르트 2세(Eberhard Ⅱ di Truchsess, 1200~1246). 이 선교의 프란치스칸 특성을 주시하라. 즉 둘이나 셋, 혹은 조금 더, 이렇게 작은 단위로 파견되었다.

발음하기가 어려웠다 — 그가 성 안드레아 축일[68]에 입회했으므로 안드레아라는 이름으로 세례를 주었다. 그 형제는 얼마 후에 사제가 되어 설교가로 일했으며, 그 후 삭소니아 지방의 속관구장으로 임명되었다. 또 체사리오 형제는 평형제 루제로(Ruggero)를 수도회에 받아들였는데, 그는 할버슈타트의 원장이 되었고 성녀 엘리사벳[69]의 영신 생활의 스승으로 일했으며 엘리사벳에게 정결, 겸손, 인내심, 기도와 자선사업에 열심히 헌신하도록 가르쳤다. 체사리오 형제는 또한 루돌포(Rudolfo)라는 평형제를 받아들였다.

26. 1222년 체사리오 형제는 수많은 형제들, 즉 성직 지망 형제나 평형제들을 받아들였고, 인근 도시에 살고 있는 형제들을 모두 소집해 보름스(Worms)에서 첫 관구 회의를 열었다. 그런데 형제들이 모인 장소가 너무 좁아서 회의 진행에도, 많은 군중들에게 설교하기에도 적합하지 않기에 주교[70]와 성직자들의 조언을 받아들여 장소를 주교좌성당으로 옮겼다. 성직자들은 가대의 한쪽으로 좁혀 앉고, 다른 쪽을 형제들에게 내주었다. 이렇게 해서 형제 한 분이 미사를 드리고, 가대끼리 서로 경쟁이나 하듯이 화답하면서 찬미가를 불러 참으로 성대하게 성무일도를 바쳤다[71].

---

68 11월 30일.
69 투린지아의 백작, 헝가리의 성녀 엘리사벳(1207~1231)은 그레고리오 9세가 시성했다. 엘리사벳의 첫 영신 지도자는 프란치스코 회원인 뤼디거루제로였는데, 십자군에 파견되는 남편의 명에 따라 마르부르고의 코라도가 뒤를 이었다는 것은 기정사실화되었다. 코라도는 시성 조사에서 성녀 엘리사벳의 고유한 영성을 모두 알렸다
70 자부르켄(Saabrucken)의 엔리코 2세.
71 1180년에 건축된 보름스의 주교좌성당은 두 개의 반원형을 가지고 있었기 때문에 그것이 가능하였다.

27. 이 회의에서 체사리오 형제는 두 형제들에게 편지를 지참시켜 잘츠부르크에서 지내는 형제들[72]에게 보냈지만, 그들은 관구 회의에 참석하지 않았다. 사실 그들이 자기 의지를 위해서는 아무것도 남겨두지 않는 완전한 순종 서약을 했기에 편지에 표현된 문구, 즉 "혹시 오기를 원한다면"이라는 조건적 표현 때문에 적잖이 충격을 받았다. 그들은 "가서 물어봅시다. 왜 이런 식으로 썼는지 알아봅시다. 우리는 그분이 원하는 것 외에 아무것도 바라지 않지 않습니까?" 하고 말했다. 그래서 형제들은 여행을 시작했고, 요기를 할 마음으로 어떤 마을에 들어갔다. 둘씩 짝을 지어 마을에서 동냥을 하는데, 독일말로 이렇게 대답하는 소리를 들었다. "고트 베라트"(God berad)[73]. 이탈리아 말로 번역하면 "하느님께서 여러분을 도와주실 겁니다", 아니 "하느님께서 섭리로써 여러분에게 마련해 주실 겁니다"라는 뜻이다.

형제 중 하나가 그런 문구로는 아무 소득도 나오지 않으리라는 것을 알고는 중얼거렸다. "고트 베라트(God berad)가 오늘 우릴 죽이는구먼!" 그러면서 그 형제는 독일말로 동냥하는[74] 형제를 앞서 가더니 라틴말로 동냥하기 시작하였다. 그랬더니 독일 사람들은 "우리는 라틴말을 못 알아듣는다. 독일말로 하라"고 응답했다. 그 형제는 "니히트 디우디슈"(Nicht diudisch)[75] 하면서 말을 굴렸다. 이 말은 "독일말은 전혀 모

72　즉 자노의 조르다노, 아브라함, 콘스탄티노, 몇 명의 신참자들이다.

73　"고트 베라테 오이히"(Gott berate euch), 즉 "주께서 여러분을 도와주시기를"의 옛 표현이다.

74　콰라키 판의 원문은 "quotidie mendicabat"인데 이해할 수 없다. 이보다는 뵈머의 "theutonice mendicabat"가 그럴듯하다.

75　"니히트 디우디슈"(Nicht diudisch), 즉 "독일말은 전혀 못함". 콰라키 판에는 "니히트 이우디슈"(Nicht iudisch) 즉 "유대말은 전혀 못함"으로 되어 있는데 이렇게 발음을 흘릴 필요는 없었다.

르오"이다. 그리고 덧붙이기를 "사보이아말은 약간 합니다"[76] 했다. 또 독일말로 "브로트 두르히 고트"(Brot durch Got)[77]이라고 했다. 그랬더니 그들은 "아니, 독일말을 하면서 독일말을 모른다고 하니 아주 대단하구나" 했다. 그러고는 덧붙이기를 "고트 베라트"(God berad) 했다. 이때 마음속으로 기뻤던 그 형제는 웃음을 지으며 그들이 한 말을 못 들은 척 천연덕스럽게 한쪽 의자에 앉았다. 그랬더니 아저씨와 아주머니가 서로 바라보며 그의 솔직함에 웃음을 지으며 그에게 빵과 달걀, 그리고 우유를 나눠 주었다. 이렇게 능청스러움으로 해서 효과적으로 자기와 형제들이 필요한 것을 마련할 수 있음을 보고 열두 집을 더 다녀 일곱 형제가 먹을 충분한 양을 동냥했다.

그들은 다시 여행을 시작해 성령 강림 대축일 날, 미사 직전에 어떤 마을에 도착했다. 그들은 미사에 참석하러 갔으며, 한 형제가 성체를 분배했다. 그 마을 사람들은 형제들의 단순성과 겸손으로 많은 감동을 받아서 형제들 앞에서 무릎을 꿇으며 그들의 발자국까지 존경했다. 거기를 떠나 뷔르츠부르크, 마곤자, 보름스를 지나 스피라에 도착했다. 여기서 그들은 체사리오 형제가 습관대로 여러 형제들과 함께 있음을 발견했고, 그들로부터 따뜻한 영접을 받고 축하를 받았다. 체사리오 형제는 그런 식으로 편지를 쓴 것에 대해서 형제들로부터 핀잔을 받았고, 이에 대해 형제들에게 사과하면서 자기의 본심을 설명했으며, 그들을 편안하게 해주었다[78].

---

76   폼필리(Pompilj)는 비안케리(Biancheri)에 의지해서 "독일말은 전혀 못하지만 사보이아말은 약간 안다"(quod latine dicitur nihil theutonici, subaudi scio)로 적고 있는데 이런 변형은 이상한 것이다.

77   "브로트 두르히 고트"(Brot durch Gott, 하느님을 위해서 빵을).

78   재치가 넘치는, 또 다른 자전적 장면이다. 여기서 이름을 밝히지 않은 형제는 바로 조르다노 자신이라고 믿어도 되리라. 우리는 조금 불분명하게 번역했다.

28. 같은 해, 형제들이 독일에 도착한 그 다음 해에, 관구장 체사리오 형제는 형제들을 쾰른과 위에 언급한 도시들에 분산시켰는데, 사제 형제들이 적어서 스피라와 보름스에는 수련 중인 사제 한 명만이 형제들을 위해서 대축일에 미사를 거행하고 고해성사를 주었다. 그래서 그는 같은 해에 세 형제들을 보충해 주었다. 즉 위에서 언급한 팔메리오 형제, 헝가리 형제, 아브라함과 하르트무트라 불리는 독일 형제 안드레아를 보충해 주었다.

29. 1223년 11월 29일. 교황 호노리오 3세가 작은 형제들의 수도규칙을 인준했다.

30. 같은 해 3월 18일, 체사리오 형제는 이곳 형제회 안에서 네 번째로 사제를 배출시켰다. 즉 스폴레토 계곡의 자노의 조르다노 형제가 사제로 서품되었다. 그는 여름 내내 보름스와 마곤자, 그리고 스피라를 번갈아 방문하며 혼자서 미사를 드렸다. 같은 해 첼라노의 토마스 형제는 마곤자, 보름스, 쾰른, 스피라의 속관구장으로 임명되었다.

31. 같은 해, 관상에 완전히 젖어들고 복음과 가난에 짝 없이 위대한 열정가 체사리오 형제는 — 그는 형제들 모두에게 기쁨이었으며, 형제들은 그를 복되신 프란치스코 다음으로 가장 훌륭한 성인으로 존경했는데 — 복되신 프란치스코와 스폴레토 계곡의 형제들이 너무나 보고 싶은 나머지, 독일에 형제회가 어느 정도 정착되었음을 확인하고서 시

위의 문장은 원문에 "성체를 영하다"라고 되어 있는데 우리는 타동사로 생각해서 "성체를 영해 주다", 즉 성체를 분배해 주다"로 번역했다. 조르다노는 부제였다.

몬 형제[79]와 — 지금 그는 스폴레토에서 성인으로 여겨지고 있다 — 몇몇 힘세고 열심한 형제들을 대동하고서, 당시 유일하게 속관구장인 토마스 형제를 관구장 대리로 임명한 뒤 복되신 프란치스코와 엘리아 형제에게로 돌아왔다. 그는 이 형제들로부터 그리고 다른 많은 형제들로부터 대단한 환영을 받았다. 같은 해 포르치운쿨라의 성 마리아 성당에서 열린 총회에서 체사리오 형제는 2년 동안 봉사한 관구장직에서 면제되었고, 피사의 알베르토 형제[80]가 그를 대신하게 되었다.

32. 피사의 알베르토 형제와 함께 이탈리아에서 독일로 파견된 형제들은 정직하고 교양 있는 이들이다. 즉 밀라노의 마르지오 형제, 트레비소의 야고보 형제, 법률 전공인 영국 형제, 그리고 몇몇 형제들이다.

33. 한편 독일의 두 번째 관구장 피사의 알베르토 형제는 부임하자마자 원로 형제들, 즉 피안 델 카르피네의 요한 형제, 부관구장이며 유일한 속관구장인 토마스 형제, 그 밖의 많은 형제들과 함께 복되신 동정 마리아의 탄생 축일 날에 스피라의 성 밖 나환자 마을에서 관구 회의를 열었다. 그때 그곳 원장은 조르다노 형제였고, 그는 그 회의에서 장엄미사를 노래했다. 그 회의에서 수도회의 상태와 전파에 대해서 주도면밀하게 반성한 뒤 마르지오(Marzio) 형제를 바비에라(Baviera)와 스베비아(Svevia)의 속관구장으로, 야고보 형제를 알사지아(Alsazia)의 속관구

79　복자 라초네의 시몬이다.
80　그의 수도회 입회 날짜는 모른다. 벌써 헝가리 관구장을 역임했으며 나중에는 이탈리아 볼로냐, 안코나, 트레비소, 토스카나, 마지막으로는 영국 관구의 관구장이 된다. 1239년에 엘리아 형제의 파면으로 그 대신 총장에 선출된다.

장으로, 피안 델 카르피네의 요한 형제를 삭소니아의 속관구장으로 임명했다.

34. 피안 델 카르피네의 요한 형제와 함께 삭소니아 관구에 입적한 형제들은 다음과 같다. 영국 형제들, 요한과 굴리엘모, 롬바르디아의 에지디오 성직자 형제, 팔메리오 사제형제, 스폴레토의 리날도 사제형제, 독일의 루제로 평형제, 로커 평형제, 독일의 베네딕토 평형제, 티트마로 평형제, 재봉 담당 베로나의 엠마누엘 형제이다.

35. 이 모든 형제들은 힐데스하임에 도착해 먼저 주교좌 참사위원 토숨의 엔리코(Enrico di Tossum) 신부에게 환대를 받았고, 다음에는 위대한 설교가요 신학자인 코라도(Corrado) 주교[81]에게 인사하여 그로부터 성대히 환영받았다. 주교는 도시의 성직자들을 소집한 후 삭소니아의 첫 속관구장인 피안 델 카르피네의 요한 형제로 하여금 수많은 성직자들 앞에서 설교하게 했다. 설교가 끝난 후 주교는 요한 형제와 작은 형제회의 형제들을 성직자와 백성들에게 추천하면서 이들에게 자기 교구에서 설교하고 고백성사를 줄 수 있는 권한을 주었다. 많은 이들이 형제들의 설교와 모범으로 참된 회개 생활을 하였으며, 수도회에 입회하였다. 이 중 한 사람이 포펜부르크 백작(Conte di Poppenburg) 아들이며 주교좌 참사위원 사제인 베르나르도 형제이고, 다른 이는 어린이들의 선생이며 문학가인 알베르토 형제, 또한 푸돌도(Fudoldo) 형제와 어떤 기사(騎士)이다. 그러나 불행하게도 몇몇 형제들이 수도회에서 퇴회한 것 때문에 스캔들이 일어났으며, 백성들의 호의가 줄어들어 형제들

---

81 코라도 2세(1221~1246)는 벌써 「연대기」 9에서 언급한 대로 스피라의 체사리오의 스승이었다.

에게 화난 얼굴로 적선을 베풀고 심지어는 애긍을 청할 때 얼굴을 돌리기까지 했다.

그러나 곧 하느님 섭리의 도우심으로 꺼진 호의가 다시 피어올랐고, 백성들은 먼젓번과 같이 형제들을 다시 사랑하게 되었다.

36. 1223년 피안 델 카르피네의 요한 형제는 수도회를 확장시키기 위하여 선별된 형제들을 힐데스하임, 브룬스비히(Brunswich), 고슬라르(Goslar), 마크데부르크(Magdeburg), 할버슈타트로 파견했다.

37. 1224년 뷔르츠부르크에서 복되신 동정녀의 승천 축일[82]에 관구 회의가 개최되어 속관구장들, 원장들, 설교가들이 소집되었다. 피안 델 카르피네의 요한 형제는 면직되고 쾰른으로 떠나갔으며, 삭소니아의 두 번째 속관구장으로 알사지아의 속관구장직을 역임한 야고보 형제가 선출되었다. 이 형제는 사랑이 많고 유순하고, 점잖고 경건한 인물이다. 그와 함께 일부 원로 형제들, 성직형제와 평형제들이 파견되었는데, 이들은 자신들의 겸손과 삶의 모범으로 짧은 기간에 성직자들과 백성들로부터 큰 호감을 얻어냈다.

38. 같은 해, 독일의 관구장인 피사의 알베르토 형제는 삭소니아의 형제들의 수가 증가하고 있음을 확인하고서 삭소니아에서 투린지아(Turingia)를 거쳐 레노(Reno)에 가야 했기 때문에 마곤자의 원장인 조르다노 형제에게 일곱 형제들을 딸려 투린지아에 파견하였다. 왜냐하면 거기서 몇몇 집들을 찾아보고 적합한 장소에 형제들을 거주시키기 위해서였다.

---

82 8월 15일.

39. 그래서 조르다노 형제는 자기 형제들을 데리고 10월 27일 마곤자에서 투린지아를 향해 떠났으며, 성 마르티노 축일[83]에 에르푸르트(Erfurt)에 도착하였다. 때는 겨울이고, 공사할 계절이 아니어서 형제들은 백성들과 성직자들의 조언을 들어 성 밖에 있는 나환자 담당 사제의 집에 머물면서 시민들이 얼른 형제들을 위한 숙소를 마련해 주기를 기다렸다.

40. 조르다노 형제와 함께 파견된 형제들은 먼저 사제요 수련자이며 설교가인 바이센제의 에르마노(Ermano de Weissensee) 형제, 차부제요 수련자인 뷔르츠부르크의 코라도(Corrado da Würzburg) 형제, 차부제요 수련자인 뷔르츠부르크의 엔리코(Enrico da Würzburg) 형제, 신학생이며, 수련자인 아르날도 형제, 평형제들인 쾰른의 엔리코 형제와 보름스의 제르노토(Gernoto da Worms) 형제, 스베비아의 코라도 형제이다. 이들에 뒤이어 쾰른의 요한 형제와 힐데스하임의 엔리코 형제가 합류했다.

41. 1225년 조르다노 형제는 몇몇 평형제들을 투린지아에 보내어 여러 도시의 상황들을 알아보게 했다. 그러나 수련자요, 설교가인 에르마노 형제가 그들을 앞서거니 뒤서거니 했다. 그는 아이제나흐(Eisenach)에 도착해 백성들에게 여러 번 설교했다. 그는 예전에 그곳 담당 신부로 있었는데 거기서 형제회에 입회했다. 그의 설교를 듣고 또 그의 모범된 삶을 관찰하고, 즉 그가 누렸던 풍요로운 삶에서 벗어나 겸손되이 형편없고 엄격한 수도회에 입회한 그를 보고 적잖이 감동을 해, 그가 설교하기로 한 곳에는 어디든지 모든 시민들이 몰려들었다.
　이런 이유로 그곳 교구 사제 두 명은 형제들이 자기들 중 하나를

83　11월 11일. 여행은 15일간 지속되었다.

지지하게 되면 백성들이 다른 사제에게서 멀어지게 될까 봐 두려워졌다. 그래서 한 사제는 형제들에게 두 성당을, 다른 사제는 한 성당을 제공하면서 형제들이 좋아하는 곳에 머물 수 있도록 선택하게 했다. 그러나 에르마노 형제는 형제들의 의견을 듣지 않고 자기 혼자 결정하고 싶지 않아 조르다노 형제에게 문의했다. 즉 조르다노 형제가 안목이 있는 형제 하나를 데리고 아이제나흐에 와서 마음에 드는 것을 신중히 고르면 어떻겠느냐고 했다. 그래서 그는 오면서 모든 것을 주의 깊게 조사해 지금까지 형제들이 사는 곳을 선택했다.

42. 같은 해, 사순절 초에 형제들은 고타(Gotha)의 한 장소를 받아들여서 거기서 25년간 머물렀다. 형제들은 능력 이상으로 관대하게 온갖 자선사업에 봉사했으며, 우리 형제들은 물론이요 설교가들의 형제들[84], 그리고 다른 수도자들을 따뜻하게 맞아들였다.

43. 같은 해, 성 바르톨로메오 본당의 교구 사제 엔리코, 총대리 신부 군터, 그리고 에르푸르트의 여러 시민들의 의견을 받아들여 형제들은 성령 성당으로 이주했다. 그곳은 당시에 버려져 있었으며 한때 아우구스티노회 수도자들이 머물렀다. 형제들은 거기서 거의 만 6년간 살았다. 그 후 형제들의 관리자(procuratore) 자격으로 도시에서 임명된 사람이 조르다노 형제에게 그곳을 회랑 모양으로 짓고 싶은지 문의했다. 그는 수도회에서 회랑을 본 적이 한 번도 없었으므로 이렇게 대답하였다. "회랑이 뭔지 모르겠습니다. 그저 쉽게 내려가서 발을 씻을 수

---

84 도미니칸 형제들을 설교가들이라 한다. 콰라키 판에서는 "manserunt fratres duo…"로 되어 있지만, 뵈머는 글라스버거 편집본에 기록된, "manserunt fratres 25 annis"가 더 정확하다고 선언한다. 우리도 이 이론을 선호한다.

있게 물가 근처에 단순하게 집을 하나 지어 주십시오". 그래서 그렇게 되었다.

44. 같은 해 1225년, 성 베드로와 바오로 축일 즈음 해서 형제들이 노르트하우젠(Nordhausen)에 파견되었다. 거기서도 형제들은 시민들에게 환영받았고, 형제들의 필요에 따라 아주 편리하게 텃밭에 — 전세금으로 일 년에 약간씩의 돈을 내고 — 거주지를 정했다. 그 텃밭에는 성당에 다니기 편리한 집이 하나 있었다. 그러나 여기에 파견된 이들은 모두 평형제들이었기에 속관구장은 신자들의 고백성사를 들으러 매번 왔다 갔다 분주하게 뛰어다녀 피곤했다. 그래서 형제들이 거기 산 지 3년 만에 필요한 시기가 되었다고 생각해 그들을 위로해 주면서 다른 집으로 옮기게 했다. 그러나 1230년에 그곳으로 다시 돌아왔는데, 형제들에게 작은 땅을 기증한 어떤 동정녀를 알게 되었기 때문이다.

45. 같은 해 백작 에르네스트(conte Ernest)[85]의 부탁으로 뮐하우젠(Mülhausen)에 평형제 4명이 파견되었다. 그는 형제들에게 지붕이 아직 덮이지 않은, 아직 덜 완성된 집과 텃밭을 주면서, 형제들이 어서 지붕을 덮고 텃밭에 울타리 치기를 기대하면서 성(城)의 지하실에 묵게 했다. 형제들은 거기서 기도하고 식사하고 손님을 맞이하고 잠도 잤다. 그런데 형제들이 그 작은 방으로 만족하고 1년 반 동안 지붕도 덮지 않고 텃밭에 울타리도 치지 않아, 백작은 형제들한테서 아무 이익도 볼 수 없다고 판단해 그들에게 도움 주기를 그만두었다. 그러나 형제들은 그런 일을 완수하는 데 필요한 수단이 없어, 그곳을 떠나 다른 곳에 살 곳을 마련했다. 그러나 1231년 형제들은 다시 그곳으로 와 엔리

---

85 벨젝케 글라이헨(Velsekke-Gleichen)의 에르네스트 백작 3세.

코 왕[86]의 허락으로 병원에서 일하였다. 그러나 병원장은 형제들에게 주는 것이 모두 자기에게서 뺏어가는 것이라고 판단해 형제들에게 성가시고 교활한 모습을 보이기 시작했다. 형제들은 그것을 어렵게 참아 냈지만 마침 어떤 기사가 형제들에게 작은 땅을 기증하겠다고 해 그곳에다 건물을 지어 오늘날까지 머무르고 있다.

46. 아직도 같은 해인 1231년, 성 밖에 살던 형제들은 에르푸르트 시 안으로 들어왔다.

47. 같은 해 1225년, 독일 관구장 피사의 알베르토 형제는 투린지아의 속관구장 조르다노 형제에게 위로와 도움을 주고자 레노의 니콜라 형제를 파견해 주었다. 사제요 법률가인 그는 겸손한 니콜라[87]라는 별명을 갖고 있었다. 사실 그 겸덕은 그에게서 아주 특별히 눈에 띄는 것이었다. 볼로냐에서 세상을 떴는데 수많은 성덕의 증거를 남겼다. 조르다노 형제는 고타와 아이제나흐 중간 지점으로 그를 마중 나갔다. 서로 만나 목을 끌어안고 존경과 사랑으로 인사하고 함께 자리에 앉았다. 니콜라 형제는 겸손하고 비둘기처럼 단순한 사람이었기에 조르다노 형제 앞에 조용히 그리고 존경하는 마음으로 앉았다. 그런데 명랑하고 우스갯소리도 잘하는 아이제나흐의 베드로 형제는 그의 겸덕을 잘 알고서 "니콜라 형제, 그대는 우리의 임금님과 주인님을 몰라보는가?" 하고 질문했다. 그러니까 그는 손을 모으고 겸손하게 "그분을

---

86 페데리코 2세를 반대해 1246년 독일의 임금으로 선출된 투린지아의 백작.
87 뵈머는 이 형제를 살림베네의 「연대기」와 「스물네 총장들의 연대기」에서 말하고 있는 몬테필트로의 니콜라 형제와 동일시한다. 뵈머는 "같은 해"를 전 단락과 연계시켜 1231년으로 해설한다. 그러나 우리는 글라스버거 편집본을 선호한다. 거기에는 "아직도 같은 해에, 즉 1225년에…"로 되어 있다.

알고 말고요, 그리고 내 주인님께 순종합니다" 하고 답변했다. 베드로 형제가 "바로 이분이 우리의 속관구장이시네" 하고 덧붙였다. 그 소리를 듣자마자 니콜라 형제는 벌떡 일어나더니 존경심 없이 그분을 맞았다고 생각해 깊이 뉘우치면서 자기 죄를 아뢰었다. 그러고는 땅바닥에 무릎을 꿇고 조르다노 형제에게 순종의 편지를 내밀었다.

조르다노 형제는 그를 에르푸르트의 집으로 정해 주고 인사 이동을 기다리게 했다. 3주 뒤 그에게 편지를 보내 그곳 원장으로 임명했다. 그 편지를 존경심을 갖고 받아 들고는 "우리 신부님이 나를 이렇게 만들어 버리다니!" 하고 말했다. 조르다노 형제는 니콜라 형제의 겸손함으로 매우 혼란스러워 그 앞에 나타나려 하지 않다가 6주가 지나서야 에르푸르트로 찾아갔다. 사실 니콜라 형제는 수하 형제들에게 야단을 치거나 규정을 내리기보다 당신의 현존으로 종교적 훈련을 더 잘 시키고 있었다.

48. 같은 해, 삭소니아의 속관구장 야고보 형제는 마크데부르크의 신도시에 작은 형제들의 성당을 짓고 십자가 현양 축일[88]에 그 시의 대주교 알베르토[89]에게 부탁해 축성식을 거행했다. 대주교는 축성식을 마치고 아주 관대하게도 제단의 모든 장식들을 형제들에게 남겨 주었다. 위에 말한 야고보 형제는 헌당 8부 축일 중 어느 날 형제들을 위해서 미사를 드렸는데, 예식이 끝나자마자 급격히 기력이 떨어져 결국 성 베드로 마을 근처의 구도시에 있는 — 형제들은 그때까지 신도시에는 집이 없었고, 다만 성당만 가지고 있었다 — 숙박소로 옮겼다. 그는 거기서 9월 20일, 성 마테오 축일 전날 밤에 주님 안에서 숨을 거두었다.

---

88 9월 14일.

89 1205년에 주교로 선임되었고, 1232년에 귀천했다.

당시 형제들은 그를 묻을 자리가 없었고 매장 관례도 가지고 있지 않았기에 어떻게 할까 의견을 나누었다. 그때 마침 공의회가 성 마우리치오 축일[90]에 거행될 예정이어서 많은 주교들이 참석하기 때문에 야고보 형제를 아버지로 존경했던 힐데스하임의 주교[91]에게 찾아가기로 결정했다. 주교는 자기 집의 사람들에게 어떤 작은 형제가 찾아와 자기와 말하고 싶다고 하면 언제건, 즉 잠을 자건 무슨 일을 하건 알려 달라고 명령을 내려 두었다. 잠을 자던 주교가 깨어나자 이미 야고보 형제가 죽었다는 보고가 들어왔다. 그는 그 소식에 고통스러워 울음을 터뜨리며 "아이고, 이것은 내가 꿈속에서 본 거여" 하고 말했다.

그러고는 "내가 직접 가서 그를 묻어 줘야겠다"고 덧붙였다. 실제로 그는 꿈속에서 흰 옷에 싸여 있는 죽은 사람을 보았고, "가서 그를 풀어주라"는 음성을 들었다. 그의 시신은 신도시에 있는 형제들의 성당으로 옮겨졌고, 온갖 존경을 받으며 거기에 묻혔다. 그러나 1238년 그의 유골과 시몬 형제의 유골이 ― 시몬은 마크데부르크의 첫 강독자요, 세 번째 관구장인 영국 출신의 형제임 ― 옛 도시로 옮겨졌는데 그곳을 형제들이 주거지를 확정해 지금까지 살고 있다.

49. 고명했던 야고보 형제의 죽음으로 삭소니아의 형제들은 적잖이 충격을 받았으며, 다른 속관구장을 임명해 보내 주도록 독일의 관구장인 피사의 알베르토 형제에게 겸손하게 청했다. 그래서 관구장은 에르푸르트의 원장이며 겸덕으로 유명한 니콜라 형제를 속관구장으로 보낼 계획을 세웠는데, 그에게 편지를 보내는 것이 합당치 않다고 생각했다. 이유는 그가 겸덕을 앞세워 직무를 받아들이지 않고 오히려

90　9월 22일.
91　스피라의 코라도.

자기를 찾아와 도와달라고 할 것이기 때문이다. 그래서 그는 친히 그에게 가기로 했다. 우정 어린 만남으로 그가 마음을 굽히고 그 직무를 맡지 않을까 해서였다. 그런 목적으로 관구장이 에르푸르트에 왔기에 조르다노 형제는 니콜라 형제를 불러 삭소니아의 속관구장직을 받아야 할 필요성을 말하기 시작했다. 그러나 그는 모든 직무에 능력이 없다고 겸손하게 선언하면서 고사하는 것이었다. 그는 마치 숫자도 모르고 계산도 못하며 주인도 아니고 높은 사람도 아닌 것처럼 말했다. 관구장은 그 말로 그를 공격하면서 화난 마음으로 그에게 말했다. "그러니까 형제는 주인이 될 수 없다는 것이로군. 그럼 수도회에서 직무를 맡은 우리가 주인이란 말이지? 그렇다면 형제여, 형제가 수도회의 직책을 무거운 짐과 노예직으로 생각해야 하는데도 주인직과 고위직으로 생각했으니, 그 잘못을 즉시 고백하게". 그가 아주 겸손한 마음으로 자기 잘못을 말씀드렸을 때 관구장은 그에게 보속으로 삭소니아의 속관구장직에 임명해 버렸다. 그는 무릎을 꿇고 늘 하던 대로 순종했다.

형제들은 그가 순종했다는 말을 듣고 대단히 만족했으며, 자기들이 머물고 있는 성령 성당에서 성대하게 그 사건을 경축하고 있었는데 반면에 니콜라 형제는 보통 음색으로, 그리고 슬픈 마음으로 창미사를 했다.

그는 삭소니아의 세 번째 속관구장으로 임명되어 직무에 임해서도 자기가 늘 닦아 온 겸덕을 소홀히 하지 않았으니 접시를 닦는 데서도 제일 먼저요, 형제들의 발을 씻어 주는 데에도 가장 겸손하였다. 그리고 잘못한 어떤 형제에게 땅바닥에 앉는 벌을 준다든지 "징계"를 내릴 때에는 가장 겸손한 자로 그와 함께 자기 보속을 했다. 그러나 그는 자기 일과 관련해서는 어떤 상황에서도 겸손과 순종을 준수하지만 고집불통의 불순종을 볼 때 철저한 박해자요 처벌자로 변신했다. 만일 어떤 형제가 고집을 부리며 순종하지 않으면 그에게 벌을 받은 다음에도 그의 눈에 들기가 어려웠다. 그는 형제들의 불순종을 엄청난 악으로 생각한 반면에, 순종을 위대한 선으로 생각해 형제들은 어떤 상황에서도 단순하게 순종해야 한다는 것을 말과 행동으로 보여 주었다.

50. 1226년 10월 4일, 작은 형제회의 첫 창설자인 복되신 사부 프란치스코가 포르치운쿨라의 성 마리아 성당에서 주님께로 갔다. 복되신 사부 프란치스코는 그곳 성당에 묻히고 싶어 했지만 그곳 사람들과 아씨시 시민들은 생애 중에는 물론이요, 사후에도 그분을 통해서 하느님께서 은혜로이 이루어 주실 기적 때문에 페루지아 사람들이 폭력으로 달려들어 그분을 빼앗아갈까 두려워했다. 그를 옮겨 아씨시 성벽 근처 성 조르조 성당에다 온갖 정성을 다해 매장했다. 성 조르조 성당은 그가 어렸을 때 언어의 기초를 배웠고, 나중에는 첫 설교를 했던 곳[92]이다.

복되신 프란치스코가 귀천한 뒤 그의 대리자인 엘리아 형제는 모든 형제회에 편지를 써 보내어, 위대한 사부를 잃은 슬픔으로 고통을 당하는 형제들을 위로하고, 형제들 각자와 모두에게 복되신 프란치스코가 자기에게 명령했듯 오상에 관한 것과 사부 프란치스코가 죽은 뒤에 지극히 높으신 분께서 그를 통해서 기꺼이 이루어 주신 다른 기적들에 관한 소식을 전해 주었다. 그리고 마지막으로 총장을 선출하기 위해서 형제회의 모든 관구장들(과 속관구장들)을 소집한다고 했다[93].

---

92 참조: 「1첼라노」 23; 귀천 날짜에 대해서는 「1첼라노」 88 참조.
93 조르다노의 요약 설명에서 다음과 같이 결론지을 수 있다. 즉 여기서 언급하고 있는 「엘리아 형제의 회람 편지」는 나폴리의 그레고리오 형제에게 직접 보낸 편지와는 약간 다르다는 것이다. 그 편지에 의하면 기적에 대해서 언급이 없고, 총회 소집에 대해서도 침묵을 지키고 있다.

51. 1227년 2월 2일. 복되신 프란치스코의 시신을 이장한 뒤 독일의 관구장인 피사의 알베르토 형제는 첫 총장 선출을 위해 떠나기 전에, 관구 회의를 위해서 독일의 모든 속관구장들, 설교가들, 원장들을 마곤자 시에 소집했다(여기서 니콜라 형제는 삭소니아의 책임자 직에서 벗어나 관구장 대리가 되었다. 그를 이어 롬바르디아의 레오나르도가 속관구장이 되었다. 모든 것이 정리된 후 알베르토 형제는 자기가 선택한 형제들과 함께 총회에 참석하려고 출발했다). 이 총회에서 수도회의 첫 총장으로 요한 파렌티(Giovanni Parenti) 형제가 선출되었는데 그는 치비타 카스텔라나(Civita Castellana)에서 태어났고, 로마 시민이며 판사였다[94].

52. 그는 프랑스 관구장[95]의 의견을 받아들여 피사의 알베르토 형제를 독일 관구장직을 그만 두게 했다. 그 대신 노르망디의 속관구장인 영국 사람 시몬 형제를 임명했는데, 그는 교양 있는 사람이요 대신학자였다.

53. 시몬 형제는 율리아노 형제와 함께 — 이 형제는 나중에 아주 멋지고 아름다운 가락과 곡조로, 복되신 프란치스코와 복되신 안토니

---

94 괄호 안의 이야기는 콰라키 편집본에 없다. 뵈머는 글라스버거 판에서 그것을 추론하여 더 완전한 판본으로 고쳐 만들고 있다. 요한 파렌티 형제는 피스토이아 근처 카르미냐노(Carmignano)에서 출생하였고, 치비타 카스텔라나에서는 판사 직무를 수행했었다. 총회는 1227년 5월 30일 포르치운쿨라의 성 마리아에서 열렸다.

95 나폴리의 그레고리오.

오의 삶을 작곡했다[96]— 독일에 온 다음, 성 시몬과 유다 축일[97]에 관구 회의를 쾰른에서 연다고 공포했다.

54. 1228[98]년 복되신 프란치스코는 성인품에 올랐다. 같은 해 독일 관구장 시몬 형제는 부활 대축일과 성령 강림 대축일 사이에[99] 쾰른에서 관구 회의를 열었다.

같은 해 총장 요한 파렌티 형제는 독일에 신학 교수가 없다는 것을 알고 시몬 형제를 관구장직에서 사면시키고 그를 신학 교수[100]로 임명했다. 그리고 관구장직에는 피안 델 카르피네 형제를 임명했다. 이 형제는 보름스에 관구 회의를 공포하면서 시몬 형제의 사면과 자신의 임명을 밝히는 편지를 냈다. 같은 회의에서 복되신 프란치스코의 성인품[101]이 형제들에게 선포되었다. 피안 델 카르피네 형제는 삭소니아를 영광스럽게 하고 드높이기 위해서 시몬 형제와 함께 몇몇 실력 있고 정직하며 교양 있는 형제들을 마크데부르크의 첫 신학 교수로 보냈다.

---

96   율리아노 스피라 형제이다. 조르다노는 분명히 「가창 성무일도」(「AF」 S, 375~378)를 언급하는 것이다. 이것은 아마도 「제1첼라노」(1232~1233)가 쓰여지기 전 1231~1232년에 작곡되었을 것이다.

97   10월 28일.

98   7월 16일.

99   3월 28일부터 4월 14일 사이.

100   형제들에게 신학을 가르치는 직무와 함께 이 "신학 강독자"를 처음에는 관구마다, 나중에는 수도원마다 의무적으로 임명해야 한다는 것에 대해서는 다음을 참조: I. FELDER, 「Storia degli studi scientifici nell'Ordine francescano」, Siena, 1911.

101   시성식은 1228년 7월 16일에 거행되었다. 그것을 선포한 그레고리오 9세 교황의 칙서에는 날짜가 7월 19일이라고 되어 있다.

즉, 아샤펜부르크(Aschaffenburg)[102]의 장신(長身) 마르카르도(Marcardo il Lungo) 형제, 마곤자의 단신(短身) 마르카르도(Marcardo il Piccolo) 형제, 보름스의 코라도 형제, 그리고 몇몇 형제들이다.

55. 한번은 피안 델 카르피네의 요한 형제가 뚱뚱해서 당나귀를 타고 가게 되었다. 그 당시의 사람들은 형제회의 새로움과 그의 겸손 때문에 — 그리스도의 모범에 따라 말을 타지 않고 당나귀를 탄 — 감동을 받아, 봉사자들과 친하게 된 이후에는 봉사자들보다는 당나귀에게 더욱 큰 애정을 가지게 되었다. 그는 수도회를 가장 잘 전파한 인물이었다. 실제로 그는 (두 번째로) 관구장직을 수행할 때 형제들을 보헤미아, 헝가리, 폴란드, 다치아[덴마크], 노르웨이 등으로 파견했다. 그는 메츠(Metz)에서 집을 기부받았고 로타린자(Lotaringia)에 수도회를 세웠다. 그는 또 형제회를 변호하는 데에도 뛰어났다. 실제로 그는 주교들과 왕들 앞에서 자기 수도회를 끊임없이 길러내었다. 그는 마치 어머니가 자녀들에게 하듯이, 또 암탉이 병아리에게 하듯이 평화와 사랑을 가지고, 또 끊임없이 위로하면서 형제들을 보호하고 다스렸다.

56. 1230년 독일에 첫 총시찰자로 영국인 요한 형제가 파견되었다.

57. 1230년, 독일 관구장 요한 형제는 쾰른에서 독일의 마지막 관구 회의[103]를 개최하였고, 영국인 요한 형제를 관구장 대리로 남겨 두고 총회에 참석하고자 출발했다. 이 총회에서 피안 델 카르피네의 요

---

102 프랑코니아 도시.
103 독일에는 단 하나의 관구만이 있었는데, 얼마 후 두 개로 분리됨을 명심하라.

한 형제는 독일 관구장직에서 사면되고 스페인 관구장으로 임명받아 갔다. 그의 자리에는 독일의 첫 신학 교수인 시몬 형제가 선출되었다. 그러나 이 형제는 임명장이 도착하기도 전에 죽음의 공격을 받아 쓰러져 성 비토[104]의 축일 전날 밤에 마크데부르크에 묻혔다. 위의 총회에서는 독일의 행정이 둘로 나누어졌다. 하나는 레노(Reno)이고 다른 하나는 삭소니아이다. 레노 관구에는 법률 전문가인 롬바르디아 사람 오토네(Ottone) 형제가 관구장으로 임명되었고, 삭소니아 관구에는 위에 언급한 시몬 형제가 관구장으로 임명되었다. 동일한 총회에서 또한 수도회 고유 성무일도와 후렴 구절들이 관구들에 전달되었다.

58. 삭소니아의 첫 관구장이며 신학 강독자인 시몬 형제가 귀천해, 삭소니아의 속관구장 레오나르도 형제와 투린지아의 속관구장 조르다노 형제는 — 이들은 삭소니아 관구의 유일한 두 속관구장들임 — 보름스에서 열린 레노 관구 회의에 참석하러 갔다. 이 회의에서 독일 관구가 단 하나였다가 최근에 두 관구로 분리되었고, 또 시몬 형제가 갑자기 죽어서 관구장직에 들어서지도 못해 모든 문제가 원 상태로 남아 있었기 때문에 형제들은 합법적인 회의 참석자로서 받아들여졌다.

여기서 관구장과 관구장 대리, 그리고 다른 형제들의 의견을 받아들여 조르다노 형제는 투린지아의 속관구장직을 삭소니아의 속관구장에게 맡기고, 레노 관구장으로부터 순종장을 받아들고 동료 하나를 데리고 총장에게 새 관구장과 신학 강독자를 임명해 줄 것을 청하러 출발했다. 그래서 총장은 누구를 그곳에 보내야 할지 의견을 들었다. 마지막에 조르다노 형제는 이미 독일에 총시찰자로 있었던 영국인 요한 형제를 청했는데 그대로 되었다. 총장은 프랑스의 관구장에게 편지를

---

104 6월 14일.

보내 영국인 요한 형제를 삭소니아의 관구장으로, 또 영국인 바르톨로메오 형제를 신학 강독자로 보내게 조처했다.

59. 조르다노 형제는 독일로 돌아오던 중 첼라노의 토마스 형제를 찾아갔다.

그를 만나 행복했고, 그에게 성 프란치스코의 유골 몇 점을 주었다. 조르다노 형제는 뷔르츠부르크에 도착해 자기 속관구에 형제들을 보내, 자기와 이야기할 필요가 있다면 자기가 아이제나흐를 지나게 되므로 그곳으로 오라고 일렀다.

형제들은 기쁨에 겨워 정해진 곳으로 가 문지기 형제에게 명령을 내려 조르다노 형제가 도착하면 그를 들여보내지 말고 먼저 자기들에게 알려 달라고 했다.

조르다노 형제는 집에 도착해 문을 두드렸으나 문지기는 들여보내지 않고 먼저 형제들에게 찾아가 조르다노 형제가 지금 문 앞에 왔다고 알렸다. 그들은 그를 문으로 들여보내지 말고 성당으로 들여보내라고 일렀다. 그동안 형제들은 성령으로 기뻐 춤추며 가대로 들어가 십자가와 향로, 팔마 가지와 촛불을 손에 들고 둘씩 가대에서 나와 성당으로 행렬해 갔다. 그리고 제대 중앙에 일렬로 선 다음 성당 문을 열었다. 그리고 조르다노 형제를 들어오게 했다. 형제들은 시편의 응송 "이 사람은 자기 형제들을 사랑하는 자이다"(Hic est fratum amator)[105]를 부르고, 환호하며 기쁘게 그를 맞아들였다. 조르다노 형제는 이런 새로운 영접 방법에 놀라서 손을 입에 대며 조용히 하라고 했지만, 형제들은 아랑곳하지 않고 즐거움으로 시작한 그것을 끝까지 다 불렀다. 그는

---

105 "이는 자기 형제들을 사랑하는 이로다…"는 성 프란치스코 성무일도의 후렴인데, 2마카 15,14의 한 구절이다.

잠시 이런 행동에 감격하고 놀라다가 복되신 프란치스코의 유골을 가지고 온 것이 기억났다. 그래서 노래가 끝났을 때 그는 영으로 가득 차서 이렇게 말했다. "형제들, 기뻐들 하시오. 나는 여러분들이 나를 환영했다기보다는 내 안에 계신 복되신 우리 사부 성 프란치스코를 환영했다고 생각해요. 내가 잠자코 있는 동안 그분은 당신의 현존으로 여러분의 영을 열광시킨 것입니다. 사실 내가 그분의 유골을 모시고 있습니다". 그러고 나서는 가슴 속에서 유골을 꺼내 제단 위에 모셨다. 그때부터 성인의 생존 시부터 그를 알고 인간의 눈으로 보았던 조르다노 형제는 최대의 존경과 명예로 그분을 모시기 시작했다. 왜냐하면 형제들의 마음을 성령으로 불붙여 주신 하느님께서는 성인의 유골을 자기 혼자 몰래 모시는 것을 원치 않으신다는 것을 알았기 때문이다.

60. 1231년. 투린지아의 속관구장 조르다노 형제는 삭소니아로 돌아와서, 펜나의 요한 형제를 아데오다토(Adeodato) 형제와 함께 파리로 보내어, 영국인 요한 형제와 신학 강독자 바르톨로메오 형제를 온갖 존경심을 다해 삭소니아로 모셔 오게 했다.

61. 1232년. 로마에서 거행된 총회[106]에서 요한 파렌티 형제는 총장직에서 사면되고 대신 엘리아 형제가 총장으로 선출되었다. 같은 총회에서 삭소니아의 관구장 리딩 출신의 영국인 요한(Giovanni da Leading) 형제도 관구장직에서 사면되고 피안 델 카르피네의 요한 형제로 바뀌었다. 삭소니아의 속관구장이었던 레오나르도 형제는 총회에서 자기 고

---

106 이것은 리에티로 고쳐 읽어야 할 것이다. 옮겨 적는 과정에서 오기가 발생한 것 같다. 총회가 개최되었던 장소는 아씨시와 리에티 중에서 당시 그레고리오 9세 교황이 거주했던 리에티가 틀림없다.

향인 크레모나로 가던 중 귀천했다. 그래서 획스터의 바르톨로메오 (Bartolomeo da Höxter) 형제가 그 뒤를 이었다.

총장이 된 엘리아 형제는 성 프란치스코를 기념하고자 시작한 성당 건립을 완성하려는 마음으로 전 형제회에 세금을 거두었다. 그는 성 프란치스코가 한 것처럼, 또 선임 총장 요한 파렌티 형제가 그랬던 것처럼 전 형제회를 자기 권한 밑에 두었다. 그래서 수도회에 적합하지 않은 많은 일들을 자기 의지대로 하려 했다. 사실 그는 수도규칙과는 반대로 7년 동안 총회를 열지 않았고, 자기를 반대하는 형제들을 여기저기로 분산시켜 버렸다[107].

형제들은 서로 의견을 교환한 뒤 형제회를 위해서 무언가를 해야 한다고 만장일치로 결정했다. 파리의 신학 교수였던 알렉산더 형제[108]와 로켈레의 요한 형제[109]가 신중하게 대부분 그들을 도와주었다.

62. 1237년. 엘리아 형제는 자기 계획에 찬성하는 시찰자들로 하여금 각각의 관구들을 방문하게 했는데, 이 방문 중에 그들이 저지른 변칙으로 말미암아 그를 반대하는 형제들이 최근에 점점 더 분노했다.

63. 1238년. 삭소니아의 형제들은 총시찰자를 반대해 총장에게 형제 몇을 보내 호소했지만 아무 성과도 얻지 못했다. 그래서 교황에게

---

107   안젤로 클라리노의 「연대기」(ANGELUS A CLARINO, 「Chronicon」, Roma, 1959, 2^a tribolazione, 75ss)를 참조하라.

108   1222년경부터 파리 대학의 교수였던 헤일스의 알렉산더는 1231년 프란치스코 수도회에 입회했다.

109   알렉산더의 제자이며 후계자이다. 이 두 형제들에 대해서는 Mag. AlEXANDRI DE HALES, 「Glossa in Quatuor Libros Sententiarum Petri Lombardi」 I, Quaracchi의 서언을 보라.

호소하지 않을 수 없었다[110]. 교황에게 찾아간 조르다노 형제는 인사를 드렸지만 그에게서 나가라는 명령을 들었다. 그러나 그는 나가는 대신 익살스럽게 교황의 침대로 뛰어가 침대보에서 그의 발을 잡으며 입맞추었다. 그리고 자기 동료를 보고 소리를 지르면서, "이봐, 이런 유골을 삭소니아에서는 모시지 못하지" 하고 말했다. 교황은 계속해서 그들을 나가게 했지만, 조르다노 형제는 "교황 성하, 못 나갑니다. 지금 우리는 무엇을 부탁하러 온 것이 아닙니다. 우리는 지금 온갖 좋은 것을 다 가지고 있으며 아주 만족하고 있습니다. 교황님은 우리 수도회의 아버지이시며 보호자이시고 감사관이십니다. 여기 온 것은 단지 교황 성하를 뵙기 위해서입니다"라고 말했다. 그랬더니 결국 교황은 만족한 얼굴로 침대에서 일어나 걸터앉으시면서 어떻게 왔는지 물었다. 그는 덧붙여서 "그대들이 호소한 것을 알고 있네. 엘리아 형제가 나에게 와서 그대들이 자기를 짓밟고 (나에게) 호소했다고 하더군. 그래서 그에게 답변하기를, 나에게 오는 호소는 다른 모든 호소들을 흡수하는 것이라고 했지". 조르다노 형제가 교황에게 호소하게 된 동기를 설명했을 때 교황은 형제들이 호소한 것은 잘한 것이라고 답변했다. 그러므로 여러 형제들이 자기들이 했던 호소를 실행에 옮기려고 총본부에 모여서 오래 논의한 결과 대다수가 다음과 같은 의견에 도달했다. 즉 뿌리에 손을 대지 않으면 아무것도 안 된다는 것이었다. 이것은 엘리아에 직접 반대해서 행동해야 한다는 것이었다[111].

---

110   그레고리오 9세.
111   콰라키 편집본은 바로 여기서 끝난다. 편집인들은 그것의 불완전함을 강조하면서 후속편을 싣지 않는다. 뵈머는 후속편을 64번부터 78번까지 발전시키면서 1262년까지 연대기의 자료들을 싣는다. 1262년 조르다노 형제는 서언에서 언급한 대로 과거의 기억을 더듬어 받아쓰게 했다.

64. 형제들은 회의를 하고 투표한 뒤 엘리아 형제를 반대해 직접적인 경험이나 소문으로 알고 있는 것과 증명할 수 있는 것 일체를 글로 썼다. 그런 다음 고발 내용을 교황에게 가서 다 읽은 다음 거기에 대해서 교황과 상의했다. 교황은 토론을 진정시키며 이렇게 말했다. "가서 서로 토론을 하고 거기에 대한 반대 의견과 답변을 서면으로 제출하게나. 그러면 내가 판단하겠네". 그래서 그렇게 했다.

교황은 반대 의견과 응답들을 주의 깊게 듣고 읽은 뒤 형제들에게 일단 각 관구에 돌아가라고 했고, 여러 관구에서 특히 수도회의 개혁안을 주도한 관구에서 성숙하고 신중한 형제 20명을 뽑아 총회가 개최되기 4주일 전에 로마에 모이게 해 수도회의 상태와 개혁에 관한 것을 결정하게 했다.

65. 이렇게 1239년, 위에서 말한 대로 다른 관구에서 뽑힌 형제들이 로마에 도착해 교황의 조언과 뜻을 받들고 또 총회의 인준을 받아서 관구장들과 속관구장들, 원장들을 선출하기로 확정했다. 그리고 그 밖의 현실적인 문제들도 조처하기로 확정했다. 뿐만 아니라 각 관구장은 자기 관구에서 한 번 관구 회의를 열고 수하 형제들은 두 번의 회의를 열기로 결정했다.

66. 같은 총회에서 7년 동안 수도회를 다스려 온 엘리아 형제는 총장직에서 사면되고 그 대신 피사의 알베르토 형제가 임명되었으며 교황은 이를 인준했다[112].

---

112 참조: 에클레스톤, 「연대기」 XIII.

67. 같은 총회에서 관구들이 구분되었다[113].

68. 같은 총회에서 삭소니아의 관구장인 피안 데 카르피네의 요한 형제는 직책에서 사면되고 보름스의 코라도 형제가 관구장에 임명되었다. 그런데 그에게 아직 임명장이 도착하지 않아 그는 직책을 맡으려 하지 않았다. 프라하의 아녜스(Agnese di Praga) 수녀[114]가 그것을 알고 교황에게 알렸고, 교황은 코라도 형제의 임명을 철회했다.

69. 같은 해 로마의 총회 뒤에 삭소니아의 형제들이 마크데부르크에서 복되신 동정녀의 탄생 축일에 관구 회의를 열어, 키 작은 마르카르도 형제를 관구장으로 선출했다. 이 형제는 관구장으로 선출된 뒤 수도회에 대한 열정으로 가득 찼으며, 엄격한 삶을 살았다. 좋은 형제들에게는 친절했지만 나쁜 형제들에게는 까다로웠고, 삶을 고치지 않는 형제들에게는 엄격하게 대했다. 그는 수도회의 투쟁에서 힘을 다하여 엘리아 형제를 반대했고 그러다가 그만 불치병에 걸렸는데, 사실 그 병이 진행되는 동안에 관구장으로 선출된 것이었다. 이 병 때문에 그는 다른 형제들에게 요구했던 그 엄격한 삶을 사는 모범을 보여 줄 수 없게 되자 직책을 그만두는 것이 좋겠다고 생각했다(그러나 그

---

113 에클레스톤이 더 정확하다. 알프스 산맥 이남이 16개, 이북이 16개로 구분되고 축소되었다.

114 저 유명한 보헤미아의 성녀 아녜스이다. 그녀는 성녀 클라라와 편지를 주고받았다. 코라도가 프라하에 있었을 가능성도 있다. 글라스버거는 몇 개의 번호를 첨가시키면서 많은 형제들이 보헤미아 선교에 파견되었고(1234), 다섯 명의 클라라 회원들이 교황 그레고리오 9세의 명으로 트렌토에서 프라하로 가게 되었고, 프라하 출신 다섯 처녀들의 수녀원 입회(1235)와 성녀 아녜스가 입회했다는 것(1236)을 전해 준다. 교황과의 편지 왕래는 당시에 자주 일어났음이 틀림없다.

가 사면되기 전에 세 번의 관구 회의가 열렸다. 즉 에르푸르트에서, 힐데스하임에서, 그리고 알덴부르크에서 열렸으며, 이 마지막 회의에서 사면되었다)[115].

70. 1240년 1월 23일, 세 번째 총장 알베르토 형제는 수도회를 8개월 남짓 동안 다스렸으나 귀천했고, 뒤이어 영국인 아이몬 형제[116]가 총장이 되었다.

71. 1242년 아이몬 형제는 알덴부르크에서 성 미카엘 축일[117]에 관구 회의를 열었고, 키 작은 마르카르도 형제를 사면시켰다. 그런데 그 회의는 관구장 임명을 총장이 직접 해줄 것을 요구했다. 그는 떠나면서 고프레도 형제를 관구장으로, 조르다노 형제를 관구장 대리로 임명했다.

72. 1243년 고프레도 형제는 관구에 돌아왔다. 그는 음식을 먹고 술을 마실 때 절제할 줄 알았으며, 공동생활을 사랑하는 사람이었다. 모든 개인주의를 구박했으며, 좋은 형제들에게는 인자했지만 나쁜 형제들에게는 엄했다. 그는 마르카르도 형제가 걸어간 길을 따랐으며, 3년 몇 개월 동안 관구를 잘 다스렸다.

---

115 괄호 안의 정보는 뵈머가 글라스버거의 「연대기」에서 추론해 낸 것이다.

116 파버샴의 아이몬(Aimone di Faversham). 엘리아 형제의 파면에 결정적 역을 맡았다. 에클레스톤은 그때 관구에서 파견된 가장 중요한 형제들을 기억한다. 즉 성 안토니오, 제라르도 롯시놀 형제, 아이몬 형제, 밀라노의 레오 형제, 모데나의 제라르도 형제, 브레샤의 베드로 형제.

117 9월 29일.

73. 1243년 아이몬 형제가 귀천했고, 그를 뒤이어 크레셴지오 형제[118]가 같은 해에 총장이 되었다. 이 형제는 각 관구에서 형제 두 명씩을 로마 수도원에 소집했다. 그렇게 하여 형제들이 총본부에 들를 때 자기 국가의 형제들과 만나 조언을 구할 수 있었다. 그러나 로마 총본부는 오랫동안 리옹에 머물렀기에, 총본부는 그 형제들을 각자의 관구로 되돌려 보내지 않으면 안 되었다.

그리고 그 당시 형제들은 페데리코에게서 고통을 많이 받았는데 그는 리옹 공의회에서 황제직에서 파면되었다. 많은 관구에서 형제들이 큰 혼란 가운데 쫓겨나고, 감옥에 갇히고, 심지어 살해되기도 했다. 그 이유는 그들이 마치 거룩한 어머니를 향해서 있는 아들처럼 교회의 명령에 순종하면서 용감하게 행동했기 때문이다. 이것은 작은 형제들을 제외하고는 다른 어떤 수도자들도 감히 할 수 없는 일이었다.

74. 그때 마곤자의 대주교 지크프리도(Sigfrido)[119]는 작은 형제들에게 아주 적대적인 태도를 보였다.

75. 1247년, 삭소니아의 관구장으로 3년 몇 개월간 다스렸던 고프

---

118 의사이며 법률가였던 예시의 크레셴지오 그리찌(Crescenzio Grizzi da Jesi)는 아이몬의 노선을 계승하여 수도회 내에 학문 연구를 추진했다. 그가 바로 프란치스코의 동료들에게 생전의 추억들을 시편으로 적어서 보내 줄 것을 요청하였다.

119 에펜슈타인의 지크프리도(Sigfrido di Eppenstein). 조르다노 형제가 무엇을 암시하려는 것인지 정확하지 않다. 에르푸르트 시에서 수도자들을 포함해 성직자 전원을 쫓아낸 사실을 암시하는 것 같다. 몇 십 년 전에 특히 1231~1235년 성녀 엘리사벳의 시성식 조사와 시성식 때 반대하는 사람들이 있었고, 지크프리도도 교황청과 대립하고 있었다.

레도 형제는 리옹의 총회에서 사면되고, 힐데스하임에서 신학 강독자 브룬스비히의 코라도(Corrado di Brunswich) 형제가 관구장 대리로 선출되었으며, 복되신 동정 마리아의 탄생 축일에 할레(Halle)에서 개최된 관구 회의에서 코라도 형제가 삭소니아의 관구장으로 선출되었고 성 마르티노 축일[120] 즈음해서 인준을 받았다.

그는 선임자들의 뒤를 따라 관구를 평화롭게 다스렸으며, 규율을 엄격하게 적용하면서도 아주 성숙한 모습으로 그리고 수도회의 규칙들을 지키며 관구를 다스렸다. 그는 여러 번 사임을 간청했지만 그것이 받아들여진 것은 16년이 지나서였다. 그는 중책으로 말미암아 지치고 쇠약해졌다. 그가 직책에서 사면되었을 때 모든 형제들이 크게 아쉬워했다.

76. 1248년 리옹의 총회[121]에서 크레센지오 형제는 사면되었는데 그는 아이몬 형제와 함께 7년 동안 형제회를 다스렸다. 그를 뒤이어 파르마의 요한 형제[122]가 총장으로 선출되었다.

77. 1258년 주의 봉헌 축일에[123] 거행된 로마 총회에서 파르마의 요한 형제가 10년 동안 봉직한 총장직에서 사면되고, 그를 이어 파리의

---

120 11월 11일.

121 뵈머와 글라스버거, 살림베네에 의하면 1248년이 아니라 1247년으로 수정해서 읽어야 한다.

122 파르마의 요한 부랄리(Giovanni Buralli da Parma) 형제는 1233년 수도회에 입회했다. 그에 대한 정보는 살림베네, 에클레스톤, 클라레노, 베사의 베르나르도, 「스물네 총장들의 연대기」 등에 풍부히 나타난다.

123 2월 2일.

신학 교수인 보나벤투라 형제[124]가 총장으로 선출되었다.

78. 1262년 삭소니아의 관구장 브룬스비히의 코라도 형제는 할버슈타트에서 열린 관구 회의에서 사면되고, 같은 관구 회의의 4월 29일 첫 번째 투표에서 오스트리아의 관구장을 역임했던 바르톨로메오 형제가 관구장으로 선출되어, 회의 진행 중에 총장 직무를 대행하던 코라도 형제로부터 인준을 받았다. 자기가 없을 때 선출된 것에 대해 그는 불만이 많았지만 참석자들은 그것을 승인했으며, 형제들의 요구에 따라 그는 회의를 주재했고 형제들에게 큰 위안을 주면서 회의를 끝마쳤다.

---

124 바뇨레조의 성 보나벤투라(1217~1274), 「대전기」 서문을 보라.

엘리아 형제의 회람 편지

(성 프란치스코의 죽음에 관하여 형제회 모든 관구에 보낸)

옮긴이: 오상선(바오로), 작은 형제회(프란치스코회)

1. 그리스도 안에서 지극히 사랑하올 형제이며 프랑스 관구 봉사자 이신 그레고리오 형제[1]와, 그대와 나의 다른 모든 형제들에게 죄인[2] 엘리아 형제가 인사드립니다.

2. 말씀을 시작하기도 전에 슬픔이 북받쳐 오르니 그럴 수밖에 없겠지요. "나 이제 한숨이나 삼키고 흐느낌이나 마시리니 두려워하여 떨던 것이" 나와 여러분에게 "들이닥쳤고, 무서워하던 것이 마침내" 나와 여러분에게 "오고야 말았습니다"(참조: 욥 3,24~25). "우리의 위로이셨던 그분이 멀리 떠나버렸습니다"(참조: 애가 1,16). "우리를 어린양들처럼 당신 품에 안아 주셨던 그분이 먼 나라로 가버리셨습니다". "하느님의 사랑과 사람들의 사랑을 받으셨기에 야곱에게 생명과 순종의 길을 가르쳐 주셨고 이스라엘을 위해 평화의 유언을 남기셨던"(참조: 호세 11,3)

---

1 수신인, 나폴리의 그레고리오 형제는 프란치스코가 이집트와 성지 여행으로 자리를 비울 때 나르니의 마테오 형제와 함께 프란치스코의 대리자를 역임했으며(1219년 성령 강림부터) 1223년부터 1233년까지 프랑스 관구 봉사자였다. 파치피코 형제를 뒤이은 그의 관구장 재직 기간에 프란치스코 수도회는 모든 지역에서 수적으로나 활동상으로 보나 큰 발전을 이루었다. 이 자리에서 엘리아 형제가 발렌시아의 형제들에게 보낸 또 하나의 편지(1225년, 호노리오 3세 교황 재위 10년)를 기억하는 것이 유익할 것이다. 이 편지 서두에서 다음과 같은 프란치스칸 삶의 정의를 보게 된다. "나의 형제들이여, 순수한 사랑의 마음으로 여러분에게 권고합니다. 우리 주 예수 그리스도의 거룩한 복음과 인노첸시오 교황의 인준을 받았고 얼마 전에 아직 살아 계신 호노리오 교황 성하의 확인을 받았으며, 여러분이 충실하게 지킬 것을 약속한 우리의 거룩한 수도규칙을 죽을 때까지 순수하고 항구하게 지키도록 하십시오…". [참조: A. CALLEBAUT, 「Les Provinciaux de la Province de France au XIIIe siècle」, 「AFH」 X(1917), 289~356].
2 위에서 언급한 편지 끝부분에도 똑같은 표현이 나온다. "보잘것없는 죄인 엘리아 형제", "그리고 넘어지기 잘하고 작은 형제들의 가장 보잘것없는 종"(위의 책, 297).

그분이 찬란히 빛나는 천상 거처로 인도되셨습니다[3]. 그분을 생각하면 참으로 기뻐해야 하겠지만, 우리를 생각하면 오직 비통함뿐이니, "어둠이 우리를 뒤덮고"(참조: 집회 23,26) "죽음의 그늘이 우리를 엄습하는데도"(참조: 시편 43,20) 우리는 그분 없이 홀로 되었기 때문입니다.

이것이 모든 이에게는 채워질 수 없는 상실이라면 특히 나에게는 특별한 위기이니, 그분이 나를 엄청난 걱정거리들과 수많은 악들이 도사리고 있는 "어두움 한가운데"(참조: 신명 5,23) 내버려 두셨기 때문입니다. 그러므로 나는 여러분에게 탄원합니다. 형제들이여, 눈물이 나를 짓누르니 나와 함께 울어 주십시오. 여러분 모두를 위해 나는 웁니다. 우리는 "우리 눈의 빛이셨던"(참조: 시편 37,11) 그분을 잃게 되어 "아비 없는 고아가 되어버렸습니다"(참조: 애가 5,2).

3. 참으로 우리의 형제요, 아버지였던 프란치스코의 현존은 같은 서약 생활 안에서 그의 동료였던 우리에게만이 아니라, 멀리 있는 이들에게도 참된 빛이었습니다. 실로 그분은 "참 빛에서 나온 빛이었으며"(참조: 요한 1,8-9), "우리의 발걸음을 평화의 길로 인도하려고 죽음의 그늘 밑 어둠 속에 사는 이들을 비추어 주신 빛이었습니다"(참조: 루카 1,78-79). 그분은 참으로 한낮의 태양 빛과 같으셨습니다. 높은 데서 온 빛이 그분의 마음을 비추었고 그분의 의지를 사랑의 불로 뜨겁게 했습니다. 이렇게 불이 붙은 그분은 "하느님 나라를 설파하고 아버지들의 마음을 자식들에게 향하게 하고 어리석은 이들을 의인들의 지혜로 바꾸어 놓고 주님을 위해 온 세상에 새로운 백성을 준비시키셨습니다"(참조: 마르 1,14-15). "그분의 이름은 땅 끝까지 기림 받고 온 세상은

---

3 집회서의 칭송가에 속하는 프란치스코와 모세의 이 비교를 주목할 필요가 있다. 이는 프란치스코의 새로움을 나타내는 강력한 표현 중 하나이다.

그가 행한 기업에 놀라움을 감추지 못합니다"(참조: 시편 138,14).

4. 그러므로 나의 아들들이며 형제들이여, 너무 슬퍼하지는 마십시오. "고아들의 아버지이신"(참조: 시편 67,6) 하느님께서 "당신의 거룩한 위안으로 여러분을 위로해 주실 것입니다"(참조: 2코린 7,6-7). 그리고 만약 울려거든 내 형제들이여, "여러분 자신들을 위해 울고 그분을 위해서는 울지 마십시오"(참조: 루카 23,28). 사실 우리는 살아 있으면서도 죽음 안에 머물러 있고, 대신 그분은 죽음에서 생명으로 옮아가신 것입니다. 그리고 기쁨으로 충만하십시오. 왜냐하면 그분은 우리를 떠나시기 전에 마치 제2의 "야곱처럼 당신의 모든 아들들을 축복해 주셨고"(참조: 창세 49,1-32), 그분을 거슬러 짓거나 생각한 그 어떤 잘못에 대해서도 모두 용서해 주셨기 때문입니다[4].

5. 이제 "나는 여러분에게 하나의 큰 기쁨을", 특별한 기적을 "선포합니다"(참조: 루카 2,10-11). 주 그리스도이신 하느님의 아드님 안에서 외에는 이와 비슷한 일을 세상에서 들어본 적이 없는 일입니다. 우리의 형제요, 사부이신 그분은 돌아가시기 얼마 전에 십자가에 못 박히신 모습이었는데, 참으로 "그리스도의 성흔인 다섯 상처를 당신 몸에 지니고 계셨습니다"(참조: 갈라 6,17). 그분의 손과 발은 한쪽에서 다른 쪽으로 못으로 관통되어 있었고, 검은 못 색깔의 상처들이 있었습니다. 그분의 옆구리는 창으로 찔린 듯했으며 가끔 핏방울이 흘러나왔습니다[5].

---

[4] 참조: 「1첼라노」 109.
[5] 「1첼라노」 113에 좀 더 정확한 묘사가 나오는데, 아마도 엘리아 형제의 부정확한 표현을 교정하려는 듯이 보인다. 가장 정확한 묘사는 「3첼라노」 4항 참조.

6. 생전에 그분의 용모는 수척해 있었고 얼굴에 아름다움이라고는 없었습니다. 그분 안에 성한 부분이라고는 하나도 없었습니다. 그분의 지체들은 마치 죽은 사람에게서 볼 수 있듯이 신경경색으로 딱딱하게 굳어 있었습니다. 그런데 죽은 뒤에 그분의 얼굴은 얼마나 아름다우셨는지 놀라운 광채로 빛이 나, 보는 사람에게 위로가 될 정도였습니다. 딱딱했던 지체들은 마치 부드러운 어린 아기처럼 부드러워져 원하는 대로 이리저리 접을 수 있을 정도로 변했습니다.

7. 그러므로 형제들이여, "하늘의 하느님을 찬미하고 우리 위에 당신 자비를 보내 주셨으니 모든 이 앞에서 그분의 위대하심을 선포하십시오"(참조: 토비 12,6). 우리 사부요, 형제인 프란치스코에 대한 기억을 간직하시고 그를 사람들 가운데 드높이시고 천사들 가운데 영광스럽게 하신 그분께 찬미와 영광을 드리도록 하십시오. 하느님께서 우리도 그와 함께 당신의 거룩한 은총에 참여시켜 주시도록 그분께 청하십시오. 아멘.

8. 우리 사부요, 형제인 프란치스코는 10월 4일 주일 전날 밤 한 시경에 주님께로 돌아가셨습니다. 그러므로 이 편지를 받게 될, 오 지극히 사랑하올 형제들이여! 이스라엘 백성이 모세와 아론을 위해 눈물로써 애도를 표한 것처럼 그다지도 위대하신 사부의 위로를 받을 수 없게 되었으니 눈물이 흘러넘치도록 내버려 둡시다.

9. 프란치스코의 복락을 함께 나누는 것은 참으로 경건한 일이지만 프란치스코를 위해 우는 것도 경건한 일입니다. 그는 죽은 것이 아니라 "돈주머니를 차고 천상의 큰 시장으로 떠나 달이 차서 집으로 돌아올 것이기에"(참조: 잠언 7,19-20) 그의 기쁨에 참여하는 것은 자식다운 정

감입니다. 하지만 프란치스코를 잃게 되어 우는 것도 자식다운 것입니다. "아론처럼 우리 가운데 거니시며"(참조: 히브 5,4) 그분의 보화 중 새 것과 옛것을 우리에게 주시고 "우리가 어려움에 처해 있을 때마다 위로해 주시던"(참조: 2코린 1,4) 그분은 이제 우리 가운데서 사라지셨고, 우리는 이제 "참으로 아비 없는 고아"(참조: 애가 5,3)가 되어버렸습니다. 하지만 "불쌍한 자 당신께 의지하고 당신은 고아의 의지시나이다"(참조: 시편 10,35)라고 쓰여 있습니다. 그러므로 지극히 사랑하는 형제들이여, "오지 그릇 하나가 아담의 후손들의 골짜기에서 산산조각 났다면"(참조: 예레 19,1~2) 대웅기장이이신 주님께서 합당한 다른 하나를 만드시어 우리 대가족 위에 내려 주시고, 참 마카베오처럼 우리를 전투로 인도해 주시도록 끊임없이 모두를 기도하도록 하십시오.

10. 그렇지만 "죽은 이들을 위해 기도하는 것이 쓸모없는 일이 아닌 고로"(참조: 2마카 12,44) 그를 위해 주님께 기도하십시오. 모든 사제들은 미사 세 대를 바칠 것이며, 모든 성직형제들은 시편집을 바치고, 사제가 아닌 모든 형제들은 다섯 번의(?) 「주님의 기도」[6]를 바치십시오. 성직형제들은 공동으로 한 번의 장엄한 철야 기도를 바칠 것입니다. 아멘.

---

6 사료 편집자들이 지적한 바대로 성직형제들에게 시편집 모두를 바치고 장엄한 철야 기도를 바치라고 하는 반면, 평형제들에게는 「주님의 기도」 다섯 번이라는 것은 원문상 오류일 가능성이 많다. 150번이 아닐까?